Bitte umsteigen!

Bernhard Knierim und Winfried Wolf

Bitte umsteigen!
20 Jahre Bahnreform

Schmetterling Verlag

Bibliografische Informationen *Der Deutschen Nationalbibliothek*
Die Deutsche Nationalbibliothek verzeichnet diese Publikation in der Deutschen Nationalbibliografie; detaillierte bibliografische Daten sind im Internet über http://dnb.d-nb.de abrufbar.

Schmetterling Verlag GmbH
Lindenspürstr. 38b
70176 Stuttgart
www.schmetterling-verlag.de
Der Schmetterling Verlag ist Mitglied von aLiVe,
der assoziation Linker Verlage

ISBN 3-89657-071-4
1. Auflage 2014
Printed in Hungary
Alle Rechte vorbehalten
Satz und Reproduktionen: Schmetterling Verlag
Druck: Interpress, Ungarn

8 Hans Leyendecker und Klaus Ott, «Das Erbe des Dreier-Klubs — Ein Stahlkartell hat jahrzehntelang auch städtische Verkehrsgesellschaften aus ganz Deutschland betrogen». In: Süddeutsche Zeitung vom 7.1.2013. Die Düsseldorfer Rheinbahn rechnete vor, dass das Kartell dem Unternehmen allein im Zeitraum 1998 bis 2011 einen Schaden von rund 3 Millionen Euro zugefügt habe. Nach: Die Welt vom 12.9.2012.

9 Das Handelsblatt zitierte aus «Unterlagen von Kartellbeteiligten», wonach die Schadenssumme, die die DB AG erlitt, «bei rund 100 Millionen Euro im Jahr» lag. (Handelsblatt vom 1.8.2012). Das bezog sich nur auf den Bereich Schienen. Für den Bereich Weichen, der von dem Kartell ebenfalls abgedeckt wurde, lässt sich die folgende Rechnung aufmachen: Eine Standardweiche kostet gut 20.000 Euro. Eine Schnellfahrweiche kann mehr als das Zehnfache davon kosten. Die DB AG hat einen jährlichen Bedarf von 1000 bis 2000 Weichen. Konservativ geschätzt dürfte der Auftragswert im Bereich der Weichen bei mehr als 50 Millionen Euro pro Jahr oder bei 750 Millionen in dem Zeitraum von 15 Jahren, in dem das Kartell aktiv war, liegen. Bei mindestens 30% überhöhten Preisen, die das Kartell durchsetzen konnte, errechnet sich aus diesem Bereich ein Verlust von weiteren 250 Millionen Euro. Dabei stellt der Aufschlag von 30 Prozent auf die Marktpreise das untere Niveau des Betrugs dar. Das «Handelsblatt» (11.7.2011) wusste in einem frühen Stadium der Untersuchungen zu berichten: «Statt eines realen Preises von 670 Euro je Tonne (Schienenstahl) musste die Bahn beispielsweise im Juli 2008 1150 Euro bezahlen.» Das wäre dann ein Aufschlag von 71,6 Prozent. Völlig außerhalb jeder Betrachtung blieben bisher die Schäden, die bei den anderen europäischen Bahnen — u.a. in Österreich, in der Schweiz, in Tschechien — entstanden.

10 Handelsblatt vom 19.10.2011.

11 Handelsblatt vom 15.12.2012. Der Großauftrag für Moravia und Voestalpine hatte einen Gesamtwert von 300 Millionen Euro.

12 Klaus Ott, «Schienen, Schwellen, Sex». In: Süddeutsche Zeitung vom 20.9.2012.

13 Steinbrück war nach seiner Zeit als Bundesfinanzminister Aufsichtsrat bei ThyssenKrupp. Im Protokoll der 55. Sitzung des Aufsichtsrats der ThyssenKrupp AG vom 13. Mai 2011 heißt es: «Herr Steinbrück weist darauf hin, dass es schädlich wäre, wenn der aktuelle [...] Fall in der Pressekonferenz nach der Aufsichtsratssitzung thematisiert werde.» Es ging bei «dem Fall» um die Rolle von ThyssenKrupp beim Kartell «Die Schienenfreunde». Die Konzernspitze entschied gegen den Rat von Peer Steinbrück und ging mit «dem Fall» an die Öffentlichkeit. Allerdings war das Thema zu diesem Zeitpunkt bereits zu maßgeblichen Medien durchgesickert. Steinbrücks Einlassung ist brisant: Erstens weil er sich als Aufsichtsrat dafür aussprach, das kriminelle Agieren des ThyssenKrupp-Konzerns zu kaschieren. Zweitens weil er nur wenige Jahre zuvor als Bundesfinanzminister für die staatlichen Finanzen verantwortlich war. Das Schienenkartell hatte jedoch faktisch den Staat und damit indirekt den Finanzminister beklaut. Drittens weil Steinbrück als Finanzminister in den Jahren 2005 bis 2008 die treibende Kraft beim Projekt Bahnbörsengang war. Ein Mann, der nicht nur selbst gern großzügig (siehe die Sparkassen-Vorträge) einnimmt, sondern zugleich Volksvermögen gern großzügig an das Großkapital verschenkt — mal als Finanzminister, mal als Aufsichtsrat.

14 Martin Murphy: «Die Last des Klägers». In: Handelsblatt vom 27.12.2012.

15 Martin Murphy: «Kartell des Schweigens». In: Handelsblatt vom 10.12.2012. Diese These eines Tauschgeschäfts wird laut einem anderen Bericht wie folgt erhärtet: «Auffallend ist, dass für den Schieneneinkauf nicht die Netzsparte der Bahn verantwortlich war, sondern ebenjene Frachttochter. Diese hatte [...] eine eigene Agenda: Die Sicht von DB Cargo war mehr auf die Erzielung von Frachterträgen als auf die Minimierung von Einkaufspreisen gerichtet.» Handelsblatt vom 10.10.2012.

16 Außer dem Schienen- und Weichenkartell gab es in jüngerer Zeit ein Kartell für Aufzüge und Rolltreppen (führend in diesem war erneut ThyssenKrupp) und sogar ein «Kaffee-Kartell». Der Rechtsvorstand der DB AG, Gerd Becht: «Neun große Röstereien in Deutschland haben mit illegalen Preisabsprachen nicht nur die Verbraucher, sondern auch die Deutsche Bahn geschädigt. Wir beziehen rund 300 Tonnen Kaffe pro Jahr. Nun verhandeln wir mit unseren am Kartell beteiligten Lieferanten über eine Entschädigung.» Nach: Die Wirtschaftswoche vom 11.7.2011.

17 Nach: EB Eisenbahn-Ingenieur, Dezember 2013.

Kapitel 18

1 Becker, Sven, Peter Müller, Andreas Wassermann und Peter Wensierski: «Tote Gleise». Der Spiegel 2/2011.

2 Auf die Kleine Anfrage der Bundestagsfraktion Die Linke nach einer möglichen direkten Vertretung der Bundesregierung im Aufsichtsrat der S-Bahn Berlin GmbH antwortete die Bundesregierung. «Im Aufsichtsrat der S-Bahn Berlin GmbH waren jeweils Referatsleiter des Bundesministerium für Finanzen (von April 1996 bis April 2005) sowie des Bundesministeriums für Verkehr, Bau und Wohnungswesen (von Juni 1996 bis April 2005) als Mitglieder des Bundes vertreten.» Auf die Frage, ob das für die fatalen Sparmaßnahmen entscheidende Programm «Qualify & Qualify-Plus-Portfolio» — siehe unten — Thema im Aufsichtsrat der S-Bahn Berlin GmbH gewesen sei,

antwortete die Bundesregierung: «Das Qualify & Qualify-Plus-Portfolio war immer wieder Thema in den Aufsichtsratssitzungen [...] Inhalte zu den Aufsichtsratssitzungen unterliegen der Verschwiegenheitspflicht nach § 395 des Aktiengesetzes.» Aus: Bundestags-Drucksache 16/14029.

3 «Strecke ohne Ende. Die Berliner Ringbahn», Signal-Sonderausgabe, herausgegeben vom Fahrgastverband IGEB e.V., Berlin 1993, Seite 6.

4 vgl. Offener Brief von Ernst-Otto Constantin, ehem. Geschäftsführer der S-Bahn Berlin, an Verkehrssenatorin Junge-Reyer und die Fraktionen des Berliner Abgeordnetenhauses.

5 Tagesspiegel vom 9.3.2007.

6 vgl. Offener Brief von Ernst-Otto Constantin

7 Heiner Wegner, der damalige Betriebsratsvorsitzende, erklärte, dass die Arbeitnehmervertretung wiederholt auf die extremen Missstände vor allem im Bereich der Wartung verwiesen habe: «Der damalige Aufsichtsratschef [von DB Regio, der damaligen Muttergesellschaft der S-Bahn-Berlin GmbH; d. Verf.], Hermann Graf von der Schulenburg, wurde von mir und meinem Vize im Herbst 2008 persönlich über die Missstände informiert». Als Ergebnis habe von der Schulenburg mit arbeitsrechtlichen Konsequenzen gedroht. In: Tagesspiegel vom 25.2.2009.

8 Reuters-Meldung vom 11.9.2009: «Bahn ermittelt wegen falscher Protokolle bei der Berliner S-Bahn».

9 «Statt bei der Revision eine Isolationsschicht drei Mal zu lackieren, hatte man sich mit einem einmaligen Arbeitsgang begnügt.» In: Tagesspiegel vom 21.1.2010.

10 Redemanuskript R. Grube; wiedergegeben in: S-Bahn-Krimi Berlin, Lunapark21 Extra06, Seite 14.

11 Zuvor war die S-Bahn Berlin GmbH zwar eine 100-prozentige Tochter von DB Regio; das operative Geschäft wurde jedoch formal — allerdings kaum in der Praxis — von einer anderen Tochter des DB-Konzerns, der DB Stadtverkehr, kontrolliert. Allerdings bot diese Verschachtelung von Verantwortlichkeit die Möglichkeit, Bauernopfer auf dieser Zwischenebene und direkt bei der S-Bahn GmbH zu präsentieren und beispielsweise von der Verantwortung des Ulrich Homburg, der bis September 2009 Vorstandsvorsitzender von DB Regio war, abzulenken.

12 Berliner Zeitung vom 12.7.2013: «Ein Dank an die DDR-Mangelwirtschaft».

13 Kleine Anfrage der Abgeordneten Jutta Matuschek (Die Linke) vom 9. März 2011 und Antwort. Abgeordnetenhaus Berlin, Drucksache 16/15276.

14 «19-jähriger von S-Bahn mitgeschleift». Die Welt vom 1.8.2012.

15 vgl. Offener Brief von Ernst-Otto Constantin

16 Weitere Informationen zum S-Bahn-Tisch: www.s-bahn-tisch.de

17 Im Übrigen zeichnet sich auch in Stuttgart eine entstehende S-Bahn-Krise ab; auch hier sind erhebliche Rationalisierungsmaßnahmen bei den Fahrzeugen und im Betrieb die Ursache — gepaart mit den Bauvorbereitungen für Stuttgart 21. Vom Konzern Bombardier Transportation gelieferte neue S-Bahn-Züge wurden wieder ausgemustert. Siehe: «Implodiert die Stuttgarter S-Bahn?». Eisenbahn-Revue International 6/2013.

18 Bundestags-Drucksache 17/1384. Der mehrmals zitierte Bericht zur S-Bahn-Berlin-Krise, erstellt durch die Kanzlei Gleiss Lutz, erwähnte auch den Lieferanten der Räder und Radsatzwellen, die Radsatzfabrik Ilsenburg GmbH (RAFIL). Er verschwieg dabei bewusst, dass auch dieses Unternehmen 1991 von der VSG Vereinigte Schmiedewerke GmbH in Bochum übernommen wurde, also dem späteren Bochumer Verein, der Tochter der GM-Hütte und somit Herrn Jürgen Großmann.

Kapitel 19

1 Die Strafanzeige wurde am 12. Januar 2014 bei der Staatsanwaltschaft Berlin durch den Rechtsanwalt — und Mitkläger — Dr. Eisenhart von Loeper eingereicht. Der komplette, sehr aufschlussreiche, 12-seitige Schriftsatz ist nachlesbar unter: www.bei-abriss-aufstand.de

2 Siehe Kapitel 3 zum Aspekt Immobilien und Bahnreform; siehe Kapitel 7 zum Daimler-Kader-Schmiede hinsichtlich des Aspekts S21 und «Kapazitätslüge», siehe Kapitel 12 mit der Neubaustrecken-Kritik zur Verbindung Wendlingen–Ulm.

3 Der Planfeststellungsbeschluss PFA 1.1. für die «Talquerung mit Hauptbahnhof» wurde erteilt.

4 Am 20. September um 16 Uhr 33 mailte die Ministerin für Umwelt, Naturschutz und Verkehr Tanja Gönner an den Ministerpräsidenten Mappus: «Es wurde gestern vereinbart, dass die Bäume ab dem 1.10. gefällt werden. Ziel ist, dass bis zu deiner Regierungserklärung alles mit den Bäumen erledigt ist.» Mappus antwortet: «Super. Vielen Dank.» Am gleichen Tag bespricht er sich mit der Polizei; im Protokoll wird vermerkt: «MP erwartet offensives Vorgehen gegen Baumbesetzer.» (Zitate nach: Der Spiegel 50/2013; Stuttgarter Zeitung vom 10.12.2013).

5 Volker Kefer, «Erfolgsfaktoren für große Infrastrukturprojekte — Erfahrungen der Deutschen Bahn aus dem Projekt Stuttgart — Ulm», in: Forschung + Praxis — STUVA-Tagung 2013, herausgegeben von STUVA e.V., der Studiengesellschaft für unterirdische Verkehrsanlagen, November 2013, S. 17ff.

6 Kefer nennt im gleichen Vortrag für Stuttgart–München als aktuelle Fahrtzeit 140 Minuten und für die Zeit nach Realisierung von S21 und Neubaustrecke Wendlingen–

Ulm 100 Minuten. Tatsächlich aber lag die Fahrtzeit 1995 bei 118 Minuten. Mit einem bescheidenen Ausbau der Strecke Geislingen–Ulm ließe sich diese auf 110 Minuten reduzieren — womit einige Milliarden Euro eingespart würden. Siehe auch Kapitel 12 mit der Tabelle auf Seite 108.

7 Angaben nach: Machbarkeitsstudie Januar 1995, S. 34.

8 Von den 33.500 km Schienennetz sind aktuell rund 19.830 km elektrifiziert. 13.675 zu elektrifizierende Schienen-Kilometer zu je 1,25 Millionen Euro je km ergeben rund 17 Milliarden Euro Gesamtkosten. Siehe auch: Europäische Verkehrswende –JETZT – Reverse transport policy NOW!; Lunapark21 Extra01, Juli 2009, S. 32.

9 Der S21-Projektsprecher Wolfgang Dietrich: «Ich freue mich, dass die Frau des Ministerpräsidenten, Gerlinde Kretschmann, die Patenschaft für den Albabstiegstunnel übernimmt. [...] Die Tunnelpatin soll den Arbeitern beim Tunnelbau in der Tradition der heiligen Barbara, der Patronin der Bau- und Bergleute, Glück bringen.» (Presseerklärung der Deutschen Bahn AG vom 6.11.2013). Frauen fungieren zwar als Tunnelpatinnen, doch während der Tunnelbauarbeiten selbst sind sie höchst unerwünscht. Die Männer im Berg arbeiten lieber allein, um ein Zürnen der Berggöttin zu vermeiden. «Geologie-Studentinnen durften bei einer Bergwerksbesichtigung nur in den Lehrstollen und nicht in den Hauptstollen, da das Einfahren von Frauen in eine Zeche Unglück brächte». (Deutsche Forschungs Magazin, Heft 12/1994, S.5). Als 1985 in Japan der Seikan-Tunnel, der die Inseln Honshu und Hokkaido verbindet, eröffnet wurde, gab es zunächst eine Einweihung, an der Frauen nicht teilnehmen durften. Nach Protesten fand sechs Monate später eine zweite Einweihungsfeier statt, an der auch Journalistinnen teilnehmen durften — mit der Auflage «nicht in Röcken zu erscheinen». Mit diesen Maßnahmen konnte die Berggöttin offensichtlich getäuscht werden: Es gab kein Unglück. Viele Beispiele zu dem Thema in: Winfried Wolf, «Warum die Berggöttin zürnt»; in: Gymbel/Köhler/Koschinski/Strowitzki/Wolf, Tunnelmania – Licht und Schatten im Untergrund, Köln 1996 (ISP-Verlag).

10 Grußwort von Ingo Rust, MdL und Staatssekretär, Ministerium für Finanzen, in Forschung und Praxis – STUVA-Tagung 2013, S. 45.

11 Ausführlich zu diesem Komplex: Winfried Wolf, «Die Baumafia und Stuttgart 21», in: Kontext Wochenzeitung, Ausgaben 123, 124 und 126 (September und Oktober 2013).

12 ECE ist eine Tochter des Otto-Konzerns und der größte Projektentwickler Europas, u.a. Eigentümer des Leipziger und des Hamburger Hauptbahnhofs. An ECE angegliedert ist eine Stiftung mit Namen ‚Lebendige Stadt'. Im Vorstand dieser Stiftung ist bis heute vertreten Friederike Beyer, die Lebensgefährtin des ehemaligen baden-württembergischen Ministerpräsidenten Günther Oettinger. Der ehemalige Bundesverkehrsminister Wolfgang Tiefensee wirkt auch heute noch als stellvertretender Vorsitzender des Kuratoriums der Stiftung. Der langjährige Stuttgarter Oberbürgermeister, Wolfgang Schuster, ist ebenfalls weiter Mitglied im Stiftungs-Kuratorium. In unterschiedlichen Gremien der Stiftung waren längere Zeit Baden-Württembergs ehemalige Ministerin für Umwelt, Naturschutz und Verkehr Tanja Gönner und der S21-Architekt Christoph Ingelhoven. All diesen Personen gemeinsam ist, dass sie sich in ihren jeweiligen politischen Jobs für S21 verdient gemacht hatten — und damit für den Otto-Konzern bzw. dessen Tochter ECE.

13 vgl. Winfried Wolf, «Reformkommission Bau von Großprojekten. Oder: Die Böcke-zu-Gärtner-Kommission», in: Kontext Wochenzeitung, September 2013, Kontext (Stuttgart), Nr. 126. Wie eng Baumafia, Finanzsektor zusammenarbeiten und sogar die Justiz mitspielt, zeigt der folgende Vorgang. Mitte 2013 erklärte die Strabag-Führung, sie wolle Gerhard Gribkowsky eine Anstellung in der Finanzverwaltung des Baukonzerns verschaffen. Gribkowsky war Top-Manager bei der BayernLB, er war mitverantwortlich für das Engagement dieser Landesbank bei der österreichisch-deutschen Skandalbank Hypo Alpe Adria-Bank, was die bayerischen Steuerzahler 3,7 Milliarden Euro kostete. Gribkowsky wurde im Juni 2012 vom Münchner Landgericht zu einer Freiheitsstrafe von achteinhalb Jahren verurteilt wegen Bestechlichkeit und Untreue; er hatte 32,5 Millionen Euro Bestechungsgelder vom Chef der Rennsportserie Formel 1, Bernie Ecclestone, angenommen und dafür den Verkauf von Formel-1-Anteilen, die die Bank hielt, in Ecclestones Sinn «beeinflusst».

Strabag-Boss Haselsteiner argumentierte, es handle sich hier um eine «sinnvolle Maßnahme zur Resozialisierung». Im Übrigen hoffe man darauf, dass Gribkowsky «Freigang erhält». Gesagt, getan. Gribkowsky erhielt, soeben erst verurteilt, Freigang. Unterwürfig erklärte der Abteilungsleiter der Justizvollzugsanstalt München-Stadelheim, Frank Dickmann, «Herr Gribkowsky sei zunächst dank guter Führung Anfang Oktober [2013] in ein Freigängerhaus verlegt» worden. Er habe sich «beanstandungsfrei» verhalten und könne jetzt «stufenweise an sein zukünftiges Leben in Freiheit herangeführt werden». Gribkowsky arbeitet jetzt also für Strabag. Eben: Aus dem Bau zum Bau. (Quelle: Süddeutsche Zeitung vom 17.10.2013)

14 Wir formulieren bewusst «so gut wie»: In Norditalien, im Val di Susa, und teilweise in Turin gibt es einen vergleichbaren Protest mit langem Atem — gegen die Hochgeschwindigkeitsstrecke Turin–Lyon und die mit dem Projekt verbundenen gigantischen, mehr als 50 km langen Tunnel in den Alpen. Es ist kein Zufall, dass sich im Verlauf der vergangenen Jahre freundschaftliche Bezie-

hungen zwischen den Menschen entwickelten, die im Val di Susa und die in Stuttgart gegen die genannten Verkehrs-Großprojekte aktiv sind.

15 In der Broschüre der baden-württembergischen Landesregierung zur Volksabstimmung wurde festgehalten, dass «die zwischen den Projektparteien vereinbarten Kosten von 4,526 Milliarden Euro als Obergrenze der vom Land mitgetragenen Kosten festgelegt» wurden. Ende 2012 wurde bekannt, dass das Projekt auch aus Sicht der DB AG rund zwei Milliarden Euro mehr kosten wird. Diese neue Kostensumme wurde auf der DB AG-Aufsichtsratssitzung vom 5. März 2013 — nach den angeführten Interventionen aus dem Bundeskanzleramt — durchgewunken.

16 Die Zeit, 28.2.2013.

17 Johann Nestroy ... Uraufführung am 3. Januar 1844, Theater an der Wien.

Kapitel 20

1 Böttger, Christian (2013): Solide Zahlen, wenig Transparenz. In: Privatbahn-Magazin, Heft 3, Seite 106-108.

2 vgl. Tabellen in: Regierungskommission Bundesbahn (1991a), Seite 68f.

3 Bundestags-Drucksache 16/2243, Seite 1. Die Antwort liefert auch Details zu Zinsen und Tilgung. In der hier dargestellten Grafik wird die Zahl von 1998 als Näherungswert weitergeführt, da diese Schulden ja trotz der Übernahme in die allgemeinen Staatsschulden nicht verschwunden sind und vorher mit in der Bilanz der Bundesbahn enthalten waren, so dass sie für eine faire Vergleichsrechnung weiter berücksichtigt werden müssen.

4 Quellen der Zahlen: Bundestags-Drucksache 16/2243: Antwort der Bundesregierung auf die Kleine Anfrage der Abgeordneten Horst Friedrich (Bayreuth), Patrick Döring, Jan Mücke, weiterer Abgeordneter und der Fraktion der FDP; Bundestags-Drucksache 18/0049: Antwort der Bundesregierung auf die Kleine Anfrage der Abgeordneten Sabine Leidig, Herbert Behrens, Karin Binder, weiterer Abgeordneter und der Fraktion DIE LINKE betreffend «Ausgaben des Bundes für das Eisenbahnwesen und Zielerreichung der Bahnreform».

5 vgl. Regierungskommission Bundesbahn (1991): Bericht der Regierungskommission Bundesbahn, Seite 69. Originalwert: 23.686 DM.

6 vgl. Ilgmann, Gottfried (2003): Ziel verfehlt. In: Bahn-Report Heft 3.

7 vgl. DB Station und Service (2012): Bahnhöfe in Hessen 2012 — ebenso in den analogen Broschüren für andere Bundesländer. In diesen Broschüren von DB Station & Service sind die Proportionen, nach denen die Investitionen aus öffentlichen Mitteln bzw. aus Eigenmitteln dieser DB-AG-Tochter finanziert werden, meist exakt aufgelistet. Der letztgenannte Eigenanteil der DB liegt dabei selten höher als 20 Prozent. Teilweise springt selbst hier noch der Bund ein. So ließ die DB AG bzw. deren Tochter für Personenbahnhöfe den Hauptbahnhof in Frankfurt/M. in den 1990er Jahren zunehmend verfallen; es mussten in Inneren sogar Netze gespannt werden, weil Teile des Glasdachs herabstürzten. Ab 2002 begann eine grundlegende Sanierung, derer sich die Bahn in der genannten Broschüre rühmt; bis 2012 wurden dafür 117 Millionen Euro ausgegeben. Doch 93 Millionen Euro oder 80 Prozent zahlte allein der Bund. Weiteres Geld kam von der Kommune (Angaben u.a. nach Frankfurter Rundschau vom 5.11.2011 und Wikipedia, aufgerufen am 7.1.2014).

8 Bundesrechnungshof (2006): Bericht nach §99 BHO zur Finanzierung der Bundesschienenwege. Bonn, Seite 9.

9 zitiert nach Börnhoft, Petra & Frank Hornig (2000): «Deutsche Wahn AG». In: Der Spiegel, Heft 46, Seite 135.

10 Deutsche Bahn AG Geschäftsbericht 2012, Seite 4. Die Schulden werden interessanterweise von der «DB Finances» mit Sitz in Amsterdam verwaltet.

11 Bundestags-Drucksache 18/0049, Seite 2.

12 Bundesrechnungshof (2006), Seite 3.

13 4,3 Mrd. Euro fließen an DB Regio (= der DB AG-Anteil an den insgesamt 7,1 Mrd. Euro Regionalisierungsgeldern) plus öffentliche Mittel in Höhe von rund 4 Mrd. Euro für die Infrastrukturgesellschaften DB Netz und DB Station&Service.

14 Quelle der Zahlen: Geschäftsberichte der DB AG für die Jahre 2005 und 2012.

15 vgl. Privatbahn-Magazin online, Newsblog vom 29. März 2011. Ähnlich in: Berliner Zeitung vom 22.10.2007.

16 vgl. «Subventionen im Nahverkehr: Brüssel setzt Deutsche Bahn unter Druck». Spiegel Online vom 26.3.2011.

17 Heyer arbeitete von 1992 bis 1994 im Ministerium, Meyer übernahm das Ministerium 1993.

18 Rose, Mathew D. (2009): Das ist der Berliner Filz, Filz, Filz. In: Die Zeit vom 15.10.2009, Seite 26-27. Scandlines gehörte zu der Zeit zu 50% der DB AG, die diesen Anteil jedoch später verkaufte.

19 ARD (2004): «Kontraste» vom 1.4.2004.

20 Wüpper, Thomas: «DB kassiert 140 Millionen zu viel». Stuttgarter Zeitung vom 12.7.2012.

21 ARD (2004): «Kontraste» vom 1.4.2004.

22 Mofair e.V. / Netzwerk Europäischer Eisenbahnen e.V. (2013): Wettbewerber-Report Eisenbahn 2013/2014, Seite 85ff.

23 Es handelt sich um rund 2,5 Mrd. Euro für die Instandhaltung des Netzes aus der Leistungs- und Finanzierungsvereinbarung (LuFV), um rund 1,2 Mrd. Euro für Neu- und Ausbau des Netzes und um weitere Mittel für die

Bahnhöfe, letzteres vor allem aus Mittel der Länder und der Kommunen.
24 Bundesrechnungshof (2011): «Bericht nach §88 Abs. 2 BHO über die Infrastrukturzustands- und -entwicklungsberichte 2008 und 2009 der DB AG».
25 Geschäftsbericht der DB Station&Service 2012.
26 Kuhr, Daniela (2013): «Stopp für Teure Stopps». Süddeutsche Zeitung vom 27.11.2013. Konkret ging es bei der Entscheidung des Bundesgerichtshofs vom November 2013 um das von 2005 bis 2011 geltende Stationspreissystem der DB AG, durch das die Halte an einigen Stationen plötzlich bis zum Zehnfachen kosteten wie zuvor im Stationspreissystem 1999.
27 In: Magazin Euro 03/2011 (Finanzen-Verlag, München).
28 nach: Eurailpress.de/news/wirtschaft-unternehmen; abgerufen am 24.1.2014.

Kapitel 21

1 Erschienen in der Waiblinger Kreiszeitung (Teil der Stuttgarter Nachrichten) vom 19. August 2013.
2 Die Vorfälle in Mainz überdeckten teilweise, dass sich auch im Sommer 2013 im deutschen Schienenverkehr echte Dramen abspielten. Allein im Zeitraum 29. Juli bis 12. August blieben nach einer eher zufälligen, unvollständigen Recherche mindestens fünf Fernverkehrszüge der Deutschen Bahn AG auf freier Strecke liegen, so dass allein in diesem Zweiwochenzeitraum fast 2000 Menschen evakuiert werden mussten: Am 29. Juli 2013 blieb ein IC auf der Strecke von Oldenburg nach Leipzig liegen (170 Fahrgäste betroffen; Hannoversche Allgemeine Zeitung vom 29.7.2013). Am 2. August 2013 machte der Intercity 2401 auf seinem Weg von Hamburg nach Köln auf der Höhe von Münster-Sudmühle schlapp (Evakuierung von 300 Fahrgästen; Westfälische Nachrichten vom 2.8.2013; Express vom 2.8.2013). Am 5. August 2013 musste der ICE 690 auf dem Weg von München nach Berlin-Ostbahnhof auf offener Strecke in der Nähe von Langenselbold wegen «Rauchentwicklung im hinteren Triebkopf» einen Nothalt einlegen (500 Fahrgäste wurden evakuiert; hanauer.de vom 6. und vom 12.8.2013). Am 11. August 2013 blieb der ICE 226 aufgrund eines Triebkopfschadens auf seiner Fahrt nach Amsterdam in der Nähe von Emmerich-Elten liegen (Evakuierung von 400 Fahrgästen; www.derwesten.de vom 11.8.2013). Am 12. August 2013 stoppte ein ICE «wegen starker Rauchentwicklung im Triebwagen» seine Fahrt von Hamburg nach Dortmund in der Nähe von Bremen (Evakuierung von 450 Reisenden; Berliner Zeitung vom 12.8.2013).
3 Allgemeine Zeitung (Mainz) und fr.online, beide vom 2.8.2013; www.derwesten.de vom 12.8.2013.
4 Laut Eisenbahn-Bundesamt führte Bremssand bei der Gleisfreimeldung zu einer Fehlmeldung: «Aus nicht bekannten Gründen kam die S 8 in Richtung Frankfurt erst nach einer Schnellbremsung hinter dem Ausfahrsignal zu stehen und stand damit im Lichtraum für die nach Wiesbaden einfahrende S 8. Aufgrund des Bremssandes wurde der Weichenbereich, in dem ein Teil dieser nach Frankfurt fahrenden S 8 stand, aber als frei gemeldet, so dass der einfahrenden S 8 die Fahrstraße gelegt werden konnte. Der Unfall wurde durch die schnelle Reaktion des Triebfahrzeugführers verhindert.» Nach: Rail Business vom 8.8.2013. Die EBA-Erklärung stößt bei Kennern wie Eberhard Happe auf Widerspruch. Zunächst sei es einigermaßen unwahrscheinlich, dass 8, 12, 16, 24 Radsätze nach Sanden isoliert auf dem Gleis stehen. Vor allem aber verweist Happe darauf, dass an diesem Vorkommnis deutlich wird, «dass die Technik der Gleisstromkreise unzuverlässig und damit als Sicherheitskriterium ungeeignet ist.» Das ohnehin niedrige Spannungsniveau könne durch Alterung, Witterung weiter herabgesetzt und der elektrische Widerstandswert eben durch Sanden oder sonstige isolierende Verschmutzung so weit erhöht werden, dass keine Besetztmeldung mehr auf dem Display im Stellwerk erscheine. Er problematisiert grundsätzlich das Sanden in solchen Fällen («Die Funktion ‹Automatisches Sanden› sollte unverzüglich verboten und bei den damit ausgerüsteten Triebfahrzeugen abgeschaltet werden.») (Zitate aus privater Korrespondenz). Diese hochkomplexe Debatte kann hier nur skizziert werden. Offensichtlich aber ist, dass es in Mainz einen sehr ernst zu nehmenden Vorfall gab, der in einen Unfall mit vielen Toten hätte münden können – und aus dem nur dann die notwendigen Lehren gezogen werden können, wenn dafür ausreichend viel Kompetenz und Zeit «investiert» wird. Leider muss gerade daran gezweifelt werden.
5 Das Schreiben wurde zitiert bei: www.derwesten.de vom 12.8.2013.
6 Spiegel Online vom 12.8.2013.
7 Spiegel Online vom 12.8.2013.
8 Angabe bei: www.deutschbahn.com (Zugriff am 6.2.2014).
9 OV-Express, August 2010 (Zeitschrift der Berliner EVG). Hier zitiert nach: Unsere Zeit vom 16.8.2013.
10 Bild vom 14.8.2013 (Ausgabe Frankfurt/M.).
11 Bild vom 14.8.2013 (Ausgabe Frankfurt/M.).
12 Es handelt sich bei dem Belegschaftsabbau, den es seit Gründung der Deutschen Bahn AG im Januar 1994 gab, nur zu einem kleinen Teil um eine Art «Überhang», mit dem die Situation im ehemaligen Reichsbahn-Bereich an diejenige im Westen angepasst wurde. 1990 waren bei Bundesbahn und Reichsbahn mehr als 500.000 Menschen beschäftigt; 1994 nur noch 321.000. Es gab also in den ersten fünf Jahren seit dem Mauerfall bereits einen Be-

legschaftsabbau von fast 200.000 Stellen im Schienenbereich. Und danach kam es zu der oben beschriebenen nochmaligen Halbierung. Zahlen nach: Verkehr in Zahlen 1997, S. 62.

13 Jeweils zwischen Jahresende 2002 und November 2013; immer gerechnet in Vollzeitarbeitsplätzen (VZP).

14 Alle Angaben nach Daten und Fakten 2002, S. 27, und Daten und Fakten 2012, S. 10 (herausgegeben von der Deutschen Bahn AG); Monatsbericht Personal, Deutsche Bahn AG, November 2013.

15 Im Bereich DB Regio (Nahverkehr) betrug dieser zusätzliche Abbau 1,9 % (von 34.145 auf 31.459 VZP). Im Schienengüterverkehr (Railion) waren es 7,9 % (von 34.145 auf 31.459 VZP; erneut im Zeitraum Ende 2009 bis November 2013). Quellen wie in der vorausgegangenen Fußnote wiedergegeben.

16 Monatsbericht Personal, Deutsche Bahn AG, Februar 2009 und November 2013.

17 Daniela Kuhr, «Bitte warten», in: Süddeutsche Zeitung vom 22.8.2011. Um die Fahrgäste, die ihre Tickets in einem Reisezentrum erwerben oder allgemein dort Auskunft und Beratung erhalten wollen, zu vergraulen, greift der Bahnkonzern auch zu ungewöhnlichen Maßnahmen. Im Mai 2013 wurde im Berliner Hauptbahnhof ohne Ankündigung das zentrale Reisezentrum in der ersten Etage geschlossen — angeblich wegen «Umbauarbeiten». Es wurde erst wieder im Dezember 2013 geöffnet.

18 Beim Bordservice und bei der Fahrzeuginstandhaltung jeweils von 600.000 auf 700.000 Überstunden; November 2013 gegenüber November 2012.

19 Alle Angaben nach: Monatsberichte Personal, Deutsche Bahn AG, November 2013.

20 Michael Kröger, «Ausgelaugt und wütend», Spiegel Online vom 12.8.2013.

21 Nikolas Doll, «Sparkurs gefährdet deutschen Bahnverkehr», in: Die Welt vom 27.8.2013.

22 Die Welt vom 27.8.2013.

23 Bundesministerium für Verkehr, Bau und Stadtentwicklung — Antwort auf die Berichtsanforderung der Abg. Frau Dr. Gesine Lötzsch vom 13. August 2013. Danach arbeiteten 2003 im Bereich für «Ingenieur-, Ober- und Hochbau-Anlagen (IOH-Anlagen)» (= «Sachbereiche 2») 2003 noch 95,6 Personen (wohl: VZP), 2013 waren es noch 55,8 Personen. Im Bereich «Sicherung-, Telekommunikations- und elektrotechnische Anlagen (STE-Anlagen)» (= «Sachbereiche 3») im Jahr 2003 noch 98,5 Personen; 2013 waren es noch 70,9.

24 Financial Times Deutschland vom 16.8.2011.

25 Frankfurter Allgemeine Zeitung vom 17.1.2013.

26 Financial Times Deutschland vom 16.8.2011.

27 Bild (München) vom 15.7.2011 (Rad aus dem ICE geworfen: Ein siebenjähriger Junge fuhr mit seiner Mutter von Wien nach Frankfurt/M. und hatte ein neues Kinderfahrrad mit dabei. Die Kontrolleure in Österreich beanstandeten das Rad nicht; der erste Zugbegleiter auf deutschem Boden beförderte das Rad auf den Bahnsteig); Süddeutsche Zeitung vom 27.11.2013 (Schulklasse fliegt aus dem Zug: Die Lehrerin hatte vergessen, das Gruppenticket zu entwerten; die Schaffnerin stellte die Klasse vor die Wahl, entweder pro Kopf 40 Euro zu bezahlen oder den Zug — auf einer Fahrt zwischen Bad Oeynhausen und Herford — zu verlassen); Bild vom 1.2.2010 (Die 16-jährige Schülerin wollte mit dem Regionalexpress von Berlin nach Cottbus; ihr fehlten zwei Euro für den Fahrschein; sie musste den Zug in Königs Wusterhausen verlassen).

28 Le Soir, Bruxelles (Belgien) vom 15.8.2013.

Kapitel 22

1 Gedächtnisprotokoll der Autoren. Der Film ist übrigens auch heute noch sehenswert und kann auf www.kernfilm.de bestellt werden.

2 Eine Relativierung sei bereits vorweggeschickt. Ein wichtiger Grund für den Misserfolg der materiellen Bahnprivatisierung in Deutschland dürfte im Zeitfaktor zu suchen sein. Die materielle Privatisierung der japanischen Eisenbahn — Ende der 1980er Jahre durchgesetzt gegen den massiven Widerstand der Eisenbahngewerkschaft Kokuru (National Railway Workers' Union) — und die materielle Privatisierung von British Rail, Anfang der 1990er Jahre durchgesetzt gegen den erbitterten Widerstand der britischen Eisenbahnergewerkschaft NUR (National Union of Railwaymen) bzw. der späteren RMT (National Union of Rail, Maritime and Transport Workers) fanden zu Zeitpunkten statt, als die neoliberale Theorie in der öffentlichen Wahrnehmung unangefochten war, mitbedingt durch den Niedergang und schließlich die Auflösung der Länder, die sich als sozialistisch bezeichneten. Die deutsche Bahnprivatisierung als formelle startete zwar zum selben Zeitpunkt wie die britische, doch der Härtetest, der Umschlag in die materielle Privatisierung, begann ein knappes Jahrzehnt später, als der Siegeszug der neoliberalen Theorie mit dem Zusammenbruch der Neuen Märkte 2000/2001 bereits stark angeknackst war. Es war dann sicher kein Zufall, dass das definitive Scheitern des deutschen Bahnbörsengangs — in seinem ersten Anlauf, wie wir hinzufügen! — mit der Finanz- und Wirtschaftskrise im Sommer 2008 zusammenfiel.

3 Bis zur Debatte um das Preissystem PEP 2001 äußerte sich Pro Bahn durchaus kritisch; dann gab es jedoch offensichtlich eine Art Burgfrieden zwischen der Bundesebene von Pro Bahn und der DB AG — und Pro Bahn schwenkte auf eine ausgesprochen DB-freundliche Linie um.

4 fbb wurde von Anfang an mitgetragen von Robin Wood, von den drei VCD-Landesverbänden Bayern, Niedersachsen und Hamburg und von der Hamburger Gruppe «Eisenbahn statt Autowahn». Von Anfang an dabei waren Wolf Drechsel (Gesellschaft für fahrgastorientierte Verkehrsplanung), Heiner Monheim, Meike Spitzner (Wuppertal Institut), die Reichsbahnbeschäftigten und GdED-Aktiven Helmut Adolf und Ria Steinke, Dagmar Enkelmann (MdB; PDS) und Winfried Wolf. Es gab zeitweilig eine enge Zusammenarbeit zwischen fbb und der GdED-Jugend.

5 Die Zeitschrift «bessere bahn» veröffentlichte in Heft 3/4 (September 1994) auch eine erste Kurzfassung des Snell-Reports über die Zerstörung der US-amerikanischen schienengebundenen öffentlichen Verkehrssysteme als Folge einer Verschwörung der US-amerikanischen Autoindustrie.

6 Von Anfang an Mitglied bei BsB waren Matthias Freitag (Bereichsvorstand Güterverkehr im Transnet-Hauptvorstand), Klaus Gietinger (Autor; Filmregisseur), Johannes Hauber (Betriebsratsvorsitzender Bombardier Transportation), Hans-Joachim Kernchen (Vorsitzender der GDL in Berlin, Brandenburg und Sachsen), Andreas Kleber (Hotelier; Mitbegründer der Horber Schienentage), Prof. Heiner Monheim (Geograph und Stadtplaner), Prof. Dr. Jürgen Rochlitz (1994–1998 MdB der Grünen), Hermann Scheer (SPD-MdB, Präsident von Eurosolar), Gangolf Stocker (Initiative «Leben in Stuttgart, kein Stuttgart 21») und Dr. Winfried Wolf (Autor; 1994–2002 MdB der PDS). Später schlossen sich BsB u.a. noch der langjährigen SPD-MdB Peter Conradi und Liesel Hartenstein an. Das folgende Kapitel 23 wird von BsB mit getragen.

7 «Bürgerbahn statt Börsenbahn», Frankfurter Rundschau vom 14.11.2000, Seite 16.

8 Diese Dokumentationen befassten sich mit den Themen «Der ausgebremste Erfolgszug — ein Plädoyer für den InterRegio» (Frankfurter Rundschau vom 3.4.2001), «Den Ausverkauf der Bahn beenden — die Verantwortung für die Schieneninfrastruktur wahrnehmen» (Frankfurter Rundschau vom 27.6.2001).

9 Nach der ersten Auflage des Flyers «Ihr Interregio nach Nirgendwo» sandte die Deutsche Bahn AG an Bürgerbahn statt Börsenbahn ein Schreiben, in dem festgestellt wurde: «Ihr Flyer ahmt detailgetreu unseren ‹Ihr Reiseplan› nach […] Durch dieses Plagiat […] verletzen Sie Urhebernutzungsrechte der Deutschen Bahn AG. Wir müssen Sie daher auffordern, die Verbreitung dieser Flyer mit sofortiger Wirkung einzustellen.» Die DB AG drohte im Fall einer Zuwiderhandlung damit, «ohne weitere Mahnung gerichtliche Hilfe in Anspruch zu nehmen». Es wurde eine zweite und dritte Auflage dieses IR-Plagiat-Flyers gedruckt. Die DB AG unterließ es, vor Gericht zu ziehen. Bei den späteren, dann weit umfangreicheren Verteilaktionen mit den Reisebegleitern «Höchste Eisenbahn — Stoppt die Börsenbahn» (siehe unten) gab es (wie Bahn für Alle dokumentieren konnte) bahnintern intensive Debatten darüber, ob diese Verteilaktivitäten auf gerichtlichem Weg gestoppt werden sollten. Das hätte formal zweifellos Erfolg gehabt; juristisch gesehen hatte der Bahnkonzern nur Trumpf-Asse auf der Hand. Dennoch nahm der Vorstand der Deutschen Bahn Abstand von einem solchen Vorgehen — aus Furcht vor öffentlichen Reaktionen nach Art Goliath gegen David, aber auch aufgrund der sich drehenden öffentlichen Meinung in Sachen Privatisierungen. Allerdings wurden die Zugbegleiter der DB AG angewiesen, die Flyer in den Zügen wieder einzusammeln und sie gegebenenfalls auch Fahrgästen, die sie erhalten hatten, wieder wegzunehmen. Das letztere führte teilweise zu grotesken Situationen in den Zügen, da die Fahrgäste durchweg positiv auf solche Verteilaktionen reagierten.

10 Die Ergebnisse der Tagung wurden veröffentlicht als: Monheim, Heiner & Klaus Nagorni (2004): Die Zukunft der Bahn. Zwischen Bürgernähe und Börsengang. Karlsruhe (Evang. Akademie Baden).

11 Die vollständige Aufstellung der Mitgliedsorganisationen und weitere Informationen über das Bündnis finden sich unter www.bahn-fuer-alle.de

12 Wanner, Claudia (2006): «Von Unwetter und Ungeziefer». Financial Times Deutschland, 18.9.2006.

13 Es gelang dem Bündnis BfA zum damaligen Zeitpunkt nicht, die Fraktion DIE LINKE für die Arbeit gegen den Bahnbörsengang zu gewinnen. Stattdessen kam es nur zu einer punktuellen Zusammenarbeit, so mit Oskar Lafontaine. Die Fraktion selbst brachte Ende 2006 einen Antrag mit dem Titel «Den Börsengang der Deutschen Bahn AG stoppen» ein, der primär auf die Aufspaltung des Konzerns abzielte (Bundestags-Drucksache 16/3801). Diese Position änderte sich erst 2009 mit der Wahl der bisherigen Attac-Geschäftsführerin Sabine Leidig in den Bundestag und ihrer Übernahme der Funktion der Verkehrspolitischen Sprecherin für die Fraktion.

14 Transnet vereinigte sich 2010 mit der GDBA zur neuen Eisenbahn- und Verkehrsgewerkschaft (EVG).

15 Hansen arbeitete letztlich nur ein knappes Jahr für die DB AG. Die Vergütung seiner Vorstandstätigkeit — oder sollte man sagen: der Judaslohn für seinen Seitenwechsel — betrug im Jahr 2008 insgesamt 556.000 Euro und im Jahr 2009 467.000 Euro plus eine Abfindung von 2,256 Millionen Euro und eine BahnCard 100 auf Lebenszeit. In seiner ehemaligen Gewerkschaft und unter den Kollegen will inzwischen niemand mehr den Namen hören. Angaben zu den Gehältern nach: Geschäftsberichte der DB AG 2008 und 2009.

16 Es handelte sich um Armin Duttiné und Markus Fuß; ihre Abschiedsbriefe von der Transnet sind hier dokumen-

tiert: http://www.bahnvonunten.de/bahnvonunten/abschiedsbriefe.htm (letzter Zugriff: 4.2.2014)
17 Strenggenommen handelte es sich um «Smart Mobs», da sie nicht um ihrer selbst Willen stattfanden, sondern eine politische Botschaft transportierten. Solche Aktionen sind in politischen Kampagnen seither in Mode gekommen — bis zu dem Punkt hin, dass auch Unternehmen (u.a. die DB AG selbst) bereits versuchen, sie für sich in Anspruch zu nehmen.
18 Verkehr in Zahlen 2008/2009 (S. 38) nennt für das Jahr 2006 den Wert von 183,015 Milliarden Euro für das Bruttoanlagevermögen der Deutschen Bahn AG. Damals ging es noch tatsächlich um den Verkauf der Bahn als integriertem Konzern, einschließlich seiner Infrastruktur.
19 Bahn für Alle (2008): Kostendruck lässt Achsen brechen. Die Tageszeitung, 5.8.2008.
20 Bahn für Alle (2008): Schöne Bahn-Bescherung. Die Tageszeitung, 22.12.2008. Siehe zu dem Themenkomplex Sicherheit auch das Kapitel 6 in diesem Buch.
21 Der Hauptgrund für den Abgang Mehdorns war ironischerweise das von ihm aufgebaute Bespitzelungssystem, um DB-interne Informanten zu finden, die immer wieder wichtige Infos an BfA gegeben hatten, die das Bündnis in der Arbeit gegen den Börsengang verwenden konnte. Außerdem hatte Mehdorn über den angeblichen «Thinktank» Berlinpolis eine verdeckte Kampagne für den DB-Börsengang mit 1,3 Millionen Euro finanziert, die direkt gegen die Arbeit von BfA gerichtet war.
22 Auf der Konferenz wurde das «Programm Schiene Europa2025» verabschiedet (erschienen als Lunapark21 Extra01, Juli 2009 in deutsch und englisch).
23 Der aktuelle Bericht sowie Pressemitteilungen finden sich jeweils auf der Seite www.bahn-fuer-alle.de
24 Der Konferenzbericht erscheint im Sommer 2014 als Lunapark21 Extra09.
25 Aus einem Interview mit Hartmut Mehdorn, damals noch Vorstandsvorsitzender der DB AG: «Bösartige Unterstellungen». In: Wirtschaftswoche, Heft 39/2007. Tatsächlich waren es in anderen Umfragen bereits mehr als 70 Prozent der Bevölkerung, die sich gegen die Privatisierung aussprachen.

Kapitel 23

1 Mitglieder im Bahnexpertenkreis BsB sind bei Stand Februar 2014: Michael Bienig, Karl-Dieter Bodack, Peter Conradi, Christoph Engelhardt, Klaus Gietinger, Eberhard Happe, Johannes Hauber, Wolfgang Hesse, Andreas Kegreiß, Andreas Kleber, Karl-Heinz Ludewig, Heiner Monheim, Jürgen Rochlitz, Gangolf Stocker und Winfried Wolf.
2 Regierungskommission Bundesbahn (1991): Bericht der Regierungskommission Bundesbahn. Bonn, Seite 5. — Statt «DB AG» heißt es im Original «DEAG» (= Deutsche Eisenbahn AG). EG = Europäische Gemeinschaft (Rechtsvorgänger der heutigen EU).
3 Vergleichbar hatte sich der wissenschaftliche Beirat beim Bundesminister für Verkehr im Juli 1993 positioniert: «Die Bahnreform bleibt Stückwerk, wenn nicht gleichzeitig die Subventionierung des wichtigsten Konkurrenten der Bahn, der Straße, nachhaltig beseitigt wird.» Zitiert nach Bennemann, Stefan (1994): Die Bahnreform. Hannover (Raulfs), Seite 57.
4 vgl. Engartner, Tim (2008): Die Privatisierung der Deutschen Bahn — über die Implementierung marktorientierter Verkehrspolitik. Wiesbaden (VS Verlag für Sozialwissenschaften); Meyer, Andreas (2012): «Wir fahren keinen Schmusekurs». Die Zeit (Ausgabe Schweiz) Nr. 18.
5 vgl. Bundesministerium für Verkehr, Bau- und Stadtentwicklung (2012): Verkehr in Zahlen 2012/13. Hamburg (DVV Media Group GmbH).
6 vgl. ICLEI (2011): Making EcoMobility real: Changing urban transport behaviour sustainably. Bonn (ICLEI World Secretariat).
7 vgl. Burger, Andreas, Frauke Eckermann, et al. (2010): Umweltschädliche Subventionen in Deutschland — Aktualisierung für das Jahr 2008. Dessau-Roßlau (Umweltbundesamt), Seite 4.
8 Im Transportbereich ist der Bahnverkehr sogar fast vierzig Mal günstiger als der Flugverkehr. Alle Daten zu den externen Kosten aus: Schreyer, Christoph, Markus Maibach, et al. (2007): Externe Kosten des Verkehrs in Deutschland — Aufdatierung 2005. Zürich (Infras).
9 vgl. Umweltbundesamt (2012): Daten zum Verkehr, Ausgabe 2012. Dessau (Umweltbundesamt), Seite 62.
10 vgl. Bennemann, Stefan (1994), Seite 7; Ellwanger, Gunther (2004): Kostenwahrheit im Verkehr verwirklichen. München (ProBahn); Hirte, Georg (2008): Abgaben als Instrumente zur Kostenanlastung von externen Kosten und Wegekosten im Straßenverkehr. Berlin (Allianz pro Schiene).
11 Das in unserem Buch vielfach positiv hervorgehobene Verkehrssystem in der Schweiz hat auch Schattenseiten. Zwar legen die Menschen in der Schweiz pro Jahr drei Mal mehr Kilometer im Schienenverkehr zurück als in Deutschland — trotz der Tatsache, dass die Schweiz nur ein Zehntel so groß wie Deutschland ist. Gleichzeitig fahren die Schweizer Bürger im Durchschnitt aber auch deutlich mehr Kilometer pro Jahr mit dem Pkw. Diese höchst spezifische Verkehrsstruktur dürfte auch für die Schweizer Volkswirtschaft mit erheblichen Sonderkosten verbunden sein. Sie ist wohl nur denkbar in einem Land, mit außerordentlich hohem Durchschnittseinkommen und einer Arbeitslosenquote, die bei einem Drittel des EU-Durchschnitts liegt.

12 Die Schweizerischen Bundesbahnen (SBB) haben die Struktur einer spezialgesetzlichen Aktiengesellschaft. Somit definiert ein Gesetz die Besonderheit dieser Aktiengesellschaft, die eben nicht primär an der Gewinnerzielung ausgerichtet ist. Trotz Bindung der Schweiz an die EU hat dieses Land als Nicht-EU-Mitglied einen deutlich größeren Freiraum für eine solche spezielle Unternehmensform; eine vergleichbare spezielle AG-Struktur könnte im Fall der Deutschen Bahn AG mit dem EU-Recht kollidieren. Auch aus diesem Grund erscheint uns die hier vorgeschlagene Lösung einer Anstalt des öffentlichen Rechts als eingeführte und seit Jahrzehnten seitens der EU für deutsche Unternehmensstrukturen akzeptierte Unternehmensform besser geeignet.

13 Im Güterverkehr stieg zwischen 1994 und 2013 die binnenländische Transportleistung von 422 Milliarden Tonnenkilometern auf 700 Mrd. tkm oder um 66 Prozent. Der Träger war dabei der Lkw-Verkehr, der sich im gleichen Zeitraum von 270 Mrd. tkm auf 520 Mrd. tkm verdoppelt hat. Es gibt in diesem Zeitraum keinen Zuwachs beim Lebensstandard, wohl aber ein Verlust an Lebensqualität, beispielsweise aufgrund von mehr Verkehr (u.a. mit mehr Lärmbelastung). Im Personenverkehr stieg die (motorisierte) Verkehrsleistung im gleichen Zeitraum von 994 Mrd. Personenkilometern auf 1200 Mrd. Pkm oder um gut 20 Prozent. Hier lagen die großen Verkehrssteigerungen in den vorausgegangenen Jahrzehnten.

14 Nähere Informationen zur Idee der Gemeinwohlbilanz: http://www.gemeinwohl-oekonomie.org/de/content/gemeinwohl-bilanz-erstellen/; Zugriff: 1.2.2014; vgl. Felber, Christian (2010): Gemeinwohl-Ökonomie — Das Wirtschaftsmodell der Zukunft. Wien (Deuticke).

15 Die Bundeswehr ist zu 100 Prozent defizitär; der «Jahresfehlbetrag» betrug rund 33,2 Milliarden Euro im Jahr 2013 — noch ohne die erheblichen Subventionen, die die Rüstungsindustrie (etwa EADS zum Bau des Militärtransporters A400M) erhält. Dass die staatlichen Ausgaben für Armee und Rüstung in dieser Höhe gesamtgesellschaftlich akzeptiert sind, darf bezweifelt werden. Auch Schulen sind «defizitär». Das wiederum dürfte nicht nur gesellschaftlich akzeptiert sein; es gibt in Deutschland klare Mehrheiten dafür, dass die öffentlichen Mittel für das Bildungssystem erhöht werden. Faktisch dürfte ein guter Schienenverkehr, die Infrastruktur eingerechnet, auch immer ein Minus erwirtschaften. Es geht also nicht um die Frage, ob ein gewisses öffentliches Gut «defizitär» ist, sondern darum, was sich unsere Gesellschaft leisten will und kann.

16 Zu Hatfield: vgl. Office of Rail Regulation (2006): Train Derailment at Hatfield — A Final Report by the Independent Investigation Board. London (Office of Rail Regulation). — Der Unfall war einer der Gründe für die letztendliche Insolvenz von «Railtrack».

17 Art. 87e, Absatz 4 des Grundgesetzes (in der mit der Bahnreform geänderten Fassung vom 27.12.1993)

18 Hüsing, Martin (1999): Die Flächenbahn als verkehrspolitische Alternative. Wuppertal (Wuppertal Institut); Monheim, Heiner (2004): Immer größer, immer schneller? Karlsruhe (Evang. Akademie Baden).

19 vgl. Busche, Holger, Hartmut Buyken, et al. (2000): Der letzte Fahrplanwechsel. Berlin (ProBahn). Eine weitere Studie dafür wurde von der Bundesregierung 2013 in Auftrag gegeben.

20 vgl. Dürr, Heinz (1994): Bahnreform — Chance für mehr Schienenverkehr und Beispiel für die Modernisierung des Staates. Heidelberg (Müller), Seite 9.

21 Die einzige Aktivität der Regierung dazu war die Beauftragung einer weiteren Studie.

22 vgl. Göbertshahn, Rudolf (1993): Der Integrale Taktfahrplan; Hesse, Wolfgang (2006): Deutsche Spinne oder Schweizer Netz? — Netz- und Fahrplanentwicklungen im Vergleich. In: Eisenbahn-Revue International 2/2006, S. 98-102, Luzern (Minirex Verlag)

23 1995 hatte das Schienennetz eine Betriebslänge von 40.355 km; davon waren 17.054 km oder 42% elektrifiziert. 2012 waren es 33.500 km, wovon 19.830 km oder 59% elektrifiziert waren.

24 Es muss bedacht werden, dass bereits dann, wenn ein kurzer Streckenabschnitt nicht elektrifiziert ist, Züge auch auf elektrifizierten Strecken mit Dieseltraktion unterwegs sind. So wird beispielsweise die elektrifizierte Rheinstrecke regelmäßig von Zügen mit Dieselloks — insbesondere von Güterzügen — befahren. Im Vergleich zu Zügen mit elektrischer Traktion ist dies auch mit deutlich höheren Lärmemissionen verbunden.

25 Interessanterweise haben einige europäische Länder einen deutlich höheren Elektrifizierungsgrad des jeweiligen Schienennetzes als Deutschland. Belgien: 88%; Schweden: 82%, Italien: 80%, Österreich: 75%, Niederland: 74%, Spanien: 70%.

26 vgl. Litra (2001): Die Vorteile der integrierten Bahn. Bern (Litra — Informationsdienst für den öffentlichen Verkehr), Seite 11f.

27 Aktuell zahlt ein Güterzug maximal 1,50 Euro je Zugkilometer an DB Netz — teilweise auch nur 0,50 Euro je Zugkm. Die Kosten für Nahverkehre liegen bereits bei mehr als dem Doppelten: Die Trassenpreise im Fernverkehr liegen zwischen 3 und 9 Euro je km; im Durchschnitt bei 5 Euro. Die exorbitante Höhe dieser letztgenannten Trassenentgelte hat wenig mit den EU-Bestimmungen zu tun; die EU verlangt lediglich ein Entgelt in Höhe der (viel niedrigeren) Grenzkosten. Hans Leister nennt in einem interessanten Artikel das Beispiel einer sehr gut befahrenen Schienenverkehrsverbindung zwischen Prag und Ostrava, auf der der tschechische Netzbetrei-

ber einschließlich der Bahnhofsnutzung für die einfache Fahrt 227 Euro verlangt. Leister: «Auf einer vergleichbaren Distanz und Streckenkategorie (160 km/h; Mischverkehr) würden in Deutschland etwa 1700 Euro fällig werden, zuzüglich der Stationsgebühren von zirka 100 bis 200 Euro.» Das heißt: In dem demselben EU-Recht unterliegenden Nachbarland Tschechien liegen die Infrastrukturentgelte, die ein Eisenbahnbetreiber zu bezahlen hat, bei einem Achtel derjenigen, die in Deutschland abverlangt werden. In: Hans Leister, «Halbierung der DB-Trassenpreise – eine reale Option für 2015», in: Eisenbahn-Revue International, 5/2013, S. 255ff.; Aktuelle Trassenentgelte nach: Trassenpreissystem (TPS), Liste der Entgelte der DB Netz AG 2013, herausgegeben von DB Netze, Dezember 2012.

28 Dass mit der Automatisierung des Fahrkartenverkaufs und mit dem parallelen Abbau von Personal und der Schließung von Schaltern am Ende Geld gespart wird, muss bezweifelt werden. Zumindest dürften die eingesparten Summen deutlich kleiner sein als behauptet. Dabei muss berücksichtigt werden, dass in jüngerer Zeit viele Fahrkartenautomaten beschädigt wurden und diese immer aufwendiger gebaut werden müssen – und sich damit verteuern. Zum Jahreswechsel 2013/14 begannen erste Stadtwerke – so in Ulm und Neu-Ulm – damit, sämtliche Fahrscheinautomaten 5 bis 6 Tage lang außer Betrieb zu setzen, um den üblichen Beschädigungen durch Böller und Silvesterraketen vorzubeugen. Die Fahrgäste wurden aufgefordert, Tickets an den öffentlichen Fahrkartenverkaufsstellen zu erwerben – von denen es jedoch nur noch wenige gibt.

29 Die Barrierefreiheit muss auch Bahnhofstoiletten erreichen, deren Drehkreuze und unangemessen hohe Gebühren abgeschafft gehören.

30 Es gibt durchaus einige schwierige Ausgangsbedingungen für Nachtzüge. Aktuell liegt die Laufleistung je Nachtzug bei rund 200.000 Fahrzeugkilometer im Jahr; normale Fernverkehrszüge kommen auf das Dreifache. Gepaart mit der geringeren Zahl beförderter Personen sind das selbstverständlich zunächst negative Parameter, um einen rentablen Betrieb zu ermöglichen. Diese Ausgangsbedingungen können mit den drei folgenden Maßnahmen relativiert werden: (1) Längere Laufwege: Im Fall der Realisierung eines europaweiten, gut vernetzten Nachtzugsystems werden die gefahrenen Strecken auch deutlich länger, was die Kapazitätsauslastung des Systems erhöht. (2) Stark reduzierte Trassengelder. Die teure Schieneninfrastruktur ist nachts zu einem deutlich geringeren Teil als tagsüber ausgelastet. Nachtzüge könnten bei einer entsprechenden Neuregelung mit deutlich reduzierten Trassenpreisen fahren. (3) Grundsätzlich sollte ein Wagenmaterial entwickelt und zunehmend eingesetzt werden, das im Nachtzugverkehr *ebenso wie im Schienenpersonenfernverkehr* am Tag eingesetzt werden kann. Solche Züge wurden für TUI bereits in den 1980er Jahren entwickelt; sie befinden sich auch heute noch im Einsatz. Auf Nachtzügen könnten dann ab einer bestimmten Umlaufdistanz Flexi-Wagen mit wechselbarer Tag/Nacht-Bestuhlung eingesetzt werden. Im Übrigen wurden die Nachtzüge der Deutschen Bahn von 1994 bis 2009 als «CityNightLine»-Züge mit den komfortablen und gut gefederten spanischen «Talgo»-Zügen betrieben, die dann jedoch – nach DB-Angaben aus Kostengründen – wieder aus dem Verkehr gezogen und durch altmodische und unkomfortable Nachtzüge ersetzt wurden.

31 Verbraucherzentrale Bundesverband (2012): Mobilität der Zukunft aus Verbrauchersicht – nachhaltig, vernetzt und bezahlbar. Berlin (Verbraucherzentrale Bundesverband e.V.), Seite 40.

32 vgl. Schiesser, Hans Kaspar, Markus Thut, et al. (2007): Manual Direkter Verkehr. Bern (Verband öffentlicher Verkehr Schweiz), Seite 43ff.

33 Einen erfolgreichen Nulltarif-ÖPNV gibt es z.B. in vielen französischen Kommunen oder seit Anfang 2013 in Tallinn; auch im belgischen Hasselt hat sich das Modell – trotz der mittlerweile erfolgten Wiedereinführung eines geringen Fahrpreises – bewährt. Weitere Details zu dem Modell: Battistini, Sandro (2012): ÖPNV zum Nulltarif – Möglichkeiten und Grenzen. Berlin (VCD).

34 Im Koalitionsvertrag vom Dezember 2013 wird zwar die Ausweitung der Mautpflicht für Lkw auf Bundesstraßen angekündigt. Gleichzeitig soll es jedoch dabei bleiben, dass Lkw erst ab 12 Tonnen überhaupt einer Mautpflicht unterliegen.

35 Schallaböck, Karl Otto & Markus Hesse (1995): Konzept für eine Neue Bahn. Wuppertal, Seite 105ff.; Monheim, Heiner, Sabine Dümmler, et al. (2010): Spurwechsel – Ideen für einen innovativen ÖV. Trier (Universität Trier), Seite 39.

36 Die beiden Autoren fragen: Wenn eine solche, wunderbar-abenteuerliche Eisenbahnfahrt möglich war, warum sollte das Abenteuer «Bahnfreundliche Republik Deutschland» nicht umsetzbar sein? Quelle: Ein Zug aus Eis und Feuer. Hamburg (Nautilus) 2007; Zitat S. 27ff. Manu Chao und seine damalige Band La Mano Negra durchqueren im eigenen, aus Schrottteilen zusammengebastelten Zug mit einer Gruppe französischer, kolumbianischer und brasilianischer Künstler – trotz Warnungen wegen vieler Morde und Entführungen – das ländliche Kolumbien. Auf einer Bahnstrecke, die längst nicht mehr befahren wird, kommen sie mit der rasanten Geschwindigkeit von 20 Stundenkilometern voran. Auf ihren kostenlosen Konzerten treffen sie auf Bauernfamilien, Heimatlose, Drogendealer, Militärs und Guerilleros, werden mit Hitze und Krankheiten, Nahrungs- und Wassermangel, mit Begeisterung und Gastfreundschaft konfrontiert.

Bernhard Knierim ist Diplom-Biophysiker sowie Dr. rer. nat und hat außerdem einen Master of Public Policy inne. Er kam über die Kampagne Bahn für Alle zu den Themen Bahn und Mobilität. Er publiziert zu verschiedenen Verkehrs-, Energie- und Umweltthemen. Seit 2007 erstellt er gemeinsam mit Winfried Wolf den jährlichen Alternativen Geschäftsbericht der Deutschen Bahn AG, der inzwischen eine gewisse mediale Resonanz als «Gegenbilanz» zum Geschäftsbericht der DB AG erlangte. Wolf und Knierim sind Mitinitiatoren des Bündnisses Bahn für Alle, das sich seit 2005 erfolgreich gegen die Privatisierung der DB AG engagiert. Knierim veröffentlichte 2013 das Buch «Essen im Tank – Warum Biosprit und Elektroantrieb den Klimawandel nicht aufhalten», das als Alternative zu den propagierten technischen Lösungen eine Überwindung des Verkehrswachstums und die Verlagerung auf schonende Verkehrsarten skizziert. Er schreibt regelmäßig Artikel für verschiedene Zeitschriften.

Winfried Wolf ist Diplompolitologe und Dr. phil. Er veröffentlichte zahlreiche Bücher und Beiträge zu Verkehrs- und Wirtschaftsfragen; darunter «Eisenbahn und Autowahn» (1986 und 1992), «Berlin – Weltstadt ohne Auto? Eine Verkehrsgeschichte 1848–2015» (1995) und «Verkehr. Umwelt. Klima – Die Globalisierung des Tempowahns» (2007 und 2009). Er veröffentlichte 1995 das erste Buch gegen Stuttgart 21 («Stuttgart 21 – Hauptbahnhof im Untergrund?») und ist Mitverfasser von drei weiteren Büchern zur kritischen Bilanz dieses Verkehrsprojektes (2010: «Wem gehört die Stadt?»; 2011: «Die Antwort auf Heiner Geißler»; 2013: «Empört euch weiter! Neue Argumente gegen Stuttgart 21»). Wolf war 1994 bis 2002 Mitglied des Bundestages und verkehrspolitischer Sprecher der damaligen PDS. Er ist Mitbegründer des Expertenkreises Bürgerbahn statt Börsenbahn und Chefredakteur von «Lunapark21 – Zeitschrift zur Kritik der globalen Ökonomie.

Matthias Roser
Der Stuttgarter Hauptbahnhof
Vom Denkmal zum Mahnmal

2., aktualisierte Auflage 2010
152 Seiten, Kunstdruck, kartoniert
ISBN 3-89657-139-7
20,00 EUR

Der Stuttgarter Hauptbahnhof von Paul Bonatz gilt als Meisterwerk der Architektur und als eines der wenigen Bauwerke von internationalem Rang in der Landeshauptstadt. Krieg, Wiederaufbau und zahlreiche Bausünden der jüngeren Vergangenheit haben seine ästhetische Geschlossenheit und seine einst vorbildliche Einbindung in das Stadtbild geschwächt, der Abriss des gesamten Nordflügels im Rahmen der Bauarbeiten zu «Stuttgart 21» hat die Gesamtkomposition aus dem Gleichgewicht geworfen. Eine verantwortungsbewusste Renovierung auf Grundlage eines neuen Nutzungskonzeptes einschließlich städtebaulicher Einbindung können ihn jedoch wieder zu einem unverwechselbaren Ort urbanen Lebens werden lassen.

Vor dem Hintergrund von bevorstehenden weiteren Abrissmaßnahmen plädiert Bonatz-Kenner und Denkmalexperte Matthias Roser in diesem Buch nachdrücklich für Erhalt bzw. vollständigen Wiederaufbau des Kulturdenkmals und würdigt ausführlich Konzeption, Entstehung und wechselvolle Geschichte des Bauwerks. Die 2., überarbeitete Auflage bietet u.a. bislang unveröffentlichtes Fotomaterial zum «architektonischen Innenleben» der bedrohten bzw. zerstörten Seitenflügel.

Mit einem Vorwort von Walter Sittler.

Postkartenset mit 8 verschiedenen Motiven Stuttgarter Hauptbahnhof
8,00 EUR

Inhalt

Vorwort 7

1993 — Kapitel 1: Das vorprogrammierte Scheitern
Oder: Die Bahnreform als reine Organisationsreform 9

1994 — Kapitel 2: Zauberstab Bilanzkosmetik
Oder: 100 Milliarden Euro werden nicht bilanziert 17

1995 — Kapitel 3: Bahnimmobilien als Jahrhunderraub
Oder: Ein Gesetz tritt «weitgehend in den Hintergrund» 25

1996 — Kapitel 4: Die Regionalisierung des Schienenpersonennahverkehrs
Oder: Zurück zur Kleinstaaterei 33

1997 — Kapitel 5: Die zweite Stufe der Bahnreform
Oder: Der Wasserkopf-Doppelkonzern 43

1998 — Kapitel 6: Die Eisenbahnkatastrophe von Eschede
Oder: Der Privatisierungskurs untergräbt die Sicherheit 51

1999 — Kapitel 7: Daimler-Kaderschmiede bestückt Bahnspitze
Oder: Zynische Personalpolitik und zerstörerische Bahnpolitik 61

2000 — Kapitel 8: Ihr InterRegio nach Nirgendwo
Oder: Der Rückzug aus der Fläche 67

2001 — Kapitel 9: Mora C und der Schienengüterverkehr
Oder: Kapitulation vor dem Lkw 75

2002 — Kapitel 10: Weniger Service gleich höhere Bahnpreise
Oder: Wie sich die DB ein kundenfeindliches Tarifsystem schafft 83

2003 — Kapitel 11: Die Infrastruktur der Bahn
Oder: Zukunft wird Zug um Zug verbaut 93

2004 — Kapitel 12: Teure Neubaustrecken, marodes Netz
               Oder: Statt Investition Deinvestition 103

2005 — Kapitel 13: Die EU und die Trennung von Netz und Betrieb
               Oder: Andere Länder, andere Erfahrungen 113

2006 — Kapitel 14: Die Deutsche Bahn als Global Player
               Oder: Expansionswut im Ausland bedingt Servicewüste im Inland 121

2007 — Kapitel 15: Das Scheitern des Bahnbörsengangs
               Oder: Ein Sieg über Gier & Kapital.. 129

2008 — Kapitel 16: Die Achsen des Bösen
               Oder: Ein Bahnkonzern ohne Aufsicht 135

2009 — Kapitel 17: Selbstbedienungsladen DB AG
               Oder: Die Schienen der Freunde 145

2010 — Kapitel 18: Die S-Bahn-Krise in Berlin
               Oder: Ein Verkehrsmittel wird kaputtgespart 153

2011 — Kapitel 19: Stuttgart 21 exemplarisch für die Bahnreform
               Oder: Tunnelpatin Gerlinde Santa Barbara Kretschmann 163

2012 — Kapitel 20: Bilanzgewinne und Subventionen bei der DB AG
               Oder: Die gescheiterte Entlastung der öffentlichen Haushalte 171

2013 — Kapitel 21: Die Bahnreform und der Faktor Mensch
               Oder: Warum der Bahnchef persönlich für «Mainzer Verhältnisse»
               die Verantwortung trägt 181

2014 — Kapitel 22: Der Widerstand gegen den Bahnbörsengang
               Oder: Ein neoliberales Projekt scheitert.. 189

2025 — Kapitel 23: Die neue Bahn
               Oder: Mosaiksteine für eine Bahnfreundliche Republik Deutschland (BRD) 197

Bahnstrecken im Vergleich 214

Chronik Eisenbahn in Deutschland 1835—2014 222

Bildnachweis 227

Anmerkungen 228

Vorwort

Als im Dezember 1993 die Bahnreform beschlossen und im Januar 1994 die Deutsche Bahn AG gegründet waren, herrschte fast allerorten Aufbruchsstimmung. Anlässlich des 20-Jahres Jubiläums wurde in vielen Beiträgen an dieser euphorischen Grundstimmung von 1993/94 angeknüpft und meist eine positive Bilanz gezogen. So heißt es in einer Studie des Instituts der Deutschen Wirtschaft vom Februar 2014, mit der Bahnreform seien «Marktstrukturen geschaffen [worden], die sich deutlich dem annähern, was in der Goldenen Zeit der Bahnen vorherrschte». Die DB AG selbst behauptet, die Bahnreform habe «alle ihre wesentlichen Ziele erreicht: Sie hat erstens mehr Verkehr auf die Schiene gebracht, zweitens die Belastung des Bundeshaushalts durch Aufgaben der Daseinsvorsorge für Infrastruktur und öffentlichen Nahverkehr reduziert, und drittens ist die DB heute ein erfolgreiches Unternehmen, das ihrem Eigentümer eine Dividende zahlen kann». Der ehemalige SPD-Verkehrspolitiker und langjährige Bahnvorstand Klaus Daubertshäuser teilte diese Euphorie: «Die Bahnreform ist einer der großen Erfolge deutscher Reformpolitik.»[1] Und der Wirtschafts- und Verkehrswissenschaftler Gerd Aberle setzt noch einen drauf: «Die Bahnreform hat viele Erwartungen mehr als übertroffen.» Das deutsche Eisenbahnsystem habe sich «zu einem [...] international beispielhaften Vorbild entwickelt».[2]

Eine deutlich andere Sichtweise vertritt der Bundesrechnungshof, für den «die mit der Privatisierung der ehemaligen Deutschen Bundesbahn und Deutschen Reichsbahn verfolgten Ziele [...] nicht erreicht», die beabsichtigte «Verkehrsverlagerung von der Straße auf die Schiene gescheitert» und auch «das Ziel der Entlastung des Bundeshaushalts verfehlt» worden seien. Ähnlich sehen es der Wirtschaftswissenschaftler Andreas Knorr («Die Reformziele wurden nicht erreicht»), der Verkehrswissenschaftler Heiner Monheim («Weder verkehrlich noch fiskalisch haben sich die Erwartungen erfüllt») und der ehemalige Bahnmanager Karl-Dieter Bodack («Nach Gründung der privatrechtlichen Deutschen Bahn AG verfiel das Qualitätsniveau in mehr und mehr marktrelevanten Teilbereichen»).[3]

Reden alle tatsächlich von der gleichen Reform? Wie können die Bilanzen so unterschiedlich ausfallen? Wie kann es sein, dass in den Jubelberichten der Abbau von knapp einem Fünftel des Gleisnetzes, die Schließung von hunderten Bahnhöfen und das Abklemmen von 80 Prozent der Gleisanschlüsse für Unternehmen schlicht keine Erwähnung finden? Warum werden in so gut wie allen Bahnreform-Bilanzen soziale Themen komplett ausgeklammert: die Halbierung der Beschäftigtenzahl, der gigantische Überstundenberg der Bahnbeschäftigten, der Anstieg der realen Fahrpreise um mehr als 50 Prozent? Und wie lassen sich positive Bilanzen der Bahnreform vereinbaren mit dem außerordentlich schlechten Image, das die Deutsche Bahn in der Bevölkerung hat, und mit der erschreckend geringen Wertschätzung, die die Bahnbeschäftigten selbst für ihr Unternehmen empfinden?

In den folgenden Kapiteln zeichnen wir bewusst nicht in erster Linie die rein historische Entwicklung seit 1994 nach. Stattdessen greifen wir — jeweils Bezug nehmend auf ein Ereignis im betreffenden Jahr — 22 einzelne Themen auf, die wir dann jeweils über den Zeitraum von zwanzig und mehr Jahren ausleuchten. Wir verfolgen auch keineswegs die Obsession, die Bahnreform und die DB AG immer und überall negativ darzustellen. Als engagierte Eisenbahnfreunde, die so gut wie alle ihre Reisen im Schienenverkehr zurücklegen, ist uns das modisch gewordene «Bahn-Bashing» ein Gräuel. Alle unsere Ergebnisse basieren auf nachprüfbaren Statistiken. Viele der von uns herangezogenen Maßstäbe wurden von den Befürwortern der Bahnreform als deren Ziele definiert — damit wird die Reform an ihrem eigenen Anspruch gemessen.

Grundsätzlich sehen wir die Bahnreform in zwei großen Zusammenhängen. Erstens in einem umwelt- und klimapolitischen: Der motorisierte Verkehr ist ein wesentlicher Treiber der Umweltzerstörung und der Erderwärmung. Die Stärkung der Schiene — bei gleichzeitiger Reduktion des Straßenverkehrs und der Luftfahrt — ist aus umwelt- und klimapolitischer Sicht das Gebot der Stunde. Wobei für den motorisierten Verkehr als Ganzes gilt, dass Verkehrsvermeidung im Mittelpunkt stehen sollte — danach erst folgt die Verlagerung des Verkehrs auf die Verkehrsträger Füße, Pedale und öffentliche Verkehrsmittel.

Zweitens gibt es einen entscheidenden wirtschaftspolitischen Zusammenhang: Mit der Bahnreform kam es zur formellen Privatisierung von Daseinsvorsorge. Diese mündete in den Versuch einer materiellen Privatisierung — dem Börsengang der Bahn. Es ist ein großer Fehler, nun im Rückblick dieses Projekt der Jahre 2002 bis 2008 als die persönliche Marotte eines irgendwie schrägen Bahnchefs zu deklarieren. Es waren die rot-grüne Koalition unter Gerhard Schröder und Joschka Fischer und die große Koalition unter Angela Merkel und Peer Steinbrück, die gemeinsam mit diesem Bahnchef das Bahnbörsengang-Projekt betrieben. Und auch heute droht der Umschlag von formeller Bahnprivatisierung in die materielle, wie nicht zuletzt ein Blick in die Koalitionsvereinbarung der schwarz-roten Bundesregierung, die Ende 2013 gebildet wurde, zeigt.

Die Vision einer Bahn der Zukunft im Schlusskapitel erfolgt vor dem Hintergrund der umwelt- und klimapolitischen Debatte. Sie ist zugleich zu verstehen als Appell, den elementaren Bereich der Mobilität den Gesetzen der Profitmaximierung zu entziehen und stattdessen der demokratischen Kontrolle zu unterstellen.

Diese Arbeit wäre nicht möglich gewesen ohne die intensive und kreative Zusammenarbeit, die wir seit knapp einem Jahrzehnt mit vielen Freundinnen und Freunden im Rahmen des Bündnisses «Bahn für Alle» und der Aktivitäten gegen die Bahnprivatisierung praktizieren. Ihnen allen gilt unser Dank. Für fachlichen Rat und Expertise bedanken wir uns bei Prof. Vatroslav Grubisic und den Mitgliedern von «Bürgerbahn statt Börsenbahn», insbesondere bei Prof. Karl-Dieter Bodack, Prof. Heiner Monheim, Eberhard Happe und Prof. Wolfgang Hesse. Andreas Kleber steuerte die wertvolle Auflistung von Streckenstilllegungen und Streckenreaktivierungen am Ende des Buchs bei und recherchierte die Einzeltarifentwicklungen (siehe Tabelle 4, S. 92). Wir erlebten eine ganz ausgezeichnete Zusammenarbeit mit dem Team des Schmetterling Verlags und bedanken uns hier insbesondere bei Paul Sandner, Tobias Weiß und Doris Bay. Wir profitierten oft von der engen verkehrspolitischen Zusammenarbeit mit Sabine Leidig, auch im Rahmen ihrer parlamentarischen Arbeit im Bundestag. Schließlich bedanken wir uns bei denen, die uns oft den Rücken freihielten: bei Simone und Andrea. Wir widmen das Buch Noah (2) und Paola (9) in der festen Überzeugung, dass sie die Bahnfreundliche Republik Deutschland (BRD) in vollen Zügen genießen werden.

Berlin und Wilhelmshorst im Februar 2014
Bernhard Knierim / Winfried Wolf

1993

Bundestag und Bundesrat beschließen Gesetzespaket und Verfassungsänderungen zur Eisenbahn in Deutschland

Dieses Jahr ist unsere Weihnachtskarte eine ganze Seite groß.

Damit unsere guten Wünsche alle erreichen.

Kapitel 1: Das vorprogrammierte Scheitern
Oder: Die Bahnreform als reine Organisationsreform

Alle Jahre wieder haben wir Tausende von Karten geschrieben. Und doch waren es nie genug, um auch Ihnen Danke zu sagen. Deshalb machen wir unsere Weihnachtskarte in diesem Jahr eine ganze Seite groß und hoffen, dass sie dadurch überall ankommt: Frohe Weihnachten und ein herzliches Dankeschön an alle, die 1993 mit uns gefahren sind. Schöne Feiertage unseren Kunden im Güterverkehr. Und unseren Geschäftspartnern. Und all denen, die uns unterstützt haben bei der Weichenstellung zur Deutschen Bahn AG, der neuen Bahn mit mehr Leistung, mehr Service und dem Ziel, mehr Verkehr auf die Schiene zu holen.
Unternehmen Zukunft
Die Deutschen Bahnen

Text in der ganzseitigen Anzeige, die am 22. Dezember 1993 in allen großen deutschen Tageszeitungen erschien (Text und Bild auf der vorangegangenen Seite sind ebenfalls Teil dieser Anzeige.)

Die Eisenbahn war einer der entscheidenden Wegbereiter der Industrialisierung und hat im 19. Jahrhundert das Reisen und den Gütertransport revolutioniert. Plötzlich war es möglich, Strecken in wenigen Stunden zurückzulegen, für die man zuvor mit Kutschen oder zu Fuß tagelang unterwegs gewesen war. Ein Dreivierteljahrhundert später verlor die Eisenbahn mit der Verbreitung des Automobils und nochmals ein halbes Jahrhundert später mit dem Flugverkehr an Bedeutung: Mehr und mehr Menschen zogen die Flexibilität des Autos und die Geschwindigkeit des Flugverkehrs vor und kehrten der Bahn den Rücken. Auch Transporte wurden zunehmend per Lkw statt mit der Bahn abgewickelt. Parallel wuchsen Personen- und Güterverkehr aber auch insgesamt enorm an. Die Folge davon ist das Gegenteil von Nachhaltigkeit: Ein gewaltiger Energieverbrauch, Klimaschädigung, Umweltverschmutzung und einige tausend Verkehrstote jedes Jahr. Neben der Notwendigkeit, das fortschreitende Wachstum des Verkehrs zu hinterfragen, würde eine Verlagerung von Verkehr auf die Schiene dieses Problem enorm reduzieren. Schließlich benötigt die Bahn für die gleiche Verkehrs- bzw. Transportleistung nur einen Bruchteil der Energie und verursacht nur einen Bruchteil der schädlichen Auswirkungen im Vergleich zu anderen Verkehrsmitteln. Gegenüber dem Straßenverkehr schneidet sie drei- bis viermal besser ab, gegenüber dem Flugverkehr sogar sechs- (im Personenverkehr) bis 65mal (im Güterverkehr).[1] Die umwelt- und klimapolitischen Argumente zugunsten des Schienenverkehrs werden inzwischen ergänzt um kulturelle Aspekte. Siehe die Stichworte «Reisekultur» und «Entschleunigung». Tatsächlich sind die Verlagerung von Verkehr auf die Schiene und Slogans wie «Bahn – Das Unternehmen Zukunft», «Vorrang Schiene» oder «Return train» in aller Munde. Leider sieht die Realität anders aus.

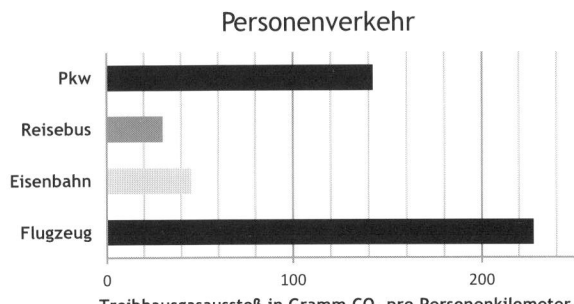

Treibhausgasausstoß in Gramm CO_2 pro Personenkilometer

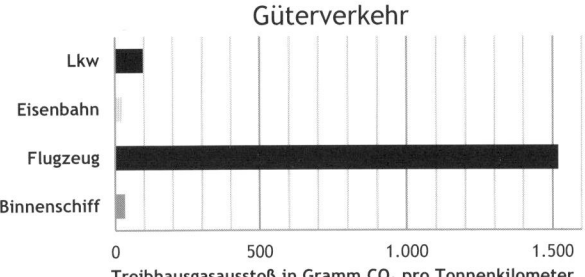

Treibhausgasausstoß in Gramm CO_2 pro Tonnenkilometer

Vorgeschichte (1): Deutsche Bundesbahn

Als 1993 eine Reform der Bahn in Deutschland debattiert wurde, wies der damalige Bahnchef Heinz Dürr durchaus auf das Ungleichgewicht der Verkehrspolitik hin: «Auf die vergangenen Jahrzehnte der alten Bundesrepublik bezogen heißt das: Für den Hauptkonkurrenten Auto wurde so ziemlich alles getan, für die Bahn nur das Allernötigste.»[2] In der Tat flossen zwischen 1950 und 1990 insgesamt 450 Milliarden DM an Steuergeldern in den Fernstraßenbau, aber nur 56 Milliarden DM in den Schienenausbau. Mit diesem Geld wurden 150.000 km neue Straßen, aber nur 700 km neue Bahnstrecken gebaut[3] – der Neubau im Bahnnetz erreichte also nicht einmal ein halbes Prozent im Vergleich zur Erweiterung des Straßennetzes, wobei ab den 1960er Jahren immer mehr Bahnstrecken durch systematische Stilllegungsprogramme gekappt wurden. Die Folge dieser Entwicklung war ein erheblicher Rückgang der Bedeutung des Bahnverkehrs: Der Anteil des Schienengüterverkehrs am gesamten Gütertransport wurde zwischen 1950 und 1990 von 56 auf 21 Prozent reduziert, während der Straßengüterverkehr von 20 auf über 57 Prozent anwuchs. Der Anteil des Schienenpersonenverkehrs sank zwischen 1950 und 1990 sogar von 38 auf 6 Prozent.[4] Neben den fehlenden Einnahmen aufgrund einer niedrigen Auslastung der Züge hatte die Deutsche Bundesbahn (DB) zahlreiche Sonderlasten zu tragen. Dazu gehörten die Versorgungslasten für ehemalige Mitarbeiter der Reichsbahn, die Kosten für Kreuzungen von Straßen und Schienen, Beiträge zur Krankenversicherung der Pensionäre und nicht gedeckte Kosten des Schienenpersonennahverkehrs. Die zurückgehenden Einnahmen bei gleichzeitig hohen finanziellen Lasten führten zu einer rapiden Verschlechterung der finanziellen Struktur der Bahn: Ab 1952 erwirtschaftete die DB durchgehend ein Defizit, das bis in die 1970er Jahre auf 4,4 Milliarden DM pro Jahr anwuchs.[5] Das jährliche Defizit der Bundesbahn konnte bis zur Mitte der 1980er Jahre durch Rationalisierungsmaßnahmen zwar wieder deutlich abgesenkt werden und betrug 1985 nur noch 2,9 Milliarden DM pro Jahr; in den 1980er Jahren lag dann das Bundesbahn-Defizit oft auf derselben Höhe wie die zu zahlenden Zinsleistungen. Während beispielsweise in der Schweiz oder in Österreich die Defizite am Jahresende aus den Staatshaushalten ausgeglichen wurden, gab es für die Bundesbahn einen vergleichbaren Ausgleich nicht.[6] Dies führte dazu, dass das Unternehmen 1990 einen Schuldenberg von 47 Milliarden DM aufgetürmt hatte, der in Gänze mit Zins und Zinseszins zu finanzieren war.[7]

Insbesondere Wirtschaftswissenschaftler sehen den Zwiespalt zwischen der Wirtschaftlichkeit und den politischen Zielen der DB als das Hauptproblem. Als Lösung folgt aus dieser Analyse die immer wieder geäußerte Forderung nach einer «selbstverantwortlichen Unternehmensführung».[8] In die gleiche Kerbe schlugen auch immer wieder einflussreiche Verkehrspolitiker wie Ernst Müller-Hermann (CDU): «Die Bundesbahn ist immer noch zu sehr [...] wie eine Behördenverwaltung organisiert und nicht wie ein kaufmännisches Unternehmen.»[9] Andere Wissenschaftler sehen den Grund für die Defizite der Bahn jedoch weniger in der Organisationsstruktur denn in der Verkehrspolitik: Der Fokus habe über Jahrzehnte ausschließlich auf dem Ausbau des Straßennetzes gelegen, während die Bahn vernachlässigt worden sei. Und während der Straßenverkehr in vielfacher Weise subventioniert werde, müsse die Bahn einen Großteil ihrer Kosten selbst aufbringen und sei daher im Wettbewerb zwischen den Verkehrsträgern zwangsläufig unterlegen.[10]

Vorgeschichte (2): Deutsche Reichsbahn (DR)
Die Entwicklung der Deutschen Reichsbahn (DR) in der DDR verlief ganz anders als die der DB: Zum ersten gab es dort seit der «Ölkrise» von 1973 (auf die eine massive Verteuerung der Öllieferungen aus der Sowjetunion folgte) die Verpflichtung, dass aller Güterverkehr über 50 km bis auf wenige Ausnahmen mit der Bahn zu erfolgen hatte. Auch für Dienst- und Urlaubsreisen war grundsätzlich die Bahn zu benutzen. Der Grund für diese Fokussierung auf die Bahn war zum einen der Mangel an Energieressourcen und zum anderen die begrenzten finanziellen Mittel für einen vergleichbaren Straßenausbau wie in der BRD. Dazu kam die sehr viel langsamere Automobilisierung in der DDR. Dadurch waren viele Menschen schlichtweg auf die Bahn angewiesen. Die DDR verfolgte also aus purer Notwendigkeit eine Verkehrspolitik, die stärker als in Westdeutschland am Bahnverkehr orientiert war.

Dementsprechend waren Streckenstilllegungen in der DDR spätestens seit den 1970er Jahren kein

Thema. Zum Zeitpunkt der Wiedervereinigung verfügte die DDR gemessen an der Einwohnerzahl über das dichteste Eisenbahnnetz Europas. In dieser Beziehung war es rund doppelt so dicht wie das westdeutsche.[11] Generell waren Streckennetz und rollendes Material aber in einem schlechten Zustand und häufig stark überaltert, da insgesamt zu wenig Geld in die DR investiert wurde.[12] Aus rein wirtschaftlichen Gründen musste die DR auf Verschleiß fahren. Die Folge davon war, dass sie als unzuverlässig galt. Es gab auch immer wieder schwere Unfälle, die mit besserer Technik vermeidbar gewesen wären. «DR» wurde daher in der Bevölkerung als «Dein Risiko» gedeutet. Der Umstieg auf Elektro- und Dieselbetrieb erfolgte aufgrund der finanziellen Mängel bei der DR ebenfalls sehr viel langsamer als bei der DB; bis 1988 waren noch Dampflokomotiven im regulären Einsatz.[13] Der gesamte Nachholbedarf zur Instandsetzung des Netzes der DR wurde Anfang der 1990er Jahre auf ca. 100 Milliarden DM geschätzt.[14]

Aufgrund der geringen Attraktivität und der, wenn auch langsamen, so doch beständig fortschreitenden Automobilisierung in der DDR verlor auch die DR Marktanteile, allerdings in geringerem Ausmaß als die DB: Während 1950 noch 33,7 Prozent des Personenverkehrs in der DDR von der Bahn geleistet wurden, sank dieser Anteil auf rund 14 Prozent in den 1980er Jahren ab, was etwa 600 Millionen beförderten Personen pro Jahr entsprach[15]; im Güterverkehr blieb der Anteil der Bahn aufgrund der politischen Vorgaben bei ca. zwei Dritteln.[16] Damit hatte die Bahn in der DDR in beiden Bereichen eine sehr viel größere Bedeutung als in der BRD. Die Situation für die DR änderte sich mit der beginnenden Wiedervereinigung rapide: Viele Menschen kehrten der Bahn den Rücken, nachdem es plötzlich keinen Mangel an privaten Kraftfahrzeugen mehr gab. Nachdem die Verpflichtung zum Transport über größere Strecken per Bahn gefallen war, sank auch die transportierte Gütermenge von fast 350.000 Tonnen im Jahr 1988 rapide auf 120.000 Tonnen im Jahr 1990 und dann weiter auf 82.600 Tonnen im Jahr 1993 ab.[17] Der Wegfall der Planwirtschaft hatte hier offensichtlich dramatische Konsequenzen.

Vorgeschichte (3): Regierungskommission Bundesbahn (RKB)

Ende der 1980er Jahre sah es also nicht gut aus für die beiden deutschen Bahnen. In dieser Situation wurde der Ruf nach einer umfassenden Bahnreform immer lauter. In Westdeutschland verfestigte sich in der Öffentlichkeit die Auffassung, dass die Bahn eine kaum tragbare Belastung für den Staat darstelle; Helmut Schmidt hatte die Parole ausgegeben: «Deutschland kann sich immer nur eines von beiden leisten, entweder eine Bundeswehr oder eine Bundesbahn.»[18] Damit war der Kurs in Richtung Privatisierung vorgegeben.

1989 wurde die Regierungskommission Bundesbahn (RKB) gegründet, die die Aufgabe hatte, Vorschläge für eine grundlegende Bahnreform zu erarbeiten. Bereits die Zusammensetzung der Kommission war Programm: Die meisten RKB-Mitglieder waren in Aufsichtsratsposten in bahnfremden Bereichen beschäftigt, während man gelernte Eisenbahner und Vertreter von Fahrgast- und Umweltverbänden vergeblich suchte. Damit war schon in der Aufstellung der Kommission von vornherein ein Trend zu einer wettbewerbsorientierten und privatwirtschaftlichen Ausrichtung der Bahn erkennbar. Im Laufe ihrer Arbeit musste die RKB aufgrund der deutsch-deutschen Wiedervereinigung mit der DR noch eine zweite Bahn mit völlig anderen Rahmenbedingungen in ihre Betrachtung einbeziehen.

Am 19. Dezember 1991 erschien der Bericht der RKB mit einer zugespitzten Alternative für die

Bahn: entweder die «Kapitulation der Schiene vor dem Straßenverkehr» oder «Bundesleistungen an die Bahn in nicht mehr vertretbarer Höhe». Als Abhilfe schlug die RKB ein Gesamtkonzept vor, das eine Strukturreform der bisherigen Staatsbahnen, eine Trennung ihrer Teilbereiche, eine Übertragung der Verantwortung für den Schienenpersonennahverkehr auf die Länder sowie einen intramodalen Wettbewerb zwischen unterschiedlichen Unternehmen auf dem Bahnnetz vorsah. Für die zukünftige Struktur sah die RKB nur die formelle Privatisierung als Möglichkeit: «Die geeignete Organisationsform zur kaufmännischen Führung der Bahn ist die Aktiengesellschaft (AG)».[19] Die Verbindlichkeiten und Altschulden von DB und DR sollten vom Bund übernommen werden. Die RKB sah auch einen erheblichen Personalabbau als notwendig an. Die hoheitlichen Aufgaben der bisherigen Bahn sollten von einem neu zu gründenden Eisenbahn-Bundesamt (EBA) übernommen werden.

Die wichtigen Gewerkschaften GDBA und GDL stellten im März 1992 ein Gegenmodell vor, das die Überführung der DB und der DR in ein nicht gewinnorientiertes öffentliches Unternehmen beinhaltete und sich auf das erfolgreiche Schweizer Modell berief (siehe Kapitel 13). Dieser Alternativvorschlag wurde weitgehend ignoriert. Eine echte, breite Diskussion über die Bahnreform gab es nicht.[20] Zum einen, weil die bei der Bundesbahn entscheidende Gewerkschaft GdED (später Transnet, heute EVG) das RKB-Modell nur in Randbereichen verbal kritisierte, jedoch faktisch unterstützte. Zum anderen, weil die Vorschläge der RKB nur allzu gut in die wirtschaftspolitische Landschaft passten: Seit den 1970er Jahren hatte sich als Reaktion auf erste Krisenerscheinungen und die wachsende Verschuldung der öffentlichen Kassen immer mehr die Auffassung durchgesetzt, der Staat könne nicht effizient wirtschaftlich handeln.

Parlamentarische Debatte um die Reform

Nach dem Erscheinen des Berichts der RKB erstellte die damalige Regierungskoalition aus CDU, CSU und FDP unter Führung von Verkehrsminister Günther Krause 1992 einen Entwurf für ein Paket mit fünf Gesetzen, mehreren Grundgesetzänderungen und 130 Gesetzesänderungen, die als «Gesetz zur Neuordnung des Eisenbahnwesens (ENeuOG)» zusammengefasst wurden und sich stark an den Empfehlungen der RKB orientierten.[21] Der Entwurf des ENeuOG wurde am 26. März 1993 in erster Lesung im Bundestag debattiert. In den Debatten zu der Reform wurden als zentrale Ziele immer wieder die Entlastung der öffentlichen Haushalte, die Erhöhung des Verkehrsmarktanteils der Bahn und die verbesserten Leistungen für die Kundinnen und Kunden hervorgehoben. Aber auch die Arbeitsplätze sollten gesichert werden (siehe Kapitel 21), während die Bahn-Infrastruktur erhalten bleiben und sogar ausgebaut werden sollte. Um diese Ziele zu erreichen, sahen alle großen Parteien einhellig den «Wettbewerb» und die Privatisierung als entscheidende Schritte an. Dagegen warnte Dagmar Enkelmann (PDS/Linke Liste): «Eine private AG muss – das können wir hier relativ nüchtern feststellen – auf Gedeih und Verderb gewinnorientiert arbeiten. Der Profit ist das Maß aller Dinge. Da muss das Gemeinwohl zwangsläufig auf der Strecke bleiben. Ausdünnungen und Stilllegungen sind die Folge.» Auch zum Konzept der Privatisierung generell äußerte sie sich kritisch: «Für die Mehrheit in diesem Hohen Hause ist die Privatisierung offenkundig ein Zauberschlüssel, mit dem man spielend alle Türen öffnen kann. Ich meine, Sie verschließen sich damit einer wirklichen Lösung des Problems drohender Verkehrsinfarkt.» Auch Klaus-Dieter Feige (Bündnis 90/Die Grünen) kritisierte die privatwirtschaftliche Ausrichtung der DB AG: «Alle Anzeichen deuten darauf hin, dass die unternehmensbezogene Strukturreform dennoch Gefahr läuft, an den Kundenbedürfnissen vorbeizugehen. So droht die Fixierung auf den lukrativen Hochgeschwindigkeitsverkehr die Verbesserung des Schienennahverkehrs, der heute rund 80 Prozent der Bahnpassagiere trägt, zu unterlaufen.» Feige sah daher deutlichen Nachbesserungsbedarf im Nahverkehr: «Leider hat es der Verkehrsausschuss versäumt, den Ländern im Regionalisierungsgesetz Mindeststandards für die ÖPNV-Bedienung vorzuschreiben. So wären der Vorrang der Schiene vor der Busbedienung und die Vermeidung z.B. von Mobilitätsbehinderung einzelner Bevölkerungsgruppen – z.B. von Frauen, Kindern und alten Menschen – zu gewährleisten gewesen.»[22]

Eine ähnliche Kritik äußerten auch die Umweltverbände. Der Verkehrsclub Deutschland (VCD) warnte vor «großflächigen Streckenstilllegungen»[23] und der Fahrgastverband «Pro Bahn» sah die Pläne der späteren Auftrennung des Konzerns als problematisch: «Aufgrund der engen Verflechtung trägt gerade die Zusammenarbeit beider Bereiche [Personen- und Güterverkehr, d. Verf.] wesentlich zur Wirtschaftlichkeit des gesamten Unternehmens Bahn bei.»[24] Das gleiche Problem sah der BUND: «Es ist nicht einzusehen, warum die Eisenbahngesellschaft zerstückelt werden soll, während in anderen Bereichen von einem europaweiten Denken, von Integration, von Synergieeffekten durch Zusammenlegung die Rede ist.»[25] Die Verbände setzten sich für eine bessere Finanzierung insbesondere des Schienenpersonennahverkehrs, für eine Flächenbahn statt für eine Fokussierung auf Hochgeschwindigkeitsstrecken und für klare Umweltstandards ein. Die Position der Gewerkschaften zu der Reform war hingegen gemischt: Die Bahnangestelltengewerkschaft GdED, die rund 75 Prozent der Eisenbahner repräsentierte, unterstützte die Reform, da sie sich eine Stärkung ihrer Position aufgrund des Wegfalls des Beamtenstatus erhoffte. Die beiden anderen Gewerkschaften, die Beamtengewerkschaft GDBA und die Lokführergewerkschaft GDL lehnten, wie erwähnt, die Reform ab.

Die Debatte um die Bahnreform wurde fast ausschließlich als Fachdebatte zwischen einigen Wissenschaftlern und Politikern geführt, während es kaum eine öffentliche Diskussion über die Reform gab.[26] Analog zu dem von Margaret Thatcher geprägten Slogan «There is no alternative» nahm die RKB mit ihrem Bericht für sich in Anspruch, eine unstrittige Wahrheit zu präsentieren. Ein ausgewogener Bericht zu einer so grundlegenden Reform hätte mehrere Alternativen aufzeigen und Szenarien miteinander vergleichen müssen. Solche Alternativen für die Organisationsstruktur hätten beispielsweise sein können: Erstens eine Sanierung der DB und der DR unter einem staatlichen Dach, zweitens – und möglicherweise ergänzend – eine Regionalisierung des Bahnverkehrs in öffentlicher Hand, z.B. als Landesbahnen, und schließlich drittens eine neue Organisationsform der Bahn in öffentlicher Hand (z.B. als Anstalt öffentlichen Rechts).

Auf der Basis solcher Modelle hätte eine tatsächliche Debatte mit einer Abwägung der zu erwartenden Vor- und Nachteile der unterschiedlichen Optionen stattfinden können. Dass die maßgeblichen Entscheidungsträger den Bericht der RKB dennoch weitgehend unkritisch übernahmen, ohne solche Alternativen an der Hand zu haben oder weitere Berichte mit ebenso ausgearbeiteten Alternativmodellen anzufordern, deutet darauf hin, dass die Reform schlichtweg in den Geist der Zeit passte. Die Dringlichkeit der Reform garnierte die RKB mit Zahlen über die angeblich zu erwartenden immer weiter explodierenden Defizite der DB und der DR.[27]

Der Bericht der RKB und die Bahnreform-Debatte weisen aber eine weitere noch grundlegendere

Schwäche auf: Es handelt sich um einen Vorschlag für eine reine *Organisationsreform*. Auch wenn in dem Bericht selbst angemerkt wird, dass die vorgeschlagene Reform nur erfolgreich sein könne, wenn sie in eine Reform des Gesamtverkehrsmarkts mit einer Wettbewerbsgleichheit der Verkehrsträger eingebettet sei[28], liefert die RKB dazu keine konkreten Ansätze.[29] Indem die Debatte sich lediglich um die Organisationsreform drehte, wurde auch die implizite Annahme akzeptiert, dass die Ursache der Probleme der Bahn primär auf der rechtlich-institutionellen Ebene zu suchen sei anstatt in den grundlegenden Verzerrungen des Verkehrsmarktes. So unterblieb ein Vergleich der Organisations- und Kostenstruktur der Bahn mit derjenigen der anderen Verkehrsträger — insbesondere mit dem ebenfalls hoch defizitären Straßensystem oder dem vielfach bezuschussten Flugverkehr. Statt einer reinen Diskussion um die Organisation der Bahn wäre eine Debatte um die generelle Verkehrspolitik erforderlich gewesen, um die Reichweite der Probleme und der möglichen Lösungen wirklich zu erfassen.

Durchführung der Reform

Die abschließende zweite und dritte Beratung und der letztendliche Beschluss des Eisenbahnneuordnungsgesetzes fanden am 2. Dezember 1993 statt. Dabei wurde nicht mit Pathos gespart, es war von einer «Jahrhundertentscheidung in der Verkehrspolitik» die Rede und dass mit der Reform ein «neues Eisenbahnzeitalter»[30] beginne. Das Gesetzespaket wurde mit Zustimmung von CDU/CSU, FDP, SPD und eines Teils von Bündnis 90/Die Grünen in namentlicher Abstimmung beschlossen — 558 von 575 Abgeordneten stimmten dafür. Abgelehnt wurde es lediglich von insgesamt drei Abgeordneten von CDU/CSU und SPD und von zehn Abgeordneten der PDS/Linke Liste.[31] Der Bundesrat stimmte in seiner Sitzung am 17. Dezember 1993 ebenfalls zu. Damit wurden aus der DB und der DR drei neue Organisationseinheiten geschaffen:
- die Deutsche Bahn AG (DB AG), die den operativen Teil der DB und der DR und alle bahnnotwendige Infrastruktur übernahm; sie wurde am 5. Januar 1994 mit der Eintragung in das Handelsregister Berlin-Charlottenburg offiziell gegründet,
- das Eisenbahn-Bundesamt (EBA) als Bundesbehörde, das die Aufsichtsfunktionen im Bahnbereich und damit die hoheitlichen Aufgaben übernahm,
- das Bundeseisenbahnvermögen (BEV) als nicht rechtsfähiges Sondervermögen des Bundes, das die Schulden der DB und der DR übernahm und im Gegenzug alles «nicht bahnnotwendige Gelände» in Besitz von Bundesbahn und Reichsbahn übernehmen sollte. Das BEV fungierte gleichzeitig als Dienstherr für die Bundesbeamten der DB.

Zwei Jahre später, zum 1. Januar 1996, trat das ebenfalls zur ersten Stufe der Bahnreform gehörende Regionalisierungsgesetz (RegG) in Kraft.

Bei der Umsetzung der Reform wurden die Vorschläge der Regierungskommission Bundesbahn damit fast eins zu eins übernommen. Die Kernpunkte der Reform waren somit:
- die Gründung der privatwirtschaftlichen DB AG mit einer rechnerischen Trennung von Transport und Fahrweg,
- die Öffnung des Netzes für andere Bahnunternehmen,
- im Nahverkehr die Einführung des Bestellerprinzips, das heißt, die Bundesländer bestellen die Nahverkehrsleistungen bei Bahnunternehmen; in diesem Bereich kommt es zu einer Verlagerung der Aufgaben- und Ausgabenverantwortung auf die Länder.

1994

Am 5. Januar wird das Unternehmen Deutsche Bahn AG im Handelsregister Berlin-Charlottenburg erstmals registriert

Kapitel 2: Zauberstab Bilanzkosmetik
Oder: 100 Milliarden Euro werden nicht bilanziert

Frage: In den vergangenen zehn Jahren haben Sie etwa 90 Milliarden Euro investiert. Knapp 40 Prozent davon sind Investitionszuschüsse des Bundes gewesen. Wo sind die in Ihrer Bilanz?
Hartmut Mehdorn: Ein Zuschuss wird nicht in eine aktive Bilanz einbezogen. […]
Frage: Sie sind mit 56 Milliarden Euro Anlagewert 1994 in die Bahnreform gegangen, haben in den letzten zehn Jahren 90 Milliarden in Brücken, Gleise, Anlagen und Fahrzeuge gesteckt und kommen auf heute 40 Milliarden Euro?
Mehdorn: Einspruch, die Eröffnungsbilanz der DB AG hatte ein Anlagevermögen von 13 Milliarden Euro.
Frage: Das heißt, es sind mindestens 63 Milliarden Euro irgendwo verdunstet.
Mehdorn: Nein, die sind da. Die sind zum Teil für die nächsten hundert Jahre da und werden genutzt.
Frage: Wir Steuerzahler haben in den vergangenen Jahren Milliarden in die Bahn gesteckt. […] Und Sie verkaufen die Bahn für einen Bruchteil davon. Das ist doch komisch?
Mehdorn: Sie machen da irgendwo einen Bruch, der so nicht erlaubt ist. Die Bahn ist quasi im Gemeinwohl mit dem Bund verwoben. […] Die Bahn hat einen Preis, der sich am Ertragswert orientiert. […]
Frage: Aber nur für die Börse müssen Sie Gewinne machen. Als Staatsbahn könnten Sie plus-minus null wirtschaften und die Tickets wären billiger.
Mehdorn: Wollen Sie zurück in die DDR – zurück zur Staatsbahn?

Bahnchef Mehdorn im Interview mit dem Magazin Stern 2006 [1]

Noch heute betonen so gut wie alle Journalistinnen und Journalisten, die über die Bahnreform des Jahres 1994 schrieben: Mit dieser sei aus einer verlustreichen Staatsbahn eine Aktiengesellschaft mit inzwischen beträchtlichen Gewinnen geschaffen worden. Es ist ausgesprochen erstaunlich, dass diese Profis bei der neu gegründeten Deutschen Bahn drei krasse Formen der Manipulation der Bilanz bzw. der Gewinn- und Verlustrechnung «übersehen»: Es handelt sich erstens um die manipulierte Eröffnungsbilanz der Deutschen Bahn AG vom Januar 1994, zweitens um das seit diesem Zeitpunkt Jahr für Jahr anwachsende sachliche Anlagevermögen im Wert vom mehreren Milliarden Euro durch öffentliche, aber nicht bilanzierte Zuschüsse für den Neu- und Ausbau der Schieneninfrastruktur. Drittens gab es eine schlagartige, radikale Senkung der Personalkosten von 100.000 Beamten um rund ein Drittel bei weiterer hundertprozentiger Nutzung dieses Potentials von Eisenbahnern mit hoher Sachkenntnis und einer vielfach leidenschaftlichen Hingabe an ihren Beruf.

Eröffnungsbilanz Deutsche Bahn AG
Es begann mit einem Wunder: In der Nacht vom 31. Dezember 1993 auf den 1. Januar 1994 wurde das addierte Anlagevermögen von Bundesbahn und Reichsbahn, das zu diesem Zeitpunkt einen Wert von 99,223 Milliarden DM aufwies, auf ein solches mit einer Höhe von 25,263 Milliarden DM geschrumpft, wobei dieses nunmehr als Anlagevermögen der Deutschen Bahn AG ausgewiesen wurde. Der Wert von Schieneninfrastruktur, Bahnhöfen, Loks, Reisezugwagen, Triebfahrzeugen, Güterwaggons und anderen bahneigenen Immobilien schrumpfte demnach in dieser Silvesternacht in einer gedanklichen Sekunde — gewissermaßen mit einem gewaltigen China-Knaller um Nulluhrnull — auf ein Viertel. Die lapidare Erklärung der Regierungskommission Bahn (RKB) und anderer offizieller Stellen (insoweit sich diese überhaupt zu diesem wunderlichen Vorgang äußerten) lautet: Das Anlagevermögen sei «überbewertet» gewesen — es habe «Wertberichtigungen» gegeben. Das kann bereits deshalb nicht der Wahrheit entsprechen, weil es diesen verblüffenden Schrumpfungsprozess nur in den genannten Bilanzen, nicht jedoch in der offiziellen Verkehrsstatistik gab. Im vom Bundesverkehrsministerium jährlich herausgegebenen Zahlenwerk «Verkehr in Zahlen» fand dieser Vorgang — zu Recht — keinerlei Niederschlag. Nimmt man eine ältere Ausgabe dieser Statistik zur Hand, dann *erhöhte* sich das «Nettoanlagevermögen der Eisenbahn (einschl. S-Bahn)» in Deutschland zwischen 1993 und 1994 von 119,5 Milliarden DM auf 123 Milliarden DM (in Preisen von 1991). Von wegen Schrumpfung auf ein Viertel! Es wuchs nochmals um 3,5 Milliarden DM an, was ja auch der Realität entsprach, da weiter munter investiert wurde (damals übrigens unter anderem in die Neubaustrecke Hannover–Stendal–Berlin). In den neuen «Verkehr in Zahlen»-Ausgaben wurde diese Sicht beibehalten. Dort wird das Anlagevermögen sogar inzwischen getrennt für Bundesbahn/Reichsbahn respektive für die Deutsche Bahn AG (jeweils in Abgrenzung zum restlichen Schienenverkehrssektor) ausgewiesen.[2]

Diese Unterschiede zwischen offizieller Verkehrsstatistik und Bilanzen der Eisenbahnunternehmen mögen für den Laien als unwichtig erscheinen. In Wirklichkeit haben sie enorme Bedeutung: Mit der Schrumpfung des Anlagevermögens reduzierten sich die Abschreibungen drastisch; sie sanken von rund 4,8 Milliarden DM 1993 auf 1,1 Milliarden DM 1994. Da Abschreibungen Kosten sind, die den Gewinn mindern, wurde mit den Wertberichtigungen und mit den damit verbundenen reduzierten Abschreibungen die Grundlage für die dann ab der

Bahnreform ausgewiesenen Gewinne der DB AG geschaffen. Dass diese Gewinnsituation durch Bilanzkosmetik entsteht und auf Dauer nicht nachhaltig ist, steht auf einem anderen Blatt.

Zuschüsse des Bundes für Ausbau- und Neubaustrecken
Seit der Bahnreform und bis zum Ende des Jahres 2013 flossen 70 bis 80 Milliarden Euro an Bundesmitteln in den Ausbau bestehender Schienenstrecken und in den Bau neuer Strecken. Bis 2020 werden es gut 100 Milliarden Euro sein. Von Sinn und Unsinn dieser Neu- und Ausbaustrecken soll im Kapitel 14 berichtet werden. In diesem Zusammenhang ist interessant, dass die neuen Sachanlagen von der Deutschen Bahn zwar genutzt, dass mit ihnen auch Umsatz gemacht und Gewinne eingefahren werden, dass jedoch die entsprechenden Summen in der Sachlagenrechnung der Bahnbilanz nicht auftauchen. Nun sagt Volkes Mund zwar «Einem geschenkten Gaul schaut man nicht ins Maul». Doch dass der geschenkte Gaul nicht im offiziellen Bilanz-Stall eingestellt, sondern in einem für offizielle Besucher nicht einsehbarem Nebengebäude untergestellt wird, davon ist hier nicht die Rede. Genau dies macht jedoch die Deutsche Bahn AG.

Nun schreibt der gelegentlich als «Vater der Bahnreform» titulierte Prof. Gerd Aberle: «Die staatlich finanzierten Zahlungen an den Netzbereich für Neu- und Ausbaumaßnahmen und seit 2009 auch für Ersatzinvestitionen [werden] als Investitionszuschüsse geleistet. [...] Es erfolgt, entsprechend dem bilanziellen Charakter von Zuschüssen, keine Aktivierung [in der Bilanz].»[3] Aber warum, so stellt sich die Frage, sind das Zuschüsse? Warum nicht zinslose Darlehen des Bundes? Diese kosteten die DB AG genau so wenig wie «Zuschüsse», nämlich nichts. Doch diese müssten dann als Schulden bilanziert werden. Zugleich würden in diesem Fall die entsprechenden Anlagen ebenfalls bilanziert – und es müssten auf diese Werte Abschreibungen getätigt werden. Und just so war es ja auch – in den ersten drei Jahren nach der Bahnreform wurden die meisten der Investitionszuschüsse des Bundes als zinslose staatliche Darlehen vergeben. Erst 1997 wurde von zinslosen Darlehen auf Zuschüsse umgestellt. 2004 wurde sogar der größte Teil der zinslosen Darlehen aus der Verschuldungsstatistik der DB AG herausgenommen, womit der scheinbare Schuldenstand künstlich reduziert wurde.[4]

Die bilanzielle Sonderbehandlung dieser Investitionsfinanzierung hat gravierende Auswirkungen auf die Gewinn- und Verlustrechnung – und auf die unternehmerische Praxis. Auf den entsprechenden Anlagen findet naturgemäß Verkehr statt, der Einnahmen und Gewinne generiert. Gerade die Neubaustrecken sind, wenn die Kosten der Infrastruktur nicht oder nur zu einem kleineren Teil eingerechnet werden, Gewinnbringer. Es handelt sich einerseits um Einnahmen und Gewinne im Bahnbetrieb – vor allem um solche der DB Fernverkehr AG, aber auch um solche im Nahverkehr, von DB Regio. Zugleich handelt es sich um Einnahmen und Gewinne resultierend aus den Trassengebühren, also um solche im Bereich der DB Netz AG. Gleichzeitig aber gilt: Wenn die mit Zuschüssen finanzierten Neu- und Ausbaustrecken in der Bilanz stünden, erfolgten auch Abschreibungen auf diese, was die ausgewiesenen Gewinne massiv schmälern, wenn nicht in ihr Gegenteil, in Verluste, umwandeln würde.

Thilo Sarrazin schrieb zu einer Zeit, als er SPD-Finanzsenator in Berlin (und noch nicht offen als Rassist aufgetreten) war, eine Kritik am geplanten Bahnbörsengang. In dieser wird dieser Sachverhalt recht klar und wie folgt beschrieben: «Die Investitionen der Bahn in die Infrastruktur werden im wesentlichen vom Bund in Form von Investitionszuschüssen getragen. Diese Zuschüsse [...] tauchen in der Sachanlagenrechnung der Bahnbilanz gar nicht mehr auf. Seit der Bund 1997 die Finanzierung der Investitionen von Darlehen auf Zuschüsse umstellte, sind der Bahn Zuschüsse von knapp 41 Mrd. Euro zugeflossen. Für deren Wertverzehr trifft die Bahn keinerlei Vorsorge. Schon eine jährliche Abschreibung von 2,5 Prozent auf die der Bahn seit 1997 zugeflossenen Baukostenzuschüsse [...] bedeutet eine jährliche Kostenbelastung von über einer Milliarde Euro und lässt zusammen mit dem unterlassenen Unterhalt den Gewinn der Bahn 2006 ins Negative kippen.»[5]

Wir schrieben, dass diese Bilanzierungsweise auch praktische *unternehmerische* Folgen hätte. Banal gesagt geht es darum, dass die Bahn, die für diese Strecken keine Abschreibungen tätigt und damit keine entsprechenden Rücklagen bilden kann, für diese Strecken dann, wenn ein Neubau oder eine gründliche Sanierung fällig wird, nicht aufkommen wird. Und dass dann der Bund ein *zweites Mal* zahlen muss. Oder besser: zahlen *müsste*. Das ist keineswegs eine abstrakte Vermutung, das wird durchaus auch an höchster Stelle so gesehen. Prof. Karl-Dieter Bodack, der diesem bilanziellen Sonderfall nachging und in diesem Sinn an das Bundesverkehrsministerium schrieb, erhielt von diesem 2007 die folgende Antwort: «Diese vom Bund finanzierten Anlagen braucht die DB AG nach Ablauf der Nutzungsdauer nicht zu ersetzen, sodass sie dafür auch keine Mittel über Abschreibungen erwirtschaften muss; die Ersatzinvestitionen finanziert dann wiederum der Bund.»[6]

Jetzt gilt es zu bedenken, dass die mehr als 2500 Kilometer Neu- und Ausbaustrecken in einem relativ kurzen Zeitraum zwischen 1992 und 2017 gebaut wurden oder gebaut sein werden. Wenn nun ab dem Jahr 2020 oder 2025 in einer Zeitspanne von 15 bis 20 Jahren bis zu 100 Milliarden Euro für eine Grundsanierung dieser Strecken fällig werden wird, dann ist es einigermaßen unwahrscheinlich, dass der Bund dann nochmals diese riesigen Summen aufbringen wird — zumal das ja dann *zusätzlich* zu den mindestens 15 Milliarden Euro erfolgen müsste, die jetzt bereits jährlich für den Schienensektor aufzubringen sind. Übrigens wäre diese Sonderbeanspruchung von Bundesgeldern pikanterweise zu einem Zeitpunkt erforderlich, wenn die in die Verfassung aufgenommene Schuldenbremse voll zur Geltung kommt, was zusätzlich dagegen spricht, dass eine solche neuerliche Bundesfinanzierung realistisch ist.

Ein solches Verkehrswege-Finanzierungsmodell wird auch für die Öffentlichkeit kaum zu vermitteln sein. Das wussten die Macher der Bahnreform durchaus. Und so war es Heinz Dürr, der 1992 beim Auftakt zur Bahnreform genau diesen Umstand ansprach — und eine Lösung versprach, die in offenem Widerspruch zur bald darauf eingeschlagenen Praxis steht. Der damalige Chef von Bundesbahn und Reichsbahn schrieb: «Wir werden darauf achten, dass die Deutsche Bahn AG von Beginn an zwingend marktorientiert sein wird. [...] Für das Fernstreckennetz einschließlich der Netzknotenbereiche sind beispielsweise im Bundesverkehrswegeplan bis zum Jahr 2010 Investitionen von über 100 Milliarden DM vorgesehen. Da die Deutsche Bahn AG diese vom Staat vorfinanzierten Investitionen über Abschreibungen verdienen muss, wird das wirtschaftliche Kriterium für Aus- und Neubau in Zukunft eine weit wichtigere Rolle spielen als heute. Es wird in jedem Fall abzuwägen sein zwischen einem Fahrtzeitgewinn von wenigen Minuten und dem dafür notwendigen Investitionsaufwand. Es wird auch zu entscheiden sein, ob im konkreten Fall nicht eine Investition in Pünktlichkeit, ausreichend Kapazität und Komfort notwendig ist.»[7]

Wie in Kapitel 12 dargestellt werden wird, findet seit mehr als eineinhalb Jahrzehnten das glatte Gegenteil statt: Es werden Milliarden-Investitionen getätigt, um Zeitgewinne von wenigen Minuten zu erzielen. Es gibt einen Rückgang bei der Pünktlichkeit. Kapazitätsreserven werden nicht ausgebaut, sondern radikal abgebaut (siehe dazu auch Kapitel 11). Dass das so ist, hat sicher auch mit der Psyche der Topbahnleute zu tun (die unter anderem Geschwindigkeits-Fetischisten sind). Es hat jedoch vor allem mit der beschriebenen *Struktur der Finanzierung* zu tun.

Noch 2014 wird das BEV (für das Gehalt von mehr als 35.000 Bahnbeamten und die Altlasten wie Beamten-Pensionen) mit vergleichbar hohen staatlichen Mitteln bezuschusst wie 1995.

Der *dritte* Faktor, neben der Eröffnungsbilanz und der laufenden Bilanzpolitik, mit dem seit der Bahnreform die Gewinn- und Verlustrechnung der Bahn aufgehübscht wird, betrifft die Bahnbeschäftigten und hier das staatliche und stattliche Heer der Bahnbeamtinnen und Bahnbeamten. Die Bahnreform war seitens ihrer Macher mit viel Spott und Hohn auf die Behördenbahn und auf «das Beamtenwesen» verbunden. Der erste DB AG-Chef Heinz Dürr tat sich dabei besonders als populistischer Demagoge hervor. Bei der Bundesbahn würden «Karrieren überspitzt formuliert ersessen». Es habe Bürokratismus pur geherrscht: «Bei der Bundesbahn musste ich mir oftmals die Genehmigung von drei Bundesministerien einholen, um Vergütungen oder Belohnungen für besondere Leistungen zahlen zu dürfen.» Darauf wird noch einzugehen sein — weil die DB AG solche Bonizahlungen dann ausgerechnet Bahnbeamten zukommen lässt.

Nun verlangten die Macher der Bahnreform keineswegs, dass die Bahnbeamten nicht in das DB AG-Personal übernommen werden würden. Verlangt wurde auch nicht, möglichst wenige Beamte zu übernehmen und beispielsweise viele früh zu pensionieren. Die Topleute der Bahn wussten durchaus, welchen Schatz sie an dem Beamtenheer mit aller versammelten Kompetenz und Engagement für die Eisenbahn hatten. Vielmehr wurde die folgende Regelung getroffen: Alle Bahnbeamten erhielten ab Januar 1994 formal einen neuen Arbeitgeber, das Bundeseisenbahnvermögen (BEV), eine bundeseigene, dem Bundesfinanzministerium unterstellte neue Gesellschaft. Das BEV bezahlt seither einerseits diesen Beamten ihre bisherigen Gehälter bzw. die entsprechend der allgemeinen Entwicklung gestiegenen Bezüge. Gleichzeitig weist das BEV alle diese Beamten der DB AG zu, wo sie den ihnen von der neuen Bahn angeordneten Dienst verrichten. Die DB AG wiederum überweist an das BEV «Zahlungen in Höhe der Aufwendungen, die sie für neu einzustellende Arbeitnehmer unter Einbeziehung der Arbeitgeberanteile zur gesetzlichen Sozialversicherung sowie der betrieblichen Altersversorgung erbringen müsste».[8]

Es geht dabei um ein Heer von Beamtinnen und Beamten und um gewaltige Summen an ersparten Personalkosten bzw. an zuzuschießenden Steuergeldern. Beim Start der DB AG gab es 110.000 der DB AG zugewiesene Beamte — ein knappes Drittel der damals rund 350.000 Bahnbeschäftigten; Anfang 2014 sind immer noch knapp 40.000 zugewiesene Beamte Bestandteil des gesamten Bahnpersonals von inzwischen rund 130.000 Menschen, oder gut 30 Prozent. In den Modellrechnungen zur Bahnreform wurden die Differenzkosten, also die real vom Bund zu leistenden zusätzlichen Zahlungen, in der zweiten Hälfte der 1990er Jahre auf umgerechnet 4 bis 4,5 Milliarden Euro pro Jahr angegeben. In Wirklichkeit wurden es bis Ende der 1990er Jahre mehr als sechs Milliarden Euro pro Jahr. Und es sind auch 2014 noch 4 Milliarden Euro — Jahr für Jahr. Die Behauptung, die Beamten seien das

Geld, das der Staat für sie zahlte, nicht wert, ist nicht akzeptabel. In den Bereichen des oberen Managements sollte die neue DB AG ihren Leuten bald deutlich höhere Einkommen zahlen als sie für Spitzenbeamte üblich waren. Die DB AG zahlte sogar an zugewiesene Beamte zusätzliche «Leistungszulagen», wozu der Bundesrechnungshof süffisant anmerkte: «Der Bundesrechnungshof hält es für bemerkenswert, dass zur DB AG zugewiesene Beamte der mittleren Führungsebene (sog. AT-Dienstposten) auch in Fällen, in denen die Personalkosten durch die Personalkostenerstattung der DB AG nicht gedeckt werden, Leistungszulagen der DB AG (als ‹motivationssteigerndes Führungsinstrument›) erhalten können.»[9] Im Klartext: Zuerst behauptet die DB AG, die Bahnbeamten seien das Geld nicht wert, das der Staat ihnen bezahlt, und lässt die Steuerzahler zur Ader. Dann zahlt die DB AG einem Teil dieser Beamten, die ja angeblich bereits überbezahlt sind, noch das eine und andere Sahnehäubchen oben drauf.

Auch ist der Maßstab dafür, was die DB AG «für neu einzustellende Arbeitnehmer» zu zahlen gehabt hätte, völlig willkürlich. Es gab rund ein Jahrzehnt lang so gut wie keine neu eingestellten Bahnbeschäftigten; vielmehr wurden mehr als 100.000 Beschäftigte abgebaut. Dazu schrieb der Bundesrechnungshof, dass «dem BEV die tatsächliche Eingruppierung neu eingestellter Arbeitnehmer der DB AG nicht bekanntgegeben» werden würde. Offensichtlich wurde hier eine der für die Bahnreform typischen «black boxes» eingeführt, die darauf hinauslaufen, dass unerwartet hohe, zusätzliche staatliche Zahlungen an die DB AG flossen, wenn auch in diesem Fall auf indirektem Weg.

Der Vorgang der Personalkofinanzierung ist charakteristisch für die doppelten Standards, die bei der Bahnreform herrschen. Ausgerechnet die «marktwirtschaftlich orientierte» Deutsche Bahn AG profitiert nun bereits mehr als zwei Jahrzehnte lang in massivem Umfang von den Bahnbeamten — und davon, dass deren Gehalt zu einem erheblichem Umfang vom Bund bezahlt und damit die Lohnkosten der DB AG Jahr für Jahr in Höhe von mehreren Milliarden Euro subventioniert werden. Insgesamt flossen im Zeitraum 1994 bis Ende 2013 allein über diese BEV-Bahnbeamten-Konstruktion rund 100 Milliarden Euro an Steuergeldern indirekt an die DB AG.

***

Der bereits zitierte Professor Gerd Aberle ist nicht nur Mitglied im Beirat der Deutschen Bahn AG, sondern auch der Vorsitzende dieses Gremiums. In Beantwortung eines damals neuen Alternativen Geschäftsberichts Deutsche Bahn AG schrieb er in der Fachzeitschrift «Internationales Verkehrswesen» (Heft 63 — 4/2011):

«Wie jedes Jahr das gleiche Spiel. Kaum hat die DB AG ihren Geschäftsbericht [...] vorgelegt, wird die These von hohen öffentlichen Zuschusszahlungen und der Verschleierung angeblicher Verluste anstelle der ausgewiesenen Gewinne aus der Argumentationskiste hervorgeholt. So auch dieses Jahr [...] etwa durch die Vereinigung Bahn für Alle. [...] Natürlich ist es Fakt, dass die staatlichen Zahlungen an den Netzbereich für Neu- und Ausbaumaßnahmen und seit 2009 auch für Ersatzinvestitionen [...] als Investitionszuschüsse geleistet werden. [...] Es erfolgt, entsprechend dem bilanziellen Charakter von Zuschüssen, generell keine Aktivierung. Folglich fehlen Abschreibungen und Zinsen. [...] Basierend auf Artikel 87e(4) [gemeint: des Grundgesetzes; d. Verf.] und speziellen Folgegesetzen ist dies politisch ausdrücklich gewollt. [...] Übrigens: Die gleiche Nichtaktivierung von Investitionszuschüssen wird auch von den ÖPNV-Unternehmen für U-Bahnstrecken, Rolltreppen, Betriebshöfe und teilweise auch Fahrzeuge praktiziert. Bei erforderlichen Ersatzinvestitionen führt dies zu dramatischen Finanzierungsproblemen bei der Substanzerhaltung. [...] Der zunächst als Vorteil erscheinende Charakter von Investitionszuschüssen [...] erweist sich langfristig als Fundamentalproblem.»

1995

Im Januar wird die Machbarkeitsstudie für das Großprojekt Stuttgart 21 vorgelegt

Kapitel 3: Bahnimmobilien als Jahrhundertraub
Oder: Ein Gesetz tritt «weitgehend in den Hintergrund»

Dürr hat sich Anfang der 90er Jahre [...] seinem neuen Unternehmen [der Bahn; d. Verf.] gewidmet und ist dann durch die Welt gefahren und hat dann festgestellt, dass es in New York zwar eine Eisenbahn gibt, aber man diese nicht sieht. In Tokio gibt es eine Eisenbahn, aber man sieht sie nicht. Dann ist dem Herrn Dürr ein Licht aufgegangen – das hat er mir eines Tages erzählt. Ja, das hat er mir erzählt: Herr Hermann, da ist mir ein Licht aufgegangen, da sind wir mit dem Hubschrauber über Stuttgart geflogen, über die Gleise. Dann ist mir klar geworden: Das sind ja Filetstücke, mitten in der Stadt! Wenn wir den Bahnhof unterirdisch machen, wie in New York, dann verkaufen wir das Gelände zu den besten Preisen, den Quadratmeter zu 10.000 Mark oder mehr. Das war das Konzept, das Dürr für Stuttgart und viele andere Orte als genial angesehen hat. Und fortan war er der Treiber. Es ist ihm dabei gelungen, fünf weitere schwarze Herren aus dem Großraum Stuttgart einzuspannen. Also, sechs schwarze Herren, alle befreundet, [...] alle sprechen Schwäbisch, aber sitzen an den Schalthebeln der Macht. Die haben gesagt: Stuttgart bauen wir jetzt zum Leuchtturmprojekt.[1]

Anfang 1995 stellte die Deutsche Bahn AG die Machbarkeitsstudie für Stuttgart 21 (S21) vor. Mitte der 1990er Jahre folgten vergleichbar große Bahnhofs- und Bahngeländeprojekte für die Großstädte Frankfurt/M. und München. Immer ging es dabei darum, dass die bestehenden Bahnhöfe in den Untergrund gelegt und obendrein Flächen für Bebauung und gewinnbringenden Verkauf frei werden sollten. Aber auch in kleineren Städten sollten Bahnhöfe verschwinden und das Gelände für andere Zwecke eingesetzt werden. So verkündeten im April 1997 Heinz Dürr und der bayerische Wirtschafts- und Verkehrsminister, Otto Wiesheu, in Lindau, dass der dortige Jugendstil-Hauptbahnhof auf der Insel aufgegeben und ein neuer Hauptbahnhof auf dem Festland errichtet werden sollten. Bahnintern gab es 25 «Projekte 21» zur Aufgabe von Bahnhöfen oder mit radikalen Bahnhofsumbauten. Offensichtlich besteht ein enger Zusammenhang zwischen der Bahnreform und Immobiliengeschäften.

Die Bahn ist der größte Immobilieneigentümer in Deutschland. Zum Zeitpunkt der Bahnreform zählten zum Bahneigentum rund 1,6 Milliarden Quadratmeter oder 160.000 Hektar Fläche. Schätzungen gehen davon aus, dass das Immobilienvermögen der Bahn zu diesem Zeitpunkt mehr als 400 Milliarden Mark oder umgerechnet 220 Milliarden Euro wert war. Natürlich handelt es sich dabei überwiegend um Flächen, auf denen Bahnverkehr stattfindet, die also nicht oder in absehbarer Zeit nicht veräußerbar sind.[2] Allerdings gab es Mitte der 1990er Jahre bereits viele Areale, auf denen kein Bahnverkehr mehr stattfand bzw. auf denen er in den Jahren vor oder kurz nach der Bahnreform eingestellt worden war – unter anderem durch die Aufgabe dutzender innerstädtischer Güterbahnhöfe und des gesamten Postbahnverkehrs (siehe Kapitel 9). Bereits diese Flächen versprachen Einnahmen in Höhe von mehreren Dutzend Milliarden Euro. In Stuttgart beispielsweise zahlte die Stadt der Deutschen Bahn AG für die 100 Hektar Fläche, die mit S21 frei werden, 450 Millionen Euro.

Die Bundestagsabgeordneten waren sich 1993 bei den Diskussionen zur Bahnreform durchaus der Brisanz, die in diesem Immobilienschatz steckt, bewusst. Daher sollte die Deutsche Bahn AG nur jenes Bahngelände erhalten, das für den Bahnbetrieb notwendig war. Ein Verkauf von Bahngelände zur Gewinnmaximierung einer auf Privatisierungskurs befindlichen, privatwirtschaftlichen Bahn AG sollte im Großen und Ganzen ausgeschlossen sein. Zu diesem Zweck wurde 1994 das Bundeseisenbahn-Vermögen (BEV) als eine dem Finanzminister unterstellte Gesellschaft in Bundeseigentum gegründet. Der Begriff «Vermögen» erschien damals durchaus zutreffend. Denn das BEV übernahm zwar einerseits alle Altschulden von Bundesbahn und Reichsbahn. Andererseits *sollten* dem BEV alle Bahnimmobilien übertragen werden. Das BEV sollte der DB AG aus diesem Immobilienfonds ausschließlich das «bahnnotwendige» Gelände übertragen. Als Gegengewicht zum Schuldenberg sollte das BEV also alles «nicht bahnnotwendige Gelände» behalten können, um aus den Erlösen von Vermietung und Verpachtung, respektive aus dem Verkauf solcher Immobilien, den Zins- und Tilgungsdienst der Altschulden zumindest zu größeren Teilen zu finanzieren. So wurde es auch im Eisenbahn-Neuordnungs-Gesetz (ENeuOG) beschlossen.[3]

Die Umsetzung dieser Gesetzesregelung entsprechend Wortlaut und Geist kam nicht zustande. Vielmehr gab es zwischen 1994 und 1996 einen hin- und herwogenden Streit, wem welches Bahngelände zuzuweisen sein würde. Die neu gegründete DB AG als die gewissermaßen leistungsstärkere Einheit verfügte de facto von Anfang an über den überwiegenden Teil des Bahngeländes, das Ende 1993 noch

Bundesbahn und Reichsbahn gehört hatte. Ende 1996 einigten sich Bundesregierung und Deutsche Bahn AG auf einen politisch motivierten Großdeal. Sie nahmen dabei Bezug auf einen völlig unscheinbaren – aber zweifellos höchst gezielt in das Eisenbahnneuordnungs-Gesetz einmontierten – Passus, der höchst lapidar heißt: «Vergleiche sind zulässig; wird ein Vergleich geschlossen, ergeht ein dem Vergleich entsprechender Bescheid.» (§23, (6)).

Der geschlossene Vergleich besagte: Die DB AG behielt grundsätzlich *alles* Bahngelände, ob «bahnnotwendig» oder «nicht bahnnotwendig», überreichte aber dem BEV ein Immobilienpaket im Wert von 13,6 Milliarden DM, das angeblich dem Wert aller nicht bahnbetriebsnotwendigen Areale entsprechen würde. Hermann Abmayr bilanzierte diesen Deal in der taz wie folgt: «Sieger im Bahnmonopoly ist Heinz Dürr. Bis auf Grundstücke und Immobilien im Verkehrswert von 13,6 Milliarden Mark ist jetzt alles Eigentum der Bahn AG. Auch viele nicht bahnnotwendige Liegenschaften, wie das milliardenschwere Areal um den Stuttgarter Hauptbahnhof, das seit Jahren kaum mehr von der Bahn genutzt wird, kann Dürr behalten. Der Bundesrechnungshof hatte sich schon mehrfach mit dem Milliardenpoker befasst. [...] Sein Hauptvorwurf: Das ‹gesetzliche Kriterium der Bahnnotwendigkeit› sei ‹weitgehend in den Hintergrund getreten›.»[4]

Die Deutsche Bahn AG verkaufte in der Folge Jahr für Jahr nicht bahnnotwendige Immobilien und verbuchte die Erlöse als Teil ihrer Gewinne. 2002 fasste die DB AG einen Teil von nicht bahnnotwendigen Arealen in einem Immobilienpaket mit 30,4 Millionen Quadratmetern zusammen und gründete die Aurelis Real Estate als Tochter der DB AG.[5] Im Dezember 2007 verkaufte die DB AG Aurelis an ein Konsortium, das aus dem Hedge Fonds Redwood Grove und der Hochtief Projektentwicklungs mbH, einer Tochter des Baukonzerns Hochtief, bestand, für 1,65 Milliarden Euro. Auf diese Weise konnten im direkten Vorfeld der damals geplanten Bahnprivatisierung nochmals erhebliche Sondergewinne ausgewiesen werden. Insgesamt wurde im Zeitraum 1994 bis 2013 seitens der DB AG Bahngelände im Wert von bis zu zehn Milliarden Euro verkauft.[6]

In einer umfangreichen Analyse des Wirtschaftsblattes «Capital» im Jahr 2006 wurde über den klammheimlichen Verkauf von fünf Bahnarealen in Berlin, Essen, Frankfurt am Main, München und Rosenheim berichtet, bei denen die Differenz zwischen dem Buchwert – dem Wert, mit dem diese Immobilien bislang in den Bahnbilanzen standen – und dem Verkaufserlös 140 Millionen Euro betrug. Den «Rekord» hätten dabei «37.000 Quadratmeter Gleisanlagen, Laderampen und Lagerflächen in Rosenheim erzielt – der Verkaufserlös lag beim Fünfzigfachen des bilanzierten Werts». Das in der Regel in diesen Angelegenheiten höchst kompetente Blatt schließt in diesem Zusammenhang auf nicht abschätzbare Möglichkeiten zur Aufhübschung der Bahnbilanz: «Welchen Anteil aufgelöste stille Immobilienreserven am Bahn-Gewinn der vergangenen Jahre hatten, lässt sich nicht einmal schätzen. Das Unternehmen zählt diese Verkäufe zum Kerngeschäft. Deshalb weist es ihr Ergebnis nicht als außerordentlichen Ertrag aus.»[7]

Der Umgang mit den Bahnimmobilien erwies sich bislang als vielschichtig und teilweise widersprüchlich. Grundsätzlich lässt sich feststellen, dass diese Immobilien im Sinne eines Selbstbedienungsladens für Bereicherung unterschiedlicher Art eingesetzt werden. Teilweise erfolgte das, wie im Fall des Verkaufs einzelner nicht bahnnotwendiger Immobilien oder des Aurelis-Verkaufs, zum Zwecke der Bilanz- und Gewinnverbesserung der DB AG. Das trifft auch auf Stuttgart 21 (S21) zu, wo die Bahn das entscheidende Gelände an die Stadt

Stuttgart bereits 2004 verkaufen konnte, den dann verzinsten Gewinn in der 2009er Bilanz aktivierte – und damit den Absturz der DB-AG-Bilanz in der Krise kaschierte.

Oft handelte es sich jedoch auch um Grundstücksdeals, die in erster Linie im Interesse der privaten Aufkäufer lagen. Besonders krass war dies der Fall beim Verkauf der bahneigenen Fernmeldeanlagen (Basa) an Mannesmann-Arcor, was wiederum wesentlich zu der bisher größten Unternehmensübernahme in Deutschland – derjenigen von Mannesmann durch Vodafone – beitrug.[8]

Für die Öffentlichkeit und für die Fahrgäste ist der Ausstieg der DB AG bei den Bahnhöfen, der mit der Bahnreform begann, am auffälligsten. Ende der 1990er Jahre begann die DB AG mit einem kontinuierlichen *Verkauf von Bahnhöfen*. In mehreren Schüben wurden inzwischen zwei Drittel aller Bahnhöfe – oder gut 3000 Bahnhofsgebäude von 5000 – verkauft (siehe dazu auch Kapitel 11). In Ostdeutschland ist es besonders dramatisch; hier befanden sich 2011 nur noch 73 Bahnhöfe im sogenannten «Kernportfolio» der Bahn. Die Bahnhofsverkäufe fanden in großem Umfang in der Ära von Bahnchef Mehdorn (1999 bis 2009) statt. Sie wurden allerdings in jüngerer Zeit unter Bahnchef Grube neu beschleunigt. Die Bahnhofstochter der DB AG formulierte 2012: «Station & Service will sich bundesweit auf ein Bestandsportfolio von 600 bis 700 Empfangsgebäude konzentrieren» – von 5400 Bahnhöfen. Ein Beispiel: Im Bundesland Hessen hatte die Bahn Anfang 2013 noch 83 Bahnhöfe im eigenen Bestand – von insgesamt 430. Allein im Zeitraum 2000 bis 2012 wurden 139 «Empfangsgebäude» verkauft. Offizielles Ziel ist die Reduktion des hessischen Bahnhofsbestands auf 35 «Empfangsgebäude».[9]

Dabei ist nicht erkennbar, dass die DB AG im Segment Bahnhöfe eine strategische Orientierung verfolgt. Die Zahl der zum «Kernbestand» gehörenden Bahnhöfe wurde alle fünf Jahre neu definiert – und jeweils reduziert. Die Art, wie die Bahnhöfe verkauft wurden, entsprach eher «Notschlachtungen» – ganze «Bahnhofspakete» wurden an Investoren wie die First Rail Estate (die 2005 pleite ging) und später an die britische Gesellschaft Patron Capital verkauft. Dabei wurde je Bahnhof ein meist lächerlicher Preis von wenigen tausend Euro, im Durchschnitt dürften es 20.000 Euro gewesen sein, erzielt. Das Bemühen von Kommunen, «ihren» jeweiligen Bahnhof zu erwerben und für lokale Zwecke zu nutzen, wurde systematisch ignoriert. Hier gibt es in jüngerer Zeit ein Umdenken, doch das ist keineswegs grundsätzlicher Natur. Es hängt wohl eher damit zusammen, dass die öffentliche Kritik am Umgang der Bahn mit den Bahnhöfen zunimmt und dass der Bund und die Bundesländer Gelder bereitstellten, um Bahnhöfe in kommunales Eigentum übergehen und sanieren zu lassen. In einem Vortrag auf einer bahninternen Veranstaltung zum Thema «Verkauf von Bahnhofsgebäuden durch die Deutsche Bahn AG» heißt es: «Es ist wichtig, Illusionen über die Aufgaben, die Finanzkraft oder die Pflichten der DB AG über Bord zu werfen. Oft gibt es immer noch die Vorstellung einiger Kommunen, dass die DB AG sich im Rahmen einer städtebaulichen Umfeldgestaltung aufgrund einer dadurch bewirkten höheren Attraktivität des Bahnhofsbereichs und höherer Passagierzahlen finanziell [...] engagieren müsse. Diese Vorstellung berücksichtigt in keiner Weise [...] die rein unternehmerische Aufgabenstellung der DB AG, die rein unter Renditebetrachtungen zu agieren hat. [...] Im Umkehrschluss heißt das, dass die Kommunen gefordert sind, die wiederum durch die Infrastrukturmittel des Bundes gefördert werden.»[10] Wir werden in Kapitel 20 in diesem Buch noch dokumentieren, welche erheblichen Gewinne der Bereich Station & Service einfährt und wie diese Gewinne zweckentfremdet eingesetzt werden. Die gesamten Einnahmen aus dem eigentlichen Verkauf von Bahnhöfen, also der «Empfangsgebäude», liegen im 20-Jahreszeitraum 1994 bis 2013 in einer Höhe von rund 100 Millionen Euro. Sie stellen also keinen nennenswerten Beitrag zu den Gewinnen der DB AG dar. Wenn die Deutsche Bahn AG derart brutal diese verkehrspolitische und kulturelle Substanz im Schienenverkehr zerstört, so muss es offensichtlich noch andere Faktoren geben, die diese zerstörerische Politik erklären.

Auch Bahngelände, das beim Bundeseisenbahnvermögen (BEV) und damit beim Bund blieb, erwies sich als nicht geschützt vor Privatisierung und Ausverkauf. Ende der 1990er Jahre wurden durch das BEV 120.000 Eisenbahnerwohnungen verkauft. Dieses große Immobiliengeschäft wurde zunächst von der letzten CDU-geführten Kohl-Regierung eingefädelt und am Ende von der ersten SPD-Grünen-Regierung vollendet.[11] Es war Klaus Daubertshäuser, der verkehrspolitische Sprecher der SPD im Bundestag, gewesen, der bei der Bahnreform-Debatte im Dezember 1993 ausgeführt hatte: «Ein ganz wichtiger Punkt ist schließlich die unbedingte Sicherung der Eisenbahnerwohnungen. Im Gesetz ist nun eindeutig festgestellt, dass der gesamte Wohnungsbestand vom Bundeseisenbahnvermögen – also in der Verantwortung der öffentlichen Hand – nach den bisherigen Grundsätzen fortgeführt wird […]. Das heißt im Klartext: Kein Eisenbahner und seine Familie muss um seine Wohnung bangen.»[12]

Mit der Bahnreform wurde offenbar eine Lawine der Grundstücksspekulation losgetreten. Der im Oktober 2010 verstorbene Privatisierungsgegner und Träger des alternativen Nobelpreises, Hermann Scheer, unterstrich wiederholt: «Privatisierung kommt von *privare*, was lateinisch *berauben* heißt.» Der grundlegende Charakter der Beraubung der Bevölkerung mit der Bahnprivatisierung im Allgemeinen und dem Verkauf von Bahngelände im Besonderen wird dann deutlich, wenn man einen Blick auf die Eisenbahngeschichte wirft. Bau und Betrieb von Eisenbahnen waren von Anfang an mit Grundstücksspekulation verbunden. Die Eisenbahnen wurden im 19. Jahrhundert überwiegend von privaten Gesellschaften gebaut. Das Land für die Strecken und Bahnhöfe erhielten diese Gesellschaften oft von den Kommunen, Städten und Ländern geschenkt oder sie konnten es zu extrem niedrigen Preisen erwerben. Dies wurde der Öffentlichkeit damit erklärt, dass auf diese Weise eine Region oder Stadt für den Verkehr der Zukunft erschlossen werden würde. In vielen Fällen wurde den entsprechenden Bahngesellschaften auch vertraglich die Auflage gemacht, auf dem entsprechenden Gelände zukünftig Schienenverkehr zu betreiben oder einen Bahnhof zu unterhalten. Die meisten dieser privaten Bahnen wurden im letzten Viertel des 19. Jahrhunderts, andere noch später, in öffentliches Eigentum überführt. Oft wurden dabei die privaten Eigentümer der Bahngesellschaften fürstlich entschädigt.[13]

Mit den Bahnprivatisierungen wird die Öffentlichkeit ein weiteres Mal in großem Umfang zur Kasse gebeten. Die meist staatlichen Eisenbahnen hatten deutlich mehr als ein Jahrhundert lang Vermögen – vielfach Immobilienvermögen – akkumuliert. Dieses wurde durch die Fahrgäste, durch die Arbeit der Bahnbeschäftigten und durch Steuermittel für die öffentlichen Bahnen finanziert. Vor allem handelte es sich immer um *zweckgebundenes*, dem spezifischen Zweck von Eisenbahnverkehr und damit öffentlichen Interessen dienendes Gelände.

Den historischen Hintergrund der Bahnimmobilien konnte der frühere Hamburger Bürgermeister Henning Voscherau auch in einen juristischen Zusammenhang bringen. Er sieht bei vielen Bahnarealen grundsätzlich die Möglichkeit für Restitutionsansprüche, die die vorausgegangenen, in der Regel kommunalen Eigentümer dann stellen könnten, wenn dort Bahnverkehr nicht mehr stattfindet. Er konkretisierte dies am Beispiel Hamburg. Die Hansestadt musste am Ende des 19. Jahrhunderts Gelände an die damalige Bahn abtreten, die an dieser Stelle den «Hannoverschen Bahnhof» errichtete. Allerdings konnten die «sehr qualifizierten Liegenschaftsbeamten» der Hansestadt eine Rückfallklausel durchsetzen: Danach muss die Bahn das Gelände wieder an die Hansestadt rückübertragen, wenn dieses nicht mehr für Eisenbahnverkehr genutzt wird. Tatsächlich findet dort seit Langem kein Bahnbetrieb mehr statt. Dennoch konnte die Deutsche Bahn AG das Gelände an die Hansestadt zur Realisierung des Hafen-City-Projekts verkaufen. Die Deutsche Bahn AG soll laut Voscherau darauf verwiesen haben, dass mit der Gleichschaltung der Länder im Dritten Reich die Rechtsansprüche erloschen seien. Demgegenüber argumentierte Voscherau, in den Nachwendezeiten müsse das mit der Restitution anders gesehen werden. Im Übrigen wolle er «diese Bundesorgane einmal sehen, die sich öffentlich als Nazi-Gewinner positionieren würden». Zumal in einem höchst spezifischen Fall: Das Gelände des Hannoverschen Bahnhofs war 1941 Sammelplatz für die Jüdinnen und Juden, die von hier aus nach Riga deportiert wurden.

Warum die Stadt Hamburg am Ende auf einen Rechtsstreit verzichtete und der Bahn für ein Gelände, das sie dieser bereits einmal geschenkt hatte, nochmals bezahlte, ist unklar.[14]

Interessant ist, dass die Erkenntnisse, die im Fall des zitierten Hamburger Beispiels gemacht wurden, eher zufällig zustande kamen; sie waren Resultat einer persönlichen Initiative von Henning Voscherau. Man kann davon ausgehen, dass es vergleichbare Rückfallklauseln in vielen anderen Verträgen, mit denen kommunales Eigentum den neuen Eisenbahnen übertragen wurde, gab. Dort, wo es diese nicht gibt, das Gelände für Bahnstrecken und Bahnhöfe aber den Eisenbahnen von den Kommunen geschenkt wurde, gibt es in jedem Fall eine moralische Rechtfertigung dafür, einen Verkauf durch die Deutsche Bahn AG abzulehnen, ja diesen als sittenwidrig zu charakterisieren.[15]

***

Das Magazin «Focus» veröffentlichte 1993 — also *vor* Gründung der DB AG — einen umfassenden Artikel über «Das Mega-Milliarden-Ding». In dem Artikel wurde ein Blick auf die Entwicklung in den USA und in New York geworfen. Neben zwei Bildern der City von New York — einem Bild mit breit gefächerten Schienensträngen von Anfang des 20. Jahrhunderts und einem zweiten Foto von derselben Stelle in den 1990er Jahren, auf dem nur noch Hochhäuser und Straßenzüge zu sehen sind — heißt es: «Wolkenkratzer über dem Bahndamm: Weil der Nutzwert breiter Schienenstränge in keinem Verhältnis mehr zu den Bodenpreisen in der City stand, überbauten die New Yorker kurzerhand diese hässliche Gleisschneise samt einigen Bahnhöfen mit Hochhäusern und Straßen.»[16] Im Artikel wird nicht erwähnt, dass der Schienenpersonenverkehr in den USA im Zeitraum 1920 bis 1980 auf weniger als ein Zehntel reduziert wurde. Im Focus-Artikel heißt es dann: «Heinz Dürr, Führer der zukünftigen Deutschen Bahn AG [...], gibt sich entschlossen, mit Bahnhöfen und Brachland gutes Geld zu verdienen [...]. Für das Geschäft mit Immobilien wird im Vorstand der neuen DB AG eigens ein neues Ressort geschaffen. [...] Erste Pionierprojekte, bei denen private Investoren beim Bahnhofsausbau zum Zug kommen, laufen in Köln und Leipzig.» Die Bilanz von Focus: «Das 41.000 Kilometer lange Schienennetz ist als Immobilie pures Gold.»

Die gleiche Luftbild-Perspektive wie auf dem Foto auf Seite 25 zeigt den Stuttgarter Hauptbahnhof im Dezember 2012 — als sowohl der Nord- als auch der Südflügel des Bahnhofs bereits abgerissen und die Bäume im Schlosspark gefällt sind, während diese im Mai 2011 noch vollständig vorhanden waren. Beide Bilder machen deutlich, worum es bei dem Projekt Stuttgart 21 letztlich geht: Mit der Überbauung des jetzt noch vorhandenen Kopfbahnhofs wird laut DB AG eine Fläche von über 100 Hektar frei, die als Bauland einen enormen Wert hat.

1996

Am 1. Januar geht die Verantwortung für den Schienenpersonennahverkehr vom Bund an die Länder über

Kapitel 4: Die Regionalisierung des Schienenpersonennahverkehrs
Oder: Zurück zur Kleinstaaterei

Irgendwo hinter Gävle halten wir. Über Lautsprecher wird mitgeteilt, dass an der Lok ein technischer Defekt eingetreten ist, wir aber weiterfahren werden, sobald der Fehler behoben sein wird. Ich schaue aus dem Fenster. Eine frühe Dämmerung will sich über das Land legen. Rechts haben wir Nadelwald mit Birkeneinschlag, links haben wir Nadelwald mit Birkeneinschlag.
Nach einer halben Stunde kommt ein Schaffner vorbei, und ich frage ihn, wie es steht. Er erklärt mir, dass es wohl noch so fünfundvierzig Minuten dauern wird, allerhöchstens eine Stunde. Ich frage, wie es mit meinem Anschlussbus in Y. aussieht. Er zieht einen Block aus der Brusttasche und studiert ihn eine ganze Weile. Blättert hin und her, wobei er schwer atmet und besorgt blickt. Er ist ein wenig übergewichtig und hat offensichtlich zu hohen Blutdruck, eine Einschätzung, die ich auf Grund seiner Gesichtsfarbe und seiner leicht hervorstehenden Augen treffe. Dann stopft er seinen Block wieder in die Tasche und sagt, dass es nicht klappen wird, leider, leider. Es sind verschiedene Gesellschaften, die die unterschiedlichen Linien betreiben, und man stehe nicht in der Pflicht, auf verspätete Züge zu warten. [...]
Ich versuche in den Nadelwald zu schauen, aber jetzt ist das Licht im Abteil eingeschaltet, und ich sehe nur die Spiegelung der Einrichtung und mein eigenes Gesicht. Die wenigen Menschen, die vereinzelt im Wagen sitzen, sind bis zur Unbeweglichkeit erstarrt. Einem jungen Mann mit rasiertem Schädel ist sein Kinn so weit heruntergefallen, dass ich sein Gaumenzäpfchen sehen kann. [...] Eine ältere, große, krumm gewachsene Frau liegt über den kleinen ausklappbaren Tisch gebeugt, ihr Kopf ruht auf den nackten Armen. Ein halb gelöstes Kreuzworträtsel lugt unter ihrer Wange hervor.

Aus: Hakan Nesser, Die Schatten und der Regen (Skuggorna och regnet), Stockholm/ München 2004

Eines der wichtigsten Elemente der Bahnreform war die Übertragung der Verantwortung für den Schienenpersonennahverkehr auf die Länder. Zuvor hatten die Bundesbahn und die Reichsbahn den Nahverkehr zentralisiert geplant, und diese Planungen waren oft an den tatsächlichen Bedürfnissen der Menschen vorbeigegangen. Dies hatte zusammen mit anderen Faktoren zu der geringen Nutzung des Schienenpersonennahverkehrs geführt. Nun sollten die Länder die Bestellung dieses Verkehrs übernehmen. Mit dieser Maßnahme war die Hoffnung verbunden, dass eine regionale Planung die Bedürfnisse besser berücksichtigt und zu einer besseren Vernetzung mit den übrigen Verkehrsmitteln führen würde. Die Regierungskommission Bundesbahn sah außerdem wirtschaftliche Vorteile: «Mit der Regionalisierung von Verkehrsaufgaben werden erfahrungsgemäß spürbare Rationalisierungspotentiale erschlossen, weil in der direkten örtlichen Verantwortung geführte Unternehmen ihre Mittel gezielter einsetzen und weil sie häufig mit wesentlich günstigeren Kostenstrukturen operieren. Diesen Vorteil können die Gebietskörperschaften in [ein] besseres Verkehrsangebot bei höherer Wirtschaftlichkeit umsetzen.»[1]

Gleichzeitig sollte der öffentlich bezuschusste Nahverkehr vom eigenwirtschaftlichen Fernverkehr strenger als zuvor getrennt werden. Die neu geschaffene DB AG sollte dadurch nicht mehr verpflichtet sein, «Leistungen zu nicht kostendeckenden Preisen zu erstellen»[2]. Stattdessen sollte sie für solche Leistungen von den Ländern bzw. den von den Ländern beauftragten Institutionen — sogenannten Zweckverbänden wie beispielsweise Verkehrsverbünden — bezahlt werden. Um diese Nahverkehrsleistungen bestellen zu können, erhalten die Länder im Gegenzug vom Bund die sogenannten Regionalisierungsmittel, deren Höhe im Vorfeld der Reform in einem langen Streit zwischen Bund und Ländern ausgehandelt worden war. Mit diesem System der Bestellung von Nahverkehrsleistungen war auch die Hoffnung verbunden, dass es zu einem zunehmenden Wettbewerb zwischen der DB AG und anderen Bahnverkehrsunternehmen um die Durchführung der Nahverkehrsleistungen kommen würde, was zu Qualitätsverbesserungen und Kostensenkungen führen würde.

Diese Regionalisierung wurde zum 1.1.1996 — also zwei Jahre nach der eigentlichen Bahnreform — eingeführt. Seitdem werden Nahverkehrsleistungen entweder direkt an die DB AG vergeben — was inzwischen rechtlich nur noch unter besonderen Bedingungen möglich ist — oder im Rahmen von Ausschreibungen im Wettbewerb zwischen mehreren Bahnunternehmen. Der Name «Wettbewerb» ist in diesem Falle jedoch missverständlich: Es handelt sich nämlich um keinen Wettbewerb im eigentlichen Sinne, wie er beispielsweise zwischen Fluglinien herrscht, sondern um einen reinen Ausschreibungswettbewerb. Dabei ist das Element des Wettbewerbs nur auf das Bieterverfahren beschränkt. Ist der Auftrag nach Abschluss dieses Verfahrens aber erst einmal — für meist acht bis 15 Jahre — an ein Bahnunternehmen vergeben, so hat dieses ein weitgehendes Monopol für diesen Verkehr inne. Während der Laufzeit kann das Land bzw. der Zweckverband die tatsächliche Erfüllung der Vereinbarungen nur durch sogenannte Bonus-Malus-Vereinbarungen beeinflussen, also durch zusätzliche Zahlungen für gute Erfüllung der Verträge oder entsprechende Abzüge, falls es Mängel gibt. Um die Vor- und Nachteile solcher Ausschreibungen wird es im Folgenden noch gehen.

Folgen der Regionalisierung

Die Regionalisierung hatte eine ganze Reihe von positiven Auswirkungen: So wurde der Schienenpersonennahverkehr in vielen Regionen deutlich verbessert, an vielen Orten kommen neue, komfortable Züge zum Einsatz, und insbesondere die Vernetzung der unterschiedlichen öffentlichen Verkehrsmittel ist in einigen Verbünden deutlich vorangebracht worden. Dies hat zu einer erheblichen Steigerung der Fahrgastzahlen im Schienenpersonennahverkehr (SPNV) geführt. An einigen Stellen konnten sogar Strecken reaktiviert werden, andererseits wurden aber auch nach der Regionalisierung zahlreiche Strecken stillgelegt.

Einige Bahnen habe es in vorbildlicher Weise geschafft, durch ein gut auf die regionalen Bedürfnisse angepasstes Angebot die Fahrgastzahlen erheblich zu steigern oder teilweise sogar zu vervielfachen. Einige Beispiele sind in der nachfolgenden Tabelle aufgeführt.

Auf der anderen Seite hat sich jedoch in der Folge der Regionalisierung die Kleinstaaterei der Ta-

Tabelle 1: Erfolgreiche Bahnen im SPNV, die mit innovativen Konzepten erhebliche Steigerungen der Fahrgastzahlen erreichen konnten (rechte Spalte: Besitzverhältnisse der Bahnunternehmen)[3]

Bahn	Bundesland	Zuwachs	Besitzverhältnisse des Unternehmens
Regiobahn	Nordrhein-Westfalen	+ 3790 % (1998–2008)	*rein öffentlich:* 35,0 % Stadt Düsseldorf; 20,0 % Kreis Mettmann; 11,8 % Rhein-Kreis Neuss; 11,6 % Stadtwerke Neuss; 11,6 % Stadt Kaarst; 10,0 % Stadtwerke Wuppertal
Usedomer Bäderbahn	Mecklenburg-Vorpommern	+ 1086 % (1992–2008)	*rein öffentlich:* Usedomer Bäderbahn GmbH, Tochter der DB AG
City-Bahn Chemnitz	Sachsen	+ 886 % (1998–2008)	*rein öffentlich:* CityBahn Chemnitz GmbH: 60 % Chemnitzer Verkehrs-AG (= 94 % Tochter d. Versorgungs- & Verkehrsholding d. Stadt Chemnitz); 40 % Autobus Sachsen (= Erzgebirgskreis und Landkreis Zwickau)
Taunusbahn	Hessen	+ 633 % (1989–2008)	*rein öffentlich:* Hessische Landesbahn, Tochter des Landes Hessen
NordWestBahn	Niedersachsen und Bremen	+ 560 % (1998–2008)	*überwiegend privat:* NordWestBahn GmbH: 64 % Veolia Verkehr; 26 % Stadtwerke Osnabrück; 10 % Verkehr und Wasser GmbH
Bayerische Oberlandbahn	Bayern	+ 233 % (1997–2007)	*rein privat:* Veolia Verkehr
Orlabahn	Thüringen	+ 208 % (1997–2008)	*rein öffentlich:* DB Regio AG, Südost

Prignitz-Express	Brandenburg	+ 183 % bis + 500 %[4] (2000–2008)	*rein öffentlich:* DB Regio AG, Nordost
Gäubahn	Baden-Württemberg	+ 180 % (2006–2008)	*rein öffentlich:* 1) DB Regio AG; 2) Albtal-Verkehrs-Gesellschaft (Stadt Karlsruhe)
Gräfenbergbahn	Bayern	+ 161 % (2000–2007)	*rein öffentlich:* DB Regio AG, Mittelfranken
Prignitzer Eisenbahn	Brandenburg	+ 140 % (2001–2008)	*halb öffentlich:* Netinera: 51 % italienische Staatseisenbahn; 49 % Cube (Finanzinvestor)
Schleswig-Holstein-Bahn	Schleswig-Holstein	+ 86 % (2001–2008)	99,9 % *öffentlich:* Schleswig-Holstein-Bahn GmbH, Tochter d. AKN Eisenbahn AG: 50 % Stadt Hamburg; 49,89 % Land Schleswig-Holst.; 0,11 % Privatpersonen
Karlsruher Verkehrsbetriebe	Baden-Württemberg	+ 73,8 % (1995–2011)	*rein öffentlich:* Karlsruher Verkehrsbetriebe (städt. Unternehmen)
Burgenlandbahn	Sachsen-Anhalt	+ 69 % (1998–2008)	*rein öffentlich:* DB Regio AG
Saarbahn	Saarland (Verbindung bis nach Frankreich)	+ 56 % (1997–2008)	*rein öffentlich:* Saarbahn GmbH: 96 % Stadtbahn Saar GmbH; 2 % Gemeinde Heusweiler; 2 % Gemeinde Kleinblittersdorf

rife und Regelungen überaus negativ ausgewirkt: Diese unterscheiden sich zwischen den verschiedenen Verkehrsverbünden und sonstigen Tarifgebieten sehr deutlich; so differieren beispielsweise die Regelungen für den Fahrkartenkauf im Zug oder am Bahnhof, für die Rabatte durch BahnCards oder für die Fahrradmitnahme. Während man in einem Verbund problemlos ein Ticket im Zug kaufen kann, wird man beim Einstieg ohne gültiges Ticket in einem anderen Verbund bereits als Schwarzfahrer kriminalisiert. In einigen Fällen ist es für die Fahrgäste absurderweise günstiger, ein Ticket über den Verkehrsverbund hinaus zu kaufen, weil dann statt des Verbundtarifs der DB-Nahverkehrstarif gilt und die BahnCard voll anerkannt wird. All dies wissen natürlich nur eingefleischte Vielfahrer, und diese Unübersichtlichkeit des Tarifsystems ist ein wesentlicher Grund, der Menschen von der Nutzung des öffentlichen Verkehrs abhält.[5]

Eine weitere negative Folge der Regionalisierung ist die mangelhafte Abstimmung zwischen dem Fern- und dem Nahverkehr. Da beide unabhängig geplant werden und teilweise sogar von miteinander in Konkurrenz stehenden Unternehmen betrieben werden, arbeiten sie oft eher gegen- als miteinander. Dies kann dazu führen, dass Fahrpläne schlecht aufeinander abgestimmt sind, Anschlusszüge im Fall von Verspätungen nicht aufeinander warten und dass es im Falle von Zugausfällen oder Verspätungen für die Fahrgäste fast unmöglich ist,

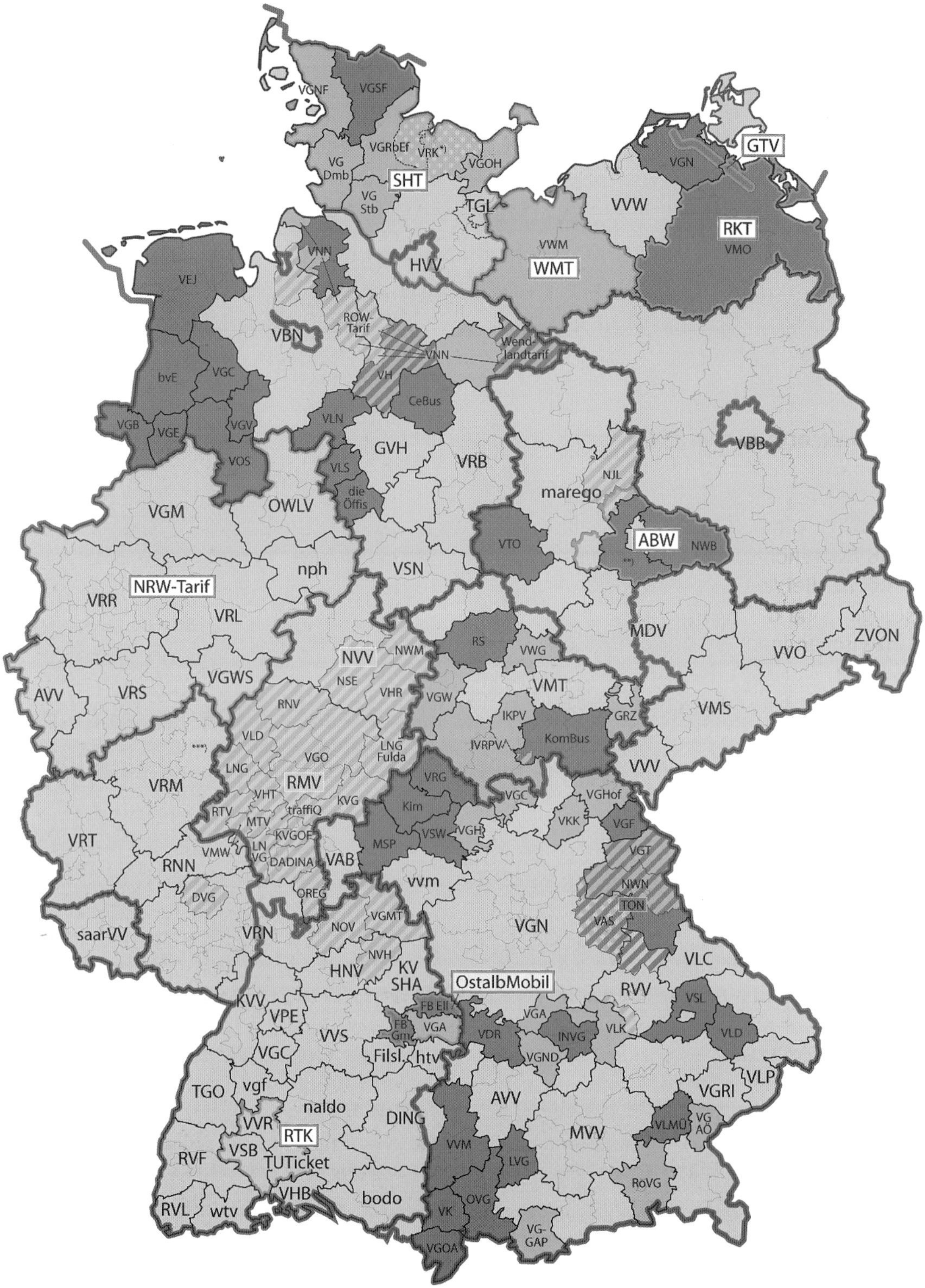
VGNF
VGSF
VGRbEf
VRK*)
VG Dmb
SHT
VGOH
VG Stb
TGL
GTV
VGN
VVW
RKT
VMO
VEJ
VNN
HVV
VWM
WMT
VBN
ROW-Tarif
Wendlandtarif
VNN
bvE
VGC
VH
CeBus
VGB
VGE
VGV
VLN
VOS
GVH
VRB
VBB
VLS
die Öffis
NJL
marego
VGM
OWLV
VTO
ABW
NWB
**)
nph
VSN
NRW-Tarif
VRR
VRL
MDV
RS
VWG
NVV
NWM
VVO
ZVON
AVV
VRS
VGWS
NSE
VHR
VGW
VMT
VMS
RNV
IKPV
GRZ
***)
VLD
VGO
LNG Fulda
IVRPV
KomBus
LNG
VRM
RMV
VRG
VVV
VHT
RTV
traffiQ
KVG
VGC
VGHof
Klm
VKK
VGF
VRT
MTV
KVGOF
VSW
VGH
LN VG
VMW
DADINA
MSP
VGT
RNN
VAB
vvm
NWN
DVG
OREG
TON
VGMT
NOV
VAS
saarVV
VRN
VGN
NVH
VLC
HNV
KV SHA
OstalbMobil
KVV
RVV
FB Ell
VPE
VGA
VSL
FB Gm
VGA
VLK
VVS
VDR
INVG
VLD
VGC
Filsl.
htv
VGND
TGO
vgf
VLP
VGRI
AVV
naldo
DING
VVR
RTK
VLMÜ
VG AÖ
VVM
MVV
RVF
VSB
TUTicket
LVG
RoVG
VHB
bodo
RVL
wtv
VK
OVG
VG-GAP
VGOA

herauszufinden, wer für die Folgen verantwortlich und damit regresspflichtig ist. Diese mangelhafte Abstimmung ist ohne Zweifel nicht naturgegeben: Das Schweizer System zeigt beispielsweise, dass eine Fahrplanabstimmung und ein Aufeinander-Warten der Züge durchaus auch zwischen unterschiedlichen Unternehmen möglich ist – sofern sich diese nicht in einer Konkurrenz zueinander sehen, sondern als gemeinsame Partner für einen guten öffentlichen Nahverkehr.

Folgen des Ausschreibungswettbewerbs

Inzwischen werden aufgrund der Ausschreibungen 25 Prozent der Leistungen im Schienenpersonennahverkehr von Bahnunternehmen erbracht, die nicht zur DB AG gehören – mit einer weiter steigenden Tendenz. Bei Ausschreibungen von Nahverkehrsleistungen sind die Wettbewerber statistisch gesehen inzwischen in 48 Prozent der Fälle erfolgreich, das heißt: Nur noch die Hälfte der neu vergebenen Leistungen geht an die zur DB AG gehörenden Unternehmen. In einigen Bundesländern sind die Anteile von Nicht-DB-Bahnen sogar noch deutlich größer; so werden beispielsweise in Niedersachsen 61 Prozent der Zugleistungen von anderen Bahnen erbracht. Die DB AG hat es sich hingegen zum Ziel gesetzt, auch in Zukunft weiter 70 Prozent des Schienenpersonennahverkehrs in Deutschland zu fahren.

Die nicht zur DB AG gehörenden Bahnunternehmen sind jedoch mitnichten alle Privatunternehmen, wie oft suggeriert wird. Beim größten Teil dieser Unternehmen handelt es sich um Unternehmen, die zumindest überwiegend im Besitz von öffentlichen Institutionen sind. Viele der regionalen Bahnen werden in Kooperation von Ländern, Landkreisen und Kommunen betrieben. Eine große Rolle spielen aber auch Tochterunternehmen von Bahnen aus den europäischen Nachbarländern. Oft verbergen sich hinter den vermeintlichen Privatunternehmen auch Subunternehmen der DB AG, mit denen diese in die Ausschreibungen geht – einerseits um sich als regionales Unternehmen präsentieren zu können, aber oft auch, um Tarifverträge des Konzerns zu unterlaufen.

In der Tabelle zuvor sind beispielhaft die Besitzverhältnisse der erfolgreichen Regionalbahnen aufgeführt. Offensichtlich sind die zu erwartenden Gewinnspannen insbesondere auch in Anbetracht der notwendigen erheblichen Investitionen in die Züge zur Übernahme eines Verkehrsvertrages nicht so groß, dass dieses Geschäft für Privatunternehmen allzu attraktiv wäre, und viele regionale Körperschaften nehmen den Bahnverkehr letztlich lieber in die eigene Hand, um ein gutes Angebot gewährleisten zu können.

Immerhin haben die Ausschreibungen dazu geführt, dass die Kosten für die Nahverkehrsleistungen deutlich gesunken sind – Schätzungen gehen von Kostenersparnissen zwischen 18 bis 38 Prozent aus[6], was für die Aufgabenträger letztlich die Möglichkeit bedeutet, deutlich mehr Verkehr bestellen zu können. Die Kehrseite davon ist jedoch, dass sich viele Unternehmen als Billiganbieter zu positionieren versuchen und dabei Kostenreduktionen um jeden Preis durchführen. Das hat zur Folge, dass viele dieser Bahnunternehmen ihre Beschäftigten deutlich unter dem bei DB Regio (noch) geltenden Tariflohn bezahlen. Grundsätzlich werden die Lohnkosten als das größte Einsparpotenzial gesehen. Die EU-Richtlinien erlauben zwar generell eine Tariftreueregelung bei Ausschreibungen, aber

Abbildung 1 linke Seite: Verkehrs- und Tarifverbünde in Deutschland.
(Grafik: Maximilian Dörrbecker unter Creative-Commons-Lizenz)

die Aufgabenträger in Deutschland machen davon bislang nur selten Gebrauch. Anders als in anderen europäischen Ländern ist es in Deutschland bislang auch kaum üblich, dass die Ausschreibungen die Verpflichtung enthalten, die Beschäftigten des Vorgängerunternehmens zu den bestehenden Konditionen zu übernehmen. Das hat zur Folge, dass bei einem Betreiberwechsel entweder Menschen ihre Jobs verlieren oder oft nur zu deutlich schlechteren Bedingungen und mit geringerer Bezahlung zur Konkurrenz wechseln können. Außerdem erhalten die Beschäftigten bei den Nicht-DB-Unternehmen häufig nur eine Minimalausbildung und sind anders als die klassischen Bahnbeschäftigten keine «Allrounder» mehr, die an verschiedenen Stellen eingesetzt werden können. Dies führt dazu, dass sie kaum an einem anderen Arbeitsplatz einsetzbar sind, wenn ihr Unternehmen den Betrieb für eine Strecke verliert.

Ein Gutachten der Monopolkommission ergab zudem, dass viele der durch die Ausschreibungen bislang erzielten Einsparungen sogenannte Erstrundeneinsparungen gewesen seien.[7] Das bedeutet, dass diese Einsparungen bei der Einführung der Ausschreibungen einmalig waren, sich aber nicht in der gleichen Weise fortsetzen lassen. Daher sehen Verkehrswissenschaftler den Kostenwettbewerb bei den nachfolgenden Ausschreibungen nochmals verschärft und dadurch einen immer stärkeren Trend hin zu «Dumpingpreisen».[8]

Der Ausschreibungswettbewerb mit der regelmäßigen Übernahme durch neue Betreiber hat jedoch noch weitere negative Effekte. So ist die Übernahme durch ein neues Unternehmen oft alles andere als reibungsfrei. Beispielsweise gab es zu Beginn der Übernahme der «Marschenbahn» von Hamburg-Altona nach Sylt durch die Veolia-Tochter «Nord-Ostsee-Bahn» erhebliche Ausfälle und Verspätungen[9]. Bei der Übernahme zweier Regionalexpress-Linien im Verkehrsverbund Berlin-Brandenburg durch die Ostdeutsche Eisenbahngesellschaft standen anfangs die benötigten Züge noch nicht bereit.[10] Beim Ausschreibungswettbewerb kann es solche Übernahmen alle acht bis 15 Jahre wieder geben, und jedes Unternehmen muss erst wieder seine eigenen Erfahrungen und Fehler machen — was letztlich auf Kosten der Fahrgäste geht, die mit dem unzuverlässigen Verkehr leben müssen.

Durch die Aufteilung des Bahnverkehrs auf viele kleine Unternehmen entstehen auch erhebliche Kosten durch Synergieverluste: So hat jedes Unternehmen seinen eigenen Planungsstab und sein eigenes Management. In vielen Fällen müssen parallele Wartungsstätten oder auch zusätzliche Züge als Reservekapazitäten unterhalten werden. Bei all solchen Aufgaben gibt es deutliche Skaleneffekte, das heißt größere Organisationsstrukturen sparen aufgrund der Synergieeffekte Kosten ein — die Aufteilung auf parallele Strukturen erhöht diese Kosten jedoch umgekehrt.

Auch der Ausschreibungsprozess selbst erzeugt Kosten, die sogenannten Transaktionskosten. Diese entstehen sowohl auf Seiten der ausschreibenden Aufgabenträger als auch bei den Unternehmen. Auf beiden Seiten sind zusätzliches Personal und oft externe Beratung notwendig, um den Ausschreibungsprozess durchzuführen bzw. Angebote zu erstellen. Die Unternehmen erstellen ihre Angebote darüber hinaus vielfach vergeblich, da letztlich nur ein Unternehmen den Zuschlag für den Betrieb erhält. Die Kosten für die vergeblichen Angebote müssen sie wieder auf den Betrieb an anderer Stelle umlegen. Der ausschreibende Aufgabenträger muss darüber hinaus nicht nur den Prozess der Ausschreibung selbst durchführen, sondern später auch den korrekten Betrieb überwachen. Auch für diesen Prozess werden weitere Kapazitäten benötigt und entstehen zusätzliche Kosten. Diese Verluste zusammengenommen beziffern Ökonomen auf etwa zehn Prozent der Gesamtkosten.[11]

Zu diesen direkt quantifizierbaren Kosten kommt aber auch noch das Risiko, dass das Betreiberunternehmen den Vertrag nicht ordnungsgemäß erfüllt, teure Nachforderungen stellt oder sogar bankrottgeht. In einem solchen Falle gibt es in der Regel kein anderes Unternehmen, das den Verkehr von einem Tag auf den anderen übernehmen könnte. Die Konsequenz davon ist, dass die Unternehmen den Aufgabenträgern gegenüber ein hohes Erpressungspotenzial haben. So hatte beispielsweise der Verkehrsverbund Berlin-Brandenburg kaum eine Handhabe, als aufgrund der Sparmaßnahmen bei der S-Bahn Berlin GmbH der S-Bahn-Verkehr in und um Berlin zeitweise fast komplett zusammenbrach (siehe Kapitel 18). Die Abzüge der Zahlungen waren für die S-Bahn letztlich noch günstiger, als die vorgesehene vollständige Erbringung aller Verkehrsleistungen gewesen wäre. Auch in Großbritannien ist es im dortigen Ausschreibungswettbewerb schon mehrfach vorgekommen, dass Unternehmen die Leistungen nicht wie vorgesehen erbringen und teilweise sogar hohe Nachforderungen durchsetzen konnten. Einige Unternehmen wurden nach solchen Erfahrungen sogar schon generell von Ausschreibungen ausgeschlossen. Bei den Ausschreibungen stehen die Aufgabenträger daher immer in einem Zwiespalt: Während sie einerseits die Ausschreibung möglichst offen halten wollen, um tatsächlich Kostensenkungen durch innovative Konzepte im Betrieb zu ermöglichen, müssen sie andererseits verhindern, dass wichtige Fragen in der Ausschreibung nicht geregelt sind, was möglicherweise teure Nachverhandlungen mit dem Gewinner der Ausschreibungen nötig machen würde.[12]

Ein zusätzliches Problem sind auch die Züge: Während die Nahverkehrsverträge im Schnitt über zwölf Jahre abgeschlossen werden, sind die Züge meist auf eine Nutzungsdauer von 25 bis 30 Jahren ausgelegt. Dennoch werden in den Ausschreibungen oft neue Fahrzeuge gefordert, und es gibt für die Unternehmen, die den Betrieb einer Strecke verlieren, bislang kaum eine Möglichkeit, die Fahrzeuge gebraucht weiterzuverkaufen. Dies erzeugt ein zusätzliches Risiko für die Unternehmen, und letztendlich müssen sie auch diese Kosten wieder auf den Betrieb umlegen.

Auch Wirtschaftswissenschaftler, die eher wettbewerbsorientiert sind, kommen in Studien zu dem Ergebnis, dass sich die positiven und negativen Effekte die Waage halten und dass sich somit weder eindeutige Vor- noch Nachteile einer Vergabe von Nahverkehrsleistungen im Ausschreibungswettbewerb nachweisen ließen.[13] Und es gibt Studien, die sehr deutlich die negativen Aspekte dieser Art von «Wettbewerb» herausarbeiten. So sind für die Bahn in Großbritannien, wo alle Bahnleistungen in einem Ausschreibungswettbewerb vergeben werden, die Auswirkungen in einem Gutachten auch empirisch untersucht worden. Diese sogenannte «Rail Value for Money»-Studie ergab, dass das britische Bahnsystem aufgrund der Zerteilung von Aufgaben auf viele einzelne Unternehmen etwa ein Drittel ineffizienter ist als andere europäische Bahnen.[14] Und dies sind wohlgemerkt nur die direkt nachvollziehbaren Kosten; die Auswirkungen beispielsweise auf die Beschäftigten oder die Folgekosten von Verspätungen und Zugausfällen sind in dieser ökonomischen Rechnung nicht enthalten.

Die Regionalisierung des Schienenpersonennahverkehrs hat also durchaus zu positiven Effekten geführt und den Verkehr in vielen Regionen deutlich verbessert, was sich auch an den gestiegenen Fahrgastzahlen ablesen lässt. Die Vergabe der Leistungen in einem Ausschreibungswettbewerb hat aber langfristig mehr negative als positive Effekte, und die Hoffnungen auf den «Wettbewerb» haben sich offensichtlich nur teilweise erfüllt.

Generell sollte die Vergabe der Nahverkehrsleistungen nicht nur anhand der geringsten Kosten, sondern nach deutlich mehr Kriterien erfolgen. Ein «kontrollierter Wettbewerb» mit sehr genauen Vorgaben der Bedingungen durch den Aufgabenträger und einer Vergabe anhand anderer Entscheidungskriterien als nur dem Preis — beispielsweise nach Qualität der Verkehrsleistungen, Arbeitsbedingungen, Umweltschutzkriterien und Kundenzufriedenheit — liefert deutlich bessere Ergebnisse als ein «unkontrollierter Wettbewerb», wie er momentan im deutschen Schienenpersonennahverkehr meist stattfindet.[15]

Überdies muss die Zusammenarbeit der Verkehrsverbünde untereinander und auch mit dem Fernverkehr deutlich verbessert werden. Verkehrsexperten und Verbände fordern deswegen schon seit Längerem einen sogenannten Deutschlandtarif, der im ganzen Land einheitlich für den gesamten öffentlichen Verkehr gelten würde. In der Schweiz besteht ein solches System mit dem «direkten Verkehr» schon lange; dort kann man ein einziges Ticket von jedem beliebigen Ort im ganzen Land zu jedem beliebigen anderen Ort kaufen — für alle öffentlichen Verkehrsmittel im Land. Ein solches Tarifsystem — idealerweise außerdem mit einem einheitlichen Taktfahrplan für das ganze Land — würde zweifelsohne einen enormen Qualitätssprung für die Fahrgäste bedeuten und den Schienenpersonenverkehr sehr viel attraktiver machen.

1997

Die Deutsche Bahn AG beschließt die Aufteilung des Konzerns in zusätzliche fünf Aktiengesellschaften, die der Holding Deutsche Bahn AG zugeordnet sind

Manifest der 1435 Worte*

Für eine Flächenbahn – Gegen den Kurs auf's Abstellgleis

Die offizielle Verkehrspolitik spricht von einem „Vorrang Schiene". Die 1994 gebildete Deutsche Bahn AG präsentiert sich als „Unternehmen Zukunft".

Seit Frühjahr 1997 wissen wir: Das Gegenteil ist wahr. Vorrang in der realen Verkehrsentwicklung haben Straße und Luftverkehr. Die Deutsche Bahn AG verkümmert zum „Unternehmen Schrumpfbahn". Mit der Bahnreform in der heutigen Form rollt der Schienenverkehr gegen den Prellbock.

Die vor kurzem veröffentlichten bahninternen Listen belegen:
- Einem Viertel des Schienennetzes droht die Stillegung.

Der neue Bericht des Bundesrechnungshofs zur Deutschen Bahn AG besagt:
- Die Bahn weist heute ein größeres Defizit aus als vor der Privatisierung.
- Die Fahrgastzahlen stagnieren.

Schiene verliert von Jahr zu Jahr Marktanteile

Bereits aus den offiziellen Statistiken der Deutschen Bahn AG geht hervor, daß es im Schienengüterverkehr allein im Zeitraum 1990–1996 einen Rückgang von 40 Prozent gab. Am 31.5.1997 wurde der gesamte verbliebene Brieffrachtverkehr von der Schiene auf die Straße und in die Luft verlagert. Eine vergleichbare Entwicklung gibt es bei der Postfracht (Pakete, Päckchen). In Bälde wird auch der internationale „Bahn"-Stückgutverkehr ausschließlich auf der Straße abgewickelt.

Im Personenverkehr seien, so der Vorstandsvorsitzende der DB AG auf der Bilanzpressekonferenz Ende Februar 1997, in den drei Jahren der Existenz der Deutschen Bahn AG „16 Prozent mehr Fahrgäste befördert" worden. Dies ist Schönfärberei. Im Schienenpersonennahverkehr sind, so der angeführte Bericht des Bundesrechnungshofs, die ausgewiesenen Fahrgastgewinne im wesentlichen „darauf zurückzuführen, daß die ... Berliner S-Bahn Anfang 1994 ... der Transportleistung der DB AG zugerechnet wurde."

Im Fernverkehr zeichnet sich sogar eine Verringerung der Verkehrsleistung ab. So schreibt der Rechnungshof: „Ohne ... Ausweisänderung (in der Fahrgaststatistik) hätten sich die Erlöse aus dem Schienen-Personenfernverkehr trotz der Erhöhung der Kilometerpreise Anfang 1995 verringert."

Angesichts eines weiter wachsenden gesamten Verkehrsmarkts – insbesondere im Luftverkehr, aber auch auf der Straße – sinkt damit der Anteil des Schienenverkehrs kontinuierlich. 1997 dürfte das erste Jahr sein, in dem die Verkehrsleistung im Luftverkehr größer als diejenige im Schienenfernverkehr ist.

Streckenstillegungen

Bahnvorstand und Bundesverkehrsministerium haben auch für die Zukunft die Weichen auf's Abstellgleis gestellt. Nach den bahninternen, detaillierten Listen sind insgesamt 11 646 Kilometer – fast ein Drittel des gesamten Schienennetzes – zur Prüfung für eine Stillegung eingestuft. In zwei der neuen Bundesländer sind rund zwei Drittel des derzeit bestehenden Netzes bedroht. Der Aufsichtsratsvorsitzende der Deutschen Bahn AG, Günther Saßmannshausen, gab im März 1996 eine mittelfristige Netzplanung bekannt, wonach eine Halbierung der heutigen Streckenlänge von 46000 auf rund 20000 km vorgesehen ist.

Die Formulierung im „Spiegel" (12/1997), wonach ein „Schienen Schlachten" bevorsteht, ist gerechtfertigt.

DB AG: Tiefrote Bilanz-Zahlen

Es heißt, öffentliche Gelder seien knapp; im Gegensatz zur früheren „Beamtenbahn" müsse sich die Deutsche Bahn AG „am Verkehrsmarkt behaupten".

Auch diesen Aussagen widerspricht der Bundesrechnungshof. Dieser kritisiert, daß die von der DB AG behaupteten positiven Ergebnisse in den Bilanzen 1994 und 1995 lediglich durch veränderte Berechnungsgrundlagen zustandegekommen seien. Bei vergleichbaren Bewertungsgrundlagen weise das Betriebsergebnis der Deutschen Bahn AG in den Jahren 1994 und 1995 „eine deutliche Verschlechterung gegenüber dem letzten Jahr vor der Bahn-

* Die in Britannien und dem größten Teil Europas gültige Schienen-„Normalspur" hat 1435 mm Breite.

Kapitel 5: Die zweite Stufe der Bahnreform
Oder: Der Wasserkopf-Doppelkonzern

Die offizielle Verkehrspolitik spricht von einem Vorrang Schiene. Die 1994 gebildete Deutsche Bahn AG präsentiert sich als «Unternehmen Zukunft». Seit Frühjahr 1997 wissen wir: Das Gegenteil ist wahr. Vorrang in der realen Verkehrspolitik haben Straße und Luftverkehr. Die Deutsche Bahn AG verkümmert zur Schrumpfbahn. Mit der Bahnreform in der heutigen Form rollt der Schienenverkehr gegen den Prellbock. Die vor kurzem veröffentlichten bahninternen Dokumente belegen: Einem Viertel des Schienennetzes droht die Stilllegung. Der neue Bericht des Bundesrechnungshofs zur DB AG besagt: Die Deutsche Bahn AG weist heute ein größeres Defizit auf als vor der Privatisierung. Die Fahrgastzahlen stagnieren.

Auszüge aus dem «Manifest der 1435 Worte – Für eine Flächenbahn – Gegen den Kurs auf's Abstellgleis», das im Sommer 1997 veröffentlicht wurde (die Normalspur der Eisenbahnen misst 1435 Millimeter).[1]

Im Jahr 1997 wurde die zweite Stufe der Bahnreform gestartet – von langer Hand geplant und mit möglicherweise nochmals weitreichenderen Folgen als die «eigentliche» Bahnreform selbst. Denn in einem Punkt war die Bahnreform von 1993/1994 Kompromiss und Augenwischerei zugleich: Während Privatisierungen in der Regel auf die Auflösung einheitlicher Strukturen hinauslaufen, wurde die Deutsche Bahn AG *zunächst* als eine einheitliche Aktiengesellschaft gegründet. Durch die Zusammenlegung von Bundesbahn und Reichsbahn kam es zu einer Vereinheitlichung, was Synergieeffekte hätte fördern können. Mit diesem auf wenige Jahre ausgelegten Kompromiss konnte die schwarz-gelbe Regierung unter Kanzler Helmut Kohl die Zustimmung der SPD und des SPD-dominierten Bundesrats gewinnen, die nötig waren, um Ende 1993 die erforderlichen Verfassungsänderungen vorzunehmen.

Tatsächlich wurde jedoch bereits im Deutsche Bahn Gründungsgesetz (DBGrG), das Teil der Ende 1993 beschlossenen Bahnreform-Gesetze war, festgelegt, dass «aus der Deutschen Bahn Aktiengesellschaft [...] frühestens in drei Jahren, spätestens in fünf Jahren nach ihrer Eintragung ins Handelsregister, die gemäß § 25 gebildeten Bereiche auf dadurch neu gegründeten Aktiengesellschaften auszugliedern (sind)». Dabei war in Paragraf 25 dieses Gesetzes vereinbart worden, dass die Deutsche Bahn AG von vornherein in «mindestens die Bereiche ‹Personennahverkehr›, ‹Personenfernverkehr›, ‹Güterverkehr› und ‹Fahrweg› voneinander zu trennen [ist]» und dass von Anfang an «die Vermögenswerte [...] den jeweiligen Bereichen zuzuordnen» seien. In diesem Gesetz ist auch festgelegt, dass eine komplette «Aufspaltung» der Bahn in diese neuen Aktiengesellschaften möglich ist (allerdings nur «aufgrund eines Gesetzes, das der Zustimmung des Bundesrats bedarf»). Die Holdingfunktion der Deutschen Bahn AG wurde also keineswegs festgeschrieben. Es gibt auch keine Begrenzung für eine materielle Privatisierung der einzelnen neuen Aktiengesellschaften mit Ausnahme der «Aktiengesellschaften, deren Tätigkeiten den Bau, die Unterhaltung und das Betreiben von Schienenwegen umfasst» – womit die spätere Netz AG und die spätere DB Station & Service angesprochen werden. Bei diesen Fahrweg-Aktiengesellschaften können – so das zitierte Gesetz und auch der neue Grundgesetzartikel 87e (Abs. 3) – «nur» 49,9 Prozent der Anteile veräußert werden.

So gesehen war die Bahnreform des Jahres 1994 keineswegs auf eine formale Bahnprivatsierung begrenzt. Sie orientierte kaum verhüllt auf eine Zerschlagung und eröffnete die Möglichkeit der materiellen Privatisierung, also des Verkaufs großer Teile der Bahn an private Investoren. Interessanterweise wurde diese konkrete Substanz der Bahnreform in der großen Bundestagsdebatte von Anfang Dezember 1993 nur von dem liberalen Koalitionspartner der damaligen Regierung unter Kanzler Helmut Kohl offen ausgebreitet. Roland Kohn von der FDP führte damals aus: «In einem zweiten Schritt werden dann aus den Sparten [Fahrweg, Güterverkehr, Personenfern- und Personennahverkehr; d. Verf.] Aktiengesellschaften unter dem Dach einer Holding. Der Bund bleibt Mehrheitseigentümer der Fahrweg AG [...]. Das Schienennetz wird für Dritte, z.B. für ausländische Eisenbahnunternehmen oder auch für Private, geöffnet. [...] Die Fahrweg Aktiengesellschaft wird die Aufgabe haben, dieses Schienennetz offensiv zu vermarkten. [...] Der Zugang zu diesem Schienennetz muss diskriminierungsfrei möglich sein.»[2]

Am 4. Dezember 1997 verabschiedete der Aufsichtsrat der Deutschen Bahn AG eine zuvor vom Vorstand erarbeitete Beschlussvorlage zur zweiten Stufe der Bahnreform. Diese lag durchaus auf der

Linie dessen, was im Deutsche Bahn Gründungsgesetz festgehalten wurde, also gewissermaßen weitgehend auf «FDP-Linie». Beschlossen wurde, dass der Bahnkonzern sich aufteilt in «die Konzernleitung und fünf Unternehmensbereiche für die Geschäftsfelder Fernverkehr, Nahverkehr, Güterverkehr, Fahrweg und Personenbahnhöfe». Dabei sollten diese Unternehmensbereiche «jeweils durch eine Führungsgesellschaft geführt werden: DB Reise & Touristik AG, DB Regio AG, DB Cargo AG, DB Netz AG, DB Station & Service AG». Der Verbund mit der Konzernholding sollte eher locker gestaltet sein. Aus — so jedenfalls die offizielle Begründung — rein «steuerlichen Gründen» sollten «zwischen der Deutschen Bahn AG und den auszugründenden Aktiengesellschaften Beherrschungs- und Gewinnabführungsverträge geschlossen werden». Dabei sollte sich die Konzernleitung «auf steuernde, koordinierende Aufgaben konzentrieren». Die «Verantwortung für das Geschäft und das wirtschaftliche Ergebnis» sollte jedoch «bei der jeweiligen Führungsgesellschaft liegen».[3] Das Handelsblatt betonte damals in diesem Zusammenhang, dass die Deutsche Bahn AG nach diesen Beschlüssen «künftig nur noch die Funktionen einer Holdinggesellschaft übernehmen» und dass die fünf Aktiengesellschaften «in ihren Märkten eigenständig operieren» würden. Nur hinsichtlich der DB Netz AG hieß es, dass diese «zunächst voll in den Konzern unter dem Dach der Holding integriert bleibt.»[4] Auch diese letztere Konkretisierung orientierte sich weitgehend an den 1993er Beschlüssen zur Bahnreform und am neuen Grundgesetz-Artikel 87e, in dem die Sonderstellung der Infrastruktur festgehalten wurde. Dabei ging man bis dahin davon aus, dass als «Infrastruktur» die Trassen (Gleisanlagen) *und* die Bahnhöfe zu gelten hätten. Die zusätzliche Abspaltung der Bahnhöfe in eine eigenständige Station & Service AG sprach dafür, dass die Aufspalterei noch weiter gehen sollte als 1993/94 ursprünglich vorgesehen.

Im Rückblick lässt sich feststellen: Hinsichtlich der *Struktur* der Deutschen Bahn gab es im Zeitraum 1994 bis 2013 offensichtlich eine widersprüchliche Politik. Verallgemeinernd können *drei Phasen* identifiziert werden. Eine erste im Zeitraum 1994 bis 1999, in der als Teil der allgemeinen Bahnprivatisierung eine weitreichende Aufspaltung der Deutschen Bahn stattfand. Eine zweite Phase, die 1999 begann und Anfang 2008 endete, in der einerseits die Aufspaltung der Bahn rein formal, hinsichtlich der Unternehmensstruktur und der Zahl der Bahngesellschaften, zwar umgesetzt und teilweise fortgesetzt wurde, in der es jedoch materiell und personell zugleich eine *neue Zentralisierung* in allen wichtigen Segmenten unter dem Dach der Holding gab. Im Frühjahr 2008 begann dann eine *dritte Phase*, die als eine Art «entschiedenes Sowohl-als-auch» bezeichnet werden kann. Die formelle Aufspaltung wurde am Ende der Ära Mehdorn und am Beginn der Amtsperiode von Rüdiger Grube nochmals erheblich gesteigert. Auch wenn es zunächst bei einer relativ starken Position der Oberholding Deutsche Bahn AG blieb.

Alle drei Phasen sind durchaus Teil der allgemeinen Privatisierungsstrategie. Nur gab es offensichtlich zu verschiedenen Zeiten unterschiedliche Pläne, wie eine materielle Bahnprivatisierung konkret aussehen könnte. Die vier Jahre 1996 bis 1999 bildeten gewissermaßen den Schnittpunkt im Wechsel von Phase I zu Phase II. Das spiegelte sich in den jeweiligen Geschäftsberichten der Deutschen Bahn AG auf interessante Weise wider, wobei es drei unterschiedliche DB-AG-Vorstandsvorsitzende waren, die in den vier Berichten ihr Chef-Wort in die Waagschale warfen. Den Geschäftsbericht Deutsche Bahn 1996 hatte Heinz Dürr noch zu verantworten. Er schrieb im Vorwort zu diesem Bericht, dass nunmehr die «Umsetzung der zweiten Stufe der Bahnreform» mit der Umwandlung der *vier* Geschäftsbereiche entscheidend für die Zukunft der Bahn sei, wobei er besonders die bereits vorbereitete Ausgliederung der «DB Cargo Projektgesellschaft mbH» hervorhob, also eine geplante eigenständige Schienengüterverkehrsgesellschaft.

In den zwei darauffolgenden Geschäftsberichten 1997 und 1998 pries Bahnchef Johannes Ludewig die Umsetzung der 2. Stufe der Bahnreform. Er sprach im Geschäftsbericht 1998 auch davon, dass die Bahn nach der Ausgliederung von fünf Aktiengesellschaften nunmehr «über *dezentralisierte* unternehmerische Verantwortung und Marktnähe» verfügen würde.

Den 1999er Geschäftsbericht hatte dann bereits Hartmut Mehdorn zu verantworten. Dieser verwies in seinem Vorwort zwar pauschal nochmals auf die (1998 durchgeführte und seit dem 1.1.1999 wirksam gewordene) Gründung der fünf Aktiengesellschaften. Doch dann: «Erfolgreich werden wir nur sein, wenn wir als eine Bahn auftreten. [...] Wir wollen sicher stellen, dass die positiven Effekte der Bahnreform nicht durch zerfaserte Strukturen wieder zunichte gemacht werden. [...] Der Marktauftritt erfolgt unter einem Dach – und als eine Bahn. [...] Mit der Zusammenführung des Personenfern- und Personennahverkehrs in einen Unternehmensbereich werden wir die Entwicklung der Angebote hin zu integrierten Mobilitätsketten vorantreiben.»[5] Das war eindeutig nicht nur ein anderer Ton, sondern auch eine andere Marschrichtung. Damals glaubten viele Beobachter, vor allem solche im gewerkschaftlichen Lager, Mehdorn werde damit den Kurs auf Privatisierung und Zerschlagung der Bahn aufgeben. Doch dies sollte sich bald als Irrtum erweisen. In Wirklichkeit zielte Mehdorn – und die hinter diesem stehenden interessierten Kreise im Finanzsektor und in der Immobilienbranche – darauf ab, dass nicht nur die Transportsparten der Bahn, sondern die Bahn als Ganzes, einschließlich ihrer Infrastruktur und der wertvollen Immobilien, an die Börse gebracht und privatisiert werden sollte (siehe Kapitel 15).

Vor diesem Hintergrund war es dann nur logisch, dass der zentralisierende Kurs unter Hartmut Mehdorn bis zum Scheitern des Projekts eines *integrierten* Börsengangs beibehalten wurde. Und dass es sofort nach dem Einschnitt des SPD-Parteitags vom Oktober 2007, der für die Absage an *diese Form* des Börsengangs entscheidend war, noch unter Bahnchef Mehdorn zu einer neuerlichen Aufspaltung des Konzerns kam: Anfang 2008 wurde die Deutsche Bahn Mobility & Logistics AG (DB ML AG) gebildet. Dabei handelt es sich um eine Subholding unter dem Dach der DB Konzernmutter. Die DB ML fasst alle Transportbereiche und die weltweite Logistik, also Nahverkehr, Fernverkehr, Schienengüterverkehr und das internationale Transportgeschäft zusammen. Diese neue Aktiengesellschaft (nunmehr die siebte im gesamten Konzern!) muss als eigener Konzern verstanden werden; in den Geschäftsberichten der DB ML AG bezeichnet sich die Gesellschaft auch explizit als «Konzern». Direkt der Holding DB AG zugeordnet – also ohne eine dazwischengeschaltete Subholding agierend – sind seither nur noch DB Netz, DB Station & Service, die DB Energie GmbH und DB Projektbau GmbH.

Unter dem im Frühjahr 2009 eingesetzten neuen Bahnchef Rüdiger Grube wurde der Kurs einer neuerlichen Aufspaltung fortgesetzt. Genau ein Jahr nach seinem Amtsantritt gelang Rüdiger Grube der Kauf der britischen Bus- und Bahngesellschaft Arriva. Damit einher geht aber eine neuerliche Verkomplizierung und Verschachtelung der Konzernstruktur. Im Geschäftsbericht 2010 der DB ML ist zu lesen: «Arriva ist seitdem [seit dem 31. August 2010; d. Verf.] als 100-prozentige Tochter-

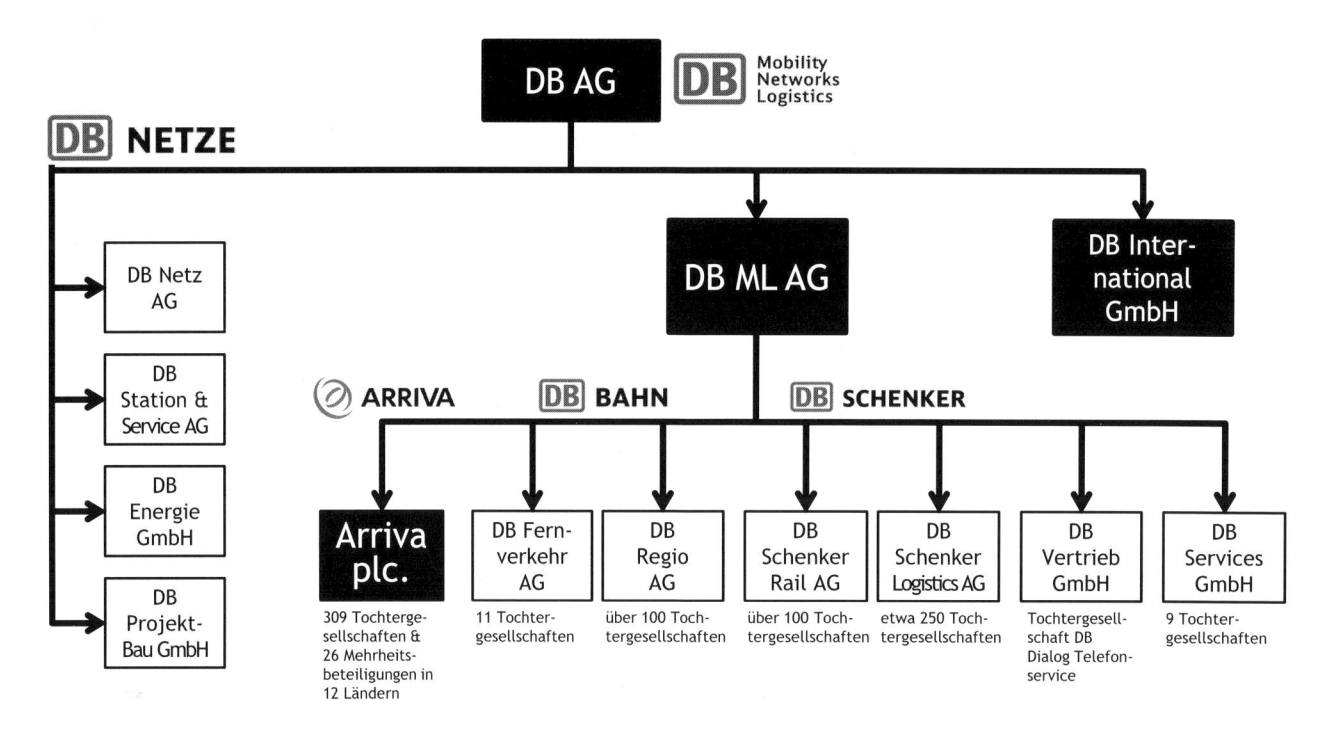

Abbildung 2: Die Konzernstruktur der DB AG

gesellschaft der DB UK Holding Limited, Doncaster/Großbritannien, Teil des DB ML-Konzerns.»⁶ Ein Jahr später heißt es im DB AG-Geschäftsbericht, dass es die Integration von Arriva «in unser Personenverkehrsressort als *dritte Säule* neben den Geschäftsfeldern DB Fernverkehr und DB Regio» gegeben habe. Dies wird im Geschäftsbericht der DB ML im selben Jahr nochmals deutlicher ausgesprochen: «Mit dem Geschäftsjahr 2011 sind die ausländischen Regionalverkehrsgesellschaften, die bisher den Segmenten DB Bahn Stadtverkehr und DB Regio zugeordnet waren, auf das Segment DB Arriva übertragen worden.»⁷ Damit wurde faktisch ein neuer Konzern, wenn auch ein Sub-Sub-Konzern — einer unter dem Oberoberdach der DB AG und dem Oberdach der DB ML — geschaffen. Denn Arriva plc, inzwischen mit Sitz im britischen Sunderland, kontrolliert allein 309 Unternehmen und hält einen größeren Anteil an weiteren 26 Unternehmen. Der Arriva-Konzern ist in zwölf Ländern aktiv. Das «Kompetenzprofil» reicht vom Busverkehr, über Krankentransporte und Fähren bis zum Schienenverkehr (wobei inzwischen die nicht schienengebundenen Aktivitäten überwiegen). Der Umsatz von DB Arriva betrug 2012 3,8 Milliarden Euro. Arriva ist damit fast so groß wie DB Fernverkehr (4,1 Mrd. Euro). Arriva wird von Großbritannien aus gesteuert. Im «board of directors» des Unternehmens ist Ulrich Homburg vertreten – zugleich Vorstandsvorsitzender des DB-ML-Konzerns.

Insgesamt zählen zum Konzern Deutsche Bahn AG mehr als 900 Unternehmen; mehr als 830 davon werden zu 100 Prozent kontrolliert. Der Bereich DB Arriva ist hinsichtlich der Zahl der von dort aus beherrschten (335) Unternehmen der größte (oder auch der am meisten zergliederte) Konzernsektor. Schenker Logistics hat rund 250 Tochtergesellschaften. DB Regio und Schenker Rail werden jeweils gut 100 Tochtergesellschaften zugerechnet. Die übrigen Töchter verteilen sich auf die Bereiche Fahrweg (DB Netz) mit elf Gesellschaften, DB Dienstleistungen (9), DB Fernverkehr (11), Personenbahnhöfe (4) und «Sonstige Beteiligungen» (rund 70).[8]

Innerhalb der großen deutschen Konzerne spielt der Konzern Deutsche Bahn trotz massiver Zukäufe und Umsatzsteigerungen immer noch in der zweiten Liga. Selbst die Deutsche Post AG ist wesentlich umsatzstärker und spielt im unteren Segment der obersten Liga, zusammen mit der Deutschen Telekom AG und der Robert Bosch AG. Die Deutsche Bahn liegt, gemessen am Umsatz, auf dem Niveau von Continental oder Bayer. Einmalig ist allerdings die beschriebene Struktur des Bahnkonzerns: Kein einziger deutscher Konzern leistet sich eine derart aufgeblasene Struktur mit einem derart großen Wasserkopf oder derart vielen Wasserköpfen. Würde sich der Autozulieferer Continental oder die Fluggesellschaft Lufthansa – letztere hat ebenfalls einen vergleichbar großen Umsatz wie der Konzern Deutsche Bahn – eine Konzern-Holding als AG plus eine Subholding als AG, plus eine weitere Konzernholding in Großbritannien, plus vier weitere Aktiengesellschaften halten, und würde es diesen unterschiedlichen Gesellschaften zugeordnet 900 formal eigenständige Firmen geben, so würde dies die massive Kritik der Wirtschaftspresse und ein vernichtendes Urteil seitens der «Investoren» nach sich ziehen. Bereits bei einer überschlägigen Rechnung – wenn für die drei Holdings je 3000 Personen in der Verwaltung, für die zusätzlichen sechs Aktiengesellschaften je 500 Personen in diesem Bereich und für jede der gut 800 einzelnen formal selbständigen Gesellschaften jeweils *im Durchschnitt* nur 150 Personen als im Verwaltungsbereich beschäftigt unterstellt werden – kommt man auf knapp 25.000 Personen, die dem Wasserkopf zuzurechnen sind. Das sind knapp zehn Prozent aller Beschäftigten im Bahnkonzern. Es sei daran erinnert: Die Kritik 1993/94 lautete: Bundesbahn und Reichsbahn seien eine «Behördenbahn»; es gelte, diese zu «verschlanken». Wobei man mit Behörde sicher auch auf übertrieben hohe Bezüge für das Top-Personal abhob. Hinsichtlich dieser Thematik sieht die Entwicklung wie in der Tabelle 2 auf Seite 50 dargestellt aus.

Im gesamten Konzern Deutsche Bahn AG gab es über die zwei Jahrzehnte hinweg eine Steigerung des Umsatzes um 166 Prozent oder um gut das Zweieinhalbfache. Im gleichen Zeitraum ging die Beschäftigtenzahl um knapp ein Fünftel (19,2 %) zurück. In diesem Zeitraum erhöhten sich die Bezüge, die an den Vorstand bzw. die Vorstände von Konzernmutter und DB ML bezahlt wurden, um 389 % (sie verfünffachten sich also knapp). Der Bahnchef erhielt 2012 bereits fast das Neunfache dessen, was für dieselbe Funktion 1994 gezahlt wurde. Der Bruttolohn je Beschäftigten (einschließlich der Arbeitgeberanteile am gesamten Bruttolohn) stieg in diesem Zeitraum nur um 73 Prozent. Dabei ist zweierlei zu bedenken: Erstens haben wir bei Weitem nicht alle Vorstands- und Aufsichtsratsbezüge erfasst; die Versorgungsansprüche und die Pensionsrückstellungen für aktuelle und ehemalige Vorstände fehlen; die Bezüge der Arriva-Topmanager fehlen ebenso. Gleichzeitig ist der ausgewiesene

Tabelle 2: Entwicklung von Umsatz, Personalaufwand (gesamt und je Beschäftigten) und den Bezügen von Vorstand und Aufsichtsrat im Konzern Deutsche Bahn 1994–2012[9]

	1994	1997	2002	2012	2012 gegenüber 1994
Umsatz (Mio Euro)	14.793	15.577	18.685	39.296	+ 166 %
Personalaufwand (Mio Euro)	9.898	8.663	8.387	13.817	+ 39,6 %
Beschäftigte	355.694	277.471	224.758	287.508	- 19,2 %
Jährliche Bruttolöhne je Beschäftigte (einschl. Arbeitgeberanteile)	27.827	31.221	37.315	48.057	+ 72,7 %
Vorstandsbezüge DB AG (in Tausend Euro)	3.200	4.100	6.459	11.429	+ 257 %
davon Vorsitzender d. Vorstands	300	800	2.400	2.661	+ 787 %
Aufsichtsrat DB AG	-	210	232	940	+ 348 %*
Vorstandsbezüge DB ML	-	-	-	3.157	
Aufsichtsrat DB ML	-	-	-	112	
Gesamte Bezüge Vorstände und Aufsichtsrat	3.200	4.310	6.691	15.638	+ 389 %

* 2012 gegenüber 1997

Bruttolohn je Beschäftigten und insbesondere der Anstieg desselben deutlich überzeichnet, da der große Verwaltungsapparat und insbesondere der *kontinuierlich größer werdende* Wasserkopf in den Personalaufwand mit einfließen.

Die Zahlen zeigen: Schlank geworden ist lediglich die Belegschaft. Ausgesprochen fett wurden die Bezüge der oberen Verwaltungsebene insgesamt und die Zahl derjenigen, die zum Topmanagement zählen.

Interessant ist im Zusammenhang der beschriebenen unterschiedlichen Phasen im Zwei-Dekaden-Entwicklungsprozess der Deutschen Bahn auch: Bis zur zweiten Stufe der Bahnreform war die Deutsche Bahn AG fast ausschließlich eine deutsche Eisenbahngesellschaft: Der Umsatz wurde zu 90 Prozent im Inland erzielt und 95 Prozent des Umsatzes konzentrierten sich auf reines Eisenbahngeschäft.[10] Ende 2013 werden nur noch 60 Prozent des Umsatzes im Inland realisiert; nur noch 55 Prozent können dem klassischen Eisenbahngeschäft zugerechnet werden. Mit dieser zweiten Stufe der Bahnreform begann die Transformation der Deutschen Bahn in Richtung Logistik und Global Player.

1998

Am 3. Juni kommt es in Eschede in Niedersachsen zum bislang größten Unglück in der Geschichte der deutschen Eisenbahn

Kapitel 6: Die Eisenbahnkatastrophe von Eschede
Oder: Der Privatisierungskurs untergräbt die Sicherheit

Die Ermittler erhielten auch die Computer-Datensätze der letzten Überprüfungen des ICE «Wilhelm Conrad Röntgen». Im Wust der Meßdaten wurden sie fündig. Der gebrochene Radreifen, Auslöser des Unglücks, wies schon vor der Abfahrt des ICE 884 in München anormale Werte auf. In der Nacht zuvor war der Schnellzug routinemäßig in der automatischen Radsatzdiagnoseanlage des Münchner ICE-Werks kontrolliert worden. Dabei passierte er mit etwa fünf Kilometern pro Stunde eine Meßstrecke von acht Metern Länge. 48 Sensoren maßen den sogenannten Körperschall, das zwischen Rad und Schiene entstehende Laufgeräusch. Auf dem Computerschirm wurde jede Abweichung des Rades vom einprogrammierten Idealbild angezeigt. Gleichzeitig ertasteten zwölf optische Sensoren Werte, mit denen der Raddurchmesser bestimmt wird. Für ein Rad an der dritten Achse des ersten Waggons annoncierten die Messgeräte eine sogenannte Unrundung erheblichen Ausmaßes. Bahnintern gilt für Unrundungen ein «Betriebsgrenzmaß» von 0,6 Millimetern. Das Rad des Unglückszuges hatte den Wert um fast das Doppelte überschritten — 1,1 Millimeter. Zwei Nächte zuvor war der Waggon schon einmal auffällig geworden: Dasselbe Rad wies eine Unrundung von 0,8 Millimetern auf. Nach nur knapp 1500 weiteren gefahrenen Kilometern hatte sich der Wert, der schon bei der vorherigen Prüfung über der Grenzmarke lag, also noch einmal drastisch verschlechtert. Doch niemand schlug Alarm.

Aus einem Bericht im Spiegel[1]

Am 3. Juni 1998 ereignete sich in Eschede eine Eisenbahnkatastrophe. Mit 101 Toten und vielen Schwerverletzten handelte es sich um das größte Unglück in der deutschen Eisenbahngeschichte. Beim ICE 884 «Wilhelm Conrad Röntgen» brach auf der Fahrt von München nach Hamburg sechs Kilometer vor Eschede ein Radreifen, ein auf Gummi gelagerter Stahlring. Dieser verhakte sich in einer Weiche, die er dadurch unter dem ICE umstellte. Die dahinter fahrenden Wagen des ICE entgleisten daraufhin. Die hinteren Wagen prallten gegen den Pfeiler einer Straßenbrücke, die einstürzte und Teile des Zugs unter sich begrub.

Die Deutsche Bahn AG leugnet bis heute jede Verantwortung für das Geschehen; am 3. Juni 2013, dem fünfzehnten Jahrestag des Ereignisses, hielt Rüdiger Grube in Eschede eine weitere, für alle bisherigen Bahnchefs charakteristisch-nichtssagende Rede. Er sprach von Mitgefühl und tiefer Trauer, er bekannte sich zu keiner Mitverantwortung der Bahn. Grube betonte erneut, man habe nach Recht, Gesetz und entsprechend dem Stand der Technik gehandelt: «Juristisch ist alles geklärt: Die Radreifen-Technologie war zugelassen und durfte eingesetzt werden.»[2] Tatsächlich wurde die Zulassung unter Druck und unter höchst fragwürdigen Bedingungen erteilt; vor allem war ein Einsatz dieser ICE-Radreifentechnik und das Beibehalten des Einsatzes dieser Radkonstruktion nach dem Stand der Technik, nach den vorliegenden Kenntnissen und vor dem Hintergrund vielfacher Warnungen grob verantwortungslos. Das Eschede-Unglück ist ein Beispiel dafür, wie im Vorfeld des Privatisierungsprozesses behördliche Aufsicht abgebaut und wie in der Neuzeit der Deutschen Bahn AG mit der Orientierung an Wirtschaftlichkeit Warnungen in den Wind geschlagen, Kontrollen lax gehandhabt und allgemeine Sicherheitsstandards untergraben werden.

Ein Rädertausch, wie es ihn nie hätte geben dürfen Alle Hochgeschwindigkeitszüge — Shinkansen in Japan, TGV in Frankreich, AVE-TAV in Spanien, Eurostar in Belgien und Großbritannien — hatten seit ihrer Inbetriebnahme und haben bis heute Monobloc-Räder, also aus einem Stück gefertigte Räder. Auch der ICE-1 hatte in seinem vierjährigen Probebetrieb und ab der Inbetriebnahme im Jahr 1991 solche Monobloc-Räder. Für diese Räder war er konstruiert.

Beim ICE-1 kam es nach einigen Jahren des Einsatzes zu Unrundheiten an den Rädern, was zu einem unruhigen Lauf führte, der sich insbesondere im Speisewagen unangenehm bemerkbar machte («Bistrobrummen»). Dies fiel Roland Heinisch, Mitglied im Bahnvorstand und verantwortlich für den Bereich Technik, auf. Er verfasste 1992 die — dann beschlossene — Vorlage für den Bahnvorstand zur Umrüstung der ICE-1 auf eine Radkonstruktion, die aus einer Radscheibe mit einem Radreifen und dazwischenliegender Hartgummieinlage bestand. Diese Radkonstruktion war nicht für Hochgeschwindigkeitszüge konstruiert. Sie wird vor allem bei Straßenbahnen und bei langsamer verkehrenden Zügen verwandt. Es gab nur völlig ungenügende Tests für den Einsatz dieses Radtyps unter einem ICE. Dabei nahm man, so Der Spiegel, der hierzu einen «leitenden Bahningenieur» zitierte, «bewusst einen Konflikt zwischen Sicherheit und Bahnkomfort» in Kauf.[3] Es gab gegen den Einsatz dieses Radtyps explizit Einwände seitens des verantwortlichen Bahnbeamten im Bundesbahn-Zentralamt in Minden (etwa mit dem heutigen Eisenbahn-Bundesamt vergleichbar). Der Beamte wurde unter Druck gesetzt, seine Einwände zurückzustellen, was er schließlich auch tat.[4] Wir haben es hier mit einer Problematik zu tun, wie wir sie auch von der aktuellen Sicherheitsbehörde, dem Eisenbahn-Bundesamt (EBA), kennen: Da diese Behörde ein dem Bundesverkehrsministerium zugeordnete Behörde und nicht unabhängig ist, besteht immer die Gefahr, dass unter Druck und mit dem Verweis auf Wirtschaftlichkeit Sicherheitsaspekte ausgeblendet werden.

Warnungen, die in den Wind geschlagen wurden
Der spezifische Radtyp, wie er ab 1992 beim ICE-1 eingesetzt wurde, wurde von ausländischen Eisenbahnen abgelehnt. Als Roland Heinisch am 5. Oktober 1992 im Bundesbahnvorstand referierte: «Derzeit bestehen keine konstruktiven Bedenken gegen diese Räder», notierte ein Heinisch-Mitarbeiter, dass die Dänischen Staatsbahnen die gummigefederten Räder wieder abmontierten. Am dänischen Fernzug IC3 war ein Radreifen gerissen. In Japan prüfte die Japan East Railway Mitte der 1990er Jahre den beim ICE inzwischen im Einsatz befindlichen Radtyp. Nach Testfahrten wurde ein Einsatz abgelehnt.[5]

Der Bahn lagen Berichte vor, die spätestens ein Jahr vor der Eschede-Katastrophe Anlass zu Alarm gaben. Die ICE-Räder waren Anfang 1997 von der Kasseler Thyssen-Tochter für Messtechnik und Qualität untersucht worden; ICE-Räder mit unterschiedlicher Nutzungsdauer waren vom Bahnwerk Hamburg-Eidelstedt an Thyssen geliefert worden. Die Prüfberichte lagen im Mai 1997 vor. Danach wiesen die ICE-Radsätze, teils im Neuzustand, teils mit Laufleistungen von etwa 60.000 km (= nur 2 Monate alt) durchweg Macken auf. «Keines der Räder», rügten die Kasseler, «war im Neuzustand rund». Bei Rädern, die bereits zwischen Waggon und Schiene malträtiert worden waren, zeigten die Präzisionsabmessungen «Abflachungen», die dem Rad «die Form einer Nockenwelle» verliehen. Räder mit Laufleistungen von mehr als 300.000 Kilometern (was einem Einsatz von 1,5 bis 2 Jahren entspricht), wurden erst gar nicht geprüft. «Sie wurden uns», wie die Kasseler notierten, trotz Zusagen der Bahn «zur Messung nicht zur Verfügung gestellt».[6]

Im Rahmen einer Diskussion über die Eschede-Katastrophe im Verkehrsausschuss des Bundestags, an der Bahnchef Ludewig und Technikvorstand Roland Heinisch teilnahmen, wurden die Verantwortlichen bei der DB AG mit diesem Prüfbericht der Thyssen-Tochter in Kassel konfrontiert.[7] Roland Heinisch antwortete darauf, es habe solche Prüfungen möglicherweise früher mit Monobloc-Rädern, und damit nicht mit dem beim Eschede-Unglück entscheidenden Radtyp gegeben.[8]

Das entsprach offensichtlich nicht der Wahrheit. Fünf Tage später erhielt der Vorsitzende des Verkehrsausschusses einen an Winfried Wolf gerichteten Brief, der diesem jedoch erst ein Vierteljahr später als Teil des Protokolls übermittelt wurde. Der Brief, datiert auf den 22. Juni 1998, hat den folgenden Wortlaut: «Sehr geehrter Herr Dr. Wolf, im Nachgang zur Anhörung des Verkehrsausschusses vom 17. Juni 1998 gebe ich folgende Informationen auf Ihre Anfragen. [...] 3. Im Rahmen eines vom BMBF geförderten Projekts ‹Unrunde Räder› hatte Thyssen/Kassel [...] den Auftrag erhalten, je 8 Räder der BA 64 (gummigefederte Räder) zu verbessern, die Härte zu bestimmen und zwar im Neuzustand, nach 60.000 km, nach 110.000 km usw. bis max. 400.000 km. Nach 300.000 km waren die Laufflächen aufgrund ihres Zustandes abgedreht und konnten deswegen Thyssen nicht mehr zur Verfügung gestellt werden. Mit freundlichen Grüßen R. Heinisch»

Das heißt im Klartext: Die Deutsche Bahn AG und die Bundesregierung — vertreten durch das Bundesforschungsministerium — verfügten ein Jahr vor der Eschede-Katastrophe über Prüfberichte zu den in Einsatz befindlichen ICE-Radsätzen, die deren katastrophalen, den Grundsätzen von Sicherheit widersprechenden Zustand dokumentierten. Das Bundesforschungsministerium war sogar Auftraggeberin dieser Untersuchung. Im Übrigen zeigt der eingangs zu diesem Kapitel zitierte Bericht, dass es sogar in den Tagen vor dem Unglück und insbesondere am Vorabend Kontrollen des fraglichen Radsatzes gegeben hatte, die dazu hätten führen müssen, dass der entsprechende Wagen oder das Radgestell sofort aus dem Verkehr gezogen werden.

Ausgereizte Kapazitäten, die Sicherheitskontrollen in Frage stellen Die Bahn konnte sich im Übrigen eine seriöse Prüfung nicht leisten, weil sie die Reservekapazitäten beim ICE-1 systematisch abgebaut hatte. Im Jahr 1995 erschien in einer Fachzeitschrift ein Aufsatz, in dem es heißt: «Während 1991 [bei Einführung des ICE-1; d. Verf.] mit einer Instandhaltungsreserve von generell 20 Prozent – das sind 12 der insgesamt 60 Triebzüge [vom Typ ICE-1, d. Verf.] gerechnet wurde, gelingt es heute [= 1995], die Verfügbarkeit der ICE-Einheiten an die Ganglinie der Kundennachfrage anzupassen [...]. Zu besonderen Anlässen wie z.B. [...] im Weihnachtsverkehr waren auch schon mal [...] alle 60 ICE-Züge im Einsatz.»[9]

Damit wurde in mindestens *vier Bereichen* gegen elementare Sicherheitsaspekte verstoßen: Es gab die eigenmächtige Entscheidung «von oben» für eine «einmalige» Radkonstruktion, bei der die Genehmigungsbehörde unter Druck gesetzt wurde. Es wurden massive Warnungen aus dem Ausland und vor allem die für die Radkonstruktion katastrophalen Befunde des renommierten Bahntechnik-Unternehmens Thyssen Messtechnik schlicht ignoriert. Es wurden die eigenen Messungen an eben dem späteren Unglücksrad nicht zur Kenntnis genommen. Und es gab eine krasse Auslastung der gesamten ICE-Wagenflotte, die automatisch dazu führen musste, dass bereits im Alltagsbetrieb Sicherheitsanforderungen unterlaufen werden mussten.

Bilanz: Die Eisenbahnkatastrophe von Eschede haben der Vorstand der Bundesbahn (in der Phase der Entscheidung des Radsatzwechsels 1992/93) und der Vorstand der Deutschen Bahn AG (hinsichtlich des Ignorierens all der Warnungen) zu verantworten. Dabei gab es in der Person des Technikvorstands Roland Heinisch eine personelle Kontinuität.

Dieser Verantwortung war und ist sich der DB AG-Vorstand durchaus bewusst. Am 17. Juni 1998, zwei Wochen nach dem Unglück, erklärte Bahnchef Johannes Ludewig im Verkehrsausschuss des Bundestags, die Radkonstruktion sei absolut sicher; man werde den ICE-Verkehr in Bälde wieder aufnehmen – mit eben diesen Rädern. Anfang Juli befanden sich die ICE-1 wieder im Einsatz. Alle waren jedoch klammheimlich auf Monobloc-Räder umgerüstet, also rück-umgerüstet worden.

Bahnchef Rüdiger Grube argumentiert selbst im Jahr 2013 noch vergleichbar: «Wir haben damals die Technik der gummigefederten Radreifen, obwohl sie behördlich zugelassen war, nicht mehr eingesetzt, um auf Nummer sicher zu gehen.»[10] In Wirklichkeit war die Bahn sechs Jahre lang auf Nummer unsicher gefahren, hatte Tag für Tag das Leben Tausender Fahrgäste gefährdet. Doch die Bahnchefs Ludewig, Mehdorn und Grube waren bzw. sind bis heute nicht bereit, das einzugestehen. Und die Richter im Eschede-Prozess griffen sich drei arme Bauernopfer heraus, sparten die Topebene aus, weil das potentielle Exportprodukt ICE keinen Schaden leiden sollte.

Dabei ist Eschede kein Einzelfall. In einer Bilanz zur Sicherheit im deutschen Schienenverkehr in den vergangenen 20 Jahren können *vier Typen von Eisenbahnunfällen* identifiziert werden, die mit der Priorität Betriebswirtschaftlichkeit vor Sicherheit in Verbindung stehen.

Das Beispiel Neustadt 1998
Unfälle mit Güterzügen

Der Schienengüterverkehr wurde bereits im frühen Stadium der Bahnreform liberalisiert und teilweise privatisiert. Die Güterverkehrssparte der DB AG, zunächst DB Cargo, dann Railion, dann Schenker Rail, agierte sehr früh nach rein marktwirtschaftlichen Kriterien und praktizierte einen harten Sparkurs. Das hatte Folgen. Exemplarisch ist der Unfall vom 5. Juli 1998 in der Nähe von Neustadt, Kreis Marburg. Der Regionalexpress RE 3602 prallte auf ein Stahlrohr, welches aus einem Wagen des in Gegenrichtung fahrenden Güterzugs (IRC 64755) herausragte. Das 14 Meter lange und sechs Tonnen schwere Rohr bohrte sich in den letzten Doppelstockwagen, der in der Höhe der unteren Sitzreihen völlig aufgeschlitzt wurde. Sechs Personen wurden getötet. Zuvor war die gesamte Ladung mit Stahlrohren auf dem Güterwaggon verrutscht; einzelne Rohre waren die Böschung heruntergerollt. Wesentliche Ursache des Unglücks: Der Hersteller der Rohre, Preussag-Stahl, durfte die Waggons selbst beladen. Die tonnenschweren Stahlröhren waren auf den Wagen lediglich durch Textilbänder und Holzkeile gesichert. Die stählernen Seitenhalterungen («Rungen») wurden nicht hochgeklappt. Dies erfolgte, so ein Bahnmitarbeiter, um «drei zusätzliche Röhren je Waggon zu transportieren», was «dem Auftraggeber Frachtkosten ersparte».[11] Die Untersuchungen ergaben, dass Transporte dieser Art inzwischen generell so durchgeführt werden – mit den niedergelegten seitlichen Stahlstützen.

Es gab in den letzten zwei Jahrzehnten mehr als ein Dutzend schwere Eisenbahnunfälle mit Güterzügen – auch solche, die Todesopfer zur Folge hatten. Dabei spielten oft Gefahrguttransporte eine große und eine in beunruhigender Weise anwachsende Rolle.[12]

Dramatisch und in vielerlei Hinsicht charakteristisch ist das schwere Güterzugunglück, das sich am 20. November 1997 im brandenburgischen Elsterwerda ereignete. Ein Güterzug raste aufgrund Bremsversagens mit überhöhter Geschwindigkeit durch den Bahnhof Elsterwerda in Brandenburg; der Zug entgleiste bei einer Weichenüberfahrt; zwei mit Benzin geladene Kesselwagen explodierten. Der Bahnhof «verglühte in einer Flammenhölle»; zwei Feuerwehrmänner starben.[13] Die Deutsche Bahn AG verhält sich noch Jahre später gegenüber den schwerverletzten Opfern zynisch und schäbig.[14] In der BZ-Reportage zum Unglück heißt es: «Bahngewerkschafter weisen darauf hin, dass der Sparkurs der Bahn AG die Katastrophengefahr erhöht hat. Uwe Knop vom GdED-Ortsverband Niederlausitz: ‹Abgeschafft wurden die Beobachter auf den Stellwerken, die Schaden an Wagen sofort meldeten. Vergrößert wurden die Abstände der Kontrolluntersuchungen an Güterwagen›. Und noch eine schlimme Folge des Sparens: Immer weniger Bahnhöfe haben eine eigene Betriebswerkstatt mit Hilfszügen für den Katastrophenfall. Sie wurde nach der Wende auch in Elsterwerda aufgelöst.»[15]

Grundsätzlich ist die Privatisierung im Bereich des Schienengüterverkehrs so weit vorangeschritten, dass die Sicherheitsbehörden teilweise kapitulieren. So erließ das Eisenbahn-Bundesamt (EBA) im Mai 2009 eine «Allgemeinverfügung» zum Thema «Instandhaltung von Radsätzen an Güterwagen». Den Hintergrund bildeten «sieben Radsatzwellenbrüche bei Güterwagen (mit Zugentgleisungen), die sich europaweit im Zeitraum zwischen Oktober 2004 und August 2006» ereigneten. In dieser «Allgemeinverfügung» werden alle Eisenbahnverkehrsunternehmen verpflichtet, «die Radsatzwellen der

Güterwagen planmäßig wiederkehrend [...] auf die Einhaltung eines betriebssicheren Zustands zu prüfen.» Erschreckend ist die folgende Formulierung in dem EBA-Dokument: «Der potentielle Adressatenkreis dieser Anordnung ist groß, aber nach abstrakten Merkmalen hinreichend bestimmbar. Nicht alle Adressaten sind dem Eisenbahn-Bundesamt bekannt oder für das Eisenbahn-Bundesamt auch nur zu ermitteln, so dass eine vorherige Anhörung untunlich erscheint.»[16]

Auf Deutsch: Bei der Frage «Welche Eisenbahnverkehrsunternehmen verkehren denn überhaupt auf dem deutschen Schienennetz?» versteht das EBA nur noch Bahnhof.[17]

Das Beispiel Brühl 2000
Ausbildungsstandards, Baustellenlogistik und Langsamfahrstellenverzeichnisse

Ein schwerer Eisenbahnunfall ereignete sich in der Nacht vom 5. auf den 6. Februar 2000 in Brühl bei Bonn. Der D-Zug 203 fuhr fahrplanmäßig von Amsterdam nach Basel. Nach dem Halt in Köln Hbf wurde der Zug wenige Kilometer vor Bonn im Güterbahnhof Brühl wegen Bauarbeiten auf dem Richtungsgleis auf das Gegengleis umgeleitet. Er entgleiste kurz darauf bei der Überfahrt über eine Weiche aufgrund erheblich überhöhter Geschwindigkeit. Neun Reisende wurden getötet, 148 wurden — zum Teil schwer — verletzt. Die Aufarbeitung des Unglücks durch das EBA und später durch das Landgericht Köln in einem aufwendigen Prozess ergab: Der zum Zeitpunkt des Unglücks 28-jährige Triebwagenführer war unzureichend ausgebildet und für Fahrten in solchen Baustellenbereichen unzureichend geschult; generell wurden nach der Bahnreform die Ausbildungszeiten für Triebfahrzeugführer deutlich verkürzt. Die für die Baustelle entscheidende «Bau- und Betriebsanleitung (Betra)» enthielt — laut EBA — «zahlreiche sinnentstellende Fehler» und wurde «weder rechtzeitig aufgestellt noch fristgerecht verteilt». Die «La», das für den Lokführer entscheidende Dokument «Verzeichnis der Langsamfahrstellen», enthielt ebenfalls sinnentstellende Fehler, die den Lokführer irritieren und zur überhöhten Geschwindigkeit verleiten konnten. Am Gleis mit der Langsamfahrstelle fehlte eine — allerdings nicht zwingend vorgeschriebene — technische Sicherung, die eine «Übergeschwindigkeit» vermieden hätte. Die fatale Fehlerhaftigkeit der Dokumente «Betra» und «La» ist auch damit zu erklären, dass das Personal in diesem Bereich stark abgebaut wurde und die Sachbearbeiter, die z.B. die «Betras» erstellen, «pro Tag im Schnitt 5 bis 6 solcher Bau- und Betriebsanleitungen» fertigen. Bei der Aufarbeitung des Unglücks versuchten DB AG und Bundesverkehrsministerium die Umstände des Unglücks zu vertuschen. Unter anderem durfte der vollständige Untersuchungsbericht des EBA von den Mitgliedern des Verkehrsausschusses zunächst gar nicht gelesen und schließlich, nach Protesten, nur in einer abgedunkelten Kammer mit dem Verbot zu kopieren oder mitzuschreiben, eingesehen werden.[18]

In der Folge kam es wiederholt zu Unfällen, bei denen die unzureichende «Bau- und Betriebsanleitung — Betra» eine Rolle spielte. Dies veranlasste 2011 die Fraktion Bündnis 90/Die Grünen im Bundestag zu einer Kleinen Anfrage betreffend «Sicherheit an Baustellen bei laufendem Eisenbahnbetrieb». Die Bundesregierung beantwortete darin die Frage «In wie vielen Fällen wurde das Eisenbahn-Bundesamt über die unzureichende Qualität von Bau- und Betriebsanleitungen in den letzten zehn Jahren informiert?» wie folgt: «Das EBA führt keine Statistik über entsprechende Meldungen». Die Antwort «führt keine Statistik» taucht noch vier Mal wortgleich auf. Sie zeugt auch von einer Ignoranz, die es diesbezüglich bei der angesprochenen Sicherheitsbehörde gibt.[19]

Das Beispiel Hordorf 2011
Unfälle auf eingleisigen Strecken aufgrund fehlender Sicherungstechnik
Am 29. Januar 2011 kam es auf der eingleisigen Hauptstrecke Magdeburg–Halberstadt bei Hordorf zu einem folgenschweren Zugunglück, bei dem ein Güterzug und ein Personenzug kollidierten und zehn Menschen getötet wurden. Im Vordergrund der Aufarbeitung des Unglücks stand der Umstand, dass der Lokführer das Vor- und das Hauptsignal der Überleitstelle Hordorf missachtet hatte, womit — wie in Brühl — in der Regel «menschliches Versagen» als Unglücksursache genannt und schließlich auch gerichtlich geahndet wurde. Tatsächlich sind jedoch die Deutsche Bahn AG und die Bundesregierung für das Unglück mitverantwortlich, weil diese keinen Ausbau des Schienennetzes vornehmen — warum gibt es immer noch eingleisige Bereiche auf vielbefahrenen Strecken? — und insbesondere weil sie nicht die seit Jahrzehnten vorhandene Sicherheitstechnik, die alle diese Unfälle verhindern würde, installierten. Im Fall des Hordorf-Unglücks lässt sich über 15 Jahre hinweg dokumentieren, wie DB AG und Bund die Installation des Sicherungssystems «Punktförmige Zugbeeinflussung» (PZB) hinauszögerten.[20]

Die Deutsche Bahn war für eben jene Strecke vorgewarnt worden: Im November 2006 waren zwei Personenzüge nur wenige Kilometer von der Unglücksstelle entfernt fast zusammengeprallt, weswegen diese «Strecke 6404» bei der Bahn «durch eine Ereignishäufigkeit» als potentieller Unfallschwerpunkt hervorgehoben war. Die DB AG ging nach einem bahninternen Vermerk selbst davon aus, dass eine PZB-Installation «bis spätestens Ende 2008 erfolgen» müsste.[21]

Seit Gründung der Deutschen Bahn AG gab es mehr als ein Dutzend schwerer Eisenbahnunfälle, die bei einem rechtzeitigen Einbau der vorhandenen und im Übrigen nicht teuren Sicherheitstechnik verhindert worden wären.[22]

Das Beispiel Wünsdorf 2010
Unfälle auf Bahnhöfen
Am 6. Dezember 2010 wurde die 15-jährige Cathrin P. von ihrer Mutter zum Bahnhof Wünsdorf südlich von Berlin gebracht. Sie ging über einen vereisten Trampelpfad — einen anderen Weg gibt es nicht — zum nicht geräumten Mittelbahnsteig, der an dieser Stelle nur 1,90 Meter breit ist. Ihr Zug hatte Verspätung. Ein anderer Zug raste durch den Bahnhof. Das Mädchen erschrak und trat zurück. Ein Gegenzug erfasste die Jugendliche. Caroline wurde getötet. Durchsagen gab es keine. Die Staatsanwaltschaft geht auch noch 2013 davon aus, dass kein Verstoß der Bahn gegen Sicherheitsvorschriften vorliegt. Allerdings muss sich ein Bahnmitarbeiter vor Gericht verantworten. Die Bahn hat den an sich absolut inakzeptablen — zu schmalen und völlig unübersichtlichen — Bahnsteig mit einem Tor abgesichert, das nur geöffnet werden durfte, wenn der entsprechende Zug bereits einfuhr oder am Bahnsteig stand. Am fraglichen Tag war das Tor jedoch geöffnet.[23] Die Frage müsste jedoch lauten: Wie kann es sein, dass ein derart schmaler Bahnsteig nicht so umgebaut wird, dass er sicher ist? Und auch: Warum sind fast alle Bahnhöfe ohne Personal und warum sind tausende Bahnsteige oft in einem Zustand, der der Sicherheit abträglich ist? Warum werden tausende Bahnsteige im Winter nicht oder viel zu spät von Schnee und Eis befreit? Der zutreffende Kommentar in einer ARD-Sendung lautete: «Während Geld für Prestigeprojekte wie Stuttgart 21 fließt, spart die Bahn an der Sicherheit in der Provinz.»[24]

Wünsdorf ist Bahnverkehrs-Alltag. Es gibt Dutzende vergleichbare Fälle mit Menschen, die aufgrund dieser Situation auf deutschen Bahnhöfen und Bahnsteigen Jahr für Jahr schwer verletzt oder getötet wurden. Am 4. Februar 2010 wurde die 16-jährige Sophia R. im Bahnhof Neuhof in Hessen von einem Regionalzug erfasst und getötet. Der Bahnsteig war nicht geräumt. Zuvor waren auf demselben Bahnhof bereits zwei andere Schüler ausgerutscht und auf die Gleise gestürzt.[25] Am 11. Oktober 2006 wurde in Gelnhausen ein 18-Jähriger von einem durchfahrenden ICE erfasst und schwer verletzt; es hatte keine Durchsage gegeben.[26]

Am 14. Juli 2011 beantwortete der Parlamentarische Staatssekretär Enak Ferlemann die Anfrage des Bundestagsabgeordneten Thomas Silberhorn, wie viele Menschen in den «letzten zehn Jahren aufgrund der Sogwirkung durchfahrender Züge auf Bahnhöfen/Bahnsteigen erfasst» wurden und zu Schaden kamen, wie folgt: Es habe zwischen 1. Januar 2001 und 31. Dezember 2010 insgesamt 56 Unfälle gegeben, «in denen Personen, die sich auf Bahnsteigen aufhielten, durch durchfahrende Züge zu Schaden kamen, ohne dass eine Selbstmordabsicht oder Fremdeinwirken durch andere Personen eindeutig als Ursache festgestellt wurde. [...] Bei diesen Unfällen wurden 18 Personen getötet, 24 Personen schwer verletzt und 14 Personen leicht verletzt.» Das sind fast zwei Getötete und mehr als zwei Schwerverletzte pro Jahr.[27] Wenn man auf die vielen schweren Eisenbahnunglücke seit der Bahnreform verweist — und wir dokumentierten hier nur einen Ausschnitt, auch mussten wir einzelne typische Eisenbahnunfälle aus Platzgründen aussparen[28] — dann verweisen Deutsche Bahn, Bundesverkehrsministerium und Eisenbahn-Bundesamt in der Regel auf statistische Reihen, wonach die Zahl der Eisenbahnunfälle gering und teilweise rückläufig sei. Hier soll nicht bestritten werden, dass der Schienenverkehr grundsätzlich sicher ist. Es wurde aber dargelegt, dass es eine erheblich große Zahl von Eisenbahnunfällen — auch solche mit Toten und Verletzten — gibt, die durchaus vermeidbar sind. Und dass viele von ihnen in einem Zusammenhang mit der Fehlorientierung auf das Primat der Wirtschaftlichkeit, der Gewinnerzielung und der Verschlankung der Bahn auf dem Weg an die Börse stehen.

***

Unfälle haben auch mit einem Abbau bei der Wartung und mit der Spreizung der Intervalle von Instandhaltungsmaßnahmen zu tun. In einem Papier des Aufsichtsrats der Deutschen Bahn AG aus dem Jahr 2006, das als «streng vertraulich» qualifiziert wurde, heißt es: «Voraussetzungen im Instandhaltungsbereich für Spreizung von Inspektionsintervallen und Revisionen grundlegend umgesetzt. Optimierung Fristen und Revisionen (Intervalle in Tsd. Km): Intervallspreizungen Beispiel ICE 3 (in Tsd. Km): Laufwerkskontrollen 2003: 4,4 [alle 4.400 km]; 2005: 8,8 [alle 8.800 km] = plus 83 %.
Fristen 2003 72 [alle 72.000 km]; 2005: 144 [alle 144.000 km] = plus 100 %.
Revisionen 2003: 1.400 [alle 1.400.000 km]; 2005: 1.650 [alle 1.650.000 km] = plus 18 %.»

WIR BEWEGEN. ZUG UM ZUG.

LEICHTE, LEISE UND VERSCHLEISSARME VOLLRÄDER

Entwickelt, berechnet, konstruiert und in den eigenen Werkstätten geschmiedet, wärmebehandelt und mechanisch bearbeitet sind Vollräder und bereifte Räder aus Bochum ein Spitzenprodukt modernster und leistungsstärkster Technologie.

Lokomotivrad

Schallgedämpftes spannungshomogenisiertes Leichtscheibenrad

Leichtscheibenrad, geeignet für Radbremsscheiben

GUMMIGEFEDERTE, GERÄUSCHARME RADSYSTEME

Seit den 1950er Jahren haben sich unsere gummigefederten Radsysteme im täglichen Einsatz bewährt und garantieren den Betreibern ein Höchstmaß an Verfügbarkeit. Die Radreifen bestehen aus selbst entwickelten und verschleißarmen Werkstoffen und tragen so erheblich zu den großen Erfolgen der jeweiligen Problemlösung bei. Für Nahverkehrsbereiche mit anspruchsvollen Streckenanforderungen sind unsere hocheinfedernden Räder BO 01 und LoRa besonders geeignet.

BO 54   BO 84   BO 2000   BO 06   BO 01   LoRa

Bochumer Verein
Verkehrstechnik GmbH · seit 1842

Wie im vorangestellten Kapitel dargelegt wurde, lieferte der Bochumer Verein bzw. das Vorgängerunternehmen mit Namen VSG Bochum das spezifische Rad mit Hartgummieinlage und Radreifen, das die Eschede-Katastrophe ausgelöst hatte. Das Bochumer Unternehmen selbst trägt hierfür zweifellos keine Verantwortung. Makaber jedoch sind der aktuelle Werbetext für diesen Radtyp durch den Bochumer Verein (ohne jeden Bezug auf Eschede). Darüberhinaus ist es mehr als irritierend, dass der Eigentümer der Georgsmarienhütte, der zugleich der Eigentümer des Bochumer Vereins ist, seit vielen Jahren Aufsichtsrat bei der Deutschen Bahn AG ist (siehe Kapitel 16).

1999

Hartmut Mehdorn wird durch Bundeskanzler Gerhard Schröder zum neuen Bahnchef berufen

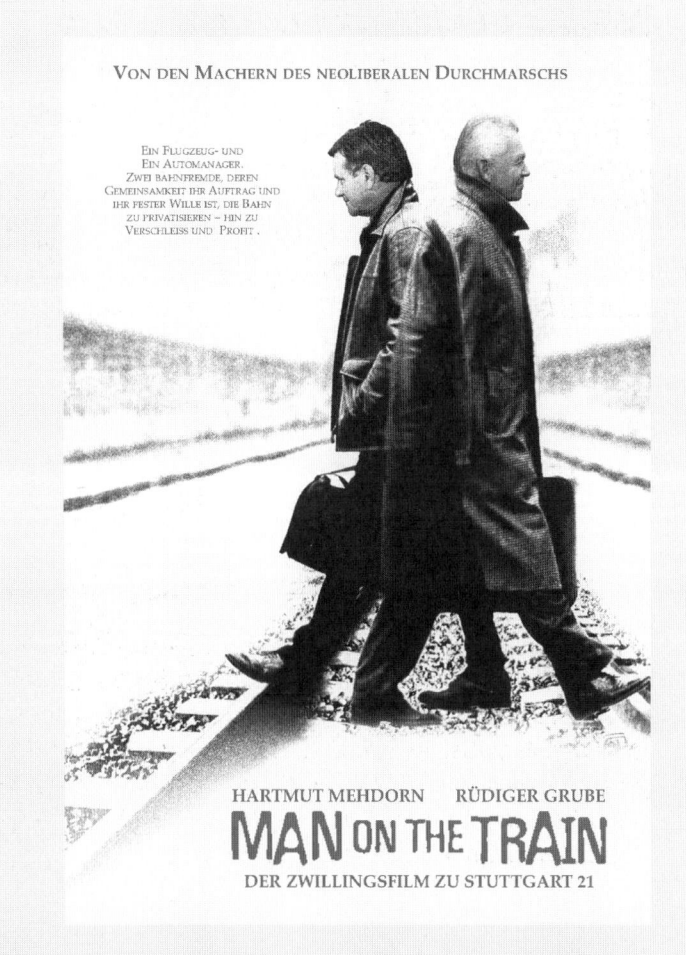

VON DEN MACHERN DES NEOLIBERALEN DURCHMARSCHS

EIN FLUGZEUG- UND EIN AUTOMANAGER. ZWEI BAHNFREMDE, DEREN GEMEINSAMKEIT IHR AUFTRAG UND IHR FESTER WILLE IST, DIE BAHN ZU PRIVATISIEREN – HIN ZU VERSCHLEISS UND PROFIT .

HARTMUT MEHDORN   RÜDIGER GRUBE
MAN ON THE TRAIN
DER ZWILLINGSFILM ZU STUTTGART 21

Kapitel 7: Daimler-Kaderschmiede bestückt Bahnspitze
Oder: Zynische Personalpolitik und zerstörerische Bahnpolitik

2020 gibt es keine Fahrkarten mehr. Die Leute haben eine Chipkarte. Wenn sie einsteigen und wenn sie aussteigen, wird dieser Chip gelesen. [...] In zwanzig Jahren [...] beginnt die Reisezeit dann, wenn der Passagier seine Wohnungstür zuschließt. Und sie endet, wenn er auf der anderen Seite seine Hotel- oder Bürotür aufschließt. [...] 2020 fahren Sie mit dem Auto zum Bahnhof. Sie kriegen da automatisch den Parkplatz zugewiesen. Dort, wo Sie ankommen, steht ein Mietwagen für Sie bereit, den stellen Sie abends vor Beginn ihrer Rückreise wieder ab. Wer lieber mit dem Fahrrad fahren will, kann das auch bei uns mieten. [...] Wir bieten Ihnen exzellente Verbindungen zwischen Fernzug, S- und U-Bahn. Schließlich noch die Verknüpfung mit der Luftfahrt. Das ist unsere Mobilitätskette. [...] Unsere Fernverkehrszüge fahren von München nach Hamburg in einer Art Kreisverkehr: Einer fährt durch den Westen nach Norden und kommt auf der Ostroute nach München zurück, der andere fährt im Osten hoch und im Westen runter. Das muss von München nach München in zehn Stunden möglich sein, gegenüber mehr als 22 Stunden heute. Dazu gibt es Speichen quer durch Deutschland. [...] In den Bahnhöfen gibt es Lounges. Da geht der Kunde hin, trinkt einen Kaffee, wird aufgerufen, wenn sein Zug kommt. Wir lassen die Menschen nicht mehr auf kalten Bahnsteigen stehen. Das ist unser standardisiertes Schnellverkehrssystem zwischen den Knoten: eine Uniform, eine Verwaltung, ein Fahrzeug.»

Bahnchef Hartmut Mehdorn im Oktober 2000[1]

Es waren drei Bahnchefs, die die Deutsche Bahn AG in den ersten zwei Dekaden ihrer Existenz prägten: Heinz Dürr, Hartmut Mehdorn und Rüdiger Grube. Der letztere ist auch heute noch derjenige, der das Unternehmen repräsentiert. Der «mittlere» ist derjenige, der gewissermaßen zum «Gesicht» der Bahn – und zur Personifizierung des Ziels «Bahnbörsengang» – wurde. Zwischen Dürr und Mehdorn geschaltet gab es an der Bahnspitze einen Johannes Ludewig, der sich jedoch nur gut zwei Jahre im Amt halten konnte und dessen Amtszeit stark von der Eisenbahnkatastrophe in Eschede bestimmt war. Auf dieses Interregnum soll am Ende des Kapitels eingegangen werden.

Die genannten drei Bahnchefs haben einen gemeinsamen Nenner hinsichtlich ihrer Herkunft, eine individuelle Gemeinsamkeit hinsichtlich ihrer Fähigkeiten und einen gemeinsamen Pfeiler in ihrer strategischen Orientierung. Der *gemeinsame Nenner hinsichtlich ihrer Herkunft* ist: Alle drei stammen aus der Kaderschmiede des Daimler-Konzerns. Die *individuelle Gemeinsamkeit bezüglich ihrer beruflichen Fähigkeiten* lautet: Alle drei hatten vor ihrem Amtsantritt nie etwas mit Eisenbahn zu tun und ihnen blieb der Bahnbetrieb im Alltag immer fremd. Der *gemeinsame Pfeiler in der strategischen Ausrichtung* schließlich besteht darin, dass alle drei Ziele verfolgen, die dem Schienenverkehr letztlich schaden und die die Verkehrsträger, die mit der Schiene konkurrieren, fördern.

Heinz Dürr war und ist maßgeblicher Eigentümer des weltweit führenden Autozulieferers Dürr AG. Er wurde – in Ergänzung zu seinen Tätigkeiten im Familienunternehmen – 1980 an die Spitze des konkursreifen Elektro- und Maschinenbaukonzerns AEG berufen, steuerte dieses Unternehmen zielstrebig unter die Fittiche des Daimler-Konzerns und rückte 1985 in den Vorstand der Daimler-Benz-Holding auf, wo er eng mit dem damaligen Daimler-Chef Edzard Reuter zusammenarbeitete, mit dem er bis heute befreundet ist. 1991 wechselte Dürr an die Spitze der Bundesbahn und schied bei Daimler aus. 1994 bis 1997 wirkte er als Chef der Deutschen Bahn AG; 1997 bis 1999 war er Aufsichtsratsvorsitzender des Konzerns. Er schlug bereits 1997 Mehdorn als seinen Nachfolger vor.

Hartmut Mehdorn ist Maschinenbauingenieur. Über den Flugzeugbauer VFW und den Rüstungskonzern MBB gelangte er zu Airbus, das wiederum in das Daimler-Imperium integriert wurde. Er war 1992 bis 1995 Vorstandsmitglied der Daimler-Tochter DASA und galt als möglicher Nachfolger von Edzard Reuter an der Spitze des Daimler-Konzerns oder zumindest als möglicher neuer DASA-Chef. Anstelle von Mehdorn stieg jedoch 1995 Jürgen Schrempp an die Daimler-Spitze auf, der wiederum Manfred Bischoff als DASA-Chef installierte. Mehdorn wechselte darauf an die Spitze der Heidelberger Druckmaschinen AG. Er wurde 1999 von Duzfreund und Bundeskanzler Gerhard Schröder als Bahnchef berufen. In dieser Position wirkte er bis März 2009. Einigermaßen konsequent tauchte er bald darauf als neuer Air Berlin-Chef auf (von Ende 2011 bis Anfang 2013) und wurde im März 2013 an die Spitze der BER-Flughafengesellschaft berufen.

Rüdiger Grube absolvierte seine Ausbildung als Fluggerätebauer beim Flugzeug- und Rüstungskonzern MBB, der später zu DASA/Daimler kam. 1990 bis 1992 war Grube Büroleiter von Hartmut Mehdorn in der DASA-Geschäftsführung. Mehdorn war auch Grubes Trauzeuge. Von 1996 bis 2009 nahm Grube – mit einer kurzen Unterbrechung – im Daimler-Konzern führende Positionen ein. Unter anderem lenkte er gemeinsam mit Konzernchef Jürgen Schrempp die Daimler-Expansion mit den Aufkäufen Chrysler (1998) und Mitsubishi Motors (2000) – eine Art Vorspiel für seine spätere Expansionspolitik als Bahnchef (siehe Kapitel 14). Anfang 2009 wurde Grube Chairman des Luft- und Rüstungskonzerns EADS. Er plädierte mit dem Argument «Exporte machen wir schließlich nicht mit Bratpfannen» dafür, das Rüstungsgeschäft auszubauen.[2] Die CDU/CSU-SPD-Regierung berief Grube am 25. April 2009 zum Vorstandsvorsitzenden der DB AG. Es war Hartmut Mehdorn, der der Bundeskanzlerin Grube als seinen Nachfolger vorgeschlagen hatte.

Dürr schlägt Mehdorn vor. Mehdorn schlägt Grube vor. Dürr-Mehdorn-Grube nahmen jeder für sich mehr als ein Jahrzehnt lang im führenden deutschen Autokonzern Top-Positionen ein: Es ist ohne Zweifel eine beeindruckende Dynastie, die nunmehr seit gut zwei Jahrzehnten beinahe ununterbrochen die Bahnspitze beherrscht.

Eine Kritik an der Tätigkeit der drei Bahnchefs lässt sich sicher an vielerlei Einzelentscheidungen festmachen. Genannt werden kann in diesem Zusammenhang der bereits erwähnte Verkauf der bahneigenen Fernmeldeanlagen (BASA) 1997 mit dem dann folgenden Rückkauf 2002, was einen Verlust von rund 1,5 Milliarden Euro mit sich brachte (siehe Kapitel 3). Oder der Verkauf von Schenker 1991 mit dem fünf Mal teureren Rückkauf von Schenker (Stinnes) 2002 (siehe Kapitel 14). Oder das Desaster mit der Bahnpreisreform 2002/2003 (siehe Kapitel 10). Allerdings handelt es sich hier jeweils um einzelne unternehmerische Entscheidungen, die mit dem Tenor «Sowas kann halt mal passieren» abgetan werden könnten.[3]

Unser Urteil über die bahnzerstörerische Politik der drei DB-AG-Chefs lässt sich am besten wie folgt auf den Punkt bringen: Die Herren Dürr, Mehdorn und Grube verfolgten eine Orientierung, die für den Schienenverkehr direkt kontraproduktiv und für die konkurrierenden Verkehrsträger Auto und Flugzeug nachweisbar vorteilhaft war — was mit den drei Beispielen Beförderung der Magnetbahn Transrapid, massive Begünstigung des Autos und des Flugverkehrs und der Durchsetzung des Projekts Stuttgart 21 verdeutlicht werden soll.

Magnetbahn Transrapid: Umgehend nach Start der Bahnreform, im Juli 1994, beschloss die DB AG, sich an der Magnetschnellbahn Transrapid zu beteiligen. Heinz Dürr und Hartmut Mehdorn förderten in der Folge uneingeschränkt den Transrapid. Magnetbahnverbindungen sollten in den 1980er Jahren auf der Strecke Hannover–Berlin, dann mit Beginn der 1990er Jahre auf der Verbindung Hamburg–Berlin, zwischenzeitlich (hier als «Metrorapid») auf einer Verbindung Dortmund–Düsseldorf und schließlich auf der Strecke München Hauptbahnhof nach München Flughafen eingesetzt werden. Die genannten Bahnchefs sagten nicht nur Ja und Amen zu diesem von den Regierungen in Bonn und Berlin und den Konzernen Thyssen, Krupp und Daimler vorangetriebenen Transrapid-Projekten.[4] Sie unterstützten diese auch durch konkrete unternehmerische Maßnahmen, zuletzt in München durch die Bildung einer bahneigenen Gesellschaft zum Bau der Magnetbahnstrecke zum Münchner Flughafen. Sie förderten eine Technologie, die in *direkter Konkurrenz zur Eisenbahn* stand und die nicht kompatibel mit der Eisenbahn ist. Damit war von vornherein klar, dass eine Magnetbahn das System Schiene schädigen musste. Es hätte dem Schienenverkehr auf höchst lukrativen Verbindungen Millionen Fahrgäste entzogen und die Bilanz der Deutschen Bahn AG erheblich negativ beeinflusst. Ob es in Deutschland bei dem Ausstieg aus dieser Technologie bleibt, wird sich im Übrigen noch zeigen. Auch Bahnchef Grube outete sich als Unterstützer für diese Technologie, als in Deutschland längst deren Aus verkündet zu sein schien.[5] Und die Bundesregierung erklärte noch im September 2013, dass für sie die Magnettechnologie «zukunftsfähig» ist.

Begünstigung von Auto und Flugzeug: Die drei Bahnchefs förderten beziehungsweise fördern den mit der Schiene konkurrierenden Verkehr auf Straßen und in der Luft. Heinz Dürr ist, wie erwähnt, Großaktionär an dem Familienunternehmen Dürr AG, das sich als «weltweit führenden Anbieter von Lackieranlagen für die Autoindustrie» bezeichnet.[6] Unter allen Bahnchefs wurden die Gleisanschlüsse für Unternehmen systematisch gekappt, womit Schienenverkehr auf die Straße verlagert wurde. Ebenfalls nur wenige Monate nach der Bahnreform, im Juli 1994, wurde die gesamte Stückgutfracht der Bahn in eine neue Gesellschaft namens Bahntrans eingebracht, die gemeinsam mit dem Lkw-Spediteur Thyssen Haniel Logistics betrieben wurde. Am Ende stand die komplette Aufgabe des Stückgutverkehrs auf der Schiene und dessen vollständige Verlagerung auf den Lkw-Verkehr (siehe Kapitel 9). Alle drei Bahnchefs verfolgten eine Infrastrukturpolitik, bei der offiziell die Flughäfen an die Schiene angebunden werden, die jedoch faktisch darauf abzielt, den Flugverkehr zu fördern. Dies gilt vor allem für die Politik, Flughäfen, anstelle sie mit S- und Regionalbahnen zu erschließen, in das ICE-Netz zu integrieren (was bei den Flughäfen Frankfurt/M., Köln-Bonn und Berlin BER bereits erfolgte und für Stuttgart geplant ist). Damit werden ausgerechnet diejenigen Strecken verlangsamt, in die Milliarden Euro für superschnelle Verbindungen zwischen den großen Zentren verbaut wurden. Die flugverkehrsfreundliche Politik wird unterstützt durch nicht kostendeckende «rail&fly»-Tickets und durch großzügige Freifahrten für Passagiere von Lufthansa und Air Berlin im Fall, dass der Flugverkehr wetterbedingt ausfällt.[7] Alle drei Bahnchefs statteten ihre Top-Leute großzügig mit PS-starken Dienstwagen aus; als Auftakt zu seiner Amtszeit verdoppelte Mehdorn die Zahl derjenigen, die einen exklusiven Pkw auf Bahnkosten fahren dürfen. Anstatt sich für eine Verknüpfung von Bahn und ÖPNV zu engagieren, stieg die Deutsche Bahn AG zum Marktführer im Carsharing-Geschäft auf[8], betreibt eine Mietwagenflotte und ist Förderer der Elektro-Pkw-Mobilität. Die Kooperation mit Mietwagengesellschaften, vor allem mit Sixt, ist auffällig: In vielen großen Bahnhöfen wurden Flächen, die zuvor dem Fahrkartenverkauf und der Information dienten, zu Schalterräumen der Mietwagenanbieter.

Die Nähe zum Auto und Flugverkehr schlägt sich auch in den DB-Publikationen nieder, wo der «Autostadt Wolfsburg» oder dem Rennfahrer und Eisenbahnhasser Niki Lauda gehuldigt wird.[9] Mehdorns Feststellungen «Bei Strecken, auf denen ich mit dem Zug länger als drei Stunden unterwegs bin, nehme ich den Flieger», denn «lange Bahnreisen sind eine Tortur» korrespondieren mit seiner Vision: «Ich kann mir gut vorstellen, dass wir in 30 Jahren Flugzeuge betreiben». Im Übrigen engagierte sich Hartmut Mehdorn bereits während seiner Zeit als Bahnchef in Führungspositionen von Air Berlin; er machte sich auch für den Erhalt des Flughafens Tempelhof in Berlin stark.[10] Als Grube 2011 seinen 60. Geburtstag im Hamburger Luxushotel Lindtner feierte, da konnte er stolz auf den bislang größten Coup in der Bahnexpansionsstrategie blicken. Mit der Übernahme des britischen Unternehmens Arriva wurde die DB AG Europas größter Betreiber von Bus-Linienverkehren. Den prominentesten Gast der Geburtstagsfeier, Dieter Zetsche, dürfte das erwartungsfroh gestimmt haben, ist Daimler doch der Welt größter Bushersteller. Im Übrigen ist die DB AG selbst seit langer Zeit Betreiberin von Fernbuslinien. Nach der Liberalisierung des Fernbuslinienverkehrs, die am 1. Januar 2013 in Kraft trat, wird der Bahnkonzern diesen Geschäftszweig deutlich ausweiten, was erneut das Kerngeschäft schädigen wird.

Stuttgart 21: Dass das Schienengroßprojekt S21 extrem teuer, fahrplantechnisch unsinnig und mit enormen Risiken behaftet ist, soll an dieser Stelle nicht Thema sein. Entscheidend ist bei der vorgegebenen Fragestellung «Schaden für das eigene Unternehmen herbeiführend» der folgende Aspekt: Mit Stuttgart 21 wird ein hocheffizienter Kopfbahnhof im gesamtdeutschen Schienennetz beseitigt und an dessen Stelle ein Bahnhof unter der Erde gebaut, dessen Leistungsfähigkeit um rund 30 Prozent geringer ist als diejenige des bestehenden Kopfbahnhofs. Diese Tatsache war den drei Bahnchefs von Beginn ihrer Amtszeit an bekannt, da diese Angaben der Planfeststellung zugrunde liegen (was allerdings von den S21-Gegnern erst Anfang 2013 entdeckt wurde).[11] In der Öffentlichkeit verbreiteten alle drei Bahnchefs das Gegenteil und sprachen von Kapazitätszuwächsen von 30 bis 50 Prozent. Damit verbreiteten sie bewusst die Unwahrheit und erwiesen sich in besonderem Maß der in Stuttgart weit verbreiteten Parole «Lügenpack» würdig. In einem «normalen», privatkapitalistischen Unternehmen würde ein solches Vorgehen als Untreue, nach dem Aktiengesetz als Verletzung der bei Vorstandsmitgliedern erforderlichen «erhöhten Sorgfaltspflicht» und «Verantwortlichkeit» im Sinne eines «ordentlichen und gewissenhaften Geschäftsleiters» gebrandmarkt.[12] Nicht so beim Topmanagement.[13]

Vor dem Hintergrund einer Bewertung der drei Bahnchefs Dürr, Mehdorn und Grube ist ein Blick auf die zweijährige Amtszeit des Bahnvorstandsvorsitzenden Johannes Ludewig von Interesse. Es wäre falsch, diesen nun als Lichtgestalt und engagierten Eisenbahner hinzustellen. Auch Ludewig orientierte letztlich auf einen Bahnbörsengang, auch wenn er auf diesem Weg bremste. Bis zur Wahl der rot-grünen Bundesregierung im Herbst 1998 verteidigte er auch ausdrücklich die offizielle Politik der Bundesregierung zum Bau einer Magnetbahnstrecke Berlin–Hamburg.

Allerdings rückte der Topbeamte Ludewig, der keine direkten Verbindungen zu einem großen privatkapitalistischen Konzern hatte, von vornherein wieder klassische Ziele des Schienenverkehrs ins Zentrum. Er forderte, dass «Der Satz ‹Pünktlich wie die Eisenbahn›» wieder «zum Markenzeichen» werden müsse und verband den Erfolg seiner Pünktlichkeitsoffensive mit der Höhe der Boni für die Topmanager.[14] Ludewig wollte auch den Bahnpostverkehr, der zuvor aufgegeben worden war, in Teilen wieder von der Straße und der Luftfracht zurück auf die Schiene holen. Und er wollte die staatlichen Zuschüsse reduzieren und «eine Verzinsung des eingesetzten Kapitals» erreichen.[15]

Vor allem aber stellte Ludewig das Großprojekt Stuttgart 21 auf den Prüfstand – und sprach sich schließlich Anfang 1999 gegen eine Fortführung des Projekts aus. Einiges spricht dafür, dass es die letztgenannte Entscheidung war, die Ludewig die innige Feindschaft von Heinz Dürr, der in den Jahren 1997 bis 1999 als Aufsichtsratsvorsitzender der DB AG wirkte, eintrug. Dürr betrieb gegen Ludewig ein regelrechtes Mobbing und forderte seine umgehende Ablösung; laut Spiegel hat es ein derartiges «Gegeneinander von Aufsichtsratschef und Vorstandschef in Deutschland bisher nicht gegeben.»[16] Im März 1999 trat Dürr unter Protest von seiner Funktion als Bahnoberaufseher zurück, weil der damalige Bundesverkehrsminister Franz Müntefering zunächst an Ludewig festhielt. Wenige Monate später erzwang Bundeskanzler Gerhard Schröder Ludewigs Rücktritt und berief Hartmut Mehdorn zum neuen Bahnchef.[17] Noch bevor Mehdorn seinen neuen Bahnjob antrat, veranlasste er, dass die Pünktlichkeitstafeln in den großen Bahnhöfen abmontiert wurden. Einige Monate später nahm die Bahn die unterbrochenen Planungen für Stuttgart 21 erneut auf.

2000

Die Deutsche Bahn verkündet mit MORA P ein Programm, das der beliebtesten Zuggattung den Todesstoß versetzt

Kapitel 8: Ihr InterRegio nach Nirgendwo
Oder: Der Rückzug aus der Fläche

Nach dem Beschluss zum Tod des InterRegio im Jahr 2000 rollten die beliebten Züge noch einige Jahre lang durch das Land. Am 27. Mai 2006 sollte der letzte IR von Berlin nach Chemnitz und zurück fahren. Karl-Dieter Bodack, der die Zuggattung maßgeblich mit entwickelt hatte, teilte dem Leiter Fernverkehr der DB AG mit, dass er Eisenbahner, die an der Einführung des InterRegio mitgewirkt hatten, zu der Fahrt einladen wolle. Dazu wäre es schön, wenn der Zug ein Bistro-Café hätte.

Einige paar Tage später kam die Mitteilung, dass ein historischer Speisewagen von den Eisenbahnfreunden Oberhausen für die Gruppe gechartert würde. [...] Ein Bahnmitarbeiter berichtete Bodack später von einer Besprechung in der DB-Zentrale, in der die Überwachung dieser «Eisenbahner» für notwendig erachtet wurde. Dadurch erschien den Verantwortlichen im Mehdorn-Management der Einsatz eines solchen Speisewagens sinnvoll. Der Wagen fuhr tatsächlich inmitten rot-weiß umlackierter InterRegio-Wagen — ein nie wieder gesehenes Bild.

Die Fahrt nach Chemnitz verlief ohne größere Zwischenfälle. [...] Bei der Rückfahrt nach Berlin wurde die Gruppe dann mit der Ankündigung überrascht, dass der Zug in Berlin-Schönefeld geräumt werden müsse. Alle Fahrgäste müssten für die restliche Fahrt nach Berlin in einen ICE umsteigen. Gesagt, getan.

Später erfuhr Bodack, dass die Gruppe von einem Detektiv in Mehdorn-Diensten begleitet wurde und dass dieser «nach oben» gemeldet habe, die Gruppe hätte im Speisewagen besprochen, Flyer gegen den seinerzeit geplanten Bahnbörsengang aus den Fenstern zu werfen: Das sollte der Einsatz eines ICE nun verhindern, da man bei diesem die Fenster nicht öffnen konnte. Bodack und seine Begleiter verteilten dann die Flyer so, wie sie es vorgesehen hatten: An die Passanten in den Bahnhöfen.[1]

Bahnvorstand Rüdiger Grube entschuldigte sich später bei Karl-Dieter Bodack.

Eines der erklärten Ziele der Bahnreform war, wie erwähnt, die Verlagerung sowohl von Güter- als auch von Personenverkehr auf die Schiene. In beiden Bereichen ging es also um eine Steigerung des Marktanteils der Bahn, der im Personenverkehr zu der Zeit zwischen sechs und sieben Prozent lag, in Ostdeutschland in den 1980er Jahren aber immerhin noch bei 14 Prozent gelegen hatte.[2] Der damalige Bundeskanzler Helmut Kohl (CDU) in der Bundestagsdebatte zur Bahnreform: «Es geht darum, die Zukunftsmöglichkeiten der Bahn endlich voll auszuschöpfen».[3]

Dazu kam es nicht. Weder im Güterverkehr (siehe folgendes Kapitel 9) noch im Personenverkehr, von dem in diesem Kapitel die Rede ist. Der Verkehrsmarktanteil der Bahn im Personenverkehr stagniert bei sieben Prozent, wie auch die Grafik zeigt — während der Autoverkehr etwa achtzig Prozent des Verkehrs bindet und der Inlandsflugverkehr in den letzten Jahren erheblich aufgeholt und inzwischen fast das Niveau der Bahn erreicht hat.

Auch wenn der Anteil am Verkehrsmarkt nicht angestiegen ist, so hat doch die absolute Anzahl der beförderten Personen erheblich zugenommen

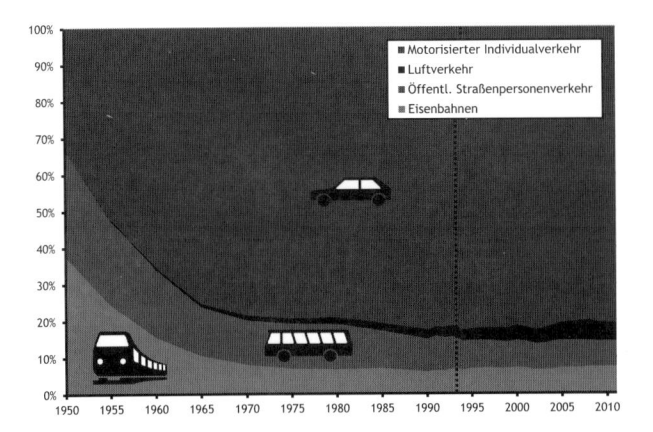

Abbildung 3:
Oben: Entwicklung des Verkehrsmarktanteils der unterschiedlichen Verkehrsträger seit 1950.
Unten links: Entwicklung der Fahrgastzahlen der Bahn seit 1950. Unten rechts: Entwicklung der Verkehrsleistung der Bahn seit 1950.
Zwischen 1990 und 1991 gibt es jeweils einen Sprung (durchgezogene Linie), der darauf zurückzuführen ist, dass die ostdeutschen Bundesländer ab dem Jahr 1991 mit in die Statistik einbezogen sind. Die gepunktete Linie stellt den Zeitpunkt der Bahnreform (1994) dar.

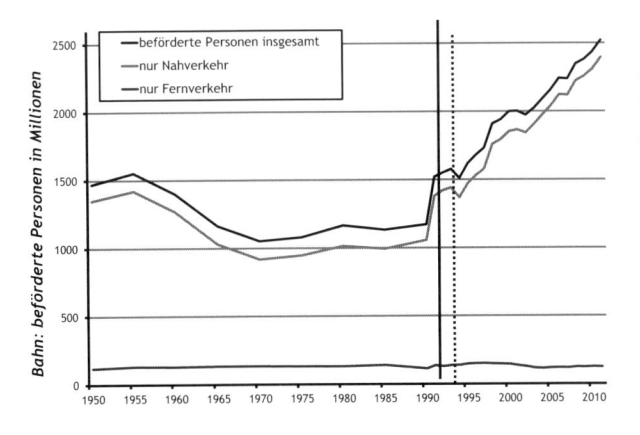

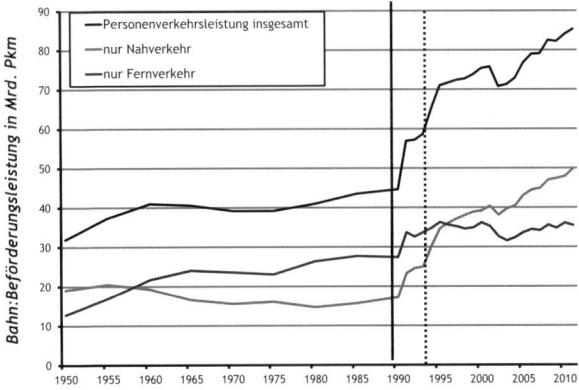

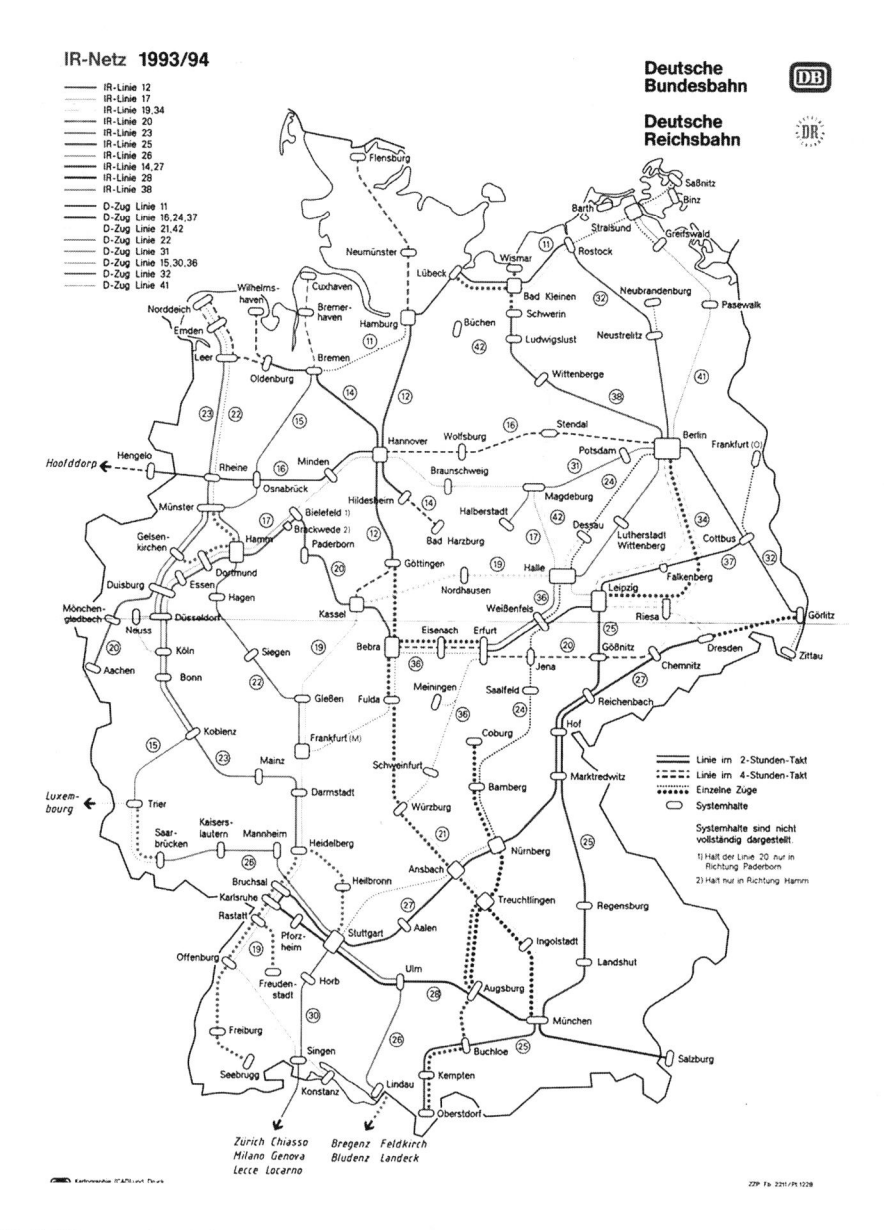

— von 1579 Millionen im Jahr 1993 auf 2520 Millionen im Jahr 2011 (+59,6 %). Dieser Zuwachs geht aber ausschließlich auf das Konto des Nahverkehrs: Während dort die Anzahl von 1441 auf 2395 Millionen Personen zunahm (+66,2 %), sank sie im Fernverkehr sogar leicht von 138 Millionen im Jahr 1993 auf 125 Millionen im Jahr 2011 (-9,4 %). Ein wichtiger Grund für diesen Rückgang ist das neue Preissystem, das die DB AG 2003 einführte (siehe dazu Kapitel 10).

Deutliche Zuwächse gab es auch bei der gesamten Verkehrsleistung (Personenzahl multipliziert mit der Reiseweite): Diese nahm von 58,7 Milliarden Personenkilometern (Pkm)[4] im Jahr 1993 auf 85,3 Milliarden Pkm im Jahr 2011 zu (+45,3 %), wobei sich der Nahverkehr von 25,0 auf 49,8 Milliarden Pkm fast verdoppelte (+99,2 %). Der Fernverkehr veränderte sich nur von 33,7 auf 35,5 Milliarden Pkm; faktisch stagnierte er auch bei dieser Bezugsgröße.

Somit gibt es nur im Nahverkehr eine deutlich positive Entwicklung, aber im Fernverkehr seit der Bahnreform im langfristigen Trend eine Stagnation. Und wie beschrieben nahmen die Marktanteile für den Bahnverkehr nicht zu. Auch der Bundesrechnungshof stellte daher in seinen Auswertungen fest, dass somit die Ziele der Bahnreform nicht erreicht wurden. Er monierte bereits 1999, «dass ein deutliches Wachstum des Schienenverkehrs nicht eingetreten ist».[5] 2006 schrieb er vergleichbar ins Stammbuch der DB AG: «Die beabsichtigte Verlagerung des Verkehrs von der Straße auf die Schiene ist nicht eingetreten. Der Anteil der Schiene am Gesamtverkehr ist von 9,8 % im Jahr 1995 auf 9,6 % im Jahr 2004 sogar leicht zurückgegangen».[6]

Dazu kommen markante Ungereimtheiten bei den Berechnungen der Fahrgastzahlen durch die DB AG. So gab es statistische Effekte, die zu scheinbaren Steigerungen führten: Erstens führte die Eingliederung der S-Bahn Berlin in die DB AG nach der Übernahme von der DR und der Berliner BVG im Jahr 1994 dazu, dass deren Fahrgäste fortan in die Statistik des Schienenpersonennahverkehrs aufgenommen wurden.[7] Zweitens berechnet die DB AG seit 1999 ihre Fahrgastzahlen nach einem neuen Schlüssel: Entgegen der früheren Regel werden seitdem die nichtzahlenden Fahrgäste, also die eigenen Beschäftigten, Militärpersonen und Zivildienstleistende, Behinderte sowie Parlamentsabgeordnete in die Statistik mit einbezogen. Dies führt zu erheblichen scheinbaren Steigerungen, ohne dass nur eine Person mehr in den Zügen sitzt.[8] Damit ist das tatsächliche Wachstum des Bahnpersonenverkehrs deutlich geringer als dargestellt, und im Fernverkehr wird damit letztlich sogar ein realer Rückgang der Fahrgastzahlen kaschiert.

Immerhin kam es im Nahverkehr trotz dieser statistischen Manipulationen zu deutlichen Steigerungen. Der Grund dafür wird immer wieder in der Vergabe vieler Nahverkehrsstrecken an private Unternehmen gesehen. Diese Annahme lässt sich jedoch empirisch nicht halten, denn insbesondere viele öffentliche Bahnen – entweder Tochterunternehmen der DB AG oder Unternehmen in der Trägerschaft von Ländern und Landkreisen – haben ihre Fahrgastzahlen erheblich steigern können, wie aus der Tabelle 1, Seite 36 in Kapitel 4 hervorgeht. Daher dürfte der Grund für die erfreulichen Zuwächse im Nahverkehr eher darin zu suchen sein, dass die Finanzierung durch die Regionalisierungsmittel deutlich verbessert wurde und dass es viele Verkehrsverbünde überdies geschafft haben, die unterschiedlichen Verkehrsmittel in ihren Verbünden deutlich besser aufeinander abzustimmen als zuvor, und den Einsatz neuer und komfortablerer Fahrzeuge zur Bedingung machten. Dennoch gab es auch seit der Bahnreform noch Streckenstilllegungen in erheblichem Umfang, wodurch weitere Regionen jegliche Verbindung zum Schienenverkehr verloren haben (siehe dazu auch Kapitel 11 und den Anhang zur Schienennetzentwicklung seit 1994).

Ein wesentlicher Grund für Stagnation und Rückgang des Fernverkehrs war der Wegfall zahlreicher Fernverkehrsverbindungen, was insbesondere mit der Abschaffung des InterRegio verbunden war. Seit 1999 haben beispielsweise 110 Personenbahnhöfe ihre Fernverkehrsverbindungen ganz verloren; das krasseste Beispiel ist Bremerhaven als eine Stadt mit über 100.000 Einwohnern — aber inzwischen ohne Fernverkehrsanbindung. Viele andere Städte mussten eine deutliche Verschlechterung ihrer Anbindung hinnehmen. In 368 untersuchten Bahnhöfen abseits der großen Fernverkehrsachsen wurde die Anzahl der wöchentlichen Fernverkehrsabfahrten von insgesamt 38.027 im Jahr 1999 auf 20.596 im Jahr 2012 fast halbiert.[9] Ein Teil der Fahrgäste wurde durch den Wegfall dieser Fernverkehrsverbindungen vom Fern- auf den Nahverkehr verlagert, was wiederum einen Teil der Steigerungen im Nahverkehr erklärt. Viele andere Fahrgäste haben der Bahn jedoch auch schlichtweg den Rücken gekehrt, weil das Angebot der DB AG für sie unattraktiv wurde.

InterRegio-Tod
Für die beschriebene Ausdünnung des Fernverkehrs spielte der Wegfall der gesamten Zuggattung InterRegio (IR) die entscheidende Rolle. Die DB AG hatte den IR Ende der 1980er Jahre eingeführt. Der Zug ersetzte die veralteten D-Züge und wurde vorwiegend für Reisen auf mittellangen Strecken genutzt. Er war damit das entscheidende Bindeglied, zwischen Nahverkehr und dem weiten Fernverkehr mit InterCity- und ICE-Zügen. In einem polyzentrisch strukturierten Land wie Deutschland mit rund 1000 Klein- und Mittelstädten spielen diese Verkehre auf mittleren Entfernungen eine große Rolle.[10]

Insgesamt wurden für das IR-System 1349 ehemalige D-Zug-Wagen umgebaut und für Geschwindigkeiten bis zu 200 Stundenkilometer ertüchtigt. Sie erhielten eine neue, moderne Gestaltung. Zur Einführung warb die damalige Bundesbahn für den IR mit dem Motto «Ein menschlicher Zug». Nach der Ausdehnung auf das Gebiet der Deutschen Reichsbahn beförderte der IR in den 1990er Jahren von allen Fernverkehrsprodukten der DB AG mit Abstand die meisten Fahrgäste.[11]

Die interne Entscheidung für den InterRegio-Tod dürfte die Deutsche Bahn bereits in der zweiten Hälfte der 1990er Jahre getroffen haben; bereits Ende 1996 sah sich Bahnchef Dürr genötigt, entsprechende durchgesickerte Berichte zu dementieren.[12] Offiziell wurde der InterRegio-Tod auf der Bilanzpressekonferenz im April 2000 mitgeteilt, allerdings auch hier verpackt in ein angebliches Optimierungsprogramm für den Fernverkehr mit der Bezeichnung *MORA P (Marktorientiertes Angebot im Personenverkehr)*. Im Rahmen von MORA P sollten zahlreiche Intercity-Reisezugwagen ab 2002 für den Einsatz bis 2015 «modernisiert» und die InterRegio-Verbindungen eingestellt werden. Unklar ist, ob es sich bei der Programmbezeichnung «MORA» — der wir im nächsten Kapitel noch als «MORA C» beim Schienengüterverkehr begegnen werden — nur um die sattsam bekannte, verschwurbelte Managerterminologie handelte oder ob einer der maßgeblichen DB-Oberen über ein Großes Latinum verfügte oder in ein Lateinlexikon geblickt und den Begriff «MORA» bewusst und zynischerweise ausgewählt hatte. Bedeutet das Wort doch im Lateinischen «Verzug, Verzögerung; Rast(tag), Hindernis und Hemmnis». Und just so wirkte dann auch der IR-Tod: als maßgebliches Hindernis bei der Weiterentwicklung des Schienenpersonenfernverkehrs.

Die Deutsche Bahn nannte als Grund für die Abschaffung die schlechte Auslastung der IR-Züge, die zu untragbar hohen Kosten geführt habe. In Wirklichkeit war der IR den technikbegeisterten Bahnoberen bereits deshalb ein Dorn im Auge, weil damit ausgerechnet ein Zug erfolgreich war, der aus älterem Wagenmaterial gewissermaßen recycelt worden war und dessen Anschaffungskosten bei dem Bruchteil derjenigen eines ICE lagen. Ein wesentlicher Grund für den IR-Tod dürfte auch der gewesen sein, dass die DB-Oberen sich eine höhere Auslastung ihrer IC- und ICE-Züge wünschten und vor allem die weniger lukrativen Verbindungen nicht mehr selbst finanzieren wollten, sondern diese über die Regionalisierungsmittel als Nahverkehr bezuschusst bekommen wollten. Für diese These spricht, dass die lukrativen IR-Linien schlichtweg in IC-Linien umgewandelt wurden und dass dabei sogar die ehemaligen IR-Wagen — obwohl inzwischen stark abgenutzt — lediglich mit neuen Außenlackierungen als IC-Wagen weiter genutzt werden. Ein weiteres Indiz dafür ist auch, dass die DB AG das Angebot der Firma Connex, das IR-Netz komplett zu übernehmen und den IR als «InterConnex» neu zu positionieren, 2001 ablehnte.[13] Da ein Kernelement der Bahnreform die Trennung zwischen dem eigenwirtschaftlichen Fernverkehr und dem aus öffentlichen Mitteln finanzierten Nahverkehr war und die DB AG den Auftrag zum rein betriebswirtschaftlichen Handeln hat, ist der Wegfall des IR ein direkter Effekt der Bahnreform — der InterRegio wurde schlichtweg zum Opfer der künstlichen Trennung von Fern- und Nahverkehr.

Durch den Wegfall des IR entstand eine große Lücke im Mittelstreckenverkehr. Für viele Fahrgäste, die im Entfernungsbereich von 50 bis 250 Kilometern unterwegs sind, hat dies die Qualität des Bahnreisens erheblich verschlechtert: Wenn IRs durch durchgehende Nahverkehrszüge ersetzt wurden[14], können sie immerhin noch ohne Umsteigen fahren, aber der Reisekomfort für Reisen mittlerer Länge ist in den — häufig zu engen und überfüllten — Regionalzügen deutlich geringer als er in den IRs war. Viele ehemalige IR-Verbindungen existieren nun jedoch gar nicht mehr als durchgehende Verbindungen. Für die Fahrgäste bedeutet dies, dass sie erst mit einem Regionalzug bis zum nächsten IC- oder ICE-Bahnhof fahren müssen und dann von einem anderen IC- oder ICE-Bahnhof wieder mit einem Regionalzug bis zu ihrem Zielort. So wurden aus vielen zuvor durchgehenden Verbindungen längere und teurere Umsteigeverbindungen — die aber für die Deutsche Bahn einen höheren Gewinn bringen.[15] Die meisten Verkehrswissenschaftler sind sich einig, dass mit der Abschaffung des IR eine große Chance für den Bahnverkehr vergeben wurde: «IC und InterRegio im Verbund hätten zweifellos bei konsequenter Weiterentwicklung Aussichten auf einen Quantensprung an Angebotsqualität und Markterfolg der Bahn in Deutschland gehabt.»[16]

Eine Wiederbelebung des IR oder einer vergleichbaren Zuggattung könnte umgekehrt einen wichtigen Beitrag dazu leisten, den Bahnverkehr im ganzen Land wieder deutlich attraktiver zu machen. Die Schweiz zeigt, wie das Konzept einer Flächenbahn statt einer Konzentration nur auf die Metropolenverbindungen konkret aussehen und sehr erfolgreich funktionieren kann, und dort ist der IR auch heute ein wichtiger Teil des Bahnsystems.

Fernbus-Aufstieg
Seit dem 1. Januar 2013 ist der Bahnfernverkehr noch durch einen weiteren Konkurrenten unter Druck geraten: Da zu diesem Stichtag der Fernbusverkehr komplett liberalisiert wurde, fahren Busse auf vielen Strecken als deutlich günstigere — wenn auch meist langsamere — Alternative zur Bahn. Viele neue Unternehmen sind in den Markt eingetreten, aber auch alte Bekannte wie der ADAC in Kooperation mit der Deutschen Post. Allerdings ist der Wettbewerb zwischen den beiden Verkehrsmitteln ein sehr ungleicher: Während man mit dem Bahnticket die Gebühren für die Nutzung der Bahntrassen sowie der Bahnhöfe mit zahlt, fahren die Fernbusse auf den Autobahnen komplett kostenlos; sie sind nicht einmal zur Entrichtung der Lkw-Maut verpflichtet. Auch für die Busbahnhöfe fühlen sich die Fernbusbetreiber nicht selbst zuständig und fordern stattdessen von den Kommunen den Bau einer entsprechenden Infrastruktur.

Bei den Debatten um die Liberalisierung des Fernbusverkehrs war von den Befürwortern immer wieder argumentiert worden, dass die Fernbusse vor allem solche Linien bedienen würden, auf denen die Bahn bislang nur ein schlechtes Angebot bietet, dass sie also wichtige Lückenfüller für den Bahnverkehr sein würden. Sieht man sich das inzwischen entstandene Angebot an, so zeigt sich jedoch kaum überraschend, dass ganz überwiegend die gleichen Verbindungen zwischen großen Städten angeboten werden, auf denen auch die DB AG erfolgreich ist. Hier lässt sich offensichtlich wirklich Geld verdienen, nicht aber mit Querverbindungen abseits der Metropolen. Wenn die Fernbusse als Konkurrenz zumindest dazu beitragen würden, dass die Preise der Bahn sinken würden, wäre das sicherlich zu begrüßen; es steht jedoch eher zu befürchten, dass die Fernbusse für die Deutsche Bahn die Rechtfertigung sein werden, sich noch stärker aus den weniger lukrativen Verbindungen zurückzuziehen – und diese entweder ebenfalls mit Bussen zu betreiben oder ganz einzustellen. Bereits heute ist die Deutsche Bahn selbst der bislang größte Anbieter von Fernbusverbindungen in Deutschland, die sich sowohl mit dem Tochterunternehmen «BerlinLinienBus» als auch mit dem neuen «IC Bus» quasi selbst Konkurrenz macht. Die Arriva-Übernahme ermöglicht es der DB auch, gegenüber den Busherstellern als europaweit größter Nachfrager aufzutreten. Am Ende könnten die Fernbusse durch den verschärften Kostendruck dazu beitragen, dass die Konzentration des Bahnverkehrs auf die großen Korridore sich noch verschärft und der Schienenfernverkehr dramatische Einbrüche erlebt.

***

Im Sinne der Daseinsvorsorge und der Qualität des Bahnverkehrs für viele Millionen Menschen abseits der Metropolenregionen ist die beschriebene Entwicklung fatal. Ihre Anbindung an das Bahnnetz wurde durch die von der DB AG verfolgte Politik deutlich verschlechtert, was zusammen mit der ungenügenden Qualität und den hohen Preisen zu den beschriebenen Verlusten im Fernverkehr geführt hat. Der Trend zum Abhängen der ländlichen Regionen wird überdies durch die Stilllegung zahlreicher Bahnstrecken manifestiert, um die es im Kapitel 11 noch gehen wird. Offensichtlich hat die Bahnreform das Ziel einer Verlagerung von Personenverkehr auf die Schiene also grundsätzlich verfehlt; lediglich im Nahverkehr hat sie tatsächlich teilweise zu deutlichen Verbesserungen geführt. Neben dem Missmanagement der DB AG tragen aber die Ungerechtigkeiten des Verkehrsmarkts erheblich dazu bei, dass die Bahn nur eine vergleichsweise geringe Rolle spielt. So ist über die letzten Jahrzehnte nicht nur sehr einseitig in die Straßeninfrastruktur, insbesondere in Autobahnen, investiert worden, sondern darüber hinaus werden die Kosten für die Straßeninfrastruktur und insbesondere die Unfall- und Umweltkosten nur zu einem geringen Teil vom Straßenverkehr selbst getragen. Wenn man all diese Kosten mit einrechnet, wird der Straßenverkehr mit mindestens 60 Milliarden Euro jährlich von der Gesellschaft subventioniert.[18] Und auch der Luftverkehr trägt viele Folgekosten nicht selbst und wird beispielsweise durch die Kerosinsteuerbefreiung, die Mehrwertsteuerbefreiung für internationale Flüge und die milliardenschweren öffentlichen Investitionen in die Flughafeninfrastruktur sogar noch massiv direkt subventioniert. In einem solchen Verkehrsmarkt hätte es selbst eine sehr gut ausgebaute Bahn schwer gegen den Straßen- und den Luftverkehr.

2001

Die Deutsche Bahn beschließt mit MORA C ein Sanierungsprogramm für den Schienengüterverkehr und damit den Rückzug der Güterbahn aus der Fläche

Kapitel 9: Mora C und der Schienengüterverkehr
Oder: Kapitulation vor dem Lkw

Am 11. September 2001 gibt der Zirkus Krone bekannt, dass er seine Tiere und Ausrüstung fortan nicht mehr mit der Bahn, sondern mit dem Lkw transportieren lässt. 94 Jahre lang hatte der Zirkus unter anderem die berühmten Elefanten mit der Bahn von einem Ort zum anderen bringen lassen und der DB dafür pro Jahr ein bis zwei Millionen DM überwiesen. Das war praktisch für den Zirkus und Werbung für die Bahn. Doch über die Jahre hatte sich beim Zirkus Frustration breit gemacht. «Zu unpünktlich, unzuverlässig, unflexibel und zu teuer.»

Für die Bahn ist das ein PR-Desaster: «Wir sind alle stinksauer», teilt eine Zirkussprecherin der Presse mit. «Ökologisch ist das verkehrt, aber uns wurden konsequent Steine in den Weg gelegt.» In den Jahren davor habe es immer mehr Verspätungen gegeben. Auf Beschwerden des Zirkus' habe die Bahn stets nur mit dem gleichen Formschreiben reagiert. «Der Höhepunkt waren acht Stunden Verspätung nach Dresden, da war das Maß voll.»

Darüber hinaus kritisiert der Zirkus, dass die Bahn immer mehr Laderampen abgebaut und daher immer öfter keinen Transport bis ans Ziel, sondern lediglich in Nachbarstädte angeboten habe.[1] Der Kommentar in der «Financial Times Deutschland» vom 12. September 2001: «Schlimm für Krone. Denn wer einen Tiger dabei hat, kriegt selten ein Taxi. Vorbei sind die Zeiten, da man Schimpansen in den Gepäcknetzen der Zweiten Klasse spielen sah. Nie wieder wird ein Jongleur die Gäste im Speisewagen verzaubern. Aber die Speisewagen werden ja auch bald abgeschafft.»

Zirkus Krone ist kein Einzelfall: Immer mehr Unternehmen werden vom Bahnnetz abgekoppelt und sind damit auf den Transport auf der Straße angewiesen. Das führt zu vielen nächtlichen Schwertransporten, die enorme gesellschaftliche Kosten verursachen — denn für die oft aufwendigen Begleitfahrzeuge der Polizei und für die Wiederinstandsetzung der Straßen kommt die Allgemeinheit auf.

Eines der wichtigsten Ziele der Bahnreform war die Verlagerung von Verkehr auf die Schiene. Das sollte auch für den Schienengüterverkehr gelten. Zum Zeitpunkt der Bahnreform betrug der Anteil der Bahn am gesamten Gütertransport in Gesamtdeutschland 16,8 Prozent. Seitdem hat es jedoch entgegen aller Ankündigungen keine signifikante Steigerung dieses Anteils gegeben; er bewegt sich zwischen 15 und 18 Prozent. Die absolute Menge der beförderten Güter ist zwar seit der Bahnreform angestiegen: 1993 betrug sie 316,3 Millionen Tonnen, und seit Anfang der 2000er Jahre stieg sie — mit einem zwischenzeitlichen Kriseneinbruch 2009 — auf 374,7 Millionen Tonnen im Jahr 2011 oder um 18,5 Prozent. Aber auch dieser kräftig gefeierte Wert liegt noch immer deutlich unter dem ersten gesamtdeutschen Wert von 401,2 Millionen Tonnen im Jahr 1991. Tatsächlich

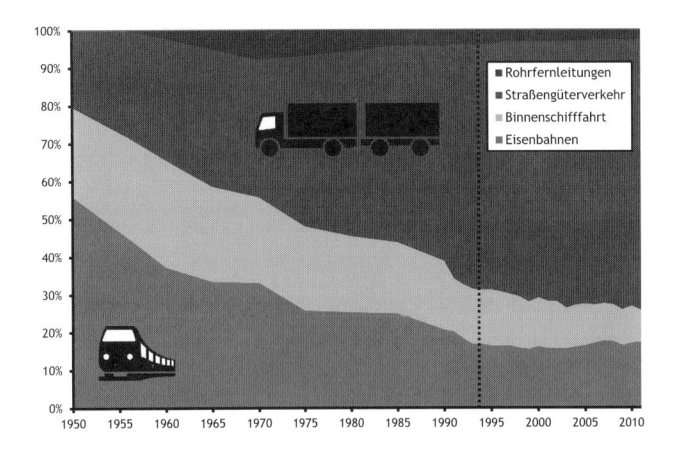

Abbildung 4:
Oben: Entwicklung des Verkehrsmarktanteils der unterschiedlichen Verkehrsträger seit 1950.
Unten links: Entwicklung der Transportmenge der Bahn seit 1950. Unten rechts: Entwicklung der Transportleistung der Bahn seit 1950.[2]
Zwischen 1990 und 1991 gibt es jeweils einen Sprung, der darauf zurückzuführen ist, dass die ostdeutschen Bundesländer ab dem Jahr 1991 mit in die Statistik einbezogen sind (durchgezogene Linie). Die gepunktete Linie ist der Zeitpunkt der Bahnreform (1994). Der Einbruch 2009 ist auf die Wirtschaftskrise zurückzuführen.

deutlich angestiegen ist aber die Transportleistung (Transportmenge multipliziert mit der Transportweite), die seit der Bahnreform von 64,9 Milliarden Tonnenkilometern im Jahr 1993 auf 113,3 Milliarden Tonnenkilometer im Jahr 2011 angewachsen ist (+74,6 %).

Der direkte Vergleich der Transportmenge und der Transportleistung deutet bereits einen Trend im Güterverkehr an: Die Güter werden über immer weitere Strecken transportiert. Dies trifft zwar generell für alle Gütertransporte zu, für die Bahn aber im Besonderen, da sie sich zunehmend auf weite Transporte konzentriert und Transporte über kürzere Strecken immer mehr vernachlässigt. Diese Tendenz wird durch den Rückzug aus dem Stückgutgeschäft und durch das Kappen der Gleisanschlüsse (siehe unten) verstärkt. Damit aber betreibt die Deutsche Bahn eine Politik, die den fatalen Trend zu einer immer größeren Transportintensität stärkt. Mit diesem Begriff ist gemeint, dass in einer Ware von ein und derselben Qualität immer mehr Transportkilometer stecken — und zwar Transporte, die mit dem Schiff, mit dem Binnenschiff, mit dem Flugzeug, mit der Bahn und mit dem Lkw erbracht werden. Auf diese Weise werden absurde internationale Arbeitsteilungen begünstigt und gleichzeitig regionale Wirtschaftsstrukturen und -kreisläufe geschwächt und zerstört. Damit ist kein Zuwachs von Lebensqualität, wohl aber ein Plus an Zerstörung verbunden. So ist die generelle Zunahme von Transporten über immer weitere Strecken in Hinblick auf die begrenzten Energieressourcen und die Klimaschädigung höchst kritisch zu sehen. Besonders problematisch dabei ist jedoch, dass die Bahn offensichtlich keinen größeren Anteil dieses Transports binden konnte und dass stattdessen der sehr viel umweltschädlichere Lkw-Verkehr sowie in zunehmendem Maße auch der Luftverkehr diese Transporte aufnehmen.

Zum Zeitpunkt der Bahnreform hatte allgemein eine große Euphorie in Bezug auf das Wachstum des Schienengüterverkehrs geherrscht: So ging der Bundesverkehrswegeplan aus dem Jahr 1992 von einer Steigerung der Transportleistung auf 194 Milliarden Tonnenkilometer bis zum Jahr 2010 aus, während der tatsächliche Wert 2010 gerade einmal 107,3 Milliarden Tonnenkilometer betrug.

Dass der Güterverkehr nicht tatsächlich deutlich stärker gewachsen ist und seinen Marktanteil nicht steigern konnte, hat seine Ursache in der Rückzugsstrategie der DB AG, die diese mit dem Programm Marktorientiertes Angebot Cargo (MORA C) startete. MORA C wurde Anfang 2001 verkündet. Kern des Programms war die Kündigung aller Gleisanschlüsse, deren Bedienung — so die Argumentation der Deutschen Bahn — höhere Kosten als Einnahmen verursachte und damit als nicht wirtschaftlich angesehen wurde. MORA C umfasste auch einen kompletten Ausstieg aus dem Stückgutverkehr und einen Abbau vieler kleinerer Rangierbahnhöfe für den Einzelwagenverkehr.[3] Stattdessen verfolgt die DB AG die Strategie, immer mehr ganze Züge über lange Strecken zu fahren, da bei solchen Transporten die Gewinnmargen deutlich größer sein sollen. Andere Bereiche werden dadurch aber schlichtweg dem Lkw-Verkehr überlassen.

Auch die traditionelle Zusammenarbeit zwischen der Deutschen Bahn und der Deutschen Post AG bei der Briefbeförderung wurde in den 1990er Jahren beendet. Post und Bahn boten in den 1920er und 1930er Jahren einen Service, der die Ankunft so gut wie jeder postalischen Sendung innerhalb eines Tages im gesamten Reichsgebiet garantierte — also eine Gewährleistung, die in den 1990er Jahren als Formel «E + 1» (Einlieferung plus ein Tag) propagiert wurde — und wo es plötzlich hieß: Die Bahn schafft das nicht (mehr). Sie sei «unflexibel» oder auch schlicht unwillig. Tatsächlich waren bis dahin allnächtlich Postzüge und sogar bis zu 200 Stundenkilometer schnelle Post-Intercitys quer durch das Land gefahren, in denen die Briefe und Pakete während der Fahrt sortiert wurden. Doch der schnelle Bahnpostverkehr wurde ab 1994 drastisch eingeschränkt und am 30. Mai 1997 komplett eingestellt. Die Deutsche Post begründete dies damit, dass die DB ihr keine solchen regelmäßigen Fahrplantrassen angeboten habe, dass die Briefe und Pakete zuverlässig über Nacht ihren Zielort erreichen konnten.

Inzwischen findet der Transport der Briefe ausschließlich mit Lkws und teilweise sogar mit Flugzeugen statt. Dementsprechend gibt es heute Dutzende aktive Briefpostzentren, die nicht mehr in der Nähe der Bahnhöfe, sondern stattdessen direkt an Autobahnen und Schnellstraßen platziert sind. Gleichzeitig gibt es in vielen Stadtzentren leer stehende ehemalige Bahnpostzentren. Immerhin findet inzwischen ein Teil des Pakettransports wieder auf der Schiene statt: Sogenannte Parcel-InterCitys transportieren über Nacht Pakete in Containern auf einigen wichtigen Verbindungen.

Seit der Bahnreform wurden zahlreiche Gleisanschlüsse, die Firmen eine direkte Beladung von Bahnwaggons auf ihrem Gelände ermöglichen, gekündigt: Während es vor der Bahnreform im Jahr 1993 in Deutschland noch 13.026 Privatgleisanschlüsse gab, wurde die Anzahl bis zum Jahr 2000 auf 5.724 und bis 2012 auf 2.374 verringert (-82 %). Dadurch haben so gut wie alle Unternehmen bereits rein technisch überhaupt keine Möglichkeit mehr, Güter per Bahn transportieren zu lassen – oder es wären zumindest teure Umladevorgänge notwendig, die den Transport mit der Bahn extrem unattraktiv machen. Rein rechnerisch dürfte der Anteil der Wirtschaftsunternehmen mit einem direkten oder akzeptablen Zugang zur Schiene, im Bereich von 0,001 Prozent liegen. Der Großteil der Unternehmen ist also auf die Beförderung per Straßengüterverkehr anstelle des Schienengüterverkehrs – auf Lkw anstelle der Eisenbahn – angewiesen. Die Deutsche Bahn AG, aber auch die meisten privaten Güterbahngesellschaften – konzentrieren sich stattdessen in erster Linie auf die Großkunden, die viele Güter auf einmal transportieren lassen – beispielsweise der Transport von Autos der großen Hersteller zum Exportterminal nach Bremerhaven.

Um weitere Kosten zu sparen, wurden außerdem zahlreiche Weichen aus dem Bahnnetz entfernt und viele Ausweichgleise abgebaut (siehe dazu auch Kapitel 11). Diese Maßnahmen haben dazu geführt, dass die Kapazitäten insbesondere für den Güterverkehr deutlich reduziert wurden.

Auf einigen Strecken im Bahnnetz gibt es aufgrund des wachsenden Güterverkehrs inzwischen massive Kapazitätsengpässe. Dies gilt insbesondere für den sogenannten Hafenhinterlandverkehr von und nach Hamburg und Bremerhaven. Auf diesen Strecken wäre ein Ausbau dringend notwendig, um mehr Verkehr auf die Schiene verlagern zu können. Statt solcher Ausbaumaßnahmen wie dem Bau zusätzlicher Gleise oder auch Lärmschutzmaßnahmen werden jedoch massive Geldmittel in den Bau von Hochgeschwindigkeitsstrecken investiert, die für den Güterverkehr meist keinen Nutzen haben und teilweise sogar nicht einmal von Güterzügen befahren werden können.

Eine große Lücke entstand insbesondere im regionalen Güterverkehr: Insbesondere die DB AG, aber auch die anderen Schienengüterverkehrs-Unternehmen (SGV) führen so gut wie keinen Güterverkehr auf kürzeren Strecken mehr durch, obwohl ein erheblicher Anteil des Güterverkehrs insgesamt im regionalen Bereich stattfindet. Dieser Verkehr weist jedoch nach den Maßstäben der Deutschen Bahn und auch vieler Wettbewerber zu geringe Gewinnmargen auf. Offensichtlich verfolgt die DB somit im Personenfernverkehr und im Güterverkehr eine ähnliche Strategie, die eine Konzentration auf lukrative Langstreckenverkehre und einen Rückzug aus der Fläche beinhaltet. Diese Strategie mag aus betriebswirtschaftlicher Sicht sinnvoll sein, ist jedoch verkehrspolitisch fatal. Heiner Monheim sieht als Folge: «Damit sind regionale Güterbahnverkehre fast völlig verschwunden, die Güterbahn bedient nur noch die Hauptachsen über die großen Distanzen und überlässt den Rest kampflos der Straße.»[4]

An den großen Güterverkehrsachsen wie der Strecke von Hamburg nach Süden oder entlang des Rheins entsteht derweil ein weiteres Problem: Da der Güterverkehr hier enorm zunimmt und nachts teilweise alle paar Minuten ein Güterzug über die jeweilige Strecke fährt, sind viele Anwohnerinnen und Anwohner gesundheitsschädlichen Lärmbelastungen ausgesetzt. Um diese Belastungen zu minimieren, müsste es an erster Stelle eine Bundespolitik geben, die auf Verkehrsvermeidung, auch im Güterverkehr, orientiert – und sich damit das Ziel setzt, die beschriebene Transportintensität wieder zu reduzieren. Außerdem müssten die Deutsche-Bahn-Tochter DB Netz und der Bund sowie die anderen Güterbahnunternehmen sehr viel stärker auf lärmreduzierende Techniken und entsprechende Optimierungen der Güterwagen und der Infrastruktur setzen. Darüber hinaus könnten Transporte teilweise über Nebenstrecken geführt werden, an denen sie deutlich weniger Menschen belasten würden. Beides kommt aber momentan nur sehr schleppend voran, auch hier steht den Abhilfemaßnahmen wieder das Ziel der Kostenreduktion entgegen.

Während sich die DB AG also nur noch auf ganz bestimmte Transportsparten im Schienengüterverkehr konzentriert, betreibt sie gleichzeitig zunehmend Güterverkehr jenseits der Schiene. Durch zahlreiche Unternehmensaufkäufe im Logistikbereich (siehe Kapitel 14) ist die DB AG inzwischen zu einem der weltweit größten Straßenspediteure, Luftfracht- und Seefrachttransporteure aufgestiegen. Zur Rechtfertigung dieser Strategie führte insbesondere Bahnchef Mehdorn immer wieder ins Feld, wie wichtig es sei, dass die DB AG die «gesamte Transportkette» vom Versender zum Empfänger – und damit alle Transportmittel – anbieten müsse. Es gibt jedoch zahlreiche Unternehmen, die mit einer völlig anderen Strategie, nämlich der Konzentration auf ihre jeweiligen Kernkompetenzen, sehr viel erfolgreicher sind als die DB AG, die mit ihrem gesamten Logistikgeschäft trotz milliardenschwerer Investitionen nur eine minimale Rendite erwirtschaftet.

Wettbewerb
Die DB AG ist inzwischen bei Weitem nicht mehr das einzige Unternehmen, das Güterverkehr auf der Schiene betreibt. Andere mit ihr konkurrierende Unternehmen haben inzwischen einen Marktanteil von 28,6 Prozent.[5] Im Bereich des Güterverkehrs ist also das Ziel der Bahnreform, den Wettbewerb zu stärken, durchaus vorangekommen. Anders als im Personenverkehr ist hier ein solcher Wettbewerb auch deutlich einfacher möglich, da es im Güterverkehr nicht um ein Netzwerk von Zugverbindungen geht, die zum Umsteigen aufeinander abgestimmt sein müssen.

Die Kehrseite dieses Wettbewerbs ist jedoch ein enormer Konkurrenzdruck zwischen den Unternehmen, die oft sehr klein sind und es entsprechend schwer haben, sich in dem umkämpften Markt zu behaupten. Dieser Druck bewirkt Kostensenkungen – und damit erneut einen Trend zu noch höherer Transportintensität. Und er geht auf Kosten der Sicherheit. So wurde nachgewiesen, dass die Lokführer trotz abweichender Regelungen vielfach sehr lange am Stück arbeiten; in einem Extremfall war ein Lokführer 23 Stunden am Stück gefahren. Die

Folge davon ist, dass die Lokführer der privaten Schienengüterverkehrsunternehmen statistisch gesehen dreimal häufiger rote Signale überfahren als ihre Kollegen bei der DB AG. Hier hat der Wettbewerbsdruck also offensichtlich gefährliche Auswirkungen, und es deutet einiges darauf hin, dass das in Kapitel 6 beschriebene Bahnunglück von Hordorf auf die Übermüdung des Lokführers zurückzuführen sein könnte.[6]

Offensichtlich haben also sowohl die rein betriebswirtschaftliche Orientierung der DB AG als auch der Wettbewerbsdruck unter den Schienengüterverkehrsunternehmen — beides direkte Konsequenzen der Bahnreform von 1994 — höchst problematische Auswirkungen. Zum einen hat sich die Deutsche Bahn aus bestimmten Sparten komplett zurückgezogen, die aus ihrer Sicht zu geringe Gewinnmargen aufweisen, und auch die privaten Unternehmen haben diese Lücken kaum gefüllt. Zum anderen sind Zuverlässigkeit und Sicherheit des Schienengüterverkehrs dabei deutlich verschlechtert worden. Beides hat dazu geführt, dass die eigentlich mit der Bahnreform beabsichtigte Verlagerung von Transporten von der Straße auf die Schiene nicht stattgefunden hat. Allerdings spielen dazu auch die Verzerrungen des Transportmarkts dafür eine entscheidende Rolle: Die bestehenden Regelungen bevorzugen einseitig den Straßentransport, beispielsweise die im Vergleich zu den Trassengebühren bei der Bahn geringe Lkw-Maut, die Dieselsteuerbefreiung, die Übernahme der hohen Unfall- und Umweltkosten des Straßenverkehrs durch die Allgemeinheit, die Genehmigung größerer und schwererer Lastkraftwagen, die Aushöhlung des Lkw-Verkehrsverbots an den Wochenenden oder die massiven öffentlichen Investitionen in die durch die Lkw massiv belastete Infrastruktur — seien es Autobahnen und Straßen oder die für die Ruhezeiten der Fahrer notwendigen Autobahnraststätten. Dabei geht die politische Tendenz eher in Richtung einer noch stärkeren Fokussierung auf den Straßengüterverkehr, beispielsweise durch die Einführung der Lang-Lkws alias «Gigaliner», die mit einem deutlich größeren Transportvolumen der Bahn noch mehr Konkurrenz machen können.

**

Seit Dezember 2013 wird deutlich, dass neben der weltweiten Logistik auch der Schienengüterverkehr der DB AG einbricht. Die Politik des Sparens und Abbaus von Gleisanschlüssen zahlt sich nicht aus. Im Gegenteil. So berichtet Carsten Brönstrup am 11. Dezember 2013 im ‹Tagesspiegel›: «Schenker Rail ist das Sorgenkind des Staatskonzerns [...] Auf knapp 4,9 Milliarden Euro Umsatz kommt Schenker Rail dieses Jahr [2013; d. Verf.] — geplant waren 5,3 Milliarden. In Deutschland sind gar rote Zahlen möglich. [...] Aufsichtsräte werden ungeduldig. ‹Die Bahn muss sich fragen lassen, warum die Umsätze in einer Phase einbrechen, in der die deutsche Wirtschaft als einzige in Europa noch wächst›, sagt ein Kontrolleur. [...] Seit Jahren spart die Sparte rigoros. 80 Prozent der Gleisanschlüsse von Betrieben wurden seit 1994 gekappt. [...] Das sorgt auch für Ärger mit den Kunden. Von ‹massiven Irritationen› mit wichtigen Auftraggebern berichtet ein Industriemanager.»

2002

Am 15. Dezember führt die Deutsche Bahn mit PEP, dem Preis- und Erlösmanagement Personenverkehr, ein vollkommen neues Preissystem ein. Es wird zu einem kompletten Desaster mit negativen Auswirkungen bis heute

Kapitel 10: Weniger Service gleich höhere Bahnpreise
Oder: Wie sich die DB ein kundenfeindliches Tarifsystem schafft

Das neue Preissystem: 12 gute Gründe, der Bahn künftig den Rücken zu kehren.

1. *Noch weniger Transparenz! Statt des bisher festen Kilometerpreises gibt es jetzt für jede denkbare Verbindung einen, zwei oder drei «Normalpreise» und damit Millionen Einzelpreise.*
2. *Weniger Flexibilität! Mit dem neuen Preissystem wird der entscheidende Systemvorteil der Bahn zerstört. Wer weiter von heute auf morgen oder von Stunde zu Stunde losfahren will, zahlt erheblich mehr als bisher.*
3. *Kaum Alltagstauglichkeit! PEP orientiert darauf, dass der Fahrgast drei oder sieben Tage im Voraus «zuggenau» bucht.*
4. *Keine Garantie auf Vorbucherrabatte! Bei den Frühbucherrabatten handelt es sich nur um Angebote «solange der Vorrat reicht».*
5. *Im Zug stehen – trotz Zugbindungsticket!*
6. *Wucherpreise bei Benutzung eines anderen Zuges!*
7. *Besondere Entwertung der BahnCard für Senioren![1]*
8. *Entwertung der BahnCard! Die PEP-BahnCard25 bringt vor allem finanziell eine Verschlechterung.*
9. *Mit PEP wird der preiswerte InterRegio abgeschafft!*
10. *PEP bringt günstigere Bahnpreise nur bei hohen Entfernungen! Nach offiziellen Angaben sinken die «Normalpreise» im Fernverkehr ab 180 km Entfernung.*
11. *PEP zerreißt die Einheit von Nah- und Fernverkehr, es ist auch nicht kompatibel mit den Tarifen der anderen Bahnbetreiber!*
12. *PEP wird begleitet von einem allgemeinen Abbau von Kapazitäten und Service!*

Erklärung der Expertengruppe Bürgerbahn statt Börsenbahn (BsB), 2002[2]

Ende 2002 verkündete die Deutsche Bahn eine Revolution ihres Fahrpreissystems als Teil des Mehdorn-Maßnahmenpakets «Focus» — mit dem Ziel, bis 2005 die Produktivität und die Kundenorientierung zu verbessern und letztlich die DB AG für den bevorstehenden Börsengang vorzubereiten (siehe dazu auch Kapitel 15): Nach — laut Angaben der DB — mehr als zehn Jahren Vorbereitungszeit durch ein Team von 500 Personen unter der Leitung der ehemaligen Lufthansa-Managerin Anna Brunotte sollte am 15. Dezember das Preissystem «PEP» («Preis- und Erlösmanagement Personenverkehr») in Kraft treten. Ziel des neuen Preissystems war die Abschaffung der bisherigen Zweigleisigkeit von Normalpreisen und pauschalen Sonderangeboten wie dem «Guten-Abend-Ticket». Das neue Konzept bestand aus einem Normalpreis, der zwar auf sehr großen Entfernungen günstiger, auf geringen Entfernungen und viel nachgefragten Verbindungen jedoch teurer war als zuvor — man wollte schließlich gegenüber dem Flugzeug konkurrenzfähiger werden. Dazu gab es verschiedene Stufen von «Plan & Spar»-Frühbuchertickets, die aber immer an bestimmte Züge gebunden waren, deren Anzahl eng begrenzt war und die nur gegen eine hohe Gebühr von 45 Euro umgetauscht werden konnten. Gleichzeitig wurde die bisherige BahnCard mit 50 Prozent Rabatt abgeschafft und durch die neue BahnCard 25 mit nur 25 Prozent Rabatt ersetzt. Dieser Preisnachlass war mit den Frühbucherrabatten kombinierbar.

Wer fortan günstig mit der Bahn reisen wollte, musste früh buchen und sich von vorneherein auf bestimmte Züge festlegen. Das begründete DB-Personenverkehrsvorstand Christoph Franz — nicht gerade kundenorientiert, sondern eher im Stil des SED-Politbüros — so: «Das ist ein notwendiger Erziehungsprozess».[3] Die DB AG behauptete, dass im Zuge der Reform das Preisniveau um durchschnittlich 12 Prozent gesenkt worden sei. Das konnte von neutraler Seite kaum nachvollzogen werden. In jedem Fall wurden die für die große Mehrheit der Fahrgäste entscheidenden kurzen Relationen deutlich verteuert. Dazu kam die parallele Umwidmung von vielen InterRegios zu InterCitys (siehe dazu auch Kapitel 8), was für die Fahrgäste mit weiteren versteckten Preissteigerungen verbunden war. Die Deutsche Bahn sah alles rosig und anders als die übergroße Mehrheit der Fahrgäste. So konstatierte sie im Geschäftsbericht 2002: «Mit der Einführung des neuen Preis- und Erlösmanagementsystems im Fernverkehr haben wir die Preissystematik deutlich vereinfacht, die Preise für die überwiegende Zahl unserer Kunden gesenkt. [...] Wir sind mit diesem System weltweit Vorreiter im Schienenverkehr.»[4]

Mit dem neuen Preissystem versprach sich die DB AG eine gleichmäßigere und höhere Auslastung ihrer Züge; die durchschnittliche Auslastung sollte von 40 auf 60 Prozent gesteigert werden. Darüber hinaus erwartete sie durch die gesteigerte Nachfrage Umsatzsteigerungen um 3 bis 10 Prozent. Bei der Einführung des Systems im Dezember 2002 zeigte sich das Unternehmen den Medien gegenüber jedoch extrem verschlossen: Für den Großteil der Journalistinnen und Journalisten, die zur Einführung des neuen Preissystems von den Bahnhöfen berichten wollten, gab es Drehverbote.[5] Die DB AG — obwohl zu 100 Prozent in öffentlicher Hand — wollte offensichtlich lieber selbst bestimmen, wie über PEP berichtet wurde.

Viele Umweltverbände unterstützten das neue Preissystem anfangs — so die Allianz pro Schiene, der ProBahn-Bundesverband[6] und der BUND, der auf seiner Delegiertenversammlung 2001 erklärte: «Das ab Ende 2002 geplante Fahrpreissystem hat [...] die Chance, das Bahnfahren attraktiver zu machen [...]. Selbst bei einer Reduktion der Bahn-

Card-Ermäßigung auf 25 Prozent kann man davon ausgehen, dass das neue Preissystem für eine große Mehrheit der bisherigen Kunden insgesamt ein günstigeres Angebot bereit stellt.»[7]

Dies sollte sich sehr schnell als Irrtum herausstellen. Das System scheiterte vollständig: Im Januar 2003 verzeichnete die Bahn um 13,8 Prozent geringere Umsätze als im Vorjahresmonat.[8] Im ersten Halbjahr 2003 summierten sich die Verluste auf 226 Millionen Euro — gegenüber einem Gewinn von 50 Millionen Euro im Vorjahr.[9] Die Erlöse lagen bis Juni 2003 20 Prozent unter dem Plan. Doch damit nicht genug: Eine im März 2003 veröffentlichte Untersuchung der Stiftung Warentest ergab, dass bei Testberatungen am Schalter und an der DB-Hotline nur in jedem zweiten Fall der günstigste Fahrpreis genannt wurde — die andere Hälfte der Fahrgäste buchte also deutlich zu teuer. «Das Preissystem und seine technische Umsetzung erweisen sich als zu kompliziert und unübersichtlich.»[10]

Der hauptsächliche Fehler von PEP bestand darin, dass die Bahn sich damit ihren wichtigsten Systemvorteil kaputtmachte: Die Notwendigkeit zum Frühbuchen und die Zugbindung machten gerade das spontane Fahren und die kurzfristige Entscheidung für einen der auf fast allen Strecken regelmäßig verkehrenden Züge unattraktiv. Auch die Abschaffung der BahnCard mit 50 Prozent Rabatt war ein großer Fehler, hatte sie doch seit ihrer Einführung zum 1. Oktober 1992 dafür gesorgt, dass die Bahn einen entscheidenden Nachteil gegenüber dem Auto zumindest teilweise ausgleichen konnte: Wer nämlich ein Auto besitzt, hat zwar relativ hohe Einmalinvestitionen; dann fallen für die einzelne Fahrt jedoch kaum mehr als die Spritkosten an. Bezeichnend ist, dass eine Luftverkehrskauffrau die maßgebliche Architektin des neuen Systems war: Das gesamte neue Preissystem dokumentierte, dass die Verantwortlichen keinen Einblick in die spezifischen Strukturen der Bahn hatten bzw. dass dieselben, wie bereits in Kapitel 7 ausgeführt, eine bahnferne Orientierung verfolgten.

Dennoch versuchte die DB AG noch lange, das Scheitern von «PEP» zu leugnen und sich mit der schlechten Konjunktur herauszureden — trotz der eindeutigen Zahlen. Im bereits zitierten Geschäftsbericht der Deutschen Bahn für 2002, der im April 2003 veröffentlicht wurde, schreibt Bahnchef Mehdorn: «Schließlich haben wir ein neues Preissystem für den Fernverkehr eingeführt. Generalstabsmäßig und nahezu fehlerfrei wurde die notwendige tiefgreifende Veränderung unserer Prozesse [...] realisiert. [...] Es ist unsere feste Überzeugung, dass das Preissystem seine positiven Effekte [...] am Markt erweisen wird.»[11] In der Pressekonferenz dazu lehnte Mehdorn die in der Öffentlichkeit inzwischen massiv geforderte Wiedereinführung der alten BahnCard mit 50 Prozent Rabatt kategorisch ab.

Erst Ende Mai zog der DB-Aufsichtsrat Konsequenzen aus dem PEP-Desaster: Die Bahntopmanager Anna Brunotte, Christoph Franz und Hans-Gustav Koch (verantwortlich für das Marketing) wurden entlassen, offizieller Grund laut DB AG waren «unterschiedliche Auffassungen über die Weiterentwicklung des Preissystems».[12] Mehdorn selbst konnte sich nur knapp vor der Entlassung retten; es soll der Bundeskanzler selbst gewesen sein, der die schützende Hand über den Bahn-Napoleon, der gerade sein Waterloo erlebt hatte, hielt. Wenig später wurden entscheidende Elemente von PEP revidiert: Die Umtauschgebühren für früh gebuchte Tickets wurden von 45 auf 15 Euro gesenkt, statt «Plan & Spar» wurden als Nachfolger «Sparpreis 25/50» eingeführt. Wohl am wichtigsten war die Wiedereinführung der alten BahnCard — nun als BahnCard 50 bezeichnet, allerdings um unverschämte 43 Prozent teurer (anstelle von 138 Euro vor der Abschaffung nun 200 Euro) und mit einer Abonnementverpflichtung verbunden. Trotz der dadurch sehr viel geringeren Attraktivität wurden schon an den ersten drei Tagen nach der Wiedereinführung 50.000 Stück verkauft.[13]

Diese zum 1. August 2003 durchgeführte Reform der Reform führte zu einem grandiosen Flickwerk von Normal- und Sparpreisen, immer wieder ergänzt durch Spezialtickets, die nur über bestimmte Discounter oder Internetseiten verkauft wurden. Dadurch ist das Preissystem nun selbst für Insider kaum noch zu überblicken. Dabei hatte die Regierungskommission Bundesbahn in ihrem Konzept der Bahnreform noch gefordert: «Besonders im Tarifsystem muss die DEAG [ursprüngl. Name für die DB AG, d. Verf.] zur Einfachheit zurückkehren.»[14] Überprüfungen ergaben, dass auch nach der Reform den Kunden überwiegend zu teure Tickets verkauft wurden; in Einzelfällen wurden Kunden Reisen für 164 statt für 52 Euro förmlich angedreht. Die Stiftung Warentest dazu: «Wer sich beim Fahrscheinkauf auf die Angaben der Deutschen Bahn verlässt, ist schlecht beraten. Ob am Schalter, am Telefon, am Automaten oder per Internet – wer sich nicht selbst im Labyrinth der Sonderangebote auskennt, zahlt oft drauf.»[15]

Preissteigerungen

Nach dem 2003 gefloppten neuen Preissystem erhöhte die Deutsche Bahn die Preise im Folgejahr gleich zweimal, und so ähnlich ging es seitdem weiter: Mit schöner Regelmäßigkeit erhöht die DB AG jeweils zum Fahrplanwechsel im Dezember ihre Preise. Nur 2010 verzichtete sie aufgrund der öffentlichen Kritik nach dem «Winterchaos» und dem massenhaften Ausfall von Zügen auf eine Erhöhung der Fernverkehrspreise – um diese im Jahr darauf nachzuholen. Generell ist ein langfristiger Vergleich der Fahrpreise in Anbetracht des unübersichtlichen Preissystems schwierig, da das System durch zahlreiche Rabatte und Sonderpreise unterschiedlicher Art gekennzeichnet ist. Dennoch ist die Entwicklung der Normalpreise seit der Preisreform 2003 ein guter Anhaltspunkt, weshalb diese in der Grafik auf Seite 88 dargestellt ist. Die prozentualen Erhöhungen basieren auf den Mitteilungen der DB AG zu den jeweiligen durchschnittlichen Erhöhungen und dürften damit nur Mindestwerte der tatsächlichen Erhöhungen darstellen.

Kumuliert man diese Preiserhöhungen, so erhält man für den Zeitraum 2003 bis 2013 eine Preissteigerung der Normalpreise von 38,6 Prozent im Fern- und 38,7 Prozent im Nahverkehr. Diesen Preiserhöhungen steht eine kumulierte Inflation von lediglich 19,7 Prozent gegenüber.[16] Damit sind die Bahn-Normalpreise über die letzten zehn Jahre ziemlich genau mit der doppelten Rate gestiegen wie das generelle Preisniveau im Land. Im gesamten Zeitraum 1994 bis 2014 stiegen die Fahrpreise real sogar um 50 bis 100 Prozent (siehe Seite 92).

Verteidiger der DB AG führen gegen solche Rechnungen die unterschiedlichen Sparpreise ins Feld. Diese Sparpreise sind aber erstens nur bei langfristiger Planung buchbar und daher nicht für alle nutzbar, und vor allem sind sie oft nicht verfügbar – insbesondere zu Wochenenden und an Feiertagen, wenn viele reisen wollen. Kritiker sprechen daher bei den Spezialpreisen von «Dauer vergriffen»; Verbraucherschützer bemängeln die fehlende Transparenz.[17] Letztendlich sind die hohen Preise für viele Menschen ein entscheidender Grund gegen die Benutzung der Bahn, auch wenn die Preise für die angeblichen «Billigflieger» in den meisten Fällen noch teurer sind.[18]

Zu den Steigerungen der reinen Fahrpreise kommen zahlreiche versteckte Erhöhungen wie die Verteuerung der Reservierungen um mehr als das Doppelte oder die Preissteigerung der BahnCard

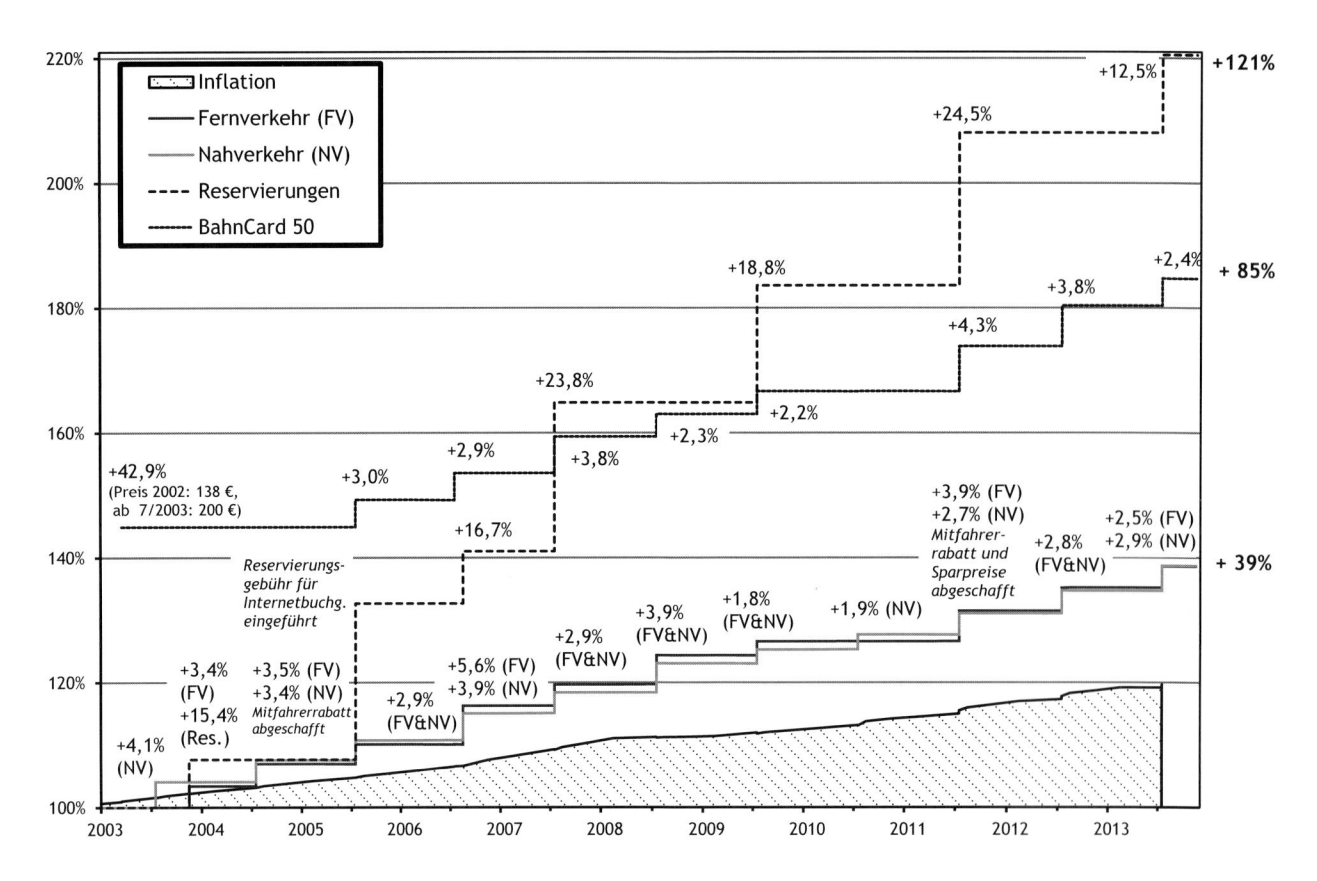

Abbildung 5: Zusammenstellung der Preiserhöhungen der DB AG seit 2003 (Einführung des neuen Preissystems «PEP»).
Datenquellen: Jeweilige Pressemitteilungen der DB AG zu den Preiserhöhungen, Statistisches Bundesamt für die Daten zur Inflation.

50 um inzwischen 85 Prozent gegenüber Ende 2002 hinzu. Zusätzlich haben alle BahnCards seit 2003 eine «Abofalle»: Nur im Kleingedruckten steht, dass man mit dem Kauf der Karte gleich ein Abonnement erwirbt. Immer wieder wundern sich Kunden, dass sie nach einem Jahr eine neue BahnCard mitsamt Rechnung erhalten, auch wenn sie das gar nicht wollten. Und wer am Bonusprogramm der DB teilnimmt, muss dazu auch noch mit dem Weiterverkauf seiner Daten rechnen.[19]

Diese Preissteigerungen und kundenfeindlichen Regelungen sind erheblich mit dafür verantwortlich, dass nur relativ wenige Menschen solche Mobilitätskarten besitzen. Im Jahr 2012 verfügten gerade einmal 41.000 Menschen über eine BahnCard 100 (0,05 % der Bevölkerung), 1,56 Millionen Menschen über eine BahnCard 50 (1,9 % der Bevölkerung) und 3,34 Millionen Menschen eine BahnCard 25 (4,1 % der Bevölkerung).[20] Dies ist ein Indiz dafür, dass Bahnfahren in Deutschland alles andere als ein

Massenphänomen ist. Ganz anders im Nachbarland Schweiz: Dort haben 429.000 Menschen oder 5,3 Prozent der Bevölkerung ein Generalabonnement (entsprechend der BahnCard 100) und 2,36 Millionen Menschen oder 29,5 Prozent der Bevölkerung ein Halbtax-Abonnement (entsprechend der BahnCard 50).[21]

Schaltersterben und Serviceabbau

Parallel zu Preissteigerungen wird aber der Weg zum Ticket immer schwieriger: Immer mehr Schalter werden — oft gemeinsam mit den Bahnhofsgebäuden (siehe dazu Kapitel 11) — geschlossen, einen Verkauf von Tickets durch Bahnpersonal gibt es inzwischen nur noch an größeren Bahnhöfen. Stattdessen setzt die DB AG immer mehr auf den Verkauf im Internet, per Handy und an den Automaten. Auch der Verkauf von Tickets im Zug, der früher problemlos möglich war, ist inzwischen nur noch in Fernzügen und auch dort nur mit «Bordzuschlag» möglich. All dies funktioniert für junge und technikaffine Menschen passabel, aber insbesondere für ältere Menschen, solche mit unkonventionellen Reisen (beispielsweise ins Ausland) und Menschen, die den modernen Informationstechniken skeptisch bis ablehnend gegenüberstehen, wird das Bahnfahren dadurch deutlich erschwert. Dazu hat die DB AG eine «Schaltergebühr» für diejenigen eingeführt, die trotzdem an einem der wenigen verbliebenen Schalter mit teilweise langen Wartezeiten ihr Ticket kauften.

Durch den Abbau von Personal an Schaltern und in den Zügen selbst hat die Bahn deutlich weniger direkten Kontakt zu ihren Fahrgästen. Hier gibt es eine Henne & Ei-Problematik: Die Bahn behauptet, dass immer mehr Fahrgäste online und am Automaten ihre Fahrkarten buchen würden. Entsprechend würden Bahnschalter und Schalterpersonal abgebaut. In Wirklichkeit verhält es sich eher anders herum: Die DB reduziert gezielt Personal und schließt Schalter und zwingt die Kundschaft ins Internet bzw. vor die Automaten. Trotz dieser kunden- und belegschaftsfeindlichen Politik erwarben 2011 erst 23 Prozent aller Bahnfahrgäste ihre Tickets im Internet; im Fernverkehr waren es 40 Prozent. 2014 dürfte der letztgenannte Anteil bei gut 50 Prozent liegen. Was aber auch heißt: Rund die Hälfte der Bahnkundschaft geht weiter nicht den Weg über das Internet.[22]

Das Gegenkonzept verfolgt sehr erfolgreich die Usedomer Bäderbahn (UBB) — übrigens ein DB-Tochterunternehmen: Dort gibt es ganz bewusst keine Automaten, sondern nur den personengebundenen Fahrscheinverkauf. Dieser gute Service wird von den Kundinnen und Kunden sehr positiv aufgenommen, die enormen Steigerungen der Fahrgastzahlen (siehe dazu auch die Tabelle 1 in Kapitel 4, Seite 36) sprechen für sich. Den Service der DB schätzen hingegen 53 Prozent der Befragten als schlecht ein, nur 19 Prozent fühlten sich gut behandelt.[23] Das Magazin Stern fasste das Geschäftsmodell der DB AG so zusammen: «Minimaler Service für maximale Rendite»[24].

Zu dem Eindruck des schlechten Services tragen auch zahlreiche weitere Mängel bei, die die Fahrgäste im täglichen Bahnbetrieb zu spüren bekommen und die einer kundenfeindlichen Sparpolitik der DB AG geschuldet sind — einiges davon wurde im Kapitel 8 schon ausführlich dargelegt: Der InterRegio wurde abgeschafft, wodurch seitdem viele Reisende in teurere Umsteigeverbindungen gezwungen werden. Es gibt einen kontinuierlichen Abbau der Sauberkeitsstandards in den Zügen. So beschloss 2011 der Vorstand der Bahntochter DB Services, die Grundreinigung der Züge radikal zu reduzieren. Dazu schrieb der Betriebsrat: «Eine nochmalige Streckung der Grundreinigung von sechs auf zehn Wochen bedeutet, dass

Beurteilungskriterium	Anteil der Befragten, die zufrieden sind	Anteil der Befragten, die unzufrieden sind	Platzierung im europäischen Vergleich
Pünktlichkeit und Zuverlässigkeit	53 %	46 %	24/25 (zweitletzter)
Informationen im Falle von Verspätungen	44 %	46 %	23/25 (drittletzter)
Einfachheit des Ticketkaufs	54 %	46 %	25/25 (letzter)
Informationen über Fahrpläne und Gleise	68 %	27 %	23/25 (drittletzter)
Sicherheit im Bahnhof	79 %	16 %	15/25 (Durchschnitt)
Sicherheit im Zug	88 %	8 %	12/25 (Durchschnitt)
Häufigkeit der Züge	74 %	18 %	13/25 (Durchschnitt)
Länge der Reisen	84 %	11 %	10/25 (überdurchschn.)
Reisekomfort	82 %	17 %	14/25 (Durchschnitt)
Passagierkapazität in den Zügen	59 %	37 %	24/25 (zweitletzter)
Sauberkeit und Wartung der Züge	53 %	44 %	17/25 (unterdurchschn.)
Verfügbarkeit von Personal im Zug	57 %	37 %	24/25 (zweitletzter)
Hilfe für behinderte und ältere Menschen	44 %	56 %	19/25 (unterdurchschn.)
Verknüpfung zwischen Bahnbetreibern	69 %	31 %	20/25 (unterdurchschn.)
Behandlung von Beschwerden	51 %	50 %	22/25 (viertletzter)

Tabelle 3: Ergebnisse der Befragung zur Zufriedenheit von Bahnkundinnen und -kunden in Europa durch die Europäische Kommission. Die Prozentangaben addieren sich nicht immer zu 100 %, da es auch Befragte gab, die keine Angaben zu bestimmten Fragen gemacht haben.
Quelle: European Commission (2011): Survey on passengers' satisfaction with rail services.

die Züge dann derart verschmutzt sind, dass sie kaum noch gründlich gereinigt werden können.»[25] Prompt ergaben Untersuchungen: «In vielen Zügen der Deutschen Bahn gibt es gravierende Hygienemängel: massenhaft Keime und Bakterien nicht nur in den Toilettenräumen, sondern auch auf den Sitzplätzen, Armlehnen und Türöffnern.»[26] Aufgrund der Reduktion der Reserven und der Instandhaltung ist die Bahn zudem unzuverlässiger geworden (siehe dazu auch das folgende Kapitel

11), und es gilt zunehmend der in der DDR geprägte Ausspruch: «Was sind die vier größten Feinde der Deutschen Reichsbahn? Frühling, Sommer, Herbst und Winter». Überfüllte oder gleich ganz ausfallende Züge aufgrund von versagender Technik und fehlenden Reserven gehören zum täglichen Bild, ebenso wie «umgekehrte Wagenreihung» oder das Fehlen ganzer Wagen. Regelmäßig haben Züge keine funktionstüchtigen Speisewagen. Der Versuch des DB-Managements, die wenig lukrativen Speisewagen gleich ganz abzuschaffen, scheiterte wie das Preissystem PEP nur am Protest der Fahrgäste. Wiederholt kam es auch zu krassen Fehlleistungen von DB-Personal gegenüber Fahrgästen wie dem mehrmaligen Aussetzen von Jugendlichen an verlassenen Bahnhöfen.[27] Der Grund für solche Auswüchse ist nicht beim Personal selbst, sondern beim innerbetrieblichen Klima von Angst und Kontrolle zu suchen (siehe dazu auch Kapitel 21). Dabei gibt es eine Wechselwirkung zwischen dem Personalabbau und Fahren auf Verschleiß verbunden mit Serviceabbau: Beispielsweise fehlt aufgrund verspäteter Gegenzüge und knapper Dienstpläne oft das Personal, was ein Grund für ausfallende oder verspätete Züge ist. Häufig fallen auch mehrere Toiletten in einem Zug aus, es gab sogar schon Züge ganz ohne funktionierende Toiletten. Auch Türen sind oft defekt, so dass sich Fahrgäste mit Gepäck, Kinderwagen etc. durch die engen Gänge zwängen müssen. Diese Liste ließe sich noch sehr viel weiter fortsetzen; die Folgen der Sparpolitik für die Fahrgäste sind vielfältig.

Kundenzufriedenheit

Der Serviceabbau bei den gleichzeitig steigenden Preisen wirkt sich negativ auf die Kundenzufriedenheit aus. So landet die Deutsche Bahn in Umfragen zum Image von Unternehmen regelmäßig auf den letzten Plätzen.[28] Die größte und umfassendste Befragung zur Kundenzufriedenheit bei der Bahn führt die Europäische Kommission im Rahmen des «Survey on passengers» satisfaction with rail services» durch, bei der sie die Bahnen der europäischen Länder vergleicht.[29] In den Ergebnissen erhält die Bahn in Deutschland im europäischen Vergleich sehr schlechte Noten; die Einzelergebnisse sind in der Tabelle 3 aufgeführt.

Bei den Preisen und dem Service zeigt sich somit in besonderer Weise, dass die Orientierung des DB-Managements an kurzfristigen Renditezielen anstatt an der langfristigen Kundenzufriedenheit fatale Auswirkungen hat und den Schienenverkehr insgesamt schädigt. Die beschriebenen Probleme sind dabei erheblich mitverantwortlich für den in Kapitel 8 beschriebenen mangelnden Erfolg der Bahn auf dem Verkehrsmarkt.

***

Die Bahnpreisreform PEP hatte in den Umweltverbänden, im VCD und im Fahrgastverband Pro Bahn zu deutlich unterschiedlichen Positionen geführt. Während auf der Bundesebene diese Verbände die Bahnpreisreform PEP entweder offen begrüßten – auch vermittelt über ihre Mitgliedschaft in der Allianz pro Schiene – und bis Frühjahr 2002 in keinem Fall Widerspruch anmeldeten, gab es an der Basis oft erhebliche Kritik. So formulierte Pro Bahn Nordrhein-Westfalen in einem Positionspapier vom Oktober 2001, also deutlich vor Einführung des neuen Bahnpreissystems: «Das System PEP [...] betreibt eine Auslastungssteuerung der Fernverkehrszüge, indem es die Kunden vor die Alternative stellt: Teuer reisen oder unflexibel auf eine einzige Reiseverbindung festgelegt sein. PEP ist weder transparent noch serviceorientiert. Der Kunde wird zum Beförderungsfall. [...] Für die Mehrzahl der Bestandskunden wird Bahnfahren deutlich teurer und/oder unflexibel.»

Tabelle 4: Fahrpreisentwicklung der Deutschen Bahn AG 1994 bis 2014 – Exemplarische Einzelbeispiele

Verbindungen	1994 umgerechnet in Euro			2014 in Euro		Nominelle Entwicklung 2014 geg. 1994 in %			Reale Preisentwicklung 2014 geg. 1994 in %		
	ICE*	IC/EC*	IR	ICE**	IC/EC**	ICE	IC/EC	IC/IR***	ICE	IC/EC	IC/IR***
Stuttgart–Mannheim	23,52	18,41	15,34	39	30	165,8	163,0	195,6	133,9	131,1	163,7
Stuttgart–München	33,75	32,21	29,14	57	53	168,9	164,5	181,9	137,0	132,6	150,0
Frankfurt/M.–Hamburg	79,76	66,98	63,91	122	100	153,0	149,3	156,5	121,1	117,4	124,6
Ulm–Bremen	102,26	72,09	69,02	142	127	138,9	176,2	184,0	107,0	144,3	152,1
Kassel–Freiburg	69,54	63,40	60,33	101	87	145,2	137,2	144,2	113,3	105,3	112,3
Leipzig–Dresden	-	11,76	8,69	31	28	-	238,1	322,1	-	206,2	290,2
Stralsund–Halle	-	35,28	32,21	83	82	-	232,4	254,6	-	200,5	222,7
Essen–Oldenburg	-	26,08	23,01	57	52	-	199,4	226,0	-	167,5	194,1
Hamburg–Hannover	27,61	30,68	22,50	46	41	166,6	133,6	182,2	134,7	101,7	150,3
Stuttgart–Aalen	-	-	7,77	-	18	-	-	231,6	-	-	199,7
Coesfeld–Oberhausen (Nahverkehr)	6,65****			14,40****		217			185,1		
Cottbus–Chemnitz (Nahverkehr)	12,27****			30,90****		252			220		
BahnCard / BC50 2. Klasse	112,48 Euro			255 Euro		226,7 %			194,8 %		

* Reservierung bereits im Fahrpreis enthalten ** Reservierung nicht enthalten; kostet zuzüglich *** IC/EC-Fahrpreis für 2014 gegenüber IR-Fahrpreis 1994 **** Nahverkehrstarif

Seit der Bahnreform und bis Anfang 2014 stiegen die Bahnpreise in der Regel um 50 bis 100 Prozent; in realen Preisen waren es 30 bis 50 Prozent. Letzteres heißt: Zwischen 1993 und 2014 gab es laut Statistischem Bundesamt eine Preissteigerung von 31,9 Prozent, die in den letzten drei Spalten berücksichtigt ist. Lesebeispiel: Wer 1994 im Bahnfernverkehr von Stuttgart nach München fuhr und preisbewusst den InterRegio wählte, zahlte damals 57 DM oder umgerechnet 29,15 Euro. 2014 werden bei der nun preisgünstigsten Fernverkehrsvariante – mit dem IC/EC – 53 Euro fällig. Der nominelle Preisanstieg beträgt 81,9 Prozent (= Anstieg auf 181,9 % gegenüber 1994). Abzüglich der Inflation von 31,9 Prozent liegt der reale Preisanstieg bei exakt 50 Prozent. Dabei ist zu bedenken: Der Preisanstieg fand statt in einer Zeit, in der die realen Hauseinkommen sich höchstens in geringem Maß noch erhöhten. Die Preisanstiege in Ostdeutschland sind noch wesentlich höher als im Westen. Und: Der Preisanstieg fürs Bahnfahren liegt deutlich höher als derjenige im Pkw-Verkehr. Damit trugen die Steigerungen der Bahnticketpreise massiv dazu bei, dass die Schiene erstens ihren Marktanteil nicht erhöhen, der Pkw-Verkehr seinen sehr hohen Marktanteil verteidigen und der inländische Flugverkehr seinen Anteil fast verdoppeln konnte.

2003

Stilllegung der Brandenburgischen Städtebahn auf den Abschnitten Rathenow—Neustadt (Dosse) und Brandenburg—Belzig als Beispiel für mehr als 75 Streckenstilllegungen

Kapitel 11: Die Infrastruktur der Bahn
Oder: Zukunft wird Zug um Zug verbaut

Die Bahn erinnert uns, die wir überwiegend mit dem Auto unterwegs sind, dass es Alternativen gibt. Sie transportiert Fahrgäste und Güter umweltfreundlich, oft viel schneller, sauber, zuverlässig, sicher und relativ kostengünstig von A nach B. In der Politikersprache heißt es, nachhaltige Verkehrspolitik zu betreiben, wenn man Verkehrsströme von der Straße auf die Schiene umleitet und für beide die notwendige Mobilität gewährleistet. Die Brandenburgische Städtebahn ist in dieses Konzept integriert. […]
Da die Städtebahn durch eine unvergleichlich schöne Landschaft führt, dient sie heute auch dem sanften Tourismus. Von den Haltepunkten aus kann man zu Fuß, per Bus oder Fahrrad mit der ganzen Familie die Gegend erkunden. 2003 übrigens veranstalten der Landkreis Potsdam-Mittelmark, der Verkehrsverbund Berlin-Brandenburg und die Region Havelland-Fläming gemeinsam einen «Städtebahnsommer 2003». Machen Sie die Probe aufs Exempel und fahren Sie mal wieder Bahn, Städtebahn!
Herzlichen Dank all jenen, die dafür sorgen, dass die Geschichte dieser Bahn nicht verloren geht!

Grußwort des Brandenburgischen Ministerpräsidenten Matthias Platzeck in der Festschrift zum 100-jährigen Bestehen der Brandenburgischen Städtebahn.[1] Wenig später wollte er das Grußwort wieder zurückziehen, die Broschüre war jedoch bereits im Druck. Der Abschnitt Rathenow—Neustadt (Dosse) wurde am 30. November 2003 und der Abschnitt Brandenburg— Belzig am 13. Dezember 2003 — noch kurz vor dem 100. Geburtstag der Brandenburgischen Städtebahn am 25. März 2004 — eingestellt. Seitdem gibt es nur noch auf einem kleinen Stück der Strecke zwischen Rathenow und Brandenburg Personenverkehr.

Die Infrastruktur spielt für einen funktionierenden Bahnverkehr eine wichtige Rolle. Sowohl ihr Umfang als auch die Qualität sind entscheidend für den Bahnbetrieb, den die Fahrgäste und Auftraggeber für Transporte letztlich zu spüren bekommen.

1912 umfasste das Eisenbahn-Streckennetz in Deutschland 58.297 Kilometer. Hinzu kamen mehrere zehntausend Kilometer Nebenstrecken. Damit waren auch viele kleinere Orte an die Bahn angebunden. 1950 gab es auf dem Gebiet des heutigen Deutschlands (damalige Westzonen und die sowjetisch besetzte Zone) ein Schienennetz mit 54.000 Kilometer Länge.[2]

In Westdeutschland wurde das Bahnnetz seit Ende der 1960er Jahre weiter erheblich ausgedünnt, und insbesondere viele Nebenstrecken wurden stillgelegt. Dies geschah teilweise durch systematische Stilllegungsprogramme[3], die erheblich zum Bedeutungsverlust der Eisenbahn in Deutschland beitrugen. Gleichzeitig wurde das Straßen- und insbesondere das Autobahnnetz massiv erweitert: Hatte es 1950 noch lediglich 3.500 Kilometer Autobahn gegeben, waren es 1990 mit 10.700 Kilometern dreimal so viel. In Ostdeutschland wurden hingegen deutlich weniger Bahnstrecken stillgelegt, nach 1973 so gut wie keine mehr. Auch wurde in der DDR das Straßen- und Autobahnnetz erheblich langsamer ausgebaut. Dafür waren insbesondere politische Vorgaben entscheidend: Aufgrund der Energie- und Materialknappheit in der DDR gab es die Vorschrift, dass dienstliche Fernreisen sowie alle Transporte über 50 Kilometer immer mit der Bahn durchgeführt werden mussten. Infolgedessen maß das gesamtdeutsche Streckennetz nach der Wiedervereinigung im Jahr 1990 einigermaßen stolze 40.900 Kilometer.

Mit der Bahnreform war die Hoffnung verbunden, dass die Streckenstilllegungen ein Ende finden würden und es möglicherweise sogar Reaktivierungen von Strecken geben würde, um der Bahn wieder zu einer größeren Bedeutung zu verhelfen – schließlich war die Verkehrsverlagerung von der Straße auf die Bahn ein entscheidendes Argument für die Reform. Der damalige Bundesverkehrsminister Krause (CDU) verwies auf die 30 Prozent höhere Bahnstreckendichte in Ostdeutschland und forderte, dass «wir in Deutschland West 30 % bezogen auf das heutige Netz dazubauen müssen, u.a., weil es andere abgebaut haben».[4] Werde die Bahnreform hingegen nicht wie vorgesehen umgesetzt, so würde es – so warnte in der Debatte um die Reform Dionys Jobst (CSU) – zu weiteren Stilllegungen kommen: «Die Folge wäre eine Schrumpfbahn mit erheblichen Nachteilen für die Bürger und auch für die Länder.»[5]

Tatsächlich hat sich aber auch nach der Bahnreform der Trend zu Streckenstilllegungen unvermindert fortgesetzt und sogar beschleunigt. Insbesondere in den ostdeutschen Bundesländern wurden

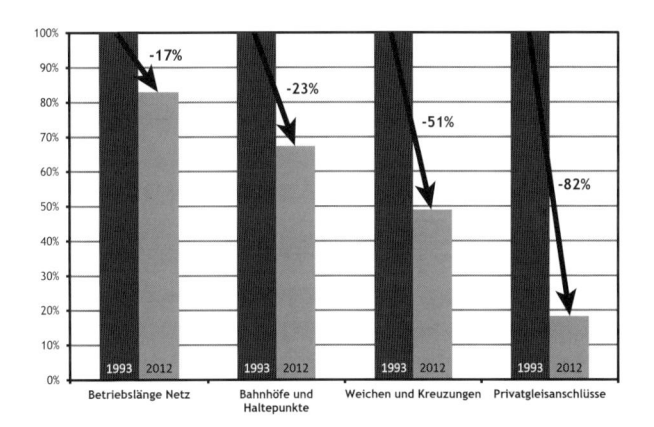

Abbildung 6: Entwicklung wichtiger Infrastrukturdaten seit der Bahnreform.[6] Die Privatgleisanschlüsse ermöglichen bis zu ihrem Abbau Unternehmen das direkte Beladen von Eisenbahnwagen auf ihrem Firmengelände und damit den einfachen Transport per Bahn.

zahlreiche Nebenstrecken stillgelegt. Dadurch wurde insgesamt zwischen 1993 und 2012 die Länge des gesamten deutschen Bahnnetzes noch einmal um 17 Prozent reduziert.

Neben diesem Netzabbau wurde aber auch die Zahl der Weichen und Kreuzungen um mehr als die Hälfte reduziert. Diese sind eine wichtige Voraussetzung für die Kapazität des Netzes. Weichen und Kreuzungen bieten Möglichkeiten zum Auffangen von Verspätungen, da sie beispielsweise Ausweichvorgänge zwischen langsameren und schnelleren Zügen oder auf eingleisigen Strecken von entgegenkommenden Zügen ermöglichen. Offensichtlich wollte die DB AG durch den Abbau der Infrastruktur Kosten einsparen. Sie legte sogar ein regelrechtes Programm zur Stilllegung auf. So schrieb sie 1998 in einem Rundschreiben «An alle Mitarbeiterinnen und Mitarbeiter», diese sollten Gleise oder Weichen identifizieren, «die nach Ihrer Erfahrung nicht mehr genutzt werden». Das Preisgeld für jeden Meter entbehrliches Gleis betrug 1 DM, pro Weiche 100 DM und bei rückgebauten Anlagen «25 % des ermittelten Jahresnutzens».[7] Zu diesen Stilllegungen kommt noch ein mangelhafter Zustand vieler Bahnstrecken, der weiter zu den erheblichen Verspätungen im Netz beiträgt und um den es in Kapitel 14 noch ausführlich gehen wird.

Die Deutsche Bahn AG hat seit der Bahnreform und bis Mitte 2011 außerdem Strecken in einer Gesamtlänge von 2353 Kilometern an nichtbundeseigene Eisenbahninfrastrukturunternehmen verkauft oder verpachtet.[8] Die Bundesregierung ist zwar in der Lage, in einer Antwort auf eine Kleine Anfrage der SPD-Fraktion eine entsprechend detaillierte Liste über alle diese abgegebenen Strecken zu veröffentlichen. Sie weiß allerdings nicht, welche Einnahmen die DB AG dabei erzielte (obgleich der Netzbereich laut Verfassung als hoheitlich und direkt vom Bund zu kontrollieren ausgewiesen ist).

Auch ist im Einzelnen nicht immer klar, welche Teile dieses Streckennetzes noch im Regelbetrieb befahren werden.[9] Die DB AG verkauft solche Strecken inzwischen auch zunehmend an Schrotthändler, die lediglich am Verkauf der Metalle nach der Stilllegung interessiert sind.

Bei dem im Bundeseigentum verbliebenen Netz, zusammengefasst in der Netz AG, zieht die Deutsche Bahn-Holding zunehmend Mittel ab: Allein in den Jahren 2007 bis 2011 sind Mittel in Höhe von 5,64 Milliarden Euro von der DB Netz AG als Gewinn an die DB AG abgeflossen[10], und im Jahr 2012 war die DB Netz AG mit einem Gewinn von 894 Millionen Euro (entsprechend 33 % des gesamten Unternehmensgewinns) sogar der größte Gewinnbringer der DB AG.[11] Damit sind die Stilllegungen aus Kostengründen keine betriebswirtschaftliche Notwendigkeit, sondern ergeben sich offensichtlich aus betriebswirtschaftlichen — und darüber hinaus ausgesprochen kurzatmigen — Überlegungen der DB AG. Somit sind diese Stilllegungen aber auch eine direkte Folge der betriebswirtschaftlichen Ausrichtung der DB AG und folglich der Bahnreform. Die DB AG investiert das Geld derweil inzwischen eher in ihre internationalen Aktivitäten als im Inland (siehe dazu Kapitel 14).

Allerdings müssen die Stilllegungen nach §11 des Allgemeinen Eisenbahngesetzes vom Eisenbahn-Bundesamt genehmigt werden. Dazu muss das Infrastrukturunternehmen — in der Regel die DB Netz AG — nachweisen, dass der Betrieb der Strecke ihr nicht mehr wirtschaftlich zuzumuten ist und dass sie anderen Unternehmen erfolglos den Weiterbetrieb angeboten hat. Letztendlich können also Streckenstilllegungen nur in Kooperation zwischen der DB AG und dem Bund — letzterer vertreten durch das Eisenbahn-Bundesamt — erfolgen, so dass beide Seiten für den Rückbau der Eisenbahninfrastruktur verantwortlich sind.

Bahnhöfe

Aber nicht nur Bahnstrecken wurden seit der Bahnreform in erheblichem Maße stillgelegt, sondern ebenso Bahnhöfe. Vor der Bahnreform hatte der damalige Bahnchef Heinz Dürr noch vollmundig gefordert: «Der Zugang zum Bahnhof muss für unsere Kunden verbessert und Dienstleistungen, die für den Reisenden interessant sind, müssen ausgebaut werden. [...] Ein derartiges Programm gilt nicht nur für die großen Bahnhöfe, sondern auch für die kleineren in der Fläche.»[12] Leider ist die Politik der DB AG seitdem genau in die entgegengesetzte Richtung gegangen: Die Zahl der Bahnhöfe wurde radikal reduziert, vielfach wurden Flächen und Gebäude als Immobilien versilbert.

Zu der generell abnehmenden Anzahl von Bahnhöfen kommt aber zusätzlich noch der Trend, dass der überwiegende Teil dieser Stationen völlig ohne Personal betrieben wird und nur eine Minimalausstattung aufweist. An vielen Stationen gibt es gerade einmal eine Sitzbank aus Metall, an anderen immerhin noch ein Wetterschutzhäuschen und einen Fahrkartenautomaten. Ansagen über Verspätungen und Zugausfälle sind — wenn überhaupt vorhanden — minimal. Solche Haltepunkte mit dem Charme von alten Bushaltestellen schrecken Fahrgäste ab und laden zu Vandalismus förmlich ein. Auch die gefühlte Sicherheit an solchen Stationen ist gering, Überfälle und ähnliche Delikte häufen sich. Dazu kommt, dass die Mehrzahl der kleineren Stationen nicht für mobilitätseingeschränkte Fahrgäste ausgebaut ist, die daher vielfach keine Möglichkeit haben, überhaupt von und zu diesen Orten zu reisen. Diese Abnahme von Service ist nicht nur ärgerlich und verschreckt Fahrgäste, sondern sie ist auch gefährlich: An diesen Stationen wird nicht oder viel zu spät Schnee geräumt, und die fehlenden Durchsagen haben schon mehrfach dazu geführt, dass Fahrgäste und Kinderwagen vom Sog schnell vorbeifahrender Züge erfasst wurden, wodurch es bereits mehrfach Tote gab (mehrere solcher Fälle sind im Kapitel 6 zum Thema Sicherheit beschrieben).

Die DB AG hat im Zuge dieses Serviceabbaus eine Art «Neusprech» in Bezug auf die Bahnhöfe eingeführt: Das eigentliche Bahnhofsgebäude ist ihr zufolge inzwischen nur noch das «Empfangsgebäude», während sie die Funktion des Bahnhofs oder Haltepunkts schon durch einen Bahnsteig und einen Zugang vollständig erfüllt sieht. Dabei vernachlässigt sie, dass die Bahnhofsgebäude früher eine wichtige Funktion als Wetterschutz, mit Fahrkartenverkauf, Läden mit Artikel für den Reisebedarf, der Vernetzung mit dem lokalen öffentlichen Verkehr und vielem mehr hatten. Dass die Fahrgäste sich ohne ein solches «Empfangsgebäude» an solchen Stationen nicht sonderlich empfangen fühlen werden, scheint sie dabei kaum zu interessieren — wichtiger ist auch hier wieder das betriebswirtschaftliche Ergebnis, denn auch die DB Station & Service AG als Betreiber der Bahnhöfe soll immer höhere Gewinne erwirtschaften — im Jahr 2012 waren es schon 230 Millionen Euro.

Von dem Ausbau der Bahnhöfe, den Bahnchef Dürr 1993 in Aussicht gestellt hatte, ist also leider abgesehen von einigen Bahnhöfen in großen Städten nichts zu sehen, im Gegenteil werden ländliche Regionen neben dem Streckenabbau auch durch den Abbau der Bahnhöfe immer mehr vom Bahnverkehr abgekoppelt.

Züge

Nicht nur beim Streckennetz und bei den Bahnhöfen gab es seit der Bahnreform erhebliche Reduktionen, sondern auch das «Rollmaterial» der DB AG wurde stark abgebaut. Seitdem zahlreiche Züge aus Kostengründen verschrottet wurden und Neubestellungen in ausreichendem Umfang unterblieben, fehlt es überall im Betrieb an Reserven, die beispielsweise beim Ausfall von Zügen oder im Falle von hoher Nachfrage an Wochenenden oder Feiertagen eingesetzt werden könnten. Neben der rückgebauten und zum Teil in schlechtem Zustand befindlichen Infrastruktur trägt auch dieser Mangel erheblich zu der Unzuverlässigkeit insbesondere des Bahn-Fernverkehrs bei. Viele der verschrotteten Wagen wären zum Zeitpunkt der Verschrottung noch für zehn bis 15 Jahre voll einsatzbereit gewesen und hätten noch weiterverkauft werden können. Dies trifft beispielsweise auf 170 InterRegio-Wagen und Lokomotiven zu, die bald nach Beginn der Einstellung des Interregio-Verkehrs in Chemnitz verschrottet wurden (zum Abbau des InterRegio siehe Kapitel 8). Trotz entsprechender Kaufangebote lehnte die DB AG den Verkauf ab, weil sie fürchtete, dass andere Unternehmen ihr mit den ehemals eigenen Zügen Konkurrenz machen könnten.[13] Dies stellt eine massive Verschwendung von Steuergeldern dar.

Zu dem Mangel an Wagenmaterial insgesamt kommt als weiteres Problem ein inzwischen sehr schlechter Zustand: Insbesondere viele InterCity-Wagen sind mittlerweile deutlich veraltet und hätten schon vor einigen Jahren ersetzt werden müssen. Die InterCitys fahren teilweise mit den nicht verschrotteten alten InterRegio-Wagen. In diesen Zügen konnte man zur Zeit, als sie als InterRegios fuhren und sich in einwandfreiem Zustand befanden, zuschlagsfrei fahren. Mehr als ein Jahrzehnt später können diese Züge, die sich inzwischen in einem abgenutzten Zustand befinden, nur noch mit InterCity-Preis genutzt werden. Eine rechtzeitige Bestellung von neuen Zügen Anfang der 2000er Jahre unterblieb mit Blick auf den geplanten Börsengang; Investitionen wurden damals aufgeschoben, um die Bilanzen der DB AG möglichst gut aussehen zu lassen. Als der Bahnbörsengang platzte, schoben sich Deutsche Bahn und Bahnindustrie jahrelang den schwarzen Peter dafür zu, dass immer noch kein Ersatz beschafft wurde.

Die fehlenden Reserven und der schlechte Zustand der Züge sind einerseits wichtige Ursachen für die Probleme der DB AG mit der Zuverlässigkeit. Eine Folge dieses Mangels ist aber auch der Druck auf die Bahn-Betriebswerke, möglichst jeden Zug auf die Strecke zu lassen, selbst wenn er über Nacht nicht vollständig instandgesetzt werden konnte und möglicherweise erhebliche Mängel aufweist. Daher gehören inzwischen Züge, die schon am Startbahnhof defekte Toiletten oder defekte Türen haben, für die Bahnreisenden zum Alltag. Im Extremfall kann dieser Druck für den Einsatz möglichst aller Züge sogar Folgen für die Sicherheit haben (siehe als extremes Beispiel das in Kapitel 6 beschriebene Unglück von Eschede).

Erst nach der Absage des Börsengangs bestellte die DB AG 2011 schließlich neue Fernzüge: Der von Siemens entworfene und gebaute ICx soll den Planungen zufolge ab 2016 die älteren InterCitys und später auch die ICE-1-Züge ersetzen. Der von Bahnchef Grube als «modernster Zug der Welt» bejubelte neue Zug besticht dabei nicht durch seinen Komfort: Der Sitzabstand hat mit 856 Millimetern inzwischen das Niveau der Economy Class vieler Fluggesellschaften erreicht, während der ICE-1 Anfang der 1990er Jahre einmal mit einer Beinfreiheit von 1025 Millimetern bestach.[14] Die Deutsche Bahn ficht das nicht an. Ihrer Kundschaft gegenüber erklärt sie, dass das Gegenteil der Fall sei bzw. dass im ICx die Gesetze der Physik suspendiert seien: «Der ICx wird mit Sitzen ausgestattet, die die Kapazität der Züge erhöhen, ohne dass dies zu Lasten des Komforts geht [...]. Die neue Technik erlaubt bei gleicher Kniefreiheit einen geringfügig

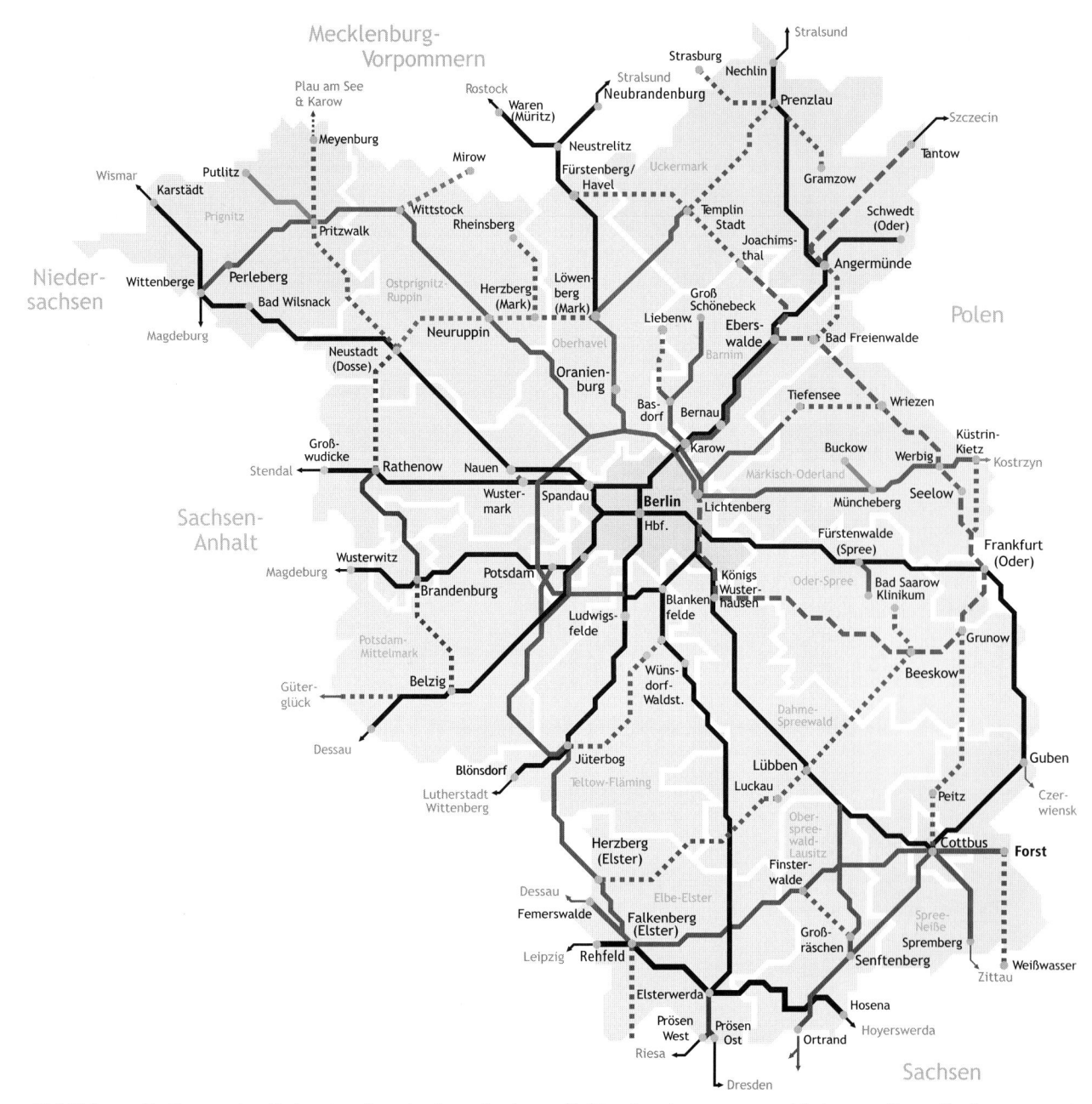

Abbildung 7: *Karte der Bahnstrecken in Brandenburg.[16] Die durchgezogenen Linien stellen die heute noch betriebenen Bahnstrecken dar. Die gepunkteten Linien die Bahnstrecken, die seit 1994 stillgelegt wurden. Die gestrichelt gezeichneten Linien sind momentan in der Diskussion und sollten ersten Planungen zufolge schon 2013 stillgelegt werden.*

kleineren Sitzabstand und erspart ICx-Fahrgästen die Komforteinbuße, dass ihnen die Rückenlehne des Vordermanns entgegenklappt». Neben diesen Text montierte die Bahn-Hauspostille ein Foto mit lederbezogenen Sitzen vor komfortablen Buchenholztischchen und der Bildunterschrift: «Mehr Raum für Sitzplätze.» Das Bild zeigt dann allerdings die Erste-Klasse-Sitze.[15]

Im ICx gibt es keine Abteile mehr, keine Fußstützen, keine individuellen Leselampen, weniger Toiletten und nur wenige Plätze für Fahrräder. Daher spottete der Schienenverkehrsexperte Markus Hecht von der TU Berlin: «Das einzig Gute am ICx ist, dass die Bahn endlich neue Fernzüge bestellt» und bezeichnet den Zug als «auf der ganzen Linie ein Rückschritt». Andere verspotten den Zug als «Sparzug», «IC-Eng» und «fahrende Sardinendose». Immerhin ist der ICx aufgrund neuer Baumaterialien und Technik deutlich leichter und energiesparender als ältere Züge, hat anders als die bestehenden ICEs ein modulares Konzept für unterschiedliche Zuglängen und ist lediglich für eine Geschwindigkeit von 249 Kilometern pro Stunde ausgelegt.[17]

Um die inzwischen viel zu geringen Kapazitäten im Schienenfernverkehr kurzfristig aufzustocken, bestellte die DB beim Hersteller Bombardier Transportation 44 Züge mit den traditionellen Doppelstock-Wagen, die für den Einsatz als eine Art Behelfs-Intercity optimiert wurden. Ihre zugelassene maximale Geschwindigkeit liegt bei 160 Stundenkilometern; zu einem späteren Zeitpunkt sollen es 185 km/h sein. Auch hier ist die Tendenz zur Reduktion des Reisekomforts unübersehbar: So werden die Doppelstock-InterCitys überhaupt keine Zugrestaurants mehr und deutlich zu wenig Raum für Gepäck haben[18].

Den Doppelstock-Intercity kann man vielleicht aufgrund der relativ geringen Zahl, mit der dieser zum Einsatz gelangen soll, als Sonderfall abtun. Doch mit dem ICx gibt es in einem Punkt einen interessanten und widersprüchlichen Wendepunkt: Mit diesem nimmt die Deutsche Bahn erstmals Abstand von dem Trend zu immer höheren Geschwindigkeiten, es kommt sogar zu einer deutlichen Reduktion. Vergleichbares wurde von den Kritikern der DB, für die Ökologie, Klimawandel, Strukturpolitik mit Flächenbahn (also die optimale Vernetzung mit ausreichend vielen Haltepunkten) die entscheidenden Parameter sind, immer gefordert. Doch mehr als ein Vierteljahrhundert lang verfolgten Bundesbahn und Deutsche Bahn die entgegengesetzte Politik. Sie bauten dafür die Infrastruktur und leiteten mehr als 50 Milliarden Euro an Steuergeldern in Neubau- und Ausbaustrecken, auf denen 300 und 350 Stundenkilometer schnell gefahren werden soll und teilweise gefahren wird. Wenn die neuen Züge nun als neue Bescheidenheit und als Ausdruck von Nachhaltigkeit ausgegeben werden, dann ist das bestenfalls die halbe Wahrheit. In Wirklichkeit werden damit ja auch bereits gebaute Strecken und verbaute Investitionen wieder entwertet. Denn Strecken für Tempo 350 kosten rund 35 Prozent mehr als Strecken für Tempo 250. Oder auch: Bei einer allgemeinen Ausrichtung des Schienenpersonenfernverkehrs auf maximale Geschwindigkeiten von Tempo 250 könnte gut ein Drittel mehr an neuen Schienenverbindungen für das gleiche Geld gebaut werden. Wobei die Deutsche Bahn unter Rüdiger Grube auch im Jahr 2014 keineswegs konsequent eine solche neue Politik der Bescheidenheit betreibt: Schließlich werden für die Neubaustrecke Nürnberg–Erfurt Monat für Monat Millionen Euro investiert – und diese ist auf Tempo 330 ausgelegt.

Durch die aus Kostengründen verzögerten Bestellungen entsteht ein enormer Druck auf die Bahnindustrie, neue Züge in kurzer Zeit zu entwickeln und zu bauen; es bleibt nur wenig Zeit für umfangreiche Tests. Dieser Druck führte bereits mehrfach zu erheblichen Problemen, beispielsweise erhielten die neuen «Talent 2»-Nahverkehrszüge über Monate keine Zulassung, obwohl sie eigentlich einsatzbereit waren, und die neu bestellten Hochgeschwindigkeitszüge des ICE-3-Nachfolgers «Velaro» haben ebenso Zulassungsprobleme und werden daher mehrere Jahre später ausgeliefert als ursprünglich vereinbart.

Im Bereich der Infrastruktur wurden die Ziele der Bahnreform letztlich auf allen Ebenen verfehlt. Das Bahnnetz wurde seit der Reform sogar noch stärker abgebaut als zuvor. Die eingangs mit dem Zitat des damaligen brandenburgischen Ministerpräsidenten Matthias Platzeck erwähnte Brandenburgische Städtebahn ist nur ein Beispiel von vielen Strecken, die ausgerechnet nach der Wende und sogar in den letzten Jahren stillgelegt wurden. Der gesamte Streckenabbau in Brandenburg — der im Übrigen exemplarisch ist und den es vergleichbar in den übrigen ostdeutschen Bundesländern Thüringen, Sachsen, Mecklenburg-Vorpommern und Sachsen-Anhalt gab — ist in der Grafik 7 auf Seite 100 dargestellt.

Auch Bahnhöfe wurden abgebaut oder zu besseren Bushaltestellen degradiert, und es gibt deutlich zu wenige Züge, die zu einem großen Teil darüber hinaus noch stark veraltet sind. All dies zusammen führt zu einer erheblichen Unzuverlässigkeit des Bahnverkehrs und zu einem allgemein sehr schlechten Service für die Fahrgäste. Daher sind die in diesem Kapitel beschriebenen Maßnahmen erheblich mitverantwortlich dafür, dass das Ziel einer Verkehrsverlagerung auf die Schiene klar verfehlt wurde.

Darüber hinaus zeugen die beschriebenen Stilllegungen von einer sehr kurzsichtigen Politik: Während überall von einem Wachstum bei der Bahn gesprochen wird, sorgen die beschriebenen Stilllegungen dafür, dass ein solches für die Zukunft immer schwieriger und teilweise sogar unmöglich gemacht wird.

Viele stillgelegte und entwidmete Strecken sind bereits überbaut und könnten inzwischen nur mit vielen Schwierigkeiten wieder aktiviert werden. Fatal ist, dass immer nur von der jetzigen Situation aus und überdies rein betriebswirtschaftlich gedacht wird, stattdessen müsste jedoch ein Konzept für eine zukünftig benötigte Infrastruktur mitsamt eines Wachstums sowohl des Personen- als auch des Güterverkehrs entwickelt werden. Für ein solches Netz mit erweiterter Kapazität wären Reaktivierungen und Ausbaumaßnahmen an vielen Stellen dringend notwendig. Statt milliardenteurer Prestige-Neubaustrecken (siehe dazu Kapitel 12) wären dafür eher viele kleine Ausbaumaßnahmen notwendig, um wirklich die Kapazitätsengpässe im Schienennetz zu beseitigen.

***

Der Bundesrechnungshof hat vielfach dargelegt, dass in dieser Institution die seltsame Trennung von «Bahnhof» gleich «Bahnsteige» und «Empfangsgebäude» gleich «Bahnhof ohne direkte Verantwortung der DB AG» Stirnrunzeln hervorruft. So heißt es in dem Bericht des Bundesrechnungshofs vom 14. Juni 2011: «Bei der Zustandsbewertung der an den Bahnhöfen so genannten Empfangsgebäuden hat die DB AG über die Gebäude berichtet, die aus ihrer Sicht eine dauerhafte bahnbetriebliche Funktion haben [...]. Dazu gehören nur noch 38 % aller Empfangsgebäude. [...] Wenn knapp zwei Drittel aller vorhandenen Empfangsgebäude nicht bewertet werden, können die IZB [Infrastrukturberichte; d. Verf.] den Zustand des Bahnanlagenbestands nicht umfassend und mit der gewünschten Transparenz abbilden.»

2004

Im Dezember wird die Ausbaustrecke Hamburg–Berlin mit einer Fahrtzeitverkürzung von 36 Minuten eröffnet

Kapitel 12: Teure Neubaustrecken, marodes Netz
Oder: Statt Investition Deinvestition

Stockholm—Istanbul. Skandinavien und ganz Norddeutschland sind bahntechnisch vom Rest Europas abgehängt. Eine hochkarätige Expertenkommission will dies mit Hochgeschwindigkeit ändern.
fairkehr lauschte an der Tür. «Deutschland braucht einen Nord-Süd-Hochgeschwindigkeitskorridor», eröffnet der Bundesverkehrsminister die Runde im Ministerbüro. [...] «Hier zwischen Hannover, Leipzig und Prag klafft eine Riesenlücke.» «Sehr richtig, Herr Minister», schaltet sich Bahnchef Mehdorn ein. «Ich darf kurz unsere Planung erläutern. Das TEN-Projekt 20 endet bisher in Kopenhagen. Um den zweistellig wachsenden Verkehr [...] zu bewältigen, müssen wir Großes schaffen. [...] Wir gehen von Puttgarden mit Tempo 300 nach Hamburg rein. [...] Weiter geht´s unter der Stadt und der Elbe geradeaus in die Lüneburger Heide. Wo Naturschützer nerven, bauen wir Tunnel. [...] Ab Hannover wird es bautechnisch spannend. [...] Wir nehmen den direkten Weg quer durch den Harz nach Leipzig. 43 Brücken und 27 Tunnelbauten. [...] Nach Leipzig werden die Herausforderungen noch gigantischer. Wir schlagen unsere Trasse schnurgerade durch das Erzgebirge direkt nach Prag. Wir lassen gerade prüfen, inwieweit stillgelegte Uranbergstollen in unsere Tunnelprofile integriert werden können. [...] Von dort ist der Anschluss über Wien, Budapest, Sofia nach Istanbul bereits projektiert. Herr Finanzminister, bitte? Was das alles kostet, fragen Sie?» «Lieber Kollege, jetzt sei mal nicht kleinlich», springt der Bundesverkehrsminister dem Bahnchef bei. «Wir schaffen mit diesem Projekt 200.000 Arbeitsplätze über acht Jahre Bauzeit. Da sind doch Baukosten von 23 Milliarden Euro ein Schnäppchen. [...] Meine Herren, ich denke, so machen wir es. Danke Herr Mehdorn, für Ihren anschaulichen Bericht.» Anerkennendes Raunen in der Runde und gewichtiges Kopfnicken.

VCD (fairkehr) 2007[1]

Die Bahnstrecke Berlin–Hamburg, also eine Verbindung zwischen den zwei größten deutschen Städten mit einem enormen Fahrgastpotential, ist charakteristisch dafür, was im Schienenfernverkehr falsch läuft. Bereits am 15. Mai 1933 konnte die Reichsbahn auf dieser Verbindung eine Fahrzeit von zwei Stunden und 18 Minuten etablieren. Erst im Mai 1997 – 64 Jahre nach dem Reichsbahn-Rekord mit dem «Fliegenden Hamburger» – brach ein ICE diese Rekordmarke – um eine Minute. Es folgte ein siebenjähriger Stillstand; wegen der damaligen Fokussierung auf die Magnetbahn Transrapid durfte die traditionelle Eisenbahn nicht weiter verbessert werden. Seit 2004, nach einem erneuten Ausbau, konnten erstmals deutlich reduzierte Fahrzeiten von nur noch 90 Minuten erreicht werden. Allerdings waren damit seit 1990 drei Milliarden Euro ausschließlich für den Ausbau einer seit Jahrzehnten bestehenden und gut trassierten Strecke mit 263 Kilometern Länge investiert worden. Und schon begann der Rückbau in eher versteckter Weise: 2007 wurde die Sitzplatzkapazität auf der Strecke deutlich reduziert. 2009 stellte sich heraus, dass auf der Strecke 260.000 Betonschwellen ausgewechselt werden mussten, weshalb die Schienenverbindung ein Vierteljahr erheblich beeinträchtigt war. Erhoffte Fahrplanverbesserungen – so eine späte Verbindung von Hamburg nach Berlin – blieben aus.[2] Seit 2008 verlängert sich die Fahrzeit wieder. Inzwischen beträgt die Regelfahrzeit wieder 100 Minuten – ein Trend, dem wir weiter hinten im Kapitel noch andernorts begegnen. Ebenfalls charakteristisch die Fahrpreisentwicklung: Im Jahr 2000 kostete eine Bahnfahrt 2. Klasse 49 Euro. 2013 waren es 78 Euro. Ein Plus von knapp 60 Prozent in einer Zeit weitgehend stagnierender Einkommen.

Unterinvestition

In der Verfassung steht im Grunde Klartext: «Der Bund gewährleistet, daß dem Wohl der Allgemeinheit, insbesondere den Verkehrsbedürfnissen, beim Ausbau und Erhalt des Schienennetzes der Eisenbahnen des Bundes sowie bei deren Verkehrsangeboten auf diesem Schienennetz, soweit diese nicht den Schienenpersonennahverkehr betreffen, Rechnung getragen wird.»[3] Tatsächlich gab es, wie im vorigen Kapitel beschrieben, seit 1994 statt eines Ausbaus einen kontinuierlichen Abbau des Schienennetzes. Bis 2009 verfügte die Bundesregierung nicht einmal über eigene Daten zum Zustand des Bahnnetzes.[4] Seit dem Jahr 2009 gibt es mit der Leistungs- und Finanzierungsvereinbarung (LuFV) einen Vertrag zwischen Bund und DB, in dem einerseits die Zahlungen des Bundes für Ersatzinvestitionen[5] im Schienennetz und andererseits die Qualitätskennzahlen festgelegt sind, anhand derer die DB AG den Zustand des Netzes als «uneingeschränkt nutzbar» nachweisen muss.[6] Trotz dieser Vereinbarung ergibt sich für die DB AG als gewinnorientiertes Unternehmen der Anreiz, möglichst geringe Eigenmittel in das Netz zu investieren und gleichzeitig möglichst hohe Zuschüsse vom Bund zu erhalten. In den Verhandlungen um die LuFV ist die Höhe des Bundesanteils für die Bahninfrastruktur daher der zentrale Diskussionspunkt. Auch in einem neueren Bericht aus dem Jahr 2011 legt der Bundesrechnungshof dar, wie die DB AG zwar die jährlichen Zuschüsse des Bundes für die Instandhaltung kassiert, dann aber dem Bund keine nachvollziehbare, schlüssige und lückenlose Rechenschaft über die Verwendung dieser Mittel ablegt. Tatsache sei, dass die Mittel «nicht in voller Höhe [...] den Schienenwegen zu Gute gekommen» sind und dass das Unternehmen «an den Eisenbahnbrücken der DB AG einen Instandhaltungs- und Investitionsstau aufbaut».[7]

Immerhin geben seit der Vereinbarung der LuFV die jährlichen Infrastrukturzustandsberichte (IZB) der DB AG offiziell Auskunft über den Netzzustand. Diesen Berichten zufolge befindet sich die von der DB Netz AG verwaltete Bahninfrastruktur in einem durchweg guten Zustand; alle vereinbarten Qualitätskennzahlen werden deutlich übertroffen.[8]

Die Realität sieht anders aus. Ein wichtiger Indikator für den Zustand der Infrastruktur ist der Modernitätsgrad, der ausdrückt, wie alt die Bahnanlagen sind. Bis 2004 gab es eine stetige Verjüngung der Anlagen, die teilweise mit der Modernisierung zahlreicher Strecken erklärt werden kann. Der Bundesrechnungshof weist allerdings darauf hin, dass «die Stilllegung oder die Abgabe von Eisenbahnstrecken an andere Unternehmen [...] sich positiv auf die Qualitätskennzahlen» auswirke, «weil die mängelbehafteten Strecken und deren Bahnhöfe nicht mehr bei der Berechnung der Qualitätskennzahlen zu berücksichtigen sind».

Ganz grundsätzlich ist festzustellen: In den Auseinandersetzungen um den Zustand der Bahninfrastruktur gibt es nur eine Instanz, die unabhängig, unparteiisch und kritisch ist: Der mehrfach zitierte Bundesrechnungshof (BRH) mit seinem Präsidenten Prof. Dr. Engels und dem äußerst kompetenten Ministerialrat Axel Zentner. Liest man gewissenhaft die BRH-Berichte zur DB AG, so muss das Urteil dieser Instanz spätestens dann als vernichtend bezeichnet werden, wenn man die sehr diplomatische Umgangsform berücksichtigt. Der BRH bestreitet bereits, dass *die Basis* dessen, was mit den Infrastrukturberichten untersucht wird, zutreffend sei: Es seien «im IZB 2009 — wie bereits im IZB 2008 — über 7.300 Gleis-km (rund 12 %) und mehr als 31.000 Weichen/Kreuzungen (43 %) unberücksichtigt geblieben»[9]. Der BRH hat «festgestellt, dass das Bundesverkehrsministerium nicht prüft, ob die Qualitätskennzahlen Aussagen über das Einhalten der Grundsätze der wirtschaftlichen und sparsamen Mittelverwendung ermöglichen». Vor allem wurden gravierende und gezielte Manipulationen, die die DB AG vornimmt, um hohe Investitionen vorzutäuschen, aufgedeckt: «Der BRH hat bei einer Stichprobe in mehreren Fällen festgestellt, dass die DB AG zum Jahresende 2008 Materialien und Anlagenteile mit Bundesmitteln beschafft hat, die sie erst im Lauf des Jahres 2009 — und teils erst im Jahr 2010 — für Baumaßnahmen benötigte.» Der Bundesrechnungshof beschreibt, dass es sogar zu einer *Verschlechterung der Kontrolle* kam: «Seit Inkrafttreten der LuFV lässt das Bundesverkehrsministerium keine einzelnen Vorhaben mehr auf den wirtschaftlichen Mitteleinsatz hin untersuchen. [...] Es fehlt nach Auffassung des BRH der Nachweis, dass die DB AG mit den über die LuFV erhaltenen Mitteln wirtschaftlich und sparsam verfährt.»

Trotz dieser Manipulationen und dieser nachgewiesenen Schönfärberei nimmt in der offiziellen Statistik das Durchschnittsalter der Infrastruktur seit 2004 sogar wieder rapide zu. Das bedeutet, dass offensichtlich in unzureichendem Maße in das Netz investiert wird. Zwischen 2005 und 2012 ist das Durchschnittsalter der Weichen im Bahnnetz von 16,5 auf 19,9 Jahre gestiegen, das der Gleise von 19,7 auf 20,3 Jahre und das der Brücken von 52,4 auf 55,9 Jahre.[10]

Es deutet also alles darauf hin, dass es einen erheblichen Instandhaltungsrückstau im Bahnnetz gibt. Dies ist auch der Tatsache geschuldet, dass die DB AG die Instandhaltung des Netzes in eigener Verantwortung durchführt, Neubaumaßnahmen jedoch in der Regel vom Bund erstattet bekommt. Dies schafft den fatalen Anreiz, wenig Geld in die Instandhaltung zu investieren und stattdessen Neubaumaßnahmen durchzuführen, wenn die Streckenabschnitte völlig kaputt sind. Der Bundesrechnungshof bringt es wie folgt auf den Punkt: «Durch die unterschiedlichen Finanzierungszuständigkeiten für die Instandhaltung und für die Erneuerung kann es für sie [die DB AG, d. Verf.] im betriebswirtschaftlichen Sinne vorteilhaft sein, ihre Instandhaltungsaufwendungen zu minimieren. Müssen die Anlagen dann erneuert werden, fällt dies in die Finanzierungsverantwortung des Bundes. Den kurzzeitigen finanziellen Vorteilen der DB AG steht hier die langfristige Interessenlage des Bundes an der Erhaltung der Bahnanlagen gegenüber.»[11] Dieses Problem ist eine direkte Folge der Bahnreform, da mit dieser die fatale Doppelstruktur aus Instandhaltungsmaßnahmen in der Verantwortung der DB AG und Neubaumaßnahmen auf Kosten des Bundes geschaffen wurde.

Im Übrigen ist aber auch der Zustand der Züge alles andere als optimal. So wurden über die letzten Jahre zahlreiche Instandhaltungswerkstätten geschlossen, die Intervalle für wichtige Prüfungen wurden «gespreizt» und Ultraschalluntersuchungen der ICE-Räder in immer größeren Abständen durchgeführt — auch hier wieder um Kosten zu sparen. Dies ging bis zu dem fatalen ICE-Achsbruch im Juli 2008.

Folgen der Unterinvestition

All das hat gravierende Folgen: Die DB AG ist in den letzten Jahren mehrfach aufgrund von wartungsbedingten Qualitätsmängeln in die Schlagzeilen geraten — unter anderem durch das zweimalige «Winterchaos» in den Jahren 2009/2010 und 2010/2011 mit einem Zusammenbruch fast des kompletten Bahnverkehrs, dann 2010 durch das «Sommerchaos» mit massenhaft versagenden Klimaanlagen und durch die Sicherheitsmängel aufgrund von reduzierter Wartung, die unter anderem zu Achsbrüchen an ICEs führten. Auch bei einer S-Bahn gab es 2009 einen solchen Achsbruch, was den Auftakt zur S-Bahn-Krise in Berlin bildete (siehe dazu Kapitel 18).

Untersuchungen ergaben außerdem eine Zunahme der registrierten Langsamfahrstellen im Bahnnetz aufgrund der mangelnden Instandsetzungsarbeiten über die letzten Jahre.[12] Unter anderem das Netzwerk Privatbahnen und die Bundesarbeitsgemeinschaft Schienenpersonennahverkehr bemängeln diesen Zustand immer wieder.[13] Die Zahl der Langsamfahrstellen sprengt nach Auffassung von Bahnkennern nur deswegen noch nicht völlig den Rahmen, weil viele von ihnen in den normalen Fahrplan übernommen werden. Dadurch verlängert sich dann zwar die Fahrzeit auf diesen Strecken, dies trägt dann aber nicht mehr den Namen Langsamfahrstelle. Diese Politik lässt sich anhand der Zunahme von Fahrzeiten auf vielen wichtigen Strecken dokumentieren; in der Tabelle 5 auf Seite 108 sind einige Beispiele aufgeführt.

Aber auch systematische Untersuchungen führen zu dem gleichen Ergebnis: So unterzieht der Verkehrsverbund Berlin-Brandenburg die Strecken in seinem Zuständigkeitsbereich einer eigenen Qualitätsanalyse und stellte dabei für das Jahr 2010 fest, dass die Strecken zahlreiche Mängel aufweisen und 13,5 Prozent des Netzes nicht mit der eigentlich vorgesehenen Streckengeschwindigkeit befahren werden können.[14] Selbst Neubaustrecken, die vor wenigen Jahren in Betrieb gingen und für Spitzengeschwindigkeiten ausgebaut wurden, weisen teilweise schon nach wenigen Jahren wieder deutlich längere Fahrzeiten auf.

Eine weitere für die Fahrgäste spürbare Folge der Instandhaltungsmängel sind Verspätungen. Da es bislang keine zuverlässigen Statistiken zu den Verspätungen im Deutschen Bahnnetz gab, führen die Stiftung Warentest, der Verkehrsclub Deutschland und die Süddeutsche Zeitung jeweils eigene unabhängige Untersuchungen der Verspätungen im Bahnverkehr auf der Basis der öffentlich zugänglichen Daten durch. Dabei berechneten sie für die

Tabelle 5: Fahrtzeitverlängerungen 2013 gegenüber 1996.

Strecke	Fahrtzeit 1996	Fahrtzeit 2013	Veränderung
Augsburg–Stuttgart (ICE)	96 min.	104 min.	+8,3 %
Augsburg–Würzburg (ICE)	108 min.	125 min.	+15,7 %
München–Stuttgart (ICE)	121 min. (1995)	137 min.	+13,2 %
Würzburg–Hamburg Hbf. (ICE)	190 min.	204 min.	+7,3 %
Basel SBB –Hamburg Hbf. (ICE)	377 min.	389 min.	+3,2 %

Jahre 2010/2011 übereinstimmend, dass im langfristigen Trend rund ein Drittel der Züge im Fernverkehr der DB AG mehr als fünf Minuten verspätet sei. Ein großer Anteil von eigentlich vorgesehenen Anschlusszügen wird dadurch nicht erreicht[15] — was dann oft ein bis zwei Stunden zusätzlicher Fahrtzeit für die Fahrgäste bedeutet, weil sie auf den jeweils nächsten Zug warten müssen. Dass solche Verspätungszahlen keine Notwendigkeit sind, beweist die Schweiz, die trotz einer sehr viel rigideren Definition von Verspätung — dort gilt ein Zug schon nach drei Minuten statt wie in Deutschland ab sechs Minuten als verspätet — immer wieder Werte deutlich unter zehn Prozent erreicht.[16]

Doch nicht nur die Verspätungen tragen erheblich zur Qualitätsverminderung im Bahnverkehr bei: Die DB AG hält aus Kostengründen inzwischen kaum noch Reservekapazitäten vor. Dies führt dazu, dass es immer wieder zu kompletten Zugausfällen kommt, wenn größere Reparaturen an Zügen notwendig werden und diese in der Folge nicht einsatzbereit sind. Es gibt für solche Situationen schlichtweg keine Ersatzzüge. In jeder Woche fallen bei der DB AG 200 Züge komplett aus, pro Werktag sind es gut 40.[17] Dabei gehen groteskerweise die ausgefallenen Züge erst gar nicht in die Pünktlichkeitsstatistik der DB AG ein. Eine solch hohe Zugausfallquote dürfte es in 180 Jahren Deutsche Eisenbahn — Kriegszeiten ausgeklammert — noch nie gegeben haben.

Neubaustrecken
Im Kontrast zu den beschriebenen Mängeln in der Instandhaltung der Bestandsstrecken stehen die milliardenteuren Hochgeschwindigkeitsstrecken. Für diese werden nicht nur Unmengen an Geld verbaut. Ihr Nutzen ist auch höchst fraglich: Die Orientierung primär auf Hochgeschwindigkeitsstrecken ist für ein Flächenland wie Deutschland völlig unangemessen. Das Land ist — anders als beispielsweise Frankreich — nicht auf eine Metropole hin orientiert, sondern hat eine Siedlungsstruktur mit vielen verteilten Klein- und Mittelstädten. Das bedeutet, dass viele Menschen abseits der Hochgeschwindigkeitsstrecken unterwegs sind und oft mehrmals umsteigen müssen, da sie erst von ihrem Ausgangs-

ort bis zum nächsten ICE-Bahnhof und dann wieder von einem anderen ICE-Bahnhof zu ihrem Ziel fahren müssen. Mit langsameren, aber durchgehenden Zügen wären sie stattdessen bequemer, energiesparender und in vielen Fällen sogar trotzdem noch schneller unterwegs. Dies erklärt im Übrigen den beschriebenen großen Erfolg des InterRegio, der genau solche Verbindungen sehr kostengünstig anbot. Der weit überwiegende Teil der Reisen findet ohnehin im Nahbereich statt. Daher wäre das Konzept einer Flächenbahn, die statt der Konzentration auf Korridore das ganze Land sehr viel besser an die Bahn anbinden würde, wesentlich geeigneter (siehe Kapitel 23).

Die neu gebauten Hochgeschwindigkeitsstrecken sind im Betrieb überdies unwirtschaftlich, wenn man die enormen Investitionen und Kapitalkosten mit einrechnet. Da diese Kosten jedoch vom Bund getragen werden, die DB AG aber die Trassen darauf vermarktet, sind die Strecken aus Sicht der DB AG dennoch lukrativ. Hinzu kommt, dass viele der Neubaustrecken mit anderen Streckenführungen deutlich günstiger realisiert werden könnten: Die Verkehrsberatung Vieregg-Rössler hat nachgewiesen, dass bei allen untersuchten Neubauprojekten durch Planungsmodifikationen zwischen 50 und 83 Prozent der Kosten eingespart werden könnten.[18] Meist sollten jedoch aufgrund des Einflusses von Landespolitikern bestimmte Städte an diese Strecken angebunden werden – was zu so absurden Ergebnissen wie den Halten in den nur 20 Kilometer voneinander entfernten Städten Montabaur und Limburg führt. Bei allen Neubaustrecken kam es außerdem zu enormen Kostenüberschreitungen: So sollte die Strecke Köln–Rhein/Main (Siegburg–Frankfurt) den ursprünglichen Planungen zufolge rund 2,6 Milliarden Euro kosten. Als sie 2002 in Betrieb genommen wurde – übrigens als erste Strecke, die für 300 Kilometer pro Stunde ausgebaut war – waren die Gesamtkosten auf 6,07 Milliarden Euro angeschwollen. Auch die Baukosten der 2006 in Betrieb genommenen Neubaustrecke Nürnberg–Ingolstadt haben sich von geplanten 1,85 Milliarden auf 3,59 Milliarden Euro fast verdoppelt. Zusätzlich ist der Nutzen vieler dieser Strecken deutlich geringer als in den Planungen angenommen. In diesen wurde immer wieder davon ausgegangen, dass die Strecken durch den Güterverkehr mitgenutzt würden, was jedoch im tatsächlichen Betrieb nicht geschieht und teilweise nicht einmal technisch möglich ist. Tatsächlich wird oft ein Güterverkehr in die Berechnungen mit einbezogen, um die Strecke «schönzurechnen».

Falsche Investitionsentscheidungen haben in einem erheblichem Maß zu den hohen Kosten beigetragen: So wurden und werden viele der neueren Hochgeschwindigkeitsstrecken als sogenannte feste Fahrbahn realisiert, bei der die Schienen nicht mehr auf Schotter liegen, sondern auf einem Betonfundament. Der Bundesrechnungshof hat seit dem Jahr 1994 wiederholt vor dem Einbau der Festen Fahrbahn gewarnt. Er deckte auf, dass die DB AG immer größere Feste-Fahrbahn-Teilstrecken als «Versuchsstrecken» bauen ließ und damit Dutzende Millionen Euro an Mehrkosten verursachte – obgleich alle kürzeren Feste-Fahrbahn-Strecken immer ein und dasselbe ergaben: Die Feste Fahrbahn ist rund doppelt so teuer wie eine Ausführung in der bewährten Schotterbauweise.[19] Unter Berücksichtigung der etwas niedriger liegenden Instandhaltungskosten ist die Feste Fahrbahn immer noch um mindestens 20 Prozent teurer. Vor allem hat die Feste Fahrbahn gegenüber dem Schotterbett gravierende Systemnachteile, die am Ende die Mehrkosten in die Höhe schnellen lassen. So kann die Sanierung eines Schotterbettes meist während des laufenden Betriebs vorgenommen werden. Die Sanierung einer Feste-Fahrbahn-Strecke jedoch erfordert deren wochen-, wenn nicht monatelange Sperrung. All das wurde vom Bundesrechnungshof detailliert dargelegt, wobei in diesen Berichten immer betont neutral alle Argumente der DB AG und des Bundesverkehrsministeriums Berücksichtigung fanden.[20] Es ist auffallend, wie arrogant sich dann die Deutsche Bahn AG und das Bundesverkehrsministerium 20 Jahre lang — exakt seit der Bahnreform — über diese BRH-Kritik hinwegsetzten. Sie ließen Strecke um Strecke komplett als Feste Fahrbahn bauen. So war die Neubaustrecke Berlin—Oebisfelde (weiter nach Hannover) die erste, die überwiegend als Feste Fahrbahn gebaut wurde. Es folgte Frankfurt/M.—Köln. Allein bei diesen zwei wichtigen Neubaustrecken liegen die zusätzlichen Kosten für die Feste Fahrbahn anstelle der Schotterbettausführung bei gut einer Milliarde Euro.

Doch das war und ist nicht genug. Ohne mit den Wimpern zu zucken wurde hingenommen, dass die Steuerzahler bald darauf ein zweites Mal bluten mussten. Obwohl die erwähnte Strecke Berlin—Oebisfelde erst seit 1998 in Betrieb ist, musste sie 2011 nach nur 13 Jahren bereits komplett saniert und dafür monatelang gesperrt werden. Als die Strecke gebaut wurde, wurde argumentiert, eine Grundsanierung sei frühestens nach 25 Jahren erforderlich. Nach dem Elbehochwasser im Sommer 2013 musste sie erneut für mehrere Monate gesperrt werden. Auch hier war die Feste Fahrbahn wesentlicher Bestandteil des Problems, da die Strecke teilweise unterspült war. Die parallel geführte Strecke mit herkömmlichem Gleisbau konnte dagegen zwei Monate früher wieder in Betrieb gehen.

Eine ähnliche Bilanz muss für die Neubaustrecke Frankfurt/M.—Köln gezogen werden. Diese 2001 in Betrieb genommene Verbindung muss 2014 oder 2015 erstmals grundlegend saniert werden.

Enorme Mehrkosten entstehen auch bereits durch Strecken-Fehlplanungen: Die Neubaustrecke Ebensfeld—Erfurt, Teil der Gesamtstrecke Berlin—München («Verkehrsprojekt Deutsche Einheit Nr. 8»), hätte für nur ein Drittel der Kosten gebaut werden können — wenn man sich für die direktere, weiter östliche Streckenführung über Bayreuth, Hof und Altenburg direkt nach Leipzig entschieden hätte. Diese Route wäre nicht nur geradliniger und dadurch sogar noch schneller gewesen, sondern hätte aufgrund der Umfahrung des Thüringer Waldes auch wesentlich weniger Steigungen beinhaltet und mehr bestehende Strecken einbeziehen können. Die Entscheidung für die Streckenführung über Erfurt war jedoch auf das Betreiben des damaligen Thüringer Ministerpräsidenten Bernhard Vogel hin getroffen worden, der schlichtweg Erfurt mit anbinden wollte.[21] Wenn die Strecke wie geplant 2017 nach 20 Jahren Bauzeit in Betrieb genommen wird, müssen die ersten Brücken wie die 2001 fertiggestellte Geratalbrücke bei Ichtershausen schon wieder saniert werden. Für diese Neubaustrecke wurden die Kosten bei Baubeginn auf 3,75 Milliarden Euro geschätzt. Inzwischen ist von sechs Milliarden Euro die Rede[22] — für voraussichtlich einen ICE pro Stunde und Richtung, der diese Strecke nutzen wird. Dabei hatte der damalige Bahnchef Heinz Dürr schon 1997 im Verkehrsausschuss des Deutschen Bundestages gesagt, die Trasse «rechne sich nicht besonders».[23]

Mit der Neubaustrecke Wendlingen—Ulm, Teil der Gesamtstrecke Stuttgart—München, die eng mit dem Projekt Stuttgart 21 verbunden ist, zeichnet sich schon das nächste Milliardengrab ab: Schon vor Baubeginn geht man von Kostensteigerungen von mindestens 1,5 Milliarden Euro aus. Hier ist der verkehrliche Nutzen besonders zweifelhaft. Die Strecke wird Steigungen bis zu 31 Promille haben. Damit kann sie nur von wenigen Personenzügen (beispielsweise nicht von ICE-1 und ICE-2) und nicht von herkömmlichen Güterzügen befahren werden

— obwohl Güterzüge auch hier wieder in die Rentabilitätskalkulationen eingerechnet wurden.[24] Für die DB AG rechnet sich die Strecke dennoch, denn sie trägt lediglich einen Anteil der Planungskosten selbst, während das Land Baden-Württemberg und der Bund für die gesamten Baukosten inklusive Kostensteigerungen aufkommen. Die Alternative zu dem Projekt wäre die Optimierung der bestehenden Strecke über Geislingen — was die Bundesbahn auch bis 1992 plante und was ungleich günstiger wäre. Doch die Komplett-Neubaustrecke ist letztendlich noch 20 Minuten schneller, was offensichtlich aus Sicht einiger zusätzliche Investitionen von vielen Milliarden Euro rechtfertigt. Und auch hier zeigt sich wieder in eklatanter Weise die Vernachlässigung der Bestandsstrecke: Während die Fahrt Stuttgart–München im Jahr 1995 lediglich 121 Minuten dauerte, ist sie im aktuellen Fahrplan mit 137 Minuten angegeben. Schon eine Instandsetzung der bestehenden Strecke würde also fast den gleichen Fahrzeitgewinn bringen wie die Neubaustrecke — doch müsste die DB AG diese Kosten wohl selbst tragen.

***

Die Bahnreform hat ein absurdes Missverhältnis geschaffen zwischen einerseits milliardenteuren Neubaustrecken, die vom Bund finanziert werden, und andererseits der offensichtlichen Vernachlässigung der Bestandsstrecken. Milliarden von Euro fließen in Projekte, die nur einen geringen Nutzen haben, während wichtige Instandsetzungsarbeiten, die nur einen Bruchteil kosten würden, unterbleiben. Offensichtlich schafft der Betrieb des Bahnnetzes mit dem Ziel der Gewinnmaximierung falsche Anreize.

Die Deutsche Bahn führt zu ihren Gunsten oft an: Der Zuspruch sei entscheidend — volle Züge hieße eben auch, dass die Dienstleistung Deutsche Bahn-Verkehr «ankommt». Der Eindruck voller Züge entsteht allerdings als ein Produkt von absoluter Fahrgastzahl im Verhältnis zu den Zugkapazitäten, also dem Angebot an Sitzplätzen. Hier gab es die folgende interessante Entwicklung: Das DB-Angebot an Sitzplätzen, in allen Zügen der Bahn, also Nah- und Fernverkehr, stieg im Zeitraum 1994 bis 2004 deutlich — von 1,146 Millionen auf 1,513 Millionen (+ 30 Prozent). In diesem Zeitraum dürfte das Sitzplatzangebot weitgehend parallel zum Anstieg der Fahrgastzahlen insgesamt gewachsen sein. Nach 2004 wurde das Sitzplatzangebot jedoch drastisch abgebaut — auf 1,178 Millionen Sitzplätze im Jahr 2012. Wir haben also inzwischen ein Sitzplatzangebot, das weitgehend dem von vor zwei Jahrzehnten (1994) entspricht und das geringer ist als dasjenige von 1991 — bei erheblich gesteigerten Fahrgastzahlen. Der Abbau an Sitzplätzen erfolgte interessanterweise genau zu dem Zeitpunkt, als sich der Kurs auf die Bahnprivatisierung konkretisierte. Damit aber werden die vollen Züge zu einem erheblichen Teil künstlich, durch Angebotsverknappung, herbeigeführt.[25] Sehr viele Fahrgäste sagen sich jedoch: Der Begriff «in vollen Zügen genießen» mag eine schöne Erinnerung an «die gute alte Eisenbahnzeit» sein. Die vollen Züge, die die Deutsche Bahn ihren Fahrgästen zumutet, sind jedoch oft und in zunehmendem Maß unzumutbar.

Großer Bahnhof für die Neue Bahn
Oder: Wohin die Reise auch gehen könnte ...

2001 Mai

Breite Proteste
InterRegio-Streichungen können durch die vereinten Proteste von Ländern, Kommunen, Verbänden und Politik gestoppt werden.

2001 Herbst

Zukunftskonzept Bahn
Die Bundesregierung beschließt für die Bahn grundsätzliche Verbesserungen hinsichtlich des Verkehrsmarkts, unter anderem Tempolimits auf Autobahnen, Mineralöl- und Ökosteuerbefreiung für die Bahn.
Bahn und Bahnindustrie stellen neu entwickelte, wesentlich verbesserte IR-Wagen und Wendezüge vor. Diese verfügen u.a. über verbreiterte, also rollstuhl-, kinderwagen- und fahrradgerechte Einstiege. Sie sollen in den kommenden drei Jahren die bisher verwandten IR-Garnituren ablösen.

2002 Frühling/Sommer

Bundestags-Wahlkampf
Vor dem Hintergrund einer schweren Rezession beschließt die Bundesregierung umfassende Infrastrukturmaßnahmen. Unter anderem soll das Schienennetz saniert und teilweise ausgebaut werden. Das hierfür beschlossene „Konjunkturprogramm Netz mit Zukunft" hat ein Volumen von 38 Milliarden Euro.
Es bildet sich ein breites Bündnis von Gewerkschaften, Betriebsräten und Umweltverbänden, die den Parteien ihre bahnfreundlichen „Prüfsteine 2002" präsentieren und in Hunderten Veranstaltungen für eine Bürgerbahn werben.

2002 Herbst

Bahnfreundliche Regierung
Die neu gebildete Bundesregierung verkündet in ihrem Regierungsprogramm 2003/2006 eine Beschleunigung des bahnfreundlichen Kurses, wie er seit 2001 entwickelt wurde.
Zunehmend werden führende Politiker aus Imagegründen in Zügen gesichtet.
Bundesregierung und Bundestag beschließen das Konzept „Bahn 21".
Darin wird die grundsätzliche Verantwortung des Bundes für die Finanzierung der Schienenwege festgelegt.
Ein Kurs der Deutschen Bahn AG an die Börse wird abgelehnt.
Als Orientierung für die Weiterentwicklung der Schiene gilt das Modell der Schweizer Bundesbahnen mit einem Mix von Einheitlichkeit in Fahrplan, Tarifen, Auftreten und weitgehender dezentraler, bürgernaher Organisation unter Einbeziehung der Länder, Kreise und Gemeinden.

**Die Schiene wurde nicht erfunden, um das Rad zurückzudrehen.
InterRegio muss bleiben, damit das Rad sich weiter dreht!**
Bürgerbahn statt Börsenbahn **BB**

Bürgerbahn statt Börsenbahn **BB**

Ihr InterRegio nach Nirgendwo

IR 2001/2003

Gültig ab Juni 2001
Valid from June 2001

Wissen Sie, warum der InterRegio kaputt gemacht wird?

Erstklassig auch in der Zweiten

„Als die Ergebnisse des Personenfernverkehrs trotz der Expansion des ICE-Netzes immer schlechter wurden, schnitt man 1999 wesentliche Teile aus dem InterRegio-Netz und kappte eine Reihe von Verbindungen, unter anderem die Linien Ruhrgebiet — Berlin und Stuttgart — München – offensichtlich mit dem Ziel, die unzureichend ausgelasteten ICE- und IC-Züge zu füllen."
Prof. Karl-Dieter Bodack, der an der Entwicklung des InterRegio maßgeblich beteiligt war, in: Eisenbahn-Revue International, Heft 12/2000

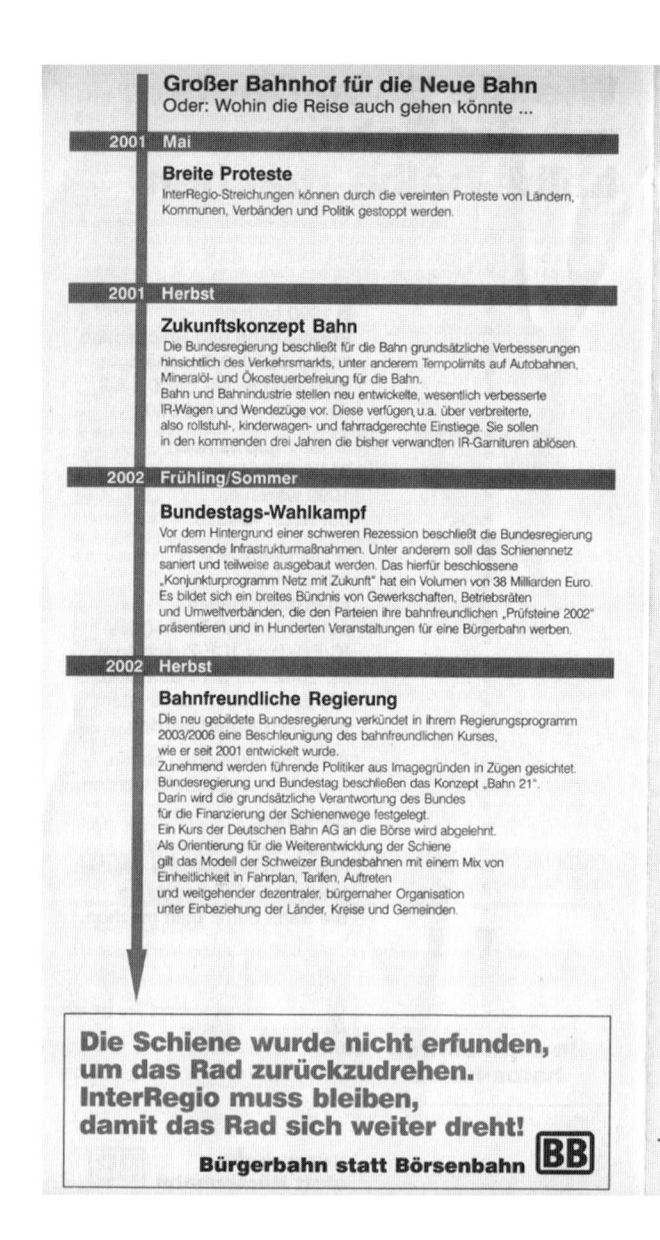

Die Alternative zur Konzentration auf Hochgeschwindigkeit bildet die Flächenbahn mit der engen Verzahnung von Nah-, Regional- und Fernverkehr. Es ist kein Zufall, dass just zu Beginn der Ära Mehdorn, die mit einer verstärkten Konzentration auf Hochgeschwindigkeit verbunden war, der InterRegio endgültig auf den Prellbock gefahren wurde. Diese Zuggattung war das entscheidende Bindeglied zwischen schnellem Fernverkehr und zügigem Nahverkehr.

2005

Die Bundesregierung gibt das PRIMON-Gutachten zur Vorbereitung der Bahnprivatisierung in Auftrag. In der ersten Fassung vom Januar 2006 waren entscheidende Stellen geschwärzt.

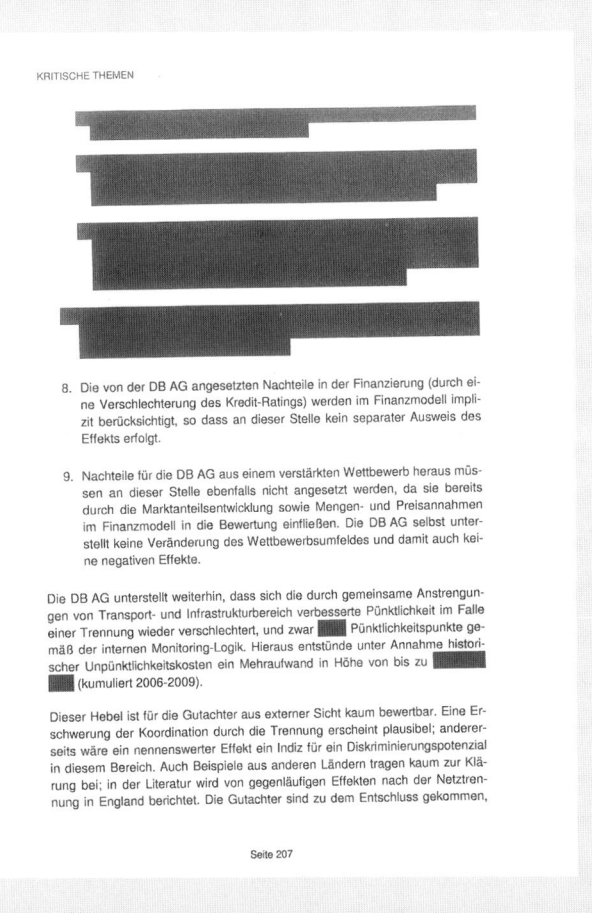

KRITISCHE THEMEN

KRITISCHE THEMEN

8. Die von der DB AG angesetzten Nachteile in der Finanzierung (durch eine Verschlechterung des Kredit-Ratings) werden im Finanzmodell implizit berücksichtigt, so dass an dieser Stelle kein separater Ausweis des Effekts erfolgt.

9. Nachteile für die DB AG aus einem verstärkten Wettbewerb heraus müssen an dieser Stelle ebenfalls nicht angesetzt werden, da sie bereits durch die Marktanteilsentwicklung sowie Mengen- und Preisannahmen im Finanzmodell in die Bewertung einfließen. Die DB AG selbst unterstellt keine Veränderung des Wettbewerbsumfeldes und damit auch keine negativen Effekte.

Die DB AG unterstellt weiterhin, dass sich die durch gemeinsame Anstrengungen von Transport- und Infrastrukturbereich verbesserte Pünktlichkeit im Falle einer Trennung wieder verschlechtert, und zwar ▇ Pünktlichkeitspunkte gemäß der internen Monitoring-Logik. Hieraus entstünde unter Annahme historischer Unpünktlichkeitskosten ein Mehraufwand in Höhe von bis zu ▇ (kumuliert 2006-2009).

Dieser Hebel ist für die Gutachter aus externer Sicht kaum bewertbar. Eine Erschwerung der Koordination durch die Trennung erscheint plausibel; andererseits wäre ein nennenswerter Effekt ein Indiz für ein Diskriminierungspotenzial in diesem Bereich. Auch Beispiele aus anderen Ländern tragen kaum zur Klärung bei; in der Literatur wird von gegenläufigen Effekten nach der Netztrennung in England berichtet. Die Gutachter sind zu dem Entschluss gekommen,

Kapitel 13: Die EU und die Trennung von Netz und Betrieb
Oder: Andere Länder, andere Erfahrungen

Liebe Aktive von «Bahn für Alle»,
mit großem Interesse habe ich gelesen, dass Ihr die Frage der Sicherheit des Bahnverkehrs [...] in den Fokus nehmen wollt. [...] Bei uns hatte das mit der Privatisierung und Zerschlagung der ehemaligen Staatsbahn British Rail einhergehende private Gewinnstreben in allen Bereichen der Eisenbahn eine Serie schwerer Zugunglücke zur Folge. Hier exemplarisch drei davon:

1. *Southall am 19. September 1997: Sieben Personen wurden getötet und 139 verletzt. [...] Das Unglück wurde verursacht durch eine unzureichende Lokführerausbildung und durch den vom Betreiber verfügten Einsatz eines Zuges ohne funktionierende Sicherheitsausrüstung.*
2. *Ladbroke Grove am 5. Oktober 1999: 31 Menschen wurden getötet und über 520 Personen verletzt. [...] Das Unglück wurde verursacht durch eine unzureichende Lokführerausbildung, das Fehlen der automatischen Zugsicherung (ATP) auf allen Zügen der Strecke [...] und mangelhafte Infrastruktur.*
3. *Hatfield am 17. Oktober 2000. Vier Personen getötet und weitere 70 verletzt. [...] Der Unfall wurde durch Metallermüdung an der Schienenoberfläche verursacht. [...] Der Infrastruktureigentümer Railtrack scherte sich nicht um den Netzzustand. Er setzte vor allem auf Preissenkung bei der Instandhaltung zur Profiterhöhung. [...] Hatfield lehrt, dass eine Bahnprivatisierung auf der Grundlage der EU-Richtlinie 91/440, die eine Trennung von Fahrweg und Betrieb vorsieht und die in Großbritannien erstmals umgesetzt wurde, ein Verbrechen gegen das Eisenbahnwesen darstellt. [...]*

Mit den besten Wünschen: Alex Gordon, Vorstandsmitglied der britischen Eisenbahnergewerkschaft National Union of Rail, Maritime & Transport Workers (RMT)[1]

Im Jahr 2005 vollzog die damalige rot-grüne Bundesregierung einen großen Schritt in Richtung einer Privatisierung der Deutschen Bahn AG: Sie gab das Gutachten «Privatisierungsvarianten ‹mit und ohne Netz›» («PRIMON») in Auftrag. Damit wurde – wie der Name schon sagt – die eigentlich zentrale verkehrspolitische Entscheidung, nämlich *ob* man denn überhaupt eine Privatisierung der DB AG durchführen solle, ohne Debatte vorweggenommen. Fortan ging es nur noch um die Frage, *wie* der Konzern zu privatisieren sei. Den Zuschlag für die Erstellung des Gutachtens erhielt die Technologieberatung Booz Allen Hamilton. Das zur Carlyle Group gehörende Beratungsunternehmen ist eines der führenden Unternehmen im Bereich militärischer Dienstleistungen und erhält seine Aufträge ansonsten zu 99 Prozent von der US-amerikanischen Regierung; es erlöst jährlich allein 3,3 Milliarden Dollar aus Aufträgen des US-Verteidigungsministeriums und ist in zahlreiche Geheimdienstaktivitäten – unter anderem der umstrittenen NSA – eingebunden.[2] Da das Beratungsunternehmen bislang nicht durch Studien im Bereich Schienenverkehr auffiel, kann davon ausgegangen werden, dass die Auftraggeber – das Bundesfinanzministerium unter Peer Steinbrück (SPD) und das Bundesverkehrsministerium unter Wolfgang Tiefensee (SPD) – kein größeres Interesse an einem kompetenten Gutachten, möglicherweise aber Interesse am Einstieg ausländischer Unternehmen bei der DB AG hatten.

Das PRIMON-Gutachten wurde erstmals Anfang 2006 vorgelegt, stand jedoch den Parlamentariern anfangs – mit Verweis auf «vertrauliche betriebswirtschaftliche Daten» – zunächst nur in einer massiv geschwärzten Fassung zur Verfügung. Am 1. März 2006 wurde daraufhin eine «teilweise entschwärzte» Fassung zur Verfügung gestellt, in der jedoch immer noch viele wichtige Kennziffern geschwärzt waren.

Gemäß Auftrag verglich das Gutachten mehrere Privatisierungsvarianten und befasste sich dabei insbesondere mit der Frage der Trennung der Transportsparten vom Bahnnetz. Die wirklich wichtige Frage, nämlich die Vor- und Nachteile einer Nicht-Privatisierung wurden dabei auftragsgemäß ignoriert. Dies ist in gewisser Weise eine Parallele zu dem Gutachten der Regierungskommission Bundesbahn zur Bahnreform, das ebenfalls die wichtigen Fragen schon vorwegnahm und letztlich nur ein Modell der Bahnreform als angeblich alternativlos darstellte.

Die Rolle der EU

Die Privatisierung, wie sie spätestens mit dem PRIMON-Gutachten in Deutschland in Gang gebracht wurde, ist aber bei Weitem keine rein nationale Angelegenheit, sondern steht im europäischen Kontext. Die Europäische Union (EU) bzw. ihr Rechtsvorgänger Europäische Gemeinschaft (EG) hat sich zu einer der wichtigsten Triebkräfte für Privatisierungen und Liberalisierungen entwickelt. Noch in den 1950er Jahren war der Diskurs auf der europäischen Ebene noch ein ganz anderer: Als über die Regeln des Vertrages der Europäischen Wirtschaftsgemeinschaft diskutiert wurde, setzte sich Deutschland noch mit der Position durch, dass eine Einbeziehung des Verkehrs in den gemeinsamen wettbewerbsorientierten Markt eine Demontage der gemeinwirtschaftlichen Verkehre nach sich ziehen würde und daher abzulehnen sei.[3] Seit dem Beginn der Planungen für einen Europäischen Binnenmarkt in den 1980er Jahren entwickelte sich die europäische Politik jedoch immer weiter in Richtung Liberalisierung und Privatisierung. Marktwirtschaftliche Prinzipien sollten nun in immer mehr Bereichen gelten, insbesondere auch beim Verkehr. Speziell für die Bahn hat die EU daraufhin zahlreiche Regelungen für die Liberalisierung geschaffen. Das heißt konkret: Die Bahnnetze der einzelnen Nationen sollen allen europäischen Bahnverkehrsunternehmen gleichermaßen zur Verfügung stehen. Dafür ist nach Meinung der EU eine weitgehende Trennung von Netz und Betrieb notwendig; bei einer Verflechtung zwischen beidem wird eine Störung des beabsichtigten Wettbewerbs gefürchtet.[4]

Die erste EG-Richtlinie verpflichtete 1991 die Mitgliedsstaaten zur unternehmerischen Eigenständigkeit ihrer Bahnen, einer zumindest rechnerischen Trennung von Netz und Betrieb sowie der Öffnung ihrer nationalen Bahnnetze für andere Unternehmen.[5] Mit dieser Richtlinie stand die EG auch bei der deutschen Bahnreform Pate: «Die Bahnreform ist aber – darauf muss deutlich hingewiesen werden – nicht nur ein nationales Anliegen der Bundesrepublik Deutschland, sondern ist eben auch eine Erfüllung und damit ein Element des überragend wichtigen Ziels der gemeinsamen Eisenbahnpolitik der Europäischen Gemeinschaft.»[6] In weiteren Richtlinien, die später zum «ersten Eisenbahnpaket» zusammengefasst wurden, werden zusätzliche Details zum Betrieb des Netzes festgelegt.[7] Die weiteren «Eisenbahnpakete» präzisierten den sogenannten einheitlichen europäischen Eisenbahnraum.[8] Dabei steht auch das deutsche Modell, bei dem Bahnnetz und Zugbetrieb unter dem gemeinsamen Dach der DB AG stattfinden, auf dem Prüfstand. Die Bundesregierung hätte zwar durchaus die Möglichkeit, auf eine Veränderung dieser Regelungen hinzuwirken; sie versteckt sich stattdessen aber lieber hinter den angeblichen Notwendigkeiten durch die EU – als wäre Deutschland spätestens seit der Eurokrise nicht dasjenige Land mit dem größten Einfluss in der EU. Und da seit 2012 Deutschland und Frankreich respektive DB AG und SNCF in dieser Frage die gleiche Position vertreten, wäre eine Änderung, Anpassung oder zumindest Lockerung der bestehenden EU-Regelung ein Leichtes.

Trennung von Netz & Betrieb

Die Trennung zwischen dem Schienennetz und Betrieb – gemeint sind damit sowohl Personen- als auch Güterverkehr – ist somit eines der zentralen Elemente einer zunehmend privatwirtschaftlichen Organisation des Eisenbahnsektors. Gleichzeitig ist jedoch ein integrierter Betrieb von beiden mit erheblichen Synergievorteilen verbunden und spart enorme Kosten. Das PRIMON-Gutachten errechnete für den deutschen Bahnverkehr, dass die Trennung von Netz und Transport Synergieverluste in Höhe von 1,1 Milliarden Euro erzeuge.[9] Der für die DB AG arbeitende Bahnbeirat schreibt gar: «In den Separationsmodellen geht jede Kompetenz verloren, ein Eisenbahnnetz zu betreiben.»[10] Auch die Regierungskommission Bundesbahn hatte, obwohl sie in ihrer Empfehlung selbst eine Öffnung des Netzes für andere Bahnunternehmen gefordert hatte, an gleicher Stelle schon Zweifel am Konzept der Trennung angedeutet, indem sie in ihrem Bericht einen neuartigen Superlativ formulierte: «Internationale Erfahrungen bestätigen, dass die vorgeschlagene Abgrenzung die reibungsfreieste [sic] Trennlinie zwischen Netz und Transport darstellt.»[11] Sie glaubte also offensichtlich auch nicht daran, dass dies wirklich «reibungsfrei» sei.

Die weitestgehende Trennung von Netz und Transport gibt es bislang in Großbritannien. Die Auswertung im Rahmen einer Studie mit dem Titel «Rail Value for Money» zeigt milliardenschwere Ineffizienzen im britischen System aufgrund dieser Trennung und schlägt als Abhilfemaßnahme vor, Netz und Transport wieder in einer Hand zu planen und zu betreiben.[12] Auch Frankreich hat als Reaktion auf erhebliche Reibungsverluste das 1997 in eine eigene Gesellschaft ausgegliederte Bahnnetz wieder in die Bahngesellschaft SNCF integriert, obgleich es sich hier eher um eine formale Trennung gehandelt hatte und die SNCF immer auch mit dem Unterhalt und dem Betreiben des Netzes betraut war. Der französische Verkehrsminister Frédéric Cuvillier ließ 2012 verlauten, man führe nun wieder zusammen, was zusammengehöre.[13]

Eine Trennung des Netzbetriebs und des Transports führt zu einer Zersplitterung von Verantwortlichkeiten und kann damit sogar Sicherheitsprobleme verursachen. Dadurch werden auch Innovationen im Bahnverkehr unterbunden. Der Grund dafür ist, dass bei grundlegenden Innovationen, die auf einer Seite viel Geld einsparen können — beispielsweise einer Veränderung des Betriebsmodus oder des Zugsicherungssystems — immer beide Bereiche einbezogen sein müssen. Da die Infrastrukturunternehmen und die Betreibergesellschaften jedoch unterschiedliche Interessen verfolgen, wird sich die jeweils andere Seite meist dagegen sträuben.[14] Außerdem ist eine sehr hohe Zugdichte im Bahnnetz — beispielsweise wie bei den Weltspitzenreitern Japan und Schweiz — nur mit einem integrierten Modell möglich, da hier sehr hohe Anforderungen an die Abstimmung zwischen Fahrweg und Zügen gestellt werden.[15] Auch dies ist in Hinblick auf ein angestrebtes deutliches Anwachsen des Bahnverkehrs ein gewichtiges Argument für eine Integration beider Bereiche. Gleichzeitig schließt eine solche Integration jedoch auch einen freien Netzzugang im Bedarfsverkehr und damit einen Wettbewerb im Güterverkehr oder bei Sonderzügen nicht notwendigerweise komplett aus.[16] Solche Verkehre — in Form von Tourismuszügen, dem Lufthansa-Express oder Sonderzügen zu speziellen Anlässen — gab es im Übrigen auch schon vor der Bahnreform.

Vergleich mit den Modellen in anderen Ländern

Der Versuch einer materiellen Bahnprivatisierung begann in Deutschland ein knappes Jahr, nachdem eine solche Privatisierung in Großbritannien stattgefunden hatte. Großbritannien spielte auch auf diesem Gebiet — wie im Bereich anderer Privatisierungen und Liberalisierungen — eine Vorreiterrolle. Interessant ist, dass bei der deutschen Bahnprivatisierung dieses britische Beispiel kaum eine Rolle spielte — wohl auch, weil die britische Privatisierung sich zu dem Zeitpunkt bereits als Desaster herausgestellt hatte.

Neben dieser umfassendsten — wenn auch inzwischen wieder teilweise revidierten — Privatisierung in Großbritannien findet sich am entgegengesetzten Pol die Schweiz, die das Modell einer einheitlichen Bahn unter einem staatlichen Dach verfolgt. Da das PRIMON-Gutachten wie oben beschrieben das Modell der Nicht-Privatisierung überhaupt gar nicht erst untersuchte und das wahre Leben ohnehin aussagekräftiger ist als bloße Prognosen (man denke beispielsweise an die verfehlten Modelle der Regierungskommission Bundesbahn für die öffentlichen Zuschüsse an die Bahn), ist der Vergleich mit diesen Ländern durchaus interessant. Dabei ist das deutsche Modell in vieler Hinsicht zwischen diesen beiden Extremen angesiedelt.

Großbritannien

Auch in Großbritannien galt British Rail in den 1980er Jahren als veraltet und benötigte wie die Deutsche Bundesbahn umfangreiche staatliche Unterstützungen. Daraufhin wurde mit dem Railways Act 1993 eine Kapitalprivatisierung des gesamten Bahnsystems auf den Weg gebracht. Das Netz wurde komplett in das Unternehmen Railtrack plc. überführt und der Verkehr, der Bau, die Serviceleistungen etc. in über hundert Unternehmen aufgeteilt, aus denen schließlich über 2000 Subunternehmen wurden.[17] Der Betrieb von Bahnstrecken wird seitdem in Form von Paketen zum Betrieb ausgeschrieben, für die jeweils ein Betreiber eine Konzession für meist sieben bis zehn Jahre erhält.

Mitte der 1990er Jahre wurde die britische Privatisierung noch als großer Erfolg gefeiert. Nachdem aufgrund zahlreicher schwerer Eisenbahnunfälle, auf die Alex Gordon in der Einleitung zu diesem Kapitel eingeht, jedoch deutlich geworden war, dass Railtrack die Instandhaltung der Infrastruktur vernachlässigt hatte, um Gewinne zu erwirtschaften, und der Staat sich weigerte, dem Unternehmen weiteres Geld zu gewähren, musste das Unternehmen Insolvenz anmelden. Das Netz wurde in das nicht gewinnorientierte und faktisch staatliche Unternehmen Network Rail übernommen und mit erheblichen öffentlichen Mitteln wieder instand gesetzt. Der Staat hat letztlich bei der Privatisierung des Netzes massiv draufgezahlt.[18] Der Betrieb wird jedoch weiterhin in Ausschreibungen an Privatunternehmen vergeben («Franchises»). Somit existiert in Großbritannien inzwischen das Modell eines vollständigen Ausschreibungswettbewerbs auf einem staatlichen Netz, und der Wettbewerb zwischen vielen Unternehmen ist dabei tatsächlich weitgehend realisiert. Dies entspricht also dem auch in Deutschland diskutierten Trennungsmodell. Mit ihrer Tochter Arriva ist im Übrigen auch die DB AG im britischen Bahnverkehr aktiv.

Die Leistungsfähigkeit dieses Systems wurde 2011 in der bereits erwähnten «Rail-Value-for-Money» Studie im Auftrag des britischen Transportministeriums untersucht. Die Studie ergibt, dass die Effizienz des britischen Systems um rund 34 Prozent geringer ist als bei den Bahnsystemen in vergleichbaren europäischen Ländern. Die Gesamtkosten liegen mit 202 britischen Pfund pro 1000 Personenkilometer höher als in allen anderen Ländern und fast doppelt so hoch wie in der Schweiz (112 brit. Pfund pro 1000 Personenkilometer).[19] Als wichtigsten Grund hierfür nennen die Wissenschaftler um Roy McNulty die erheblichen Synergieverluste durch die Aufteilung des Systems in zahlreiche Subunternehmen.[20] Die staatlichen Zuschüsse an das Bahnsystem hatten zwar zum Anfang der Privatisierung deutlich abgenommen, sind dann aber wieder stark angestiegen und liegen inzwischen auf einem höheren Niveau als vor der Privatisierung.[21] Der Hauptgrund dafür sind unzureichende Investitionen und dadurch ein Substanzverlust in den ersten Jahren nach der Reform, was wieder ausgeglichen werden musste. Der überwiegende Teil der Fahrgäste ist mit der Situation der Bahn sehr unzufrieden.[22] Ein Großteil der Bevölkerung fordert daher eine komplette Rückverstaatlichung des britischen Bahnsystems.[23] Auch die Beschäftigten sind überwiegend unzufrieden mit der Situation und bemängeln insbesondere die Unübersichtlichkeit des Systems aus den zahlreichen einzelnen Unternehmen; die Gewerkschaften fordern einen «Wiederaufbau» des Bahnsystems.[24]

Von Verteidigern der britischen Bahnprivatisierung wird immer wieder darauf verwiesen, dass trotz der Unzufriedenheit der Bahnverkehr in Großbritannien immerhin deutlich zugenommen hat. Tatsächlich stieg der Personenverkehr seit 1990 um 57,8 Prozent an[25] und der Schienengüterverkehr um 55 Prozent.[26] Andererseits ist der Marktanteil der Bahn mit 6,6 Prozent im Personen- und 4,4 Prozent im Güterverkehr auch damit noch immer niedriger als in Deutschland oder im EU-Durchschnitt[27], das Wachstum fand also ausgehend von einer sehr niedrigen Ausgangsbasis statt. British Rail war bereits vor der Privatisierung erheblich heruntergewirtschaftet worden, so dass die zitierten Wachstumszahlen vor diesem Hintergrund zu sehen sind. Für die Entwicklung in Großbritannien gab es aber noch zwei weitere spezifische Gründe: Erstens führte die umfassende Liberalisierung des Arbeitsmarktes zu einer enormen Aufsplitterung der Arbeitsstrukturen und zur Verwandlung von Vollarbeitsplätzen in Billigjobs; viele Menschen arbeiten inzwischen in mehreren parallelen Jobs. Letzteres führte zu einer massiven Zunahme des Berufsverkehrs. Zweitens hat der rasante Anstieg der Bodenpreise und der Mieten in den britischen Großstädten — vor allem im Großraum London — zur Folge, dass eine wachsende Zahl von Menschen ihren Wohnsitz aus den Ballungszentren in das preiswertere Umland verlagerte, was erneut einen erheblichen Anstieg der Nachfrage nach Nah- und Regionalverkehrsleistungen nach sich zog und insbesondere dem Schienenverkehr im Bereich von Greater London einen massiven Auftrieb gab, zusätzlich beflügelt durch die dortige Innenstadtmaut für Autos.[28]

Schweiz

Auch die Bahn in der Schweiz hatte in den 1970er Jahren erhebliche Schwierigkeiten und kämpfte mit Fahrgastverlusten und zunehmenden Defiziten. Allerdings war die Reaktion darauf ganz anders als in Deutschland: Aufgrund des massiven Widerstands in der Bevölkerung gab es so gut wie keine Streckenstilllegungen. Stattdessen versuchte man die Verluste seit den 1970er Jahren mit einem Ausbau des Angebots aufzufangen, erstellte einen Eisenbahnverkehrsplan und sorgte für eine bessere Kooperation der Verkehrsträger, beispielsweise durch Tarifverbünde.[29]

Die Schweiz hat auch mit ihrer Bahnreform in den 1990er Jahren einen grundlegend anderen Ansatz verfolgt als Großbritannien und Deutschland. Statt auf eine Privatisierung und eine Aufteilung der Kompetenzen auf unterschiedliche Unternehmen hat man hier auf eine Fortsetzung der staatlichen Organisation des gesamten Bahnbetriebs unter einem Dach, den Schweizerischen Bundesbahnen (SBB), gesetzt. Anders als in Deutschland und Großbritannien war dies in ein Gesamtverkehrskonzept eingebunden, und dieses umfasste explizit einen Ausbau der Bahn. Die SBB wurde analog zur DB in eine Aktiengesellschaft umgewandelt. Im Gegensatz zur DB AG in Deutschland wurde dafür aber ein eigenes Gesetz erlassen, das die SBB an klare Vorgaben bindet: Für jeweils vier Jahre wird zwischen dem Bundesrat und der SBB eine Leistungsvereinbarung abgeschlossen, in der die zu erbringenden Leistungen und die im Gegenzug vom Staat gezahlten Zuschüsse genau festgelegt sind.[30] In ihrem jährlichen Geschäftsbericht weist die SBB die Verwendung der öffentlichen Mittel transparent nach. Die SBB ist dabei allerdings kein einheitliches Bahnunternehmen, sondern auch die Dachorganisation vieler kleinerer Bahnen, die in vielen Fällen den Kantonen gehören. Aufgabe der SBB ist es vorwiegend, den überregionalen Bahnverkehr sowie den landesweit koordinierten Fahrplan zu organisieren.

Seit den 1980er Jahren orientiert sich die Schweiz mit den Programmen «Bahn 2000» (1984 bis 2004) und jetzt «Bahn 2030» auf den Netzausbau für einen sogenannten Integralen Taktfahrplan, der das Bahnfahren durch feste Umsteigezeiten in Bahnhöfen zur vollen oder zur halben Stunde sehr schnell und komfortabel macht. Alle größeren Städte sind im Halbstundentakt verbunden, und statt des Baus von Hochgeschwindigkeitsstrecken werden Baumaßnahmen im Schweizer Netz daraufhin priorisiert, inwieweit sie diesen Integralen Taktfahrplan weiter verbessern.[31] Gleichzeitig hat die Schweiz eine extrem hohe Zugdichte im Netz.[32]

Die Schweizer Bahn wird langfristig stabil finanziert. Bezogen auf die Verkehrsleistungen sind die öffentlichen Zuschüsse aber vergleichsweise gering: Während ein Einheitskilometer in Deutschland mit 7,0 Cent finanziert werden muss, ist es in der Schweiz mit 2,4 Cent nur gut ein Drittel.[33] Das hohe Verkehrsaufkommen sorgt für vergleichsweise geringe Kosten pro Leistungseinheit. Wie auch die oben dargestellte britische «Rail Value for Money»-Studie gezeigt hat, ist die Mittelverwendung bei der Schweizer Bahn offensichtlich sehr effizient und erreicht europaweit Spitzenwerte.

Die Bahn ist in der Schweiz im Vergleich zu Deutschland ausgesprochen erfolgreich: Im Personenverkehr hat sie einen Verkehrsmarktanteil von 17,3 Prozent, im Güterverkehr von 38,7 Prozent (beides etwa doppelt so hoch wie in Deutschland), beide Werte sind über die letzten Jahre weiter leicht angestiegen.[34] In Bezug auf Service und Zuverlässigkeit erreicht die Schweizer Bahn ebenfalls Höchstwerte im europäischen Vergleich.[35] Auch im regionalen und überregionalen Güterverkehr verfolgt die Schweiz eine Verlagerung auf die Bahn explizit als politisches Ziel und lenkt auch die Investitionen dementsprechend.[36]

Für diesen Erfolg des Schweizer Modells gibt es mehrere Gründe: Zum ersten ist die Bahn in ein langfristiges Gesamtverkehrskonzept eingebunden, und auch bei der Konzeption und dem Management gibt es eine hohe Kontinuität. Die SBB hat als spezialgesellschaftliche Aktiengesellschaft klare verkehrliche und fiskalische Vorgaben und verfolgt als Ziel primär eine gute Versorgung und eine hohe Qualität statt einen Bilanzgewinn. Entscheidend ist außerdem die Einheit von Netz und Transport, die dichte Verkehre und viele Synergievorteile ermöglicht und die hundertprozentige Elektrifizierung des gesamten Netzes und des kompletten Eisenbahnbetriebs. Dazu kommt eine hohe Bereitschaft der Bevölkerung, für das Bahnsystem die notwendigen öffentlichen Mittel bereitzustellen. Entscheidend dafür ist auch die direkte Demokratie, durch die beispielsweise das Projekt «Bahn 2000» durchgesetzt wurde und Streckenstilllegungen weitgehend verhindert wurden. Das ist der Grund, dass nach wie vor alle Regionen des Landes sehr gut an den Schienenverkehr angebunden sind. Die enge Kooperation der Kantons- und anderen Nebenbahnen, die Vernetzung mit allen anderen öffentlichen Verkehrsmitteln und das einheitliche Tarif- und Fahrplansystem für den öffentlichen Verkehr in der ganzen Schweiz tragen außerdem zu der hohen Attraktivität der Bahn und des sonstigen öffentlichen Verkehrs bei.

Auch in der Schweiz sind aber durchaus Tendenzen erkennbar, die liberalisierten Regelungen der EU zu übernehmen und die SBB in Bereiche zu zerteilen – mit ebenfalls absehbaren negativen Konsequenzen. Obwohl also auch in der Schweiz nicht alles Gold ist, was glänzt, und sich das Modell überdies nicht einfach eins zu eins auf ein anderes Land übertragen lässt, so gilt dennoch: Viele Elemente des Schweizer Modells eignen sich als Vorlage für eine offensichtlich sehr gut funktionierende Struktur. Auf diese werden wir in unserem Konzept für eine bessere Bahn in Deutschland in Kapitel 23 wieder zurückkommen. Der Vergleich zwischen der britischen und der schweizerischen Bahn zeigt aber bereits, dass eine zunehmende Privatisierung und Trennung von Netz und Transport, wie sie unter anderem von der EU gefordert wird, für die Bahn kontraproduktiv ist.

2006

Die Deutsche Bahn tätigt mit BAX Global ihren bislang größten Aufkauf im Ausland. Bahnchef Mehdorn erklärt: «Unser Markt ist die Welt»

DB SCHENKER

Yes.

Gibt es ein Netzwerk, das den Weltmarkt umspannt?

Zu Lande, zu Wasser und in der Luft: das weltweite Netzwerk von DB Schenker.

Groß ist, wer Großes möglich macht. Bei DB Schenker arbeiten rund 88.000 Mitarbeiter weltweit daran, Kundenwünsche schnell und kostengünstig möglich zu machen – vom einfachen Transport bis hin zu komplexen Logistiklösungen. Testen Sie uns jetzt – mit ca. 2.000 Standorten in rund 130 Ländern sind wir überall da, wo auch Sie sind. www.dbschenker.com/yes

Kapitel 14: Die Deutsche Bahn als Global Player
Oder: Expansionswut im Ausland bedingt Servicewüste im Inland

«Es waren einfach zu wenig Fahrgäste», sagte ein Sprecher des Konzerns am Montag zur Süddeutschen Zeitung. Die Strecke war von der Bahngesellschaft Wrexham & Shropshire Railways betrieben worden, an der die Deutsche Bahn über ihre Tochter Laing Rail zu 50 Prozent beteiligt ist. Nach Angaben von Wrexham & Shropshire-Chef Adrian Shooter hatte das Unternehmen allein im Jahr 2010 2,8 Millionen Pfund, etwa 3,3 Millionen Euro, Verlust gemacht. Es habe keine Aussicht mehr bestanden, jemals profitabel zu werden.
Die Deutsche Bahn hatte das britische Eisenbahnunternehmen Laing Rail im Januar 2008 für 170 Millionen Euro erworben. Dieser große Auslandseinkauf war in den Medien als «Quantensprung» bezeichnet worden, denn damit konnte der Konzern endlich seine im Inland stagnierende Personenverkehrssparte ausbauen.
Zu dem Paket gehörte auch die 50-Prozent-Beteiligung an der Firma Wrexham & Shropshire, die fünf Mal täglich die Strecke zwischen den beiden walisischen Städten und London fuhr. Das Unternehmen bot die Verbindung zuletzt nur noch drei Mal täglich an. Mit ein Grund für das jetzt erfolgte Aus dürfte gewesen sein, dass die Deutsche Bahn im vergangenen August das britische Transportunternehmen Arriva übernommen hatte, das ebenfalls in der Region aktiv ist. Damit hat sich der Konzern selbst Konkurrenz gemacht.

Daniela Kuhr 2011 in der Süddeutschen Zeitung[1]

Im Januar 2006, exakt zwölf Jahre nach der Bahnreform, inmitten der Ära Mehdorn und wie eine Art Auftakt zur parallel einsetzenden breiten Kampagne für den Bahnbörsengang, erwarb die Deutsche Bahn für mehr als eine Milliarde Euro den US-amerikanischen Logistiker BAX Global (später nur noch als BAX bezeichnet). Es handelte sich um den ersten großen Aufkauf im Ausland, um die erste große Investition in Nordamerika und um einen entscheidenden Schritt hin zu einem Global Player im Transportsektor. Eisenbahnen spielten allerdings beim BAX-Portfolio keine größere Rolle. Das Unternehmen ist vor allem in den Bereichen Luftfracht, Seefracht und Straßengüterverkehr engagiert. Triumphierend hieß es ein gutes Jahr später im Geschäftsbericht der Deutschen Bahn: «Nach dem Erwerb des amerikanischen Logistikdienstleisters BAX ist dessen Integration in unser weltweites Logistiknetzwerk nahezu abgeschlossen. [...] Mit einer Präsenz an mehr als 1.100 Standorten in über 130 Ländern behaupten wir uns nun als Global Player in Märkten, die von hohen Wachstumsraten, hartem Konkurrenzkampf und zunehmendem Konsolidierungstempo geprägt sind.»[2]

Bis 1999 und damit bis zum Ende der Amtszeit von Bahnchef Johannes Ludewig war die Deutsche Bahn weitgehend eine Deutschland-interne Veranstaltung und zugleich tatsächlich ein Unternehmen, das seine Umsätze zu gut 90 Prozent im Eisenbahnsektor erzielte. Mehdorn betrieb gleich zu Beginn seiner Amtszeit als Bahnchef eine gezielte Global-Player-Politik. Am Anfang stand eine unscheinbare Personalie: Mehdorn holte 2000 Bernd Malmström, bislang Vorstand beim Lkw-Logistik-Konzern Stinnes-Schenker, zur Bahn. Malmström setzte als Chef von DB Cargo das in Kapitel 9 beschriebene, zerstörerische Programm MORA C im Schienengüterverkehr um. 2001 bildeten DB Cargo und Stinnes-Schenker eine Kooperation mit dem Namen Rail-Log und dem offiziellen Ziel, die Schnittstellen zwischen dem Schienengüterverkehr und dem Lkw-Verkehr zu optimieren. Im Juli 2002 erwarb die Deutsche Bahn dann Stinnes mit dessen Tochter Schenker für 2,5 Milliarden Euro. Damit war ein interessanter Kreislauf vollzogen: Schenker war traditionell eine Tochter der Bundesbahn. Sie wurde bereits 1991 unter Dürr mit der einleuchtenden Begründung veräußert, die Bahn müsse sich auf das «Kerngeschäft Schienenverkehr» konzentrieren; Straßengüterverkehr zähle nicht (mehr) dazu. Schenker expandierte ein gutes Jahrzehnt lang auf dem globalisierten Markt – in Branchen wie Luftfracht, Seeschifffahrt und vor allem beim Lkw-Transport. 2002 zahlte die Deutsche Bahn für den Schenker-Rückerwerb mit 2,5 Milliarden Euro rund das Fünffache dessen, was der Verkauf 1991 eingebracht hatte.[3]

Mit dem Schenker-Erwerb hatten sich die Schwerpunkte im Bahn-Konzern bereits erheblich weg von der Schiene und hin zu Lkw und Luftfracht verschoben.

Diese Entwicklung wurde dann 2005 mit dem Kauf von BAX nochmals beschleunigt. Zumal es in den folgenden Jahren eine Reihe weiterer Aufkäufe mit Gesamtausgaben von nochmals gut einer Milliarde Euro gab – so in Großbritannien die Übernahme von EWS (English-Welsh-Scottish Railways), der größten britischen Güterbahn, und dem im Schienenpersonenverkehr aktiven Unternehmen Laing Rail, in Spanien die Übernahmen einer Mehrheit an Transfesa, einem vor allem bei Autotransporten engagierten Transport- und Logistik-Dienstleister, und der Spedition Spain-TIR, in Rumänien und Polen der Kauf der Güterverkehrsgesellschaften Romtrans und PCC Logistics.[4]

Bahnchef Mehdorn erklärte damals: «Unser Markt ist nicht Deutschland. Unser Markt ist die Welt.»[5] Er stellte das kaum verhüllt in den Zusammenhang einer aggressiven Expansionspolitik mit militaristischer Terminologie. Vor Belegschaftsvertretern äußerte er anlässlich des EWS-Einkaufs einmal: «Dieses Mal werden wir Frankeich von hinten angreifen.» Dies bezog sich darauf, dass EWS über eine Konzession für eine Ärmelkanaldurchfahrt verfügte. Auf die Frage «In welcher Zeit hätten Sie gerne gelebt?» antwortete er: «Ich wäre gern mit Napoleon unterwegs gewesen.»[6] Auch wenn Mehdorn am Ende vor allem wegen der Bespitzelung der Bahnbeschäftigten sein Amt verlor, so trug die aggressive Global-Player-Politik zu seinem Sturz bei.

Vor diesem Hintergrund war es ein kluger Schachzug, dass Rüdiger Grube im Mai 2009, wenige Wochen nach seiner Ernennung als Bahnchef, mitteilen ließ, er wolle sich auf das «Brot-und-Butter-Geschäft im Inland» konzentrieren; die «Süddeutsche Zeitung» ließ sich zu der Schlagzeile verleiten: «Neuer Bahnchef stoppt Expansion».[7] In Wirklichkeit gab es in den nun folgenden Jahren eine Beschleunigung und Verschärfung der aggressiven Aufkaufpolitik und der allgemeinen Expansion auf Auslandsmärkten.

Zwei große Expansionsbereiche ragen dabei hervor: Erstens die Engagements in den Öl- und Gasregionen des Nahen Ostens. Zweitens der Ausbau der Deutschen Bahn zu einem europaweiten Busbetreiber.

Vereinigte Arabische Emirate und Saudi Arabien

2006 begann die Bundesregierung ihre Beziehungen zu dem Golfstaat Vereinigte Arabische Emirate (VAE) zu intensivieren. Darin einbezogen ist eine militärische und Polizeizusammenarbeit. Wirtschaftlich geht es um große Aufträge für den Rüstungskonzern EADS und dessen zivile Tochter, den Flugzeugbauer Airbus, und um Anlagen der ölexportierenden Länder in der deutschen Autoindustrie. Im gleichen Jahr wurde eine Machbarkeitsstudie für verschiedene Schienenprojekte in der VAE erstellt.[8] Rüdiger Grube konnte bereits wenige Monate nach seinem Amtsantritt die reiche Ernte einfahren: Ende November 2009 weilten der Bundesverkehrsminister und der Bahnchef in Doha, um den Gründungsvertrag der Qatar Railways Development Company, an der die DB mit 49 Prozent beteiligt ist, zu unterzeichnen. Just zu der Zeit, als die Deutsche Bahn im innerdeutschen Schienenverkehr ihr erstes Winterdesaster mit dem Ausfall hunderter Züge erlebte, konnte man von Grube die folgenden Zeilen lesen: «Es motiviert unglaublich, wenn man vor Ort in Katar erfährt, wie sehr das Know-how unserer Mitarbeiter weltweit gefragt ist. Die machen wirklich einen tollen Job.»[9] Es gehe um «Gesamtinvestitionen in Höhe von 17 Milliarden Euro» für Fernverkehrs- und Güterverkehrsstrecken im Nahen Osten und um ein Metrosystem in Doha, der Hauptstadt von Katar.

Im März 2010, so ließ bald darauf die DB AG mitteilen, «konnte die DB in der Golfregion erneut einen Großauftrag einfahren». Wieder war das Tandem Ramsauer-Grube vor Ort in den Emiraten zur Vertragsunterzeichnung, um «die VAE beim Aufbau einer hochmodernen und leistungsfähigen Schieneninfrastruktur nach Kräften zu unterstützen», so der Bundesverkehrsminister. Es gehe darum, dass «wir dort am Ende unsere Betreiberkompetenz unter Beweis stellen», so der Bahnchef. Zur gleichen Zeit bewies die Bahn, dass sie bei der Berliner S-Bahn, die ein Dreivierteljahrhundert fast wie am Schnürchen fuhr, offensichtlich ihre «Betreiberkompetenz» verloren hat.

2011 und 2012 berichtete die Deutsche Bahn von großen Engagements in Saudi Arabien. Dort ist DB International an Tief- und Gleisbauarbeiten für eine Güterbahn im Norden des Landes beteiligt.

Die Deutsche Bahn ist auch beim Bau einer Hochbahn in Riad engagiert, die die einzelnen Bereiche der dortigen Frauen-Universität miteinander verbindet.[10] Schließlich hat die Deutsche Bahn in diesem Land das Projektmanagement für den Bau einer 450 Kilometer langen Hochgeschwindigkeitsstrecke übernommen, die Mekka und Medina verbinden soll. Just in den Jahren, in denen die Bahn in diesem Wüstenstaat demonstrierte, wie kompetent sie Schienenverkehre auch bei Temperaturen von mehr als 45 Grad Celsius gewährleisten kann, erlebte die Deutsche Bahn im inländischen Schienenverkehr ein weiteres mediales Desaster: Sie musste in den Sommern 2010 und 2012 im deutschen Schienenverkehr Dutzende Fernverkehrszüge aus dem Verkehr ziehen, weil deren Klimaanlagen bei sommerlichen Temperaturen von 30 bis 35 Grad kollabierten.

Im April 2013 fand in Berlin das Forum «Business and Investment in Qatar» statt, das von der Bundeskanzlerin und dem katarischen Premier persönlich eröffnet wurde. Zu einem Zeitpunkt, als die Bahn im deutschen Gleisnetz zunehmend Probleme hatte, den normalen sicheren Betrieb zu gewährleisten, was kurz darauf zu den «Mainzer Verhältnissen» mit dem dramatischen Mangel an Fachkräften auf den Stellwerken führte (siehe Kapitel 21), wurde der Aufbau einer «Eisenbahn-Akademie» in Katar beschlossen, den die Deutsche-Bahn-Tochter DB International, Qatar Rail und Qatar University gemeinsam in Angriff nehmen.[11]

Das Engagement der Deutschen Bahn in der Region des Nahen und Mittleren Ostens kann in seinem gesamten Umfang nur unzureichend bewertet werden; die Geschäftsberichte des Konzerns sind in diesem Punkt ausgesprochen schmallippig formuliert. Sicher ist, dass es sich um Investitionen handelt, die im Zeitraum 2010 bis 2015 mehrere Milliarden Euro ausmachen, und dass rund tausend Personen der Deutschen Bahn AG für diese Engagements Vollzeit arbeiten.[12] Das entspricht ziemlich genau der Zahl an Stellwerkern, die der Deutschen Bahn nach Gewerkschaftsangaben für einen sicheren und pünktlichen Betrieb im deutschen Schienennetz fehlen.

Arriva-Kauf — Grube verwirklicht Mehdorns Traum

Das wichtigste Ereignis in der Expansionspolitik der DB war zweifellos der Kauf des britischen Bahnunternehmens Arriva plc am 11. August 2010. Die Deutsche Bahn zahlte dafür — einschließlich übernommener Schulden — rund drei Milliarden Euro und damit drei Mal mehr als für BAX. Es handelt sich um den größten Zukauf in der Unternehmensgeschichte der DB. Die Bahn- und Busgeschäfte von Arriva Deutschland wurden an ein Konsortium unter Leitung der italienischen Staatsbahn Ferrovie dello Stato verkauft, darunter der in Niedersachsen und Hamburg verkehrende Metronom.

Arriva beschäftigt europaweit mehr als 40.000 Menschen. Das Unternehmen betreibt in Großbritannien eine Vielzahl von Bus- und Bahnlinien, ist aber auch beispielsweise in Süd- und Osteuropa, in Spanien, Portugal oder Skandinavien aktiv. Arriva beförderte zum Zeitpunkt der Übernahme 1,5 Milliarden Personen pro Jahr. Die Briten betreiben dabei Busse, Züge, Straßenbahnen und Wasserbusse. Deutlich mehr als 50 Prozent des Umsatzes erzielt Arriva mit Busverkehren.[13] Die DB AG wurde mit der Arriva-Übernahme zum größten Busbetreiber in Europa. In mehreren Ländern tritt damit die Deutsche Bahn mit den Arriva-Bussen als Konkurrent zu den bestehenden — meist noch staatlichen — Eisenbahnen an, beispielsweise in Portugal, Spanien, Polen, Dänemark oder Italien. Der DB Konzern leistet damit einen aktiven Beitrag zur Zerstörung des Schienenverkehrs in Europa. Dabei erweitern sich die Geschäftsfelder: Im Geschäftsbericht 2012 heißt es triumphierend: «Arriva hat im Juni 2012 die britische Ambuline Ltd, Birmingham, erworben. [...] Mit der Übernahme strebt DB Arriva den Ausbau des Geschäfts im Bereich der Krankentransporte und der sozialen Fahrdienste in Großbritannien an.»[14]

Arriva wurde im Bahnkonzern von vornherein ein Sonderstatus eingeräumt. Das bisherige Management unter David Martin wurde im operativen Bereich bislang beibehalten, auch wenn es durchaus eine Kontrolle durch die DB Holding, vor allem vertreten durch Ulrich Homburg, gibt. Beim Markenauftritt fehlt bislang ein Hinweis auf die Deutsche Bahn als Eigentümerin. Gleichzeitig genießt Arriva im Konzern bislang viel Freiraum für einen eigenständigen Expansionskurs. Martin will den Arriva-Umsatz allein im Zeitraum 2013 bis 2018 verdoppeln — was nur durch eine aggressive Aufkaufspolitik realisiert werden kann.[15] Martin kündigte an, dass die Expansion gegebenenfalls mit einem Kapitalzuschuss durch die Muttergesellschaft zu finanzieren sein werde.

Die Legende von den «geschlossenen Transport-Ketten»

Die Behauptung der Deutschen Bahn, man praktiziere die beschriebene Aufkaufspolitik, um «Logistik- und Verkehrsketten, alles aus einer Hand» anbieten zu können, ist sachlich falsch. Grundsätzlich gilt, wie bereits beschrieben: Die DB AG zerstört seit Mitte der 1990er Jahre von Jahr zu Jahr die Einheitlichkeit des Systems Schiene, indem immer neue Konzerneinheiten geschaffen und Teile der Bahn ausgegliedert werden. Außerdem hat die DB AG seit gut 15 Jahren systematisch Unternehmensbestandteile, die seit Jahrzehnten Teil des «Aus-einer-Hand-Geschäfts» sind, verkauft — so das ehemals in mehrheitlichem Besitz der Bahn befindliche Tourismusgeschäft (DER) und die ehemals gemeinsam mit skandinavischen Bahnen betriebene Ostsee-Fährgesellschaft (Scandlines).

Die expansive Unternehmenspolitik der Deutschen Bahn hat vor allem mit *großer Politik* zu tun. Daher gibt es auch die interessante Konstellation, dass die Bundesregierung, die bei Themen wie Radsatzwellen, Winterdesaster, Sauna-ICE und S-Bahn-Berlin-Malaise immer wieder betonte, sie müsse sich aus dem operativen Geschäft der Bahn heraushalten, ausgerechnet beim operativen Geschäft der Bahn im Ausland Flagge zeigt, so zum Beispiel bei den beschriebenen gemeinsamen Auftritten von Ramsauer und Grube in den Golf-Diktaturen. Im Grunde benutzt die Bundesregierung die Deutsche Bahn AG als ein Vehikel, um Weltpolitik zu betreiben. Mal wird die DB eingesetzt, um im Bündnis mit Putin, Medwedew und (dem Chef der Russischen Staatsbahn) Jakunin eine neue landgestützte Transporttrasse Deutschland — Polen — Russland — China in die Wege zu leiten. Hier geht es um das strategische Ziel, die extreme Exportorientierung der deutschen Wirtschaft logistisch abzusichern, die Achse Berlin—Moskau zu stabilisieren und einen spezifischen Handelsweg Deutschlands in die aufstrebende neue Hegemonialmacht China einzurichten. Mal will man sich mit Engagements in Katar, Abu Dhabi, Dubai und Saudi-Arabien in derjenigen Region engagieren, in der Öl- und Gasinteressen die zentrale Rolle spielen, wobei umgekehrt arabisches Kapital bei VW, Porsche, Daimler und EADS/Airbus engagiert ist.

Weltpolitische Spielchen dieser Art sind natürlich kostspielig. Die Expansion wird mit Gewinnen finanziert, die im Inland im Schienenverkehr gemacht — und genau hier nicht investiert — werden.

Fatale Gewinne: Der Zug der Erinnerung

Die DB betreibt gelegentlich auch eine höchst eigene, spezifische und abstoßende Politik, die vortrefflich in das Weltbild von Bahnchef Mehdorn passte, die aber auch unter Rüdiger Grube fortgesetzt wird. Es geht um den «Zug der Erinnerung».[16] Dieser Zug mit historischen Wagen hält das Gedenken an die Millionen Menschen wach, die während der NS-Zeit fast ausschließlich per Bahn in die Konzentrationslager verschleppt wurden. In dem Zug befindet sich eine Ausstellung, die an den verschiedenen Bahnhöfen gezeigt wird, von denen aus die Menschen auf die grausame Reise in den Tod geschickt wurden. Seit 2007 fährt der Zug durch Deutschland und einige Nachbarländer, finanziert ausschließlich durch Spenden. Bis Ende 2013 haben mehr als 450.000 Menschen die Ausstellung an mehr als 130 Bahnhöfen bereits besucht.

Der «Zug der Erinnerung» musste in dieser Zeit für diese Fahrten mehr als 250.000 Euro Trassengebühren an die DB AG entrichten. Die Bahn weigert sich, dem Projekt eine kostenlose Durchfahrt zu ermöglichen. Nachdem der Verkehrsausschuss des Deutschen Bundestages die Deutsche Bahn im Sommer 2009 mit erheblichem Druck veranlasste, wenigstens einen Teil der Zwangsgebühren zurückzuzahlen, nahm der DB-Vorstand seine Gebührenpraktiken im Herbst 2009 unverändert wieder auf. Bis Dezember 2011 musste die Bürgerinitiative an die DB weitere 100.000 Euro zahlen. Die DB weigert sich, diese Gelder zurückzuzahlen. Dabei beruft sich die DB auf «europäische Gesetze» und argumentiert mit Paragraph 14 des Allgemeinen Eisenbahngesetzes. Erforderlich sei eine Gleichbehandlung aller Nutzer. Der wissenschaftliche Dienst des Deutschen Bundestages zieht diese Auslegung jedoch in Zweifel, da der «Zug der Erinnerung» als gemeinnütziges Projekt «kein[en] Wettbewerber gegenüber gewerblichen Eisenbahnverkehrsunternehmen» darstelle und Ausnahmen von der Erhebung der Trassenentgelte immer möglich seien[17]. Diese Auffassung wird dadurch gestärkt, dass die Eisenbahnunternehmen in Polen und Frankreich gegenüber dem «Zug der Erinnerung» bei Fahrten in deren Netz auf die Trassenentgelte verzichten.

Die Politik der DB gegenüber dem Zug der Erinnerung wirkt besonders perfide vor dem Hintergrund, dass die Deutsche Reichsbahn als Rechtsvorgängerin der DB AG mindestens 445 Millionen Euro (umgerechnet in heutige Währung) an den Deportationen von Menschen in die Konzentrationslager verdient hat.[18]

Die Art, wie die Deutsche Bahn den «Zug der Erinnerung» finanziell drangsaliert und damit faktisch versucht, diesen zur Aufgabe seiner wertvollen Arbeit zu bewegen, steht in einer unseligen Tradition. Im Herbst 1982 entbrannte zwischen dem Kulturdezernenten der Stadt Nürnberg, Hermann Glaser, auf der einen, und dem Nürnberger Oberbürgermeister Andreas Urschlechter und dem Präsidenten der Bundesbahndirektion Nürnberg, Horst Weigelt, auf der anderen Seite ein heftiger Konflikt. Glaser bestand darauf, in der Ausstellung zum 150. Jahrestag der Deutschen Eisenbahn 1985 in Nürnberg auch deren Rolle im Holocaust darzustellen. Bundesbahn und OB Urschlechter wollten das Thema dort nicht behandelt sehen; der Tenor lautete: «Technik ist wertneutral». Am Ende gab es einen eher faulen Kompromiss; das Thema wurde zwar aufgenommen, aber ausgesprochen stiefmütterlich und verschämt-unauffällig präsentiert.[19]

Die Missachtung der Verantwortung vor der deutschen Geschichte im Allgemeinen und der Reichsbahngeschichte im Besonderen kann durchaus so verstanden werden, dass die Bahnoberen ihre aggressive, auf Expansion orientierte Unternehmenspolitik in einer Kontinuität zum expansiven deutschen Imperialismus in früheren Perioden sehen.

***

Am Beginn dieses Kapitels wurde von dem Paukenschlag berichtet, mit dem die Deutsche Bahn 2006 BAX Global erwarb und nunmehr auf das Ziel einer DB als «weltweit führendes Mobilitäts- und Logistikunternehmen» orientiert. Diese Strategie steht in offenkundigem Widerspruch zur Aufgabenstellung, in Deutschland einen optimalen Schienenverkehr zu betreiben. Sie ist darüber hinaus äußerst riskant. Die ausländischen Engagements erwirtschaften nicht nur keinen Gewinn. Sie können mit massiven Verlusten verbunden sein — was dann erst recht das deutsche Kerngeschäft tangiert. Das gilt insbesondere für Engagements auf dem US-Markt, wo sich in den vorausgegangenen Jahren die Deutsche Post AG mit ihrer Tochter DHL bereits eine blutige Nase und Verluste in Höhe von 7,5 Milliarden Euro einhandelten.

Just dies widerfuhr inzwischen auch der Deutschen Bahn. Grube musste 2011 verkünden, dass Schenker in den USA keine Luftfracht, ehemals das Kerngeschäft von BAX, mehr befördern werde. Kurz darauf teilte die DB AG mit, man ziehe sich nunmehr «vollständig aus dem inneramerikanischen Transportgeschäft zurück». Das bisherige Schenker-Verteilnetz in den USA wurde an den Konkurrenten Estes übergeben. Was in der inzwischen sattsam bekannten Orwell-SED-Politbüro-Sprache als «Neuordnung des Nordamerika-Geschäftes» ausgegeben wurde, ist in Wirklichkeit das komplette Scheitern der Global-Player-Strategie des Bahnkonzerns in der äußerst wichtigen Region Nordamerika. Dies ist mit gewaltigen — allerdings gut versteckten — Verlusten verbunden.[20]

Es spricht einiges dafür, dass sich ein vergleichbares Scheitern in anderen Regionen wiederholt — was dann von den deutschen Steuerzahlern, von den Fahrgästen und von den Beschäftigten der Deutschen Bahn bezahlt werden muss. Und spätestens dann werden sich alle Beteiligten und Betroffenen fragen: Was tut die Deutsche Bahn eigentlich dort? Warum fließen deutsche Steuergelder in dieses Global-Player-Business? Und vor allem: Was könnte man doch mit diesen Euro-Milliarden in Deutschland für einen optimalen Schienenverkehr entwickeln!

2007

Am 27. Oktober gibt es auf dem SPD-Parteitag in Hamburg eine klare Mehrheit gegen eine Bahnprivatisierung — der Gesetzentwurf der großen Koalition zum Bahnbörsengang ist vom Tisch

Kapitel 15: Das Scheitern des Bahnbörsengangs
Oder: Ein Sieg über Gier & Kapital

«Liebe Genossinnen und Genossen,
ich bin der erste, aber gewiss nicht der einzige, der sich hier eindeutig und klar gegen jeden Verkauf – auch Teilverkauf, auch Teilprivatisierung – der bundeseigenen Deutschen Bahn ausspricht. Ich bin damit nicht allein. 70 Prozent der Bevölkerung sind für eine bundeseigene Bahn und gegen den Gesetzentwurf, den die Regierung und die Koalitionsfraktionen eingebracht haben. Kurt Beck hat gesagt, wir sollten den Menschen näher sein. Ich bin den Menschen näher als die Befürworter eines Verkaufs der Bahn.
Elf Landesparteitage haben gegen den Teilverkauf gestimmt. Eine Mehrzahl unserer Mitglieder ist dagegen. Die großen Gewerkschaften IG Metall und Ver.di sind dagegen. Sie alle fordern: die Bahn soll die Bahn des Bundes, also unsere Bahn, bleiben. [...]
Ich komme aus Stuttgart und kenne einen: Das war Herr Schrempp von Daimler Benz. Er ist mit seinen Interessen, ein weltweiter Global Player zu werden, kläglich gescheitert. So etwas sollten wir nicht unterstützen. Die Bahn ist da für die Daseinsvorsorge. [...] Und die Menschen in Deutschland sind nicht am größten Global-Logistic-Player interessiert. Sie wollen von Kötzschenbroda nach Meckenbeuren kommen — und das auf gute und zuverlässige Weise. [...] Nein, die Bahn braucht gewiss Reformen, sie braucht aber keinen Teilverkauf. Sie braucht eine verkehrspolitische Führung. Das erfordert, dass der Bund, die Bundesregierung und der Bundestag ihre Verpflichtung hier wahrnehmen. [...]
Ich bin für die Annahme des Antrags 19 aus Berlin, der klipp und klar besagt: kein Verkauf, kein Teilverkauf, hundertprozentiges Bundeseigentum. Die Bahn gehört auf die Schiene und nicht an die Börse.»

Peter Conradi, Rede auf dem SPD-Parteitag, Hamburg am 27. Oktober 2007

Heutzutage gibt es selten Situationen, in denen eine demokratische Basisbewegung gegen die etablierten Strukturen bei einem großen gesellschaftlichen Projekt einen Sieg erringen kann. Am 27. Oktober 2007 fand eben dies statt – auf dem SPD-Parteitag in Hamburg. Nach der eingangs dieses Kapitels in Ausschnitten zitierten Rede von Peter Conradi spendeten die Delegierten minutenlangen, leidenschaftlichen Beifall. Das Parteitagspräsidium mit dem damaligen Parteichef Kurt Beck und der gesamten Parteispitze war völlig konsterniert. Das Rennen schien gelaufen, die Entscheidung damit tatsächlich gefallen – gegen einen Gesetzesentwurf, den CDU/CSU und deren Koalitionspartner SPD gemeinsam in den Bundestag eingebracht hatten und der einen Bahnbörsengang der gesamten Bahn – einschließlich des Netzes – vorsah.[1] Dieser durchschlagende Erfolg war auch einer breiten Kampagne gegen die Bahnprivatisierung zu verdanken, die es in den Jahren 2006 bis 2008 gegeben hatte und die auch bei Teilen der SPD Unterstützung gefunden hatte (siehe Kapitel 22).

Die Bahnprivatisierung, auch in einer materiellen Form, war von vornherein das Ziel der damaligen Bundesregierung. «Beim Anwerbegespräch am 3. Oktober [1990; d. Verf.] war sich Dürr mit den Bonnern [Bundeskanzler Helmut Kohl und Bundesverkehrsminister Friedrich Zimmermann] über das strategische Ziel einig: Beim Bundesunternehmen Bahn soll privatisiert werden.»[2] So ein Bericht über die Einsetzung von Heinz Dürr als Bundesbahnchef 1990. Dieses Projekt wurde mit den Stationen Bahnreform, Regionalisierung und zweite Stufe der Bahnreform einigermaßen konsequent vorangetrieben. Auch der DB AG-Vorstandsvorsitzende Johannes Ludewig hatte sich diesem Ziel ausdrücklich verschrieben.[3] Es war dann allerdings Hartmut Mehdorn, der die Orientierung auf den Börsengang massiv beschleunigte. Er legte im Juni 2001 ein Zehn-Punkte-Programm vor, um «die Bahn börsenfähig zu machen», wobei er hier den InterRegio-Tod als in diesem Sinne zielführend anführte.[4] Am 14. Januar 2004, anlässlich der Feier zum zehnjährigen Bestehen der DB AG, propagierten der Bahnchef und Kanzler Gerhard Schröder das Ziel «Börsengang bis 2006», was wiederum ein kurz danach veröffentlichtes Gutachten der Investmentbank Morgan Stanley untersetzte. Bei diesen Plänen ging es immer um eine Privatisierung der gesamten Deutschen Bahn AG, also einschließlich des Netzes.

Am 23. September 2004 allerdings hatten so gut wie alle Titelseiten der Tageszeitungen Schlagzeilen wie «Börsengang der Bahn geplatzt» und «Bund stoppt Bahn-Börsengang».[5] Was war passiert? Obgleich Rambo Mehdorn mit der gescheiterten PEP-Bahnpreisreform, gefolgt von zwei deftigen Preiserhöhungen binnen zwölf Monaten, überzogen hatte, war der Rückschlag wohl auf eine andere Ursache zurückzuführen: Kurz zuvor hatten die Unternehmerverbände BDI und DIHK eine Abtrennung des Netzes vom DB-Konzern, eine öffentliche Kontrolle über diese Infrastruktur und eine Privatisierung ausschließlich des Bahnbetriebs gefordert.

2006–2008: Drei entscheidende Jahre

Im Herbst 2005 hatte Rot-Grün zwar die Bundestagswahl verloren und es kam zur Bildung einer großen Koalition. Doch das Großprojekt Bahnprivatisierung wurde nahtlos weiterverfolgt – getreu nach Mehdorns Devise: «Es ist mir egal, wer unter mir Verkehrsminister ist.»[6] Nun wurde das Ziel Bahnprivatisierung erstmals auch in den Koalitionsvertrag hineingeschrieben. Es war der gerade aus dem Amt scheidende Kanzler Gerhard Schröder, der gemeinsam mit dem damaligen bayerischen Wirtschaftsminister Otto Wiesheu, der in dieser Frage die CDU/CSU-Fraktion vertrat, in den Vertrag hineinschreiben ließ: «Die Bahnreform wird fortgeführt. Die weiteren Schritte der Bahnreform und die Gestaltung des Börsengangs werden in Auswertung des dem Bundestag vorzulegenden Gutachtens [gemeint: das bereits beschriebene PRIMON-Gutachten; d. Verf.] unter Beteiligung der zuständigen Parlamentsausschüsse entschieden.»[7] Für dieses Engagement wurde Wiesheu kurz darauf mit einem Bahnvorstandsposten belohnt.[8] Schröder wechselte zu Gazprom. Bald darauf wurden Gazprom und die russische Staatsbahn RZB als potentielle «Investoren» für eine privatisierte DB gehandelt. Bereits am 8. März 2007 lag ein Gesetzentwurf für eine Privatisierung der DB AG einschließlich der Infrastruktur vor. Das Kabinett gab am 24. Juli einstimmig seinen Segen. Am 18. September wurde das 41-Seiten starke DBPrivG, das Deutsche Bahn-Privatisierungsgesetz, von den Fraktionen CDU/CSU und SPD in den Bundestag eingebracht.[9]

Im Vorfeld — so seitens fast aller geladenen Experten in einer Anhörung des Verkehrsausschusses am 10. Mai 2006 — hatte es massive verfassungsrechtliche Bedenken gegen eine Privatisierung der Bahn einschließlich des Netzes gegeben. Dabei wurde vor allem auf Artikel 87e des Grundgesetzes verwiesen, in dem, wie dargelegt, die Verantwortung des Bundes für die Infrastruktur festgeschrieben ist. Um diesen Bedenken Rechnung zu tragen, wurde in dem Gesetz eine fast grotesk zu nennende Konstruktion, genannt «Eigentumssicherungs-Modell», entwickelt. Im Kern geht es dabei darum, dass nach dem Gesetzentwurf die DB AG im Zuge der Teilprivatisierung zwar formell aufgespalten werden sollte in eine teilprivatisierte DB AG mit Nah-, Fern-, Schienengüterverkehr und Logistik auf der einen Seite und den weiterhin zu 100 Prozent bundeseigenen Infrastrukturgesellschaften für Netz, Bahnhöfe und Energieerzeugung auf der anderen Seite. Gleichzeitig sollte der Bund jedoch einen Vertrag mit der teilprivatisierten DB AG abschließen, wonach die *reale Verfügung* über das Eigentum an der Infrastruktur auf 15 bzw. 18 Jahre an die teilprivatisierte DB AG abgetreten würde. Die Konstruktion erwies sich durch zwei ergänzende Regelungen endgültig als großangelegter Raubzug öffentlichen Eigentums: Erstens sollte der Bund garantieren, dass jährlich rund 3,5 Milliarden Euro in die Infrastruktur (für Instandhaltung und Neubaustrecken) fließen, womit faktisch die Renditen der privaten Investoren maßgeblich mitfinanziert würden. Zweitens sollte am Ende der Vertragslaufzeit (also z.B. 2023 oder 2024) die reale Verfügung über die Infrastruktur nur dann wieder an den Bund zurückfallen, wenn dieser dafür an die teilprivatisierte DB AG einen «Wertausgleich» in Höhe eines zweistelligen Milliarden-Euro-Betrags zahlen würde.[10] Damit wäre klar gewesen, dass im Fall einer Zustimmung von Bundestag und Bundesrat zu diesem Gesetzesentwurf das Bundeseigentum nicht nur an dem Bahnverkehr, sondern auch an der Bahninfrastruktur in das private Eigentum von Investoren übergehen würde. Interessanterweise gab es achtzig Jahre zuvor bereits eine vergleichbare Struktur für die damalige Reichsbahn: Mit dieser sollte den Siegermächten die Rückzahlung der Reparationsleistungen garantiert werden.[11]

Nach der spektakulären Niederlage der Privatisierungsbefürworter auf dem Hamburger SPD-Parteitag dauerte es nur zwölf Wochen, und die Privatisierungsgeier hatten ihren Plan B eingeflogen: Auf Ende Januar 2008 datierte ein neues Privatisierungskonzept, das auch als Holdingmodell bezeichnet wurde und das der Bahnvorstand zusammen mit der Schweizer Bank UBS erarbeitet hatte. Die UBS sollte den nun auf Oktober 2008 terminierten Bahnbörsengang «begleiten», denn, so Mehdorn: «Es wäre doch Unsinn, wenn sich da eine andere Bank noch einarbeiten müsste.»[12] Das Stöckchen ward also erneut hochgehalten — und am 7. Mai sprangen die Koalitionsparteien CDU/CSU und SPD auch über dieses und brachten den Antrag «Zukunft der Bahn – Bahn der Zukunft – Die Bahnreform weiterentwickeln» in den Bundestag ein, der bereits am 30. Mai mit satter Mehrheit beschlossen wurde. Der entscheidende Satz in dem Beschluss lautet: «Privates Kapital wird mit 24,9 Prozent an den Bereichen Verkehr und Logistik der DB AG beteiligt. Dafür werden der Güter-, der Fern- und der Regionalverkehr sowie dazugehörende Dienstleistungen in einer Gesellschaft zusammengefasst.» Die Deutsche Bahn hatte die neue Struktur bereits ein paar Wochen vorher geschaffen und – ohne Entscheidung des Gesetzgebers – bereits die Deutsche Bahn Mobility Logistics (DB ML AG) gegründet. Bedenkt man, dass die Gründung einer neuen Aktiengesellschaft, zumal eine in dieser Größenordnung und mit den beschriebenen komplizierten neuen Strukturen, viele Monate an Vorbereitungszeit bedarf, so muss davon ausgegangen werden, dass spätestens direkt nach dem SPD-Parteitag dieser Plan B in die Phase der konkreten Ausarbeitung und Umsetzung ging. Im Übrigen wurde in dem neuen Bundestagsbeschluss schlicht konstatiert, für die Teilprivatisierung via DB ML AG bedürfe es «keiner gesetzlichen Änderung».[13] Offensichtlich lautete die Erfahrung aus den zweieinhalb Jahren Kampf um einen Bahnbörsengang: Keine größeren öffentlichen Debatten mehr. Kein Gesetz. Einfach durchzocken. «Es muss jetzt alles ganz schnell gehen» formulierte Michael Bauchmüller in der «Süddeutschen Zeitung».[14] Ein vergleichbares Vorgehen sollte es im Übrigen wenige Monate später in Sachen Finanzmarktstabilisierungsgesetz geben; die vielen undurchsichtigen Entscheidungen im Umfeld der Eurokrise in den Jahren 2010 bis 2013 sind vergleichbar konstruiert.

Drei Monate nach dem Bundestagsbeschluss hatte die Deutsche Bahn bereits einen gut 700 Seiten starken Börsenprospekt gedruckt vorliegen, in den einzelne «interessierte Investoren» Einblick nehmen durften. Der Börsengang der DB ML AG wurde auf den 27. Oktober 2008 festgelegt. Und dann dies: Am 9. Oktober, gut zwei Wochen vor dem Crash&Cash-Termin, sagte der Bundesfinanzminister den Bahnbörsengang «für die laufende Legislaturperiode ab». Als Begründung wurde die weltweite Finanzkrise genannt. Dies spielte sicher eine wichtige Rolle. In Wirklichkeit gab es einen Strauß von mindestens fünf Faktoren, die die materielle Privatisierung der Bahn ein weiteres Mal verhindert hatten. Erstens besagte Finanzkrise; zweitens der anhaltende Widerstand gegen den Bahnbörsengang in der SPD; drittens die wachsende Ablehnung des Projekts in der Bevölkerung und – damit verbunden – der nun definitiv näher rückende Bundestagswahlkampf, aus dem die Bahnprivatisierung unbedingt herausgehalten werden sollte; viertens das Bekanntwerden der Tatsache, dass die Mitglieder des Bahnvorstands im Fall eines erfolgreichen Bahnbörsengangs «Möhrchen» – fette neue Zusatzzahlungen – bekommen hätten[15] – und schließlich fünftens der Bruch einer ICE-Achse mit der Entgleisung eines ICE am 9. Juli in Köln mit der daran anschließenden intensiven Debatte über Sparmaßnahmen der DB AG im Vorfeld des Bahnbörsengangs und einen Abbau der Sicherheitsstandards (siehe dazu das folgende Kapitel 16).

Bahnprivatisierung nicht mehr aktuell?

Seit Mitte 2010 tönt es aus fast aller Munde: Eine Bahnprivatisierung stehe nicht mehr auf der Tagesordnung. Es klingt fast so, als sei das lediglich die fixe Idee eines Bahn-Napoleon gewesen und nach dessen Waterloo 2008 bzw. seinem Sturz 2009 Schnee von vorgestern. Auch Ende 2013, nach Bildung der Großen Koalition, konnte man – hier in der Frankfurter Allgemeinen Zeitung und unter Bezug auf den neuen Koalitionsvertrag – lesen: «Für die Schiene legen sich Union und SPD fest: Einen Börsengang der Bahn soll es nicht geben.»[16]

Dazu ist dreierlei zu sagen: Als *erstes* fällt auf, dass diejenigen, die inzwischen so argumentieren, schlicht auf die Vergesslichkeit des Publikums setzen. Selbst der vorausgegangene Bundesverkehrsminister Peter Ramsauer, der vielfach erklärt hatte, einen Bahnbörsengang abzulehnen, bekannte sich noch im Dezember 2010 zu einem solchen Projekt. Seine Kritik an einer Bahnprivatisierung war meist mit Zusätzen wie «nicht zu früh» und «die Bahn nicht unter Wert verkaufen» verbunden.[17] Der Haushalt der vorausgegangenen Bundesregierung für das Jahr 2010 enthielt sogar die Position «Beraterleistungen im Zusammenhang mit der Kapitalprivatisierung der DB AG».[18] Auch der damals neue Bahnchef Rüdiger Grube legte sich dezidiert wie folgt fest: «Der Zeitpunkt für eine Privatisierung wird wieder kommen, gar keine Frage.» Ende 2013 konstatierte er «Ich verschwende meine Zeit nicht mit Gedanken an einen Börsengang», begründete das jedoch erstmals damit, dass ein Bahnaktienpaket, für das man im Jahr 2008 10.000 Euro bezahlt hätte, heute «maximal 5.000 Euro wert» wäre. Und fügte als höchst aufschlussreiche Erklärung hinzu: Schließlich habe «im damaligen Börsenprospekt nichts von den später entdeckten Achsbrüchen, den zu wenigen Zügen und der maroden Berliner S-Bahn gestanden».[19] Diesen Hinweis hätten wir gerne im Oktober 2008 gehört – das Bündnis Bahn für Alle ahnte damals Vergleichbares.

Zweitens: Wenn es heute heißt, eine Privatisierung der Bahn sei «nicht aktuell», dann sollte man sehr genau auf die Terminologie achten. Meist beziehen sich diejenigen, die davon sprechen, dabei explizit auf einen «Bahnbörsengang». Damit wird aber die Möglichkeit offen gelassen, dass der Bund bzw. möglicherweise auch nur der Aufsichtsrat der DB AG auf eine Beteiligung sogenannter Investoren an der DB ML AG abzielen. Das wäre dann formal kein Börsengang, aber doch eine materielle Teilprivatisierung. Dabei kann man sich auf den – zumindest formell weiterhin gültigen – Bundestagsbeschluss vom Mai 2008 stützen. Als mögliche Investoren bei der DB wurden immer wieder die russische Staatsbahn RZB und Golf-Staaten genannt. Das beschriebene enorme Engagement der DB AG in den Vereinigten Arabischen Emiraten und in Saudi-Arabien und die strategischen deutschen Interessen in Russland lassen eine solche Option nicht als völlig unwahrscheinlich erscheinen.[20]

Drittens trifft es gar nicht zu, dass die Ende 2013 gebildete Große Koalition eine Bahnprivatisierung ausschließt. Im Koalitionsvertrag heißt es: «Wir stehen zum integrierten Konzern DB AG. Die Eisenbahninfrastruktur ist Teil der öffentlichen Daseinsvorsorge und bleibt in der Hand des Bundes.»[21] Genau diese Formulierung, wonach die Eisenbahninfrastruktur «in der Hand des Bundes» bliebe – was, wenn auch nur hinsichtlich der *mehrheitlichen* Anteile, auch in der Verfassung Art. 87e so festgehalten wird – öffnet das Tor für eine Privatisierung des Eisenbahnbetriebs (der unter dem Dach der 2008 gegründeten Subholding DB Mobility Logistics – DB ML – zusammengefassten Transportsparten DB Regio, DB Fernverkehr, DB Schenker Railion und DB Schenker Logistics). Denn für eine Nichtprivatisierung dieser Transportsparten, die von der Infrastruktur getrennt sind, gibt es keine Garantie. Der neue Verkehrsminister Alexander Dobrindt müsste im Fall einer Bahnprivatisierung nicht einmal sagen «Was kümmert mich mein Geschwätz von gestern». Er kann mit Fug und Recht von sich sagen, zu diesem Thema nie etwas gesagt zu haben und von Eisenbahn nur Bahnhof zu verstehen.

2008

Am 9. Juli bleibt ein ICE bei der Fahrt über die Kölner Hohenzollernbrücke mit gebrochener Achse liegen

Kapitel 16: Die Achsen des Bösen
Oder: Ein Bahnkonzern ohne Aufsicht

Ausweislich beigefügter Vollmachten habe ich die Vertretung der Herren Professor Karl-Dieter Bodack [...], Professor Dr. Heiner Monheim, [...], Andreas Kleber [...] und Dr. Winfried Wolf übernommen. [...] Namens meiner Mandanten stelle ich Strafanzeige gegen die verantwortlichen Vorstandsmitglieder der Deutschen Bahn [...] AG Hartmut Mehdorn (Vorstandsvorsitzender), Dr. Karl-Friedrich Rausch (Personenverkehr), Diethelm Sack (Finanzen) und Dr. Nikolaus Breuel (Fernverkehr) wegen des Verdachts des gefährlichen Eingriffs in den Bahnverkehr in der Begehungsform des Unterlassens. [...] Bestätigt sich, dass Materialermüdung [...] mitursächlich für den Radsatzwellenbruch [am 9. Juli 2008; d. Verf.] in Köln war, dann besteht ein erheblicher Verdacht, dass der Vorstand der Deutschen Bahn AG [...] sämtliche Tatbestandsmerkmale des § 315 StGB verwirklicht [hat]. Mit einem Ermüdungsbruch musste [...] gerechnet werden. [...] Dem DB-Vorstand kann nicht entgangen sein, dass die Radsatzwellen (Achsen) der eingesetzten ICE-3-Einheiten [...] eine Schwachstelle für die Betriebssicherheit der Züge darstellen. [...] Dem Vorstand der Deutschen Bahn AG lag hierfür seit einigen Jahren eine Reihe von Warnhinweisen in Form wissenschaftlicher Artikel von anerkannten Experten vor. [...] Dem Vorstand der Deutschen Bahn AG ist vorzuwerfen, dass er [...] in den letzten fünf Jahren systematisch das Niveau der Wartungsarbeiten im Bereich des Hochgeschwindigkeitsverkehrs deutlich reduziert hat. So wirkte der Vorstand [...] wiederholt auf das Eisenbahn-Bundesamt mit dem Ansinnen ein, Sicherheitsbedenken [...] hintanzustellen.

Auszüge aus dem neunseitigen Schriftsatz der Strafanzeige der im Text Genannten, vertreten durch den Berliner Rechtsanwalt Hartmut Lierow vom 29. Juli 2008[1]

Die Entgleisung eines ICE 3 in Köln am 9. Juli 2008, ausgelöst durch den Bruch einer Radsatzwelle, ereignete sich wenige Wochen nach der Bundestagsentscheidung zur Teilprivatisierung der Bahn. Der hochbrisante Fastunfall trug erheblich zur Absage des Bahnbörsengangs bei. Der Spruch von den «Achsen des Bösen» machte die Runde.[2] Das Eisenbahn-Bundesamt stellte dazu am 11. Juli fest: «Wäre dasselbe Ereignis bei einer Streckengeschwindigkeit von bis zu 300 km/h aufgetreten, hätte sich mit nicht unerheblicher Wahrscheinlichkeit eine Katastrophe wie z.B. in Eschede ereignen können.» Tatsächlich, so ergab später die Untersuchung der gebrochenen Radsatzwelle durch das Bundesamt für Materialforschung (BAM), war die Achse «spätestens beim letzten Beschleunigungsvorgang in Fahrtrichtung Köln» gebrochen. Dass die Achse dann auf diesem letzten Streckenabschnitt *vor* Köln bei hoher Geschwindigkeit dennoch relativ stabil mitgeschleppt wurde und keine Zugentgleisung bewirkte, ist zwar physikalisch erklärbar; dies muss jedoch als ein unerhörter Glücksfall bezeichnet werden.[3]

Die Untersuchungen zum Achsbruch in Köln, wie sie durch Bahn für Alle und TV-Magazine wie Frontal 21 (ZDF) und Monitor (ARD) dokumentiert wurden, ergaben mehrere beunruhigende Aspekte:

Erstens. Es gab in den sechs vorausgegangenen Jahren mehrere Achsbrüche bei modernen Hochgeschwindigkeitszügen, die Anlass zu Alarm hätten sein müssen. So im Fall eines dieselgetriebenen ICE (ICE TD) am 2. Dezember 2002 in der Nähe von Gutenfürst. Aufgrund der Achsproblematik erließ das Eisenbahn-Bundesamt am 25. Juli 2003 ein generelles Fahrverbot für alle ICE-TD-Einheiten.[4] Es gab also fünf Jahre *vor* dem Kölner Ereignis einen drastischen Vorfall mit ICE-Achsen, in dessen Verlauf eine gesamte ICE-Serie für Jahre ausfiel. Ursache dafür waren Radsätze, die den Belastungen im Hochgeschwindigkeitsverkehr nicht gewachsen waren, und deren spezifischer Achswerkstoff — sogenannter hochfester Stahl — derselbe war wie im Fall der Achse des im Juli 2008 in Köln verunglückten ICE 3. Grundsätzlich bestätigen diese Achsbrüche, dass bei den Radsätzen das Adjektiv «dauerfest» und der Begriff «Dauerfestigkeit» im Fall von Hochgeschwindigkeitsachsen keine Gültigkeit hat, was in der wissenschaftlichen Debatte seit geraumer Zeit anerkannter Stand ist, was jedoch in der öffentlichen Diskussion immer wieder anders dargestellt wird.[5]

Zweitens. Zwei Jahre vor dem Kölner Achsbruch veröffentlichten die zwei renommierten Wissenschaftler, Professor Vatroslav Grubisic und Dipl. Ing. Dr. Gerhard Fischer, einen wissenschaftlichen Aufsatz, in dem sie den Einsatz der spezifischen ICE-3-Achsen problematisierten. Grubisic ist ein hoch renommierter Eisenbahnexperte, auch als «Räderpapst» bezeichnet. Er war u.a. Gutachter im Eschede-Prozess für das Fraunhofer-Institut. Ein halbes Jahr vor dem Unfall erschien von den beiden Genannten ein zweiter Aufsatz zum selben Thema, nunmehr hinsichtlich der dem Kölner Ereignis vorausgegangenen Achsbrüche konkretisiert. Die Grundaussagen der beiden Wissenschaftler lautete: Die Belastungen im Hochgeschwindigkeitsverkehr lägen deutlich höher als bislang angenommenen und als nach Europäischer Norm (EN) berechnet.[6] Entsprechend seien die ICE-3-Achsen nicht dauerfest und zu gering dimensioniert. Der beim ICE 3 und ICE TD verwendete Stahl ist besonders empfindlich, da sich ein Riss bei wechselnder Beanspruchung schneller als bei Achsen aus herkömmlichem Stahl fortsetzt und — spätestens wenn er mehr als die Hälfte des Achsquerschnitts erreicht hat — zu einem Bruch führt.[7] Die Lebensdauer der Radsatzwellen, so Grubisic und Fischer, sei deutlich geringer als erwartet, die Gefahr von

Achsbrüchen daher hoch. Aus diesen Gründen forderten Grubisic und Fischer kurze Intervalle bei den Ultraschallprüfungen der ICE-Achsen bzw. perspektivisch deren Ersatz durch größer dimensionierte Achsen. Beide Arbeiten der Wissenschaftler wurden in einer von der Deutschen Bahn mit herausgegebenen Zeitschrift veröffentlicht. Es gab damit gewissermaßen und pointiert formuliert eine *hausinterne Unfallvorhersage*.[8] Insbesondere in der Arbeit von Anfang 2008 wurde in einem für wissenschaftliche Arbeiten fast provokativ zu nennenden Ton formuliert: «Es leitet sich hieraus unwillkürlich die Frage ab, ob diese Wellen mit den gemessenen Spannungshöchstwerten dann noch die Dauerfestigkeitskriterien nach der EN 13103 und EN 13104 erfüllen.»

Nach dem Kölner Achsbruch verwiesen die Deutsche Bahn AG und mit ihr die Hersteller immer wieder darauf, die Achsen seien doch «entsprechend der europäischen DIN-Norm EN 13103 und EN 13104» ausgelegt. Damit sei «nach geltenden Normen gefertigt» worden. Einmal abgesehen davon, dass Normen auch falsch sein und dass diese schlussendlich durch den entscheidenden Test in der Praxis geprüft und gegebenenfalls widerlegt werden, wird in diesem Fall verschwiegen, dass das Deutsche Institut für Normung (DIN) genau diese europäische Norm für unzureichend erklärte — und *gegen* eine Annahme der EN 13104 gestimmt hatte.[9]

Drittens. Anstatt vor dem Hintergrund der Eschede-Katastrophe und angesichts der neuen beunruhigenden Fakten und Untersuchungen dichte Kontrollintervalle anzuordnen, *reduzierte* die Deutsche Bahn die Häufigkeit der Ultraschalluntersuchungen bei den ICE-Radsätzen. Nach der Eschede-Katastrophe hatte es neue Vorgaben zu kurzen Ultraschallprüfintervallen gegeben. Doch diese wurden bereits im Zeitraum 1999 bis 2002 verwässert. 2003 wurden die Sicherheitsstandards mit dem «Projekt Express» deutlich abgebaut. Die ICE-Achsen sollten zunächst nur noch alle 80.000 Kilometer Laufleistung und schließlich nur noch alle 300.000 Kilometer mit Ultraschall untersucht werden. In der Begründung für das «Projekt Express» (bei dem es zunächst nur um eine Reduktion der Intervalle auf 80.000 Kilometer ging) hieß es, dass damit «pro Zug die Leistung um 24 Prozent gesteigert» werde und dass somit insgesamt jährlich «151 Millionen Euro eingespart» werden würden.[10] Geht man von diesem von der DB AG genannten Wert aus, so lässt sich für den Zeitraum 2004 bis Juli 2008 insgesamt abschätzen, dass die Bahn in diesen vier Jahren weit mehr als eine halbe Milliarde Euro an Sondergewinnen allein durch Sparmaßnahmen im Bereich der ICE-Achsenwartung erzielte. Die «Optimierung der Wartung» begann im Übrigen just zu dem Zeitpunkt, als Mehdorn und der damals für eine zweite Legislaturperiode gewählte Bundeskanzler Schröder den Kurs der Bahn an die Börse beschleunigten.

Viertens. Nach dem Achsbruch in Köln intervenierte die DB mehrmals, um die vom Eisenbahn-Bundesamt (EBA) eingeforderten stark verkürzten Untersuchungsintervalle mit Ultraschall zu verschieben, zu befristen und aufzuweichen. So teilte die Bahn am 13. Juli mit, dass ein deutlich verkürztes Intervall für Ultraschalluntersuchungen der Radsatzwellen «noch nicht generell entschieden» sei.[11] Tatsächlich aber erging bereits am 11. Juli 2008 ein EBA-Bescheid, in dem es unter Punkt III heißt: «Die mechanisierte Ultraschallprüfung der Triebradsatzwellen [...] ist wiederkehrend in einem Prüfintervall von 60.000 km durchzuführen.» Es ist erstaunlich, dass die DB AG einen enorm sicherheitsrelevanten Bescheid der Bahnaufsicht in Frage stellen kann. Ganz offensichtlich feilschte der Bahnvorstand mit der Aufsichtsbehörde hinsichtlich des Niveaus der Sicherheitsstandards wie auf einem Teppichbasar.[12] Richtig ist, dass bereits ein 60.000-Kilometer-Prüfintervall eine enorme Belastung für den Eisenbahnbetrieb darstellt, bedeutet es doch, dass die ICE-Wagen etwa alle zwei Monate auf den Prüfstand müssen. Das ist teuer und aufwendig. Vor allem verfügte die Bahn nicht über die für einen solchen Fall eigentlich erforderlichen Reserven an ICE-Garnituren. Sie stand vor drei Wahlmöglichkeiten: neue ICE-Garnituren zu bestellen (was mit langen Lieferfristen verbunden war), den ICE-Fahrplan deutlich auszudünnen oder Züge, die laut Plan und angesichts des Fahrgastaufkommens eigentlich mit zwei Zugeinheiten verkehren sollten, nur mit einer Einheit verkehren zu lassen. Seit Herbst 2008 und bis Anfang 2014 erleben wir eine Kombination aus diesen drei Reaktionen. Denn auch sechs Jahre nach dem fatalen Kölner Achsbruch hat die Deutsche Bahn AG ihr Achsproblem nicht gelöst.

Seit Ende 2008 hieß es immer wieder, die Achsen würden in Kürze ausgewechselt. Die Deutsche Bahn AG leistete sich 2009 einen aufwendigen Streit mit den Herstellern Siemens, Bombardier und Alstom über die Frage, wer die Kosten für den Achsentausch bezahlen müsse, wobei diese Kosten bei eher bescheidenen 80 Millionen Euro liegen.[13] Niedrig sind diese Kosten im Vergleich zu den nun bereits fünf Jahre lang durchgeführten Ultraschalluntersuchungen mit extrem kurzen Intervallen, wofür mehrmals neue Ultraschallanlagen eingekauft und mindestens 150 Vollarbeitskräfte zusätzlich ausgebildet und eingestellt werden mussten. Allein die zusätzlichen Personal- und Ausbildungskosten übersteigen inzwischen die Kosten für den Achsaustausch. Hinzu kommen die massiven Verluste bei der Servicequalität, da es nun deutlich zu wenige einsatzfähige Fahrzeuge gibt. Vier Jahre lang hieß es, der Austausch stehe unmittelbar bevor. Doch nichts dergleichen geschah. Seit Anfang 2012 sind die 1200 neuen Achsen produziert und bereitgestellt; sie wurden eingelagert. Sie sind stärker dimensioniert – und sie sind tatsächlich wieder aus klassischem Eisenbahnstahl gefertigt. Der Austausch der Achsen soll frühestens ab Frühjahr 2014 beginnen und dann bis Ende 2015 beendet sein.

Ähnlich wie beim Eschede-Rad (siehe dazu Kapitel 6) wurde mit den ICE-Radsätzen also ein gefährlicher Sonderweg gewählt, um eher bescheidene Effekte zu erzielen: Beim Eschede-Rad war es die Beseitigung des «Bistrobrummens», bei den ICE-Achsen aus hochfestem Stahl waren es das geringere Gewicht und der geringere Energieaufwand. Man nahm dabei faktisch erneut das erhebliche Risiko einer Eisenbahnkatastrophe in Kauf. Nach mehreren Achsbrüchen und einer Fastkatastrophe wurde auch dieser Sonderweg – ähnlich wie im September 1998 – klammheimlich wieder aufgegeben.[14]

Es stellt sich die Frage: Warum konnten die ICE-Achsen aus diesem nicht ausreichend erprobten, im internationalen Hochgeschwindigkeitsverkehr nicht verwendeten «hochfesten» Stahl überhaupt eingesetzt werden? Immerhin steht im verbindlichen Lastenheft für den ICE 3, dass der Werkstoff für die ICE-Achsen aus Stahl der Qualität EA4T, also aus herkömmlichem Eisenbahn-Stahl bestehen muss. Die Bundesanstalt für Materialprüfung (BAM) vermerkte ausdrücklich in ihrem (nicht öffentlichen) Untersuchungsbericht über die in Köln gebrochene Achse (dort auf Seite 11): «Werkstoff [der gebrochenen Achse; d. Verf.] entgegen Lastenheft: 34CrNiMo6», was die Bezeichnung für den beschriebenen sogenannten hochfesten Stahl und somit für den Sonderweg ist. Wie ist diese erhebliche Abweichung der verbindlichen Herstellungsvorgaben – Einsatz des hochfesten anstelle des herkömmlichen Stahls – zu erklären? Es ist erstaunlich, dass die Medien, denen das Bündnis Bahn für Alle den BAM-Bericht zur Verfügung stellte, dieses Thema nie aufgriffen. Warum wird immer wieder wahrheitswidrig geschrieben, es habe einen Materialfehler gegeben; und dieser sei ursächlich für den Achsbruch gewesen? Eine solche Aussage ist durch den BAM-Bericht widerlegt.[15]

Und es stellt sich die Frage: Warum sind die Achsen in Hochgeschwindigkeitszügen im Ausland deutlich stärker dimensioniert, warum werden hier generell größere Sicherheitsfaktoren eingebaut?[16]

Selbstverständlich ist der Austausch der Achsen einer ganzen ICE-Flotte aufwendig. Und natürlich musste es für die neuen Achsen Zulassungsverfahren geben, zumal sich das Gewicht der ICE-Garnituren damit deutlich erhöhen wird. Doch das allein kann den ein gutes halbes Jahrzehnt hinausgezögerten Austausch dieser *Achsen des Bösen* nicht erklären. Immerhin lieferte Siemens in den vergangenen sechs Jahren weitgehend mit dem ICE 3 vergleichbare Hochgeschwindigkeitszüge nach Spanien (seit 2007), nach China (seit 2008) und nach Russland (seit 2009) – ohne Achsprobleme. Allerdings waren diese Züge ab der ersten Auslieferung mit größer dimensionierten Achsen ausgestattet. Und alle diese Achsen sind aus herkömmlichem Eisenbahnstahl gefertigt. Christian Esser und Astrid Randerath schreiben dazu in ihrem «Schwarzbuch Deutsche Bahn»: «Als die spanische Gesellschaft RENFE nach dem Kölner Unfall besorgt nachfragte, wie sicher denn ihre Züge seien, konnte Siemens beruhigen. So etwas könne in Spanien nicht passieren. Der Hersteller verwies auch auf das andere Material der Achswellen.»[17]

Der unverantwortliche Umgang der DB AG in Sachen Sicherheit wirft die Frage auf: Wer kontrolliert die Bahn? Die Justiz ist mit der Thematik offensichtlich überfordert – das legen der Ausgang des Eschede-Prozesses und der Umgang der Staatsanwaltschaft in Sachen ICE-Achsen und Achsbruch in Köln nahe. Die Bundesregierung als Vertreterin des 100-prozentigen Eigentümers Bund fällt als Kontrollinstanz so gut wie komplett aus; sie verteidigt beim Thema Sicherheit in der Regel die Position des DB-Vorstands. Das Eisenbahn-Bundesamt ist zumindest eine Sicherheitsbehörde mit erheblichen Mängeln. Sie ist nicht unabhängig, sondern vom Bundesverkehrsministerium abhängig. Auch werden bei dieser Behörde, bedingt durch die finanzielle Ausstattung seitens des Bundesverkehrsministeriums, systematisch Stellen im Bereich der Überwachung der Schienenverkehrssicherheit abgebaut, so dass sie ihrer Kontrollfunktion nur eingeschränkt nachkommen kann.

Es bleibt als Kontrollinstanz der Aufsichtsrat des Unternehmens DB AG selbst. Dieser sollte auch deshalb eine starke Position haben, da ja die Bundesregierung bei Nachfragen zur DB AG immer stereotyp auf die gesetzlichen Grundlagen des Aktienrechts und die Aufsichtsfunktion des Aufsichtsrats verweist. Grundsätzlich besteht der Aufsichtsrat der DB AG aus zehn Mitgliedern, die die Arbeitnehmerseite vertreten, aus zehn Mitgliedern, die den 100-prozentigen Kapitaleigner Bund vertreten, darunter dem Aufsichtsratsvorsitzenden, der nur mit Zustimmung der Kapitalseite gewählt werden kann und der faktisch vom Bund bestimmt wird.[18] Hier soll auf die Arbeitnehmervertreter nur kurz eingegangen werden: Diese sind überwiegend Mitglieder der Gewerkschaft EVG (früher Transnet), deren Spitze wiederum seit zwei Jahrzehnten so gut wie hundertprozentig die Unternehmenspolitik des jeweiligen Bahnvorstands unterstützt – den Kurs auf Privatisierung und Börsengang und die Expansion im Ausland jeweils eingeschlossen.[19]

Aufschlussreich ist die Zusammensetzung der Vertreter des Bundes. Der seit 2009 amtierende

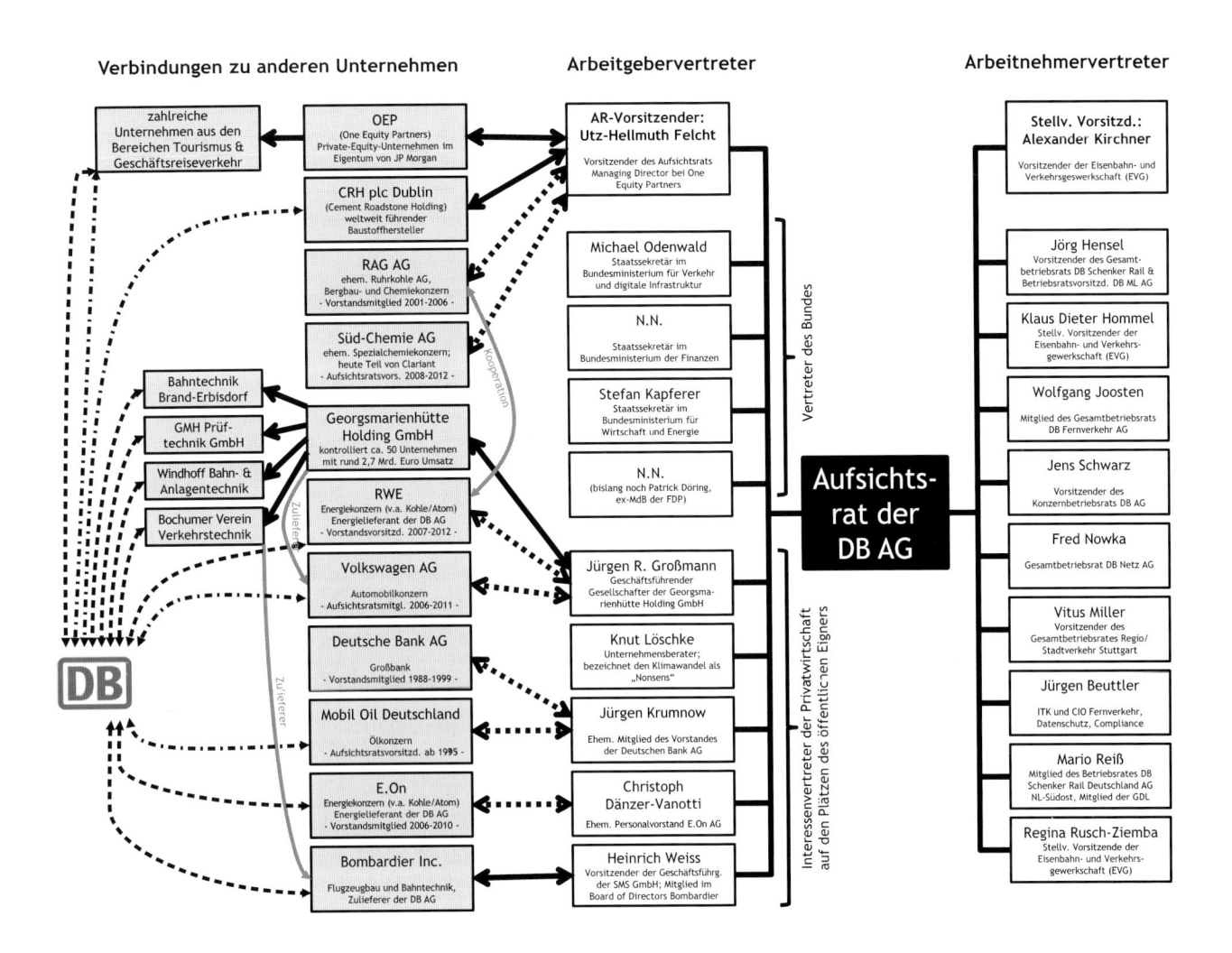

Abbildung 8: *Der Aufsichtsrat der DB AG, Stand Anfang 2014. Die durchgezogenen Pfeile stellen aktuelle Verbindungen der Aufsichtsratsmitglieder zu Unternehmen dar, die gepunkteten Pfeile frühere Verbindungen. Die Pfeile am linken Rand stehen entweder für Geschäftspartnerschaften mit der DB AG (gestrichelte Pfeile), oder für völlig widersprüchliche wirtschaftliche Interessen (Strichpunkt-Pfeile).*

Aufsichtsratsvorsitzende Utz-Hellmuth Felcht wurde bereits kurz vorgestellt.[20] Er ist absolut bahnfremd und er verfolgt stattdessen die Interessen des internationalen Finanzsektors (One Equity Partners — OEP — in Dublin). Internationale Investoren begünstigen die Bahnprivatisierung und verdienen an einer solchen mehrere hundert Millionen Euro. Auf alle Fälle gibt es keinerlei Grund zur Annahme, dass Herr Felcht uneingeschränkt die Interessen des Eigentümers, der öffentlichen Hand, vertreten könnte. Unter den übrigen neun Aufsichtsratsmitgliedern der Kapitalseite sind die drei Berliner Ministerien jeweils durch einen Staatssekretär als Aufsichtsratsmitglied vertreten: das Wirtschafts-, das Finanz- und das Verkehrsministerium. Darüber hinaus gibt es bis Frühjahr 2014 mit Patrick Döring einen FDP-Vertreter, der in gewisser Weise die frühere Bundesregierung mit repräsentierte. Er könnte durch einen Parlamentarier, der einer der drei Koalitionsparteien CDU, CSU und SPD angehört, abgelöst werden. Die übrigen fünf Aufsichtsratsmitglieder der Kapitalseite haben rein gar nichts mit der öffentlichen Hand zu tun. Vier weitere Vertreter der Kapitalseite stehen mit Interessen in Verbindung, die in Widerspruch zu den Interessen der Bahn selbst stehen: Christoph Dänzer-Vanotti war Mitglied im Vorstand des Energiekonzerns E.ON. Die Bahn ist über das Projekt des Kohlekraftwerks Datteln mit E.ON verbandelt. Der Konzern schloss im Herbst 2013 auch einen neuen Stromlieferungsvertrag mit E.ON und bezieht ab 2015 pro Jahr 900 Millionen Kilowattstunden Strom von diesem Konzern. Der Milliardär Heinrich Weiss ist ein weiteres DB AG-Aufsichtsratsmitglied. Er ist Geschäftsführer und Großaktionär des Maschinenbaukonzerns SMS, freut sich immer, wenn er «zu einer Luftfahrtschau oder einem Autorennen gehen» kann und gibt sich als passionierter Hobbyflieger zu erkennen.[21] Teile des SMS-Konzerns (so das Engineering für Stahl- und Walzwerke) und Teile der GM-Hütte (so ein Stahlwerk im saarländischen Bous) haben ihre gemeinsame Wurzel im Mannesmann-Konzern, der im Jahr 2000, nach der spektakulären Übernahme durch Vodafone, zerschlagen wurde. Vor allem ist Weiss Mitglied im Board des kanadischen Flugzeugherstellers und Bahntechnikkonzerns Bombardier. Bombardier ist maßgeblicher Lieferant der Deutschen Bahn AG. Jürgen Krumnow, ein weiteres DB AG-Aufsichtsratsmitglied, ist ehemaliges Mitglied des Vorstands der Deutschen Bank.[22]

Die interessanteste Personalie in diesem Komplex des DB-Aufsichtsrats ist die des Milliardärs und langjährigen RWE-Chefs Jürgen R. Großmann. Großmann gehört zum inneren Kreis der «FroGS», der «Friends of Gerhard Schröder». Er kaufte 1993 für zwei DM das damals marode Unternehmen Georgsmarienhütte (GM-Hütte) auf. Bei Wikipedia heißt es, er «formte» das Unternehmen zu einem verschachtelten Großkonzern mit rund 50 einzelnen, von der GM-Holding kontrollierten Unternehmen (Umsatz 2012: 2,8 Milliarden Euro). Nicht erwähnt wird, dass «bei Großmanns Start als Unternehmer [...] der damalige Ministerpräsident von Niedersachsen und heutige [2005; d. Verf.] Bundeskanzler, Gerhard Schröder, wertvolle Hilfe [leistete] und über die landeseigene NordLB für die Anschubfinanzierung [sorgte].»[23] Die Unternehmen der GM-Holding sind in den Bereichen Stahl, Maschinenbau, Autozulieferung und — vor allem — Bahntechnik engagiert. Mit der Bochumer Verein Verkehrstechnik GmbH und der Bahntechnik Brand-Erbisdorf GmbH ist die GM-Hütte nach Eigendarstellung «der führende Radsatzhersteller in Europa».[24] Wichtigster Kunde in diesem Bereich ist dabei laut eigenen Angaben die DB AG. Teil des Imperiums der GM-Holding ist die GMH Prüftechnik GmbH in Nürnberg, die unter anderem Hohlwellenprüfanlagen und Ultraschallprüfeinrichtungen für ICE-Radsätze herstellt.

Halten wir fest: Die Bundesregierung in Vertretung des Eigentümers der DB AG, der öffentlichen Hand, setzt bei dem staatseigenen Unternehmen einen bahnfremden Vertreter der internationalen Finanzindustrie als Aufsichtsratsvorsitzenden ein, der mit dem öffentlichen Interesse rein gar nichts zu tun hat. Die Bundesregierung verzichtet darauf, die Aufsichtsratsvertreter der Kapitalseite ausschließlich mit Personen zu besetzen, die unzweifelhaft für die Wahrung des öffentlichen Interesses eintreten. Stattdessen besetzt sie die Hälfte dieser Posten mit privaten Unternehmern, mit Vertretern von privaten Unternehmen oder mit Personen, die solchen Firmen nahestehen. Darüber hinaus wählt sie dabei mindestens vier Personen als Vertreter des Bundes aus, die mit Interessen in Verbindung stehen, die denen der Deutschen Bahn AG widersprechen. Schließlich bestimmt sie mit Jürgen Großmann einen Vertreter des Bundes als DB AG-Aufsichtsrat, der maßgeblicher Lieferant der DB AG ist, und dies im Bereich der sicherheitsrelevanten Achsen. Ein Unternehmen der GM-Hütte produzierte und lieferte das Rad, das zur Eschede-Eisenbahnkatastrophe führte. Unternehmen der GM-Hütte-Holding lieferten die Radsatzwellen, die im Juli 2008 zum Achsbruch in Köln führten — was zugleich eine Beinahekatastrophe war. Sie liefern Ultraschallprüfanlagen an die Deutsche Bahn AG, mit denen die ICE-Achsen sechs Jahre lang in extrem kurzen Intervallen zu prüfen sind. Und sie liefern die neuen ICE-Achsen, die 2014/2015 in die ICE 3 eingebaut werden sollen.

***

«Lieber Herr Wolf, ihre Nachricht zu dem Buch von Ihnen und Herrn Knierim hat mich in Split erreicht. [...] Ich [...] bin stark beansprucht durch Beratung und Expertisen, aber kaum mehr im Bereich der Schienenindustrie. Ich nehme an, stark beeinflusst durch die DB wegen des Verhaltens bei dem Fall Eschede. Es würde Sie bestimmt interessieren, dass mir und G. Fischer der Zugang zum Fraunhofer Institut-LBF nach der Veröffentlichung zu den Ursachen des Unfalls in Eschede untersagt wurde. Das heißt, zu dem Institut, das ich in leitender Position und als Erfinder in fast 40-jähriger Arbeit mit aufgebaut habe! Ich habe es als meine ethische Pflicht erachtet, darüber wahrheitsgemäß die Fachwelt zu informieren, nachdem [...] bei der ‹trägen Führung› der Bahn und der von der Bahn abhängigen Industrie die erforderlichen Konsequenzen nicht gezogen wurden.

Ich sende Ihnen [...] eine Veröffentlichung aus ETR [Eisenbahntechnischer Rundschau; d. Verf.], in der nicht nur das Rad von ICE 1 in Eschede, sondern auch das Rad von S-Bahn Berlin behandelt ist. Schließlich ist auch die Veröffentlichung in RAIL über die Achswellen der DB-Züge beigefügt, die, nach vielen Einwänden, 2012 publiziert wurde, um dann vor kurzem mit dem John Jarrett Davis Prize als beste Veröffentlichung des Jahres 2012, ausgezeichnet zu werden. Viel Erfolg beim Schreiben und viele Grüße. V. Grubisic»[25]

Kostendruck lässt Achsen brechen

Die Kölner ICE-Entgleisung als Menetekel für die Bahnprivatisierung. Bilanz und zehn Schlussfolgerungen

von Winfried Wolf

Foto: ZDF/Frontal 21

Die Entgleisung eines ICE-3 in Köln am 9. Juli 2008, ausgelöst durch den Bruch einer Radsatzwelle, könnte sich als ein neuerlicher Einschnitt in der deutschen Bahngeschichte erweisen. Sie folgte wenige Wochen nach der Bundestagsentscheidung zur Teilprivatisierung der Bahn. Sie wirft ein grelles Licht auf den Abbau der bisher sprichwörtlichen Sicherheit im Schienenverkehr im Zusammenhang mit dem Gang der Deutschen Bahn AG an die Börse.

Ein Blick hinter die Kulissen verdeutlicht, wie weit die Überwachung der Sicherheit im Schienenverkehr bereits ausgehöhlt wurde. Die entscheidende Sicherheitsbehörde, das Eisenbahn-Bundesamt (EBA), konnte in Köln die Bahn am Ende dazu zwingen, die Radsatzwellen bei dem größten Teil der ICE-3-Flotte mit Ultraschall zu untersuchen. Allerdings könnte sich erweisen, dass diese Behörde ein letztes Mal so überzeugend durchgreifen konnte.

Natürlich erscheint es auf den ersten Blick überzogen, wenn ein nach außen souverän wirkendes Eingreifen des EBA derart relativiert wird. Und es erscheint übertrieben, zwei schwere Eisenbahnunfälle in einem Atemzug mit einer Entgleisung ohne Verletzte bei Tempo 10 anzuführen. Tatsächlich aber hatten am 9. Juli 2008 die Menschen im ICE Glück, dass die Entgleisung nicht bei hoher Geschwindigkeit erfolgte. Das Eisenbahn-Bundesamt stellte in ihrem Bescheid vom 11.7. fest: „Wäre dasselbe Ereignis bei Streckengeschwindigkeit von bis zu 300 km/h aufgetreten, hätte sich mit nicht unerheblicher Wahrscheinlichkeit eine Katastrophe wie z.B. in Eschede ereignen können." Das Eisenbahnunglück von Eschede am 3. Juni 1998 stellte mit 101 Toten den bisher größten Anzunehmenden Unfall in der deutschen Bahngeschichte dar. Eschede versuchte die Deutsche Bahn als ein „einmaliges Ereignis" und als Resultat einer Verkettung „unglücklicher Umstände" darzustellen. Tatsächlich wurde ein verantwortungsloser Umgang des Top-Managements mit bisher geltenden Sicherheitsstandards nachgewiesen. Eschede führte dazu, dass der damals im Hochgeschwindigkeitsverkehr allein verkehrende ICE 1 wochenlang aus dem Verkehr gezogen und komplett auf neue Radsätze umgerüstet werden musste. Das Vertrauen in das damalige Flaggschiff der Bahn wurde erheblich erschüttert. Nach dem Radsatzwellenbruch in Köln im Juli 2008 versucht die DB AG erneut, dies als einmaliges Ereignis und den Bruch als „Gewaltbruch" und damit nicht als „Ermüdungsbruch" darzustellen. Doch es gibt viele Indizien dafür, dass dem ein systematischer Fehler zu Grunde liegt. Die Öffentlichkeit scheint es ähnlich zu sehen. Der „Focus" veröffentlichte zehn Tage nach dem Unfall eine aktuelle Umfrage, wonach nur noch 31 Prozent der Fahrgäste Vertrauen in den ICE-Verkehr haben.

Am 12. Juli 2008 gelangte das Schreiben des Eisenbahnbundes-Amtes (EBA) an die Deutsche Bahn AG, datiert auf den 11. Juli 2008, an die Öffentlichkeit – via Website des Fachblattes „Eisenbahn-Kurier". Daraus geht hervor, dass das EBA nach der Entgleisung des ICE 3 bereits am Donnerstag, dem 10. Juli 2008, in Form eines „mündlichen Bescheides" verlangt hatte, die komplette ICE-3-Flotte (ab einer Laufleistung von mehr als 60.000 km nach der letzten Wartung) in die Werkstätten zwecks Ultraschallprüfungen zu beordern. Der Wortlaut des EBA-Schreibens wird von niemandem bestritten. Doch die Deutsche Bahn AG erklärte, das Schreiben habe „rein formalen Charakter". In Wirklichkeit habe sich der Bahnvorstand zu dem Schritt entschlossen. Dies ist bereits deshalb fragwürdig, weil die Aufsichtsbehörde in ihrem Bescheid mit „Gefahr im Verzug" und einer „Notstandsmaßnahme im öffentlichen Interesse im Sinne des §80 Verwaltungsgerichtsordnung" argumentierte.

Natürlich irritiert, dass das EBA inzwischen die Version der Bahn bestätigt. Das verdeutlicht die äußerst problematischen Abhängigkeitsverhältnisse, in denen sich die Aufsichtsbehörde befindet. Sie wird massiv beeinflusst von einem Konzern, für den das Prinzip „stock exchange first" anstelle von „safety first" gilt. Das geht soweit, dass der Bahnchef die Strafversetzung eines DB-kritischen EBA-Top-Mannes durchsetzen konnte (S. V); mit der Bahnprivatisierung soll die Bahnaufsicht gar weitgehend ausgeschaltet werden (S. IV).

Mit dieser selbst finanzierten Beilage der «Tageszeitung» brachte das Bündnis Bahn für Alle die Diskussion um den Abbau von Sicherheitsstandards bei der DB AG in Vorbereitung auf den Börsengang ins Rollen.

2009

Im März tritt Hartmut Mehdorn als Bahnchef zurück. Er ließ jahrelang Bahnbeschäftigte und kritische Journalisten bespitzeln

Kapitel 17: Selbstbedienungsladen DB AG
Oder: Die Schienen der Freunde

«Wurden auch wir ausgeschnüffelt?», fragen Mitglieder der Gewerkschaft TRANSNET, die die privatisierungskritische Initiative Bahn von unten unterstützen. [...] Anhaltspunkte hierfür ergaben sich für die Betroffenen etwa aus Gesprächen mit Vorgesetzten und EDV-Spezialisten bei der Bahn. [...] «Seit Jahren sind die Kritiker von Bahnchef Mehdorns Börsenkurs im Visier des Bahnvorstands», erklärt der ehemalige Bahn-Sicherheitsingenieur Hans-Dietrich Springhorn aus Hamburg: «Diese Beschnüffelung ist ein unglaublicher Skandal. Ich bin über 40 Jahre bei der Bahn und habe schon viel erlebt.» [...] Im System Mehdorn handle das Management losgelöst von jeglicher Kontrolle wie ein «Staat im Staate». Eine effektive Kontrolle durch Politik und Öffentlichkeit finde in der bundeseigenen DB seit Jahren nicht mehr statt, bemängelte Springhorn. Für die Initiative Bahn von unten ergeben sich aus der Schnüffel-Affäre mehrere Fragen: [...] Warum wurde ein großer Teil der Bahn-Mitarbeiter angeblich auf Korruption oder Vorteilsnahme überprüft, wenn doch bekannt ist, dass bei der Bahn nur ein relativ kleiner Personenkreis für Einkauf, Beschaffung und Vergaben zuständig ist? [...] Welche Rolle spielt in dieser Affäre die so genannte «Konzernsicherheit»? Es ist bekannt, dass dieser Bereich mit allen offenen und verdeckten Verästelungen in den letzten Jahren personell und materiell erheblich ausgebaut worden ist. [...] Wenn der Beauftragte des DB-Vorstands für die Korruptionsbekämpfung, Wolfgang Schaupensteiner, nach Angaben des Magazins «Stern» nur ein Viertel der Belegschaft für ehrlich halte, aber 75 Prozent zutraue, unter Umständen auch die eigene Firma zu hintergehen, dann sei dieser Generalverdacht unerträglich und habe der Vorstand damit das Vertrauen der Belegschaft endgültig verspielt, so Springhorn.

Presseerklärung der Initiative Bahn von unten, aktiv im Bündnis Bahn für Alle, vom 2. September 2009.[1]

Als Anfang Januar 2014 bekannt wurde, dass der langjährige Kanzleramtsminister, Vertraute der Kanzlerin und im September 2013 neu gewählte Bundestagsabgeordnete Ronald Pofalla in den Vorstand der Deutschen Bahn AG wechseln sollte, gab es viele empörte Reaktionen. Kritisiert wurde, dass hier erneut ein Mensch, der absolut fachfremd ist, in das Topgremium des Eisenbahnkonzerns berufen würde. Es wurde argumentiert, dass die Aufgabe, die Pofalla anscheinend im Bahnvorstand zugedacht ist, nämlich den Kontakt zwischen Bahnvorstand und Bundesregierung zu pflegen, im Grunde genommen grotesk ist: Warum sollte der Angestellte die Beziehung zum Eigentümer seines Unternehmens «pflegen» — und dies noch mit dem Geld des Arbeitgebers? Verwiesen wurde auf den «Drehtüreffekt»: Pofalla habe im Kanzleramt mehrfach bewirkt, dass in wichtigen Bahnfragen zugunsten des Vorstands der Deutschen Bahn AG entschieden wurde. Er soll im Jahr 2010 auch — in wessen Auftrag auch immer — innerhalb der Bundesregierung die Personalie Utz-Hellmuth Felcht als neuen Aufsichtsratsvorsitzenden der DB AG mit durchgesetzt haben. Für diese und andere Dienste sollte Herr Pofalla nun offensichtlich belohnt werden.

Die Empörung währte einige Wochen. Die Deutsche Bahn musste dabei zugeben: Es gab bereits Absprachen zwischen der Bundeskanzlerin Merkel, dem Bahnchef Grube und dem Aufsichtsratsvorsitzenden Felcht zur lukrativen Bestallung des Herrn Pofalla als Vorstandsmitglied des Bahnkonzerns. Als das Vorhaben zu kippen drohte, zogen alle Beteiligten die Notbremse. Über die Personalie soll zu einem späteren Zeitpunkt, möglicherweise erst 2015, entschieden werden. Offensichtlich gilt nunmehr die Devise Aussitzen, zumal eine Strafanzeige gegen Pofalla eingereicht wurde, die den Ex-Kanzleramtsstrippenzieher in einen Zusammenhang mit dem Projekt Stuttgart 21 bringt.

Die Personalie Pofalla wurde überwiegend als Einzelfall-Aufreger präsentiert. Dabei hat der Vorstand der Deutschen Bahn, maßgeblich gesteuert durch die Bahnchefs Hartmut Mehdorn und Rüdiger Grube, seit knapp 15 Jahren eine große Zahl ehemaliger Politiker, die im Interesse des Konzerns die politische Landschaft pflegen, unter Vertrag genommen. In diesem Zusammenhang erweist sich Pofalla eher als kleine Nummer unter vielen, oft prominenteren Personen, die im Wortsinn als *Bahnbrecher* zur Durchsetzung der Interessen des Konzerns DB AG und somit oft gegen die Interessen des Besitzers der DB AG, der Bevölkerung in führende Positionen des Bahnkonzerns installiert werden.

Für den Konzern arbeiteten bereits die ehemaligen Bundesverkehrsminister Volker Hauff, Jürgen Warnke und Reinhard Klimmt. Ebenso waren die ehemaligen Landesverkehrsminister Jürgen Heyer (Sachsen-Anhalt), Otto Wiesheu (Bayern), Ernst Schwanhold (Nordrhein-Westfalen), Franz-Josef Kniola (ebenfalls NRW) und Hartmut Meyer (Brandenburg)[2] sowie der ehemalige bayerische Finanzminister Georg von Waldenfels für den Konzern aktiv. Die DB AG hatte des Weiteren den ehemaligen Bürgermeister Bremens Klaus Wedemeier, den ehemaligen Vorsitzenden des Haushaltsausschusses Helmut Wieczorek sowie die ehemaligen einflussreichen CDU-Bundestagsabgeordneten Ulrich Wendt und Georg Brunnhuber und den ehemaligen verkehrspolitischen Sprecher der SPD im Bundestag, Klaus Daubertshäuser, unter Vertrag.

Oft wird argumentiert, das seien alles «Versorgungsposten». Darum geht es sicher auch — und die Enthüllungen über die finanzielle Situation des Herrn Pofalla, die auch zu diesem Seiteneinstieg beigetragen haben mögen, waren in diesem Zusammenhang lehrreich.[3] Es ist im Übrigen bezeichnend, dass ausgerechnet mit der Deutschen Bahn AG, die doch gegründet wurde, um die Staatsnähe von Bundesbahn und Reichsbahn zu beenden, diese Art Günstlingswirtschaft fröhliche Urstände feiert.

Doch im Wesentlichen geht es um etwas anderes: um immer mehr Steuergelder für die DB AG, die diese wiederum an private Unternehmen durchreicht. Laut Medienberichten gibt es regelmäßige Treffen des Bahnvorstands oder einzelner Mitglieder des Vorstands mit diesen hochrangigen politischen Lobbyisten. Meist gehe es dabei um viel Geld — darum, wie und wo welche Summen aus öffentlichen Kassen in diejenigen des Bahnkonzerns umgelenkt werden können. Dabei geht es keinesfalls allein um Bundesmittel. Eine erhebliche Rolle spielen auf dieser Ebene auch die Subventionen von Kommunen und Ländern für einzelne Strecken — und vor allem für Bahnhöfe. Im 10-Jahres-Zeitraum 2002 bis 2012 flossen beispielsweise mehr als drei Milliarden Euro an öffentlichen Geldern alleine in die DB AG-Tochter Station & Service. Diese wurden in der Regel, wie wir Vergleichbares bereits für die Neubaustrecken dargestellt haben, *nicht bilanziert* — mit der Begründung, dass es sich hier um «öffentliche Zuschüsse» handele.[4] Faktisch wird damit jedoch das Anlagevermögen dieser Bahntochter erhöht; es werden zusätzliche Gewinne durch Vermietung und Verpachtung oder — später — durch einen Verkauf der entsprechenden Immobilien generiert.

Oft handelt es sich bei den aufgeführten prominenten Lobbyisten nicht nur um Leute mit guten Beziehungen, die neues Steuergeld für den Bahnkonzern einwerben, sondern um Personen, die sich in ihrer Zeit als Parlamentarier oder als Minister um den Bahnkonzern höchst handfest verdient gemacht haben und dafür offensichtlich nachträglich entlohnt werden sollen.

Das Bild, bei der Bahn wackle der Schwanz mit dem Hund, ist beliebt. Teilweise trifft es ganz gut die reale Situation. Gleichzeitig wird damit jedoch eine wichtige andere Ebene ausgeblendet. Verallgemeinert lässt sich sagen: In den letzten Jahrzehnten — und verstärkt durch die Bahnreform — entwickelte sich eine Durchdringung des Systems Schiene im Allgemeinen und des Unternehmens Deutsche Bahn im Besonderen seitens der privatkapitalistischen Wirtschaft. Die öffentliche Hand wurde bei der Deutschen Bahn AG faktisch enteignet; der Bahnkonzern befindet sich überwiegend unter Kontrolle von privatkapitalistischen Unternehmen und ist damit zugleich Interessen ausgeliefert, die im Widerspruch zu einer nachhaltigen Entwicklung der Schiene stehen. Dafür wurden in dieser Arbeit unter Verweis auf das führende Personal und auf die Aufsichtsratsstruktur bereits einige Belege geliefert. Das lässt sich am Beispiel des Kartells mit der zynischen, selbstgewählten Bezeichnung «Die Schienenfreunde» nochmals besser darstellen. Dieses Kartell wurde 2011 aufgedeckt. Die wesentlichen Hintergründe bei dieser Verschwörung privater Konzerne gegen die DB AG — genauer gesagt: die Abgründe, in die man blicken konnte — wurden jedoch 2013 bereits wieder zugedeckt. Doch der Reihe nach.

Anfang Juli 2011 wurde erstmals über ein Schienenkartell berichtet. Demnach waren rund zehn Unternehmen aus der Stahlindustrie und der stahlverarbeitenden Branche Europas — darunter mindestens sieben deutsche — über einen Zeitraum von Mitte der 1990er bis zum Jahr 2010 — heimlich als Kartell verbunden. Auf diese Weise wurden den großen Eisenbahngesellschaften in Europa und vielen Nahverkehrsbetreibern alle Schienen und alle Weichen zu Preisen verkauft, die um durchschnittlich 30 Prozent über dem Marktpreis lagen. Hauptadressat war dabei die Eisenbahn in Deutschland, also in den ersten Jahren die Bundesbahn und ab 1994 die Deutsche Bahn AG als die größte Bestellerin von Schienen und Weichen in Europa. Erste

Absprachen unter den Stahlherstellern soll es seit 1989 gegeben haben. Seine Blütezeit erlebte das Kartell zwischen 1995 und 2007. Definitiv beendet wurde das Kartell erst 2010. Damit liegt der Startpunkt des Kartells erstaunlich exakt in den Jahren, als mit der Inthronisation von Heinz Dürr als Bahnchef die Entscheidung zur formellen Privatisierung der Bahn in Deutschland fiel.

In dem Kartell waren der deutsche Marktführer im Stahlsektor ThyssenKrupp (über die Tochter GfT Gleistechnik), der österreichische Konzern Voestalpine (über dessen deutsche Töchter TSTG Schienentechnik GmbH & Co KG und Voestalpine Klöckner Bahntechnik GmbH), die bayerische Neue Maxhütte (die 1999 Pleite ging), der Vossloh-Konzern (über die Tochter Stahlberg Roensch GmbH), das schwedische Stahlunternehmen Inexa, die niederländisch-britische Corus-Gruppe und der tschechische Stahlkonzern Moravia-Trinec einbezogen. Führend im Kartell sollen zunächst Thyssen bzw. – nach dem Zusammengehen von Krupp und Thyssen 1998 – ThyssenKrupp und in der jüngeren Phase vor allem Voestalpine gewesen sein.

Nach offiziellen Angaben flog das Kartell 2009 durch einen Angriff von außen auf, dem des indischen Stahl-Maharadschas Lakshmi Mittal. Dieser drittreichste Mensch der Welt ist Eigentümer von Arcelor Mittal, dem größten Stahlkonzern der Welt. Arcelor Mittal begann 2009 über sein polnisches Stahlwerk Huta Katowice den europäischen Bahnen Schienenstahl zu Preisen anzubieten, die teilweise bei der Hälfte des bisherigen Preisniveaus lagen. In dieser Situation war die Diskrepanz zwischen den überhöhten Preisen, die Europas Bahnen seit vielen Jahren bezahlten, und den Marktpreisen nicht mehr zu übersehen. Das Kartell brach zusammen. Es gab eine anonyme Anzeige. Das Topmanagement von Voestalpine trat die Flucht nach vorn an, enthüllte wesentliche Fakten zu dem Kartell, um auf diese Weise den Kronzeugenstatus beim Bundeskartellamt zu erhalten. Was gelang: In der Entscheidung des Bundeskartellamtes vom Juli 2012 wurde Thyssen zur Zahlung von 103 Millionen Euro verurteilt, während Voestalpine lediglich 8,5 Millionen Euro Bußgeld zahlen musste. Im Juli 2013 folgte ein zweiter Bescheid des Bundeskartellamtes: Erneut traf es ThyssenKrupp mit einem Bußgeld von 88 Millionen Euro relativ hart; Voestalpine, immerhin zuletzt Kartellführer, kam mit 6,4 Millionen Euro glimpflich davon. Für Voestalpine hat sich das Kartell unterm Strich enorm gelohnt.[5]

Die beteiligten Stahlkonzerne hatten unternehmensintern eigene Strukturen mit genauen Verantwortlichkeiten zur Durchführung des Kartells aufgebaut. Die für die geneigte Öffentlichkeit bestimmten, regelmäßig wiederkehrenden Aussagen, einzelne Manager in den Konzernen hätten Kartellabsprachen betrieben, ohne dass die Führungsebene involviert gewesen sei, sind eindeutig widerlegt. Im offiziellen Bericht des Bundeskartellamts vom 14. Dezember 2012 heißt es, «die Unternehmensvertreter» hätten sich zur Durchführung des Kartells, «zum einen auf der Leitungs- bzw. Geschäftsführerebene und zum anderen auf der operative Ebene (Prokuristen) getroffen».[6] Es gab regelmäßige Treffen der Beteiligten, von denen viele in dem Duisburger Restaurant «da Bruno» stattfanden, das 2007 in die Schlagzeilen geriet, als vor dem Lokal sechs Mitglieder der italienischen Mafia erschossen wurden. Die Topvertreter der europäischen Stahlkonzerne traten bei den Treffen zu den Preisabsprachen und im internen Verkehr mit Decknamen wie «Hannibal Lecter», «Brüderchen» und «Domina» auf. Pro Jahr wurden innerhalb des Kartells bis zu 1500 einzelne Projekte «abgewickelt».[7]

In den meisten Berichten wurde ein Gesamtschaden in Höhe von einer Milliarde Euro, der der

DB AG entstanden sei, genannt. In Wirklichkeit dürfte der Betrag wesentlich höher sein. Da sich das Kartell außer auf Schienen auch auf Weichen bezog und da nicht nur die DB AG, sondern auch viele Nahverkehrsunternehmen — u.a. in München, Bremen, Rostock, Düsseldorf, Schwerin, Halle, Leipzig, Erfurt, Jena, Gotha, im Harz (hier die Harzer Schmalspurbahn) und viele weitere[8] — geschädigt wurden, verursachte das Kartell dem Schienenverkehr allein in Deutschland Schäden in Höhe von mehreren Milliarden Euro.[9]

Auffallend war immer, dass die Deutsche Bahn AG sich beim Thema Schienenkartell eineinhalb Jahre lang außerordentlich bedeckt hielt. Bereits im Oktober 2011 war im Handelsblatt zu lesen: «Bahn verzeiht Voestalpine. Der österreichische Stahlhersteller war einer der Haupttäter des Schienenkartells. Dennoch erhält er jetzt einen neuen Großauftrag von der Deutschen Bahn.»[10]. Ein Vierteljahr später meldete dieselbe Wirtschaftszeitung «Bahn verzeiht Kartellsündern». Nun hatte die DB AG auch Moravia Steel (ehemals CMC Trinitec), einem anderen Kartellmitglied, einen neuen Großauftrag erteilt. Das Handelsblatt zitierte dabei den Bahnjuristen Andreas Clément mit der absurden Argumentation, man müsse «streng auf die vergaberechtlichen Regelungen und damit auf die Wirtschaftlichkeit achten».[11]

Es spricht viel dafür, dass die Deutsche Bahn AG inzwischen auf etwas ganz anderes «achten» musste: Im September 2012 gab es in der Berichterstattung über die «Schienenfreunde» eine jähe Wende. Jetzt wurden in den Medien zwei Zeugen zitiert, die unabhängig voneinander aussagten, die DB AG sei in die Preisabsprachen seit langem einbezogen gewesen. Einer dieser Zeugen war «selbst für die Bahn tätig — als Einkäufer eben jener Schienen». Bei Voestalpine tauchten Spesenabrechnungen des Kartells in Höhe von 71.276,24 Euro auf, die allein für Besuche der Kartellbrüder gemeinsam mit Bahnmanagern im Berliner Rotlichtmilieu ausgegeben worden waren. Die «Süddeutsche Zeitung» schrieb dazu: «Ein Manager, der jetzt für Aufklärung sorgen will, vergleicht die offenkundigen Bordellbesuche mit Mafia-Methoden: ‹Das ist, wie wenn bei einem Mord jeder auf das Opfer schießen muss, damit alle Täter sind und hinterher keiner auspackt.› Wer mit in den Puff gehe, könne aus dem System nicht mehr ausbrechen.» So etwas wolle «niemand zugeben. Erst recht nicht, wenn seine Frau sich anschließend von ihm scheiden lasse.»[12]

Für die — von der DB AG zurückgewiesene — These, der Bahnkonzern sei immer informiert und damit Teil des Kartells gewesen, sprechen der gesunde Menschenverstand und eine interessante Personalie.

Gesunder Menschenverstand: Der Markt für Schienenstahl war spätestens seit den 1980er Jahren ein internationaler. Schienen aus Japan oder Korea oder China waren seit Jahrzehnten deutlich preiswerter als solche von europäischen Herstellern. Warum sollte die DB AG für dieses sicher hochwertige, aber doch nicht einmalige Produkt mehr als ein Jahrzehnt lang derart überhöhte Preise zahlen — zumal die Bahnchefs Heinz Dürr, Hartmut Mehdorn und Rüdiger Grube alle aus der Autobranche kamen und sich in Sachen Spezialstahl gut auskannten?

Die Personalie: Dieter H. Vogel nahm im Zeitraum 1986 bis 1998 beim größten deutschen Stahlkonzern Thyssen führende Positionen ein, zuletzt diejenige des Vorstandsvorsitzenden. Er schied im Mai 1998 bei Thyssen nach der Fusion zu ThyssenKrupp aus und engagierte sich in führender Position in einer Private-Equity-Gesellschaft, die 2007 in der Lindsay Goldberg Vogel GmbH aufging. Diese Finanzgesellschaft kontrolliert auch heute noch Klöckner & Co., den weltweit größten unabhängigen Stahlhändler. Vogel ist seit 2006 Aufsichtsratsvorsitzender von Klöckner & Co. Auf Betreiben des damaligen Bundeskanzlers Gerhard Schröder übernahm Dieter H. Vogel am 24. März 1999, zehn Monate nach seinem Ausscheiden bei Thyssen, die Position des Aufsichtsratsvorsitzenden bei der Deutschen Bahn AG. Sein Vorgänger in dieser Funktion war Heinz Dürr. Vogel war bis zum 7. März 2001 DB AG-Aufsichtsratsvorsitzender. Er war damit Oberaufseher bei der Deutschen Bahn AG in einer Zeit, in der das Kartell «die Schienenfreunde» die Deutsche Bahn pro Jahr um rund 100 Millionen Euro erleichterte, wobei sein früherer Brötchengeber, der Thyssen-Konzern, dieses Kartell koordinierte. Wenn das Bundeskartellamt sagt, die Führungsstrukturen der Konzerne seien in das Kartell eingebunden gewesen, dann war Vogel bis 1998 selbst eingebunden.

Doch auch damit ist der Skandal noch immer nicht in seinem ganzen Umfang ausgeleuchtet. So stellt sich die Frage: Was wussten die Bundeskanzler Helmut Kohl und Gerhard Schröder, was wusste und weiß Bundeskanzlerin Angela Merkel, was wussten die Mitglieder der diversen Bundesregierungen, beispielsweise die jeweiligen Bundesverkehrsminister? Mit der Verbindung Bundeskanzler Gerhard Schröder — Thyssen-Boss bzw. DB AG-Aufsichtsratsvorsitzender Dieter H. Vogel zeichnete sich bereits eine Verbindung zwischen der Bundesregierung und dem Schienenkartell ab. Grundsätzlich ist es kaum vorstellbar, dass diese riesigen Einkäufe von Schienenstahl und Weichen zu überhöhten Preisen ohne Mitwissen der Bundesregierung, also der Vertreterin des Eigentümers Bund, abliefen. Zumindest verantwortliche Personen im Bundesverkehrsministerium müssen Kenntnis von der Abzocke gehabt haben. Dafür, dass Peer Steinbrück, der in seiner Zeit als Bundesfinanzminister mit dem Thema Bahnbörsengang eng befasst war, mit ThyssenKrupp unter einer Decke steckte, gibt es ebenfalls interessante Hinweise.[13] Martin Murphy, der den Schienenkartellskandal im Handelsblatt schonungslos verfolgte, schrieb: «Der Logistikkonzern Bahn war selbst über die Absprachen der Stahlfirmen im Bilde. [...] Das Management hat das illegale Treiben der Schienenlieferanten geduldet. [...] Weder Bundesregierung noch Opposition entwickeln Ambitionen, die Rolle der DB AG in diesem Kartell zu durchleuchten. Dies ist umso erstaunlicher, als sich die Politik sonst für jedes beinahe unwesentliche Detail des Bahngeschäfts interessiert.»[14]

Das Kartell bewirkte, dass die in die Infrastruktur investierten Steuergelder von jährlich 3,5 bis 4 Milliarden Euro eine in dem Maß geringere Wirkung hatten, wie die Preise für Schienen, Weichen, Schwellen usw. überhöht waren. Dieser Schaden trifft in erster Linie die Allgemeinheit — die Fahrgäste, die Steuerzahlenden, alle, die Dienstleistungen von der Bahn beziehen. Das Schweigen und Gewährenlassen seitens der Bahnspitze hat eine rationale Erklärung: Für Teile der Deutschen Bahn AG war der Deal lukrativ. Laut Handelsblatt berichtete der bereits zitierte ehemalige Voestalpine-Schienenverkäufer dem Kartellamt, «dass Top-Manager beider Seiten [Stahlkartell und Bahn, d. Verf.] damals ein Koppelgeschäft vereinbarten: Die Bahn akzeptierte überhöhte Preise — was ihr nicht schadete, denn die Investitionen werden vom Bund getragen. Im Gegenzug soll ThyssenKrupp Kunde der Bahntochter DB Cargo geblieben sein. Diese Version bestätigen auch Ex-Führungskräfte von ThyssenKrupp.»[15]

Die Formulierung «... was ihr nicht schadete» trifft dann nicht zu, wenn die Bahn als Ganzes und als öffentliches Unternehmen im Blick bleibt. Der Bund und die privaten Bahnbetreiber beklagen seit vielen Jahren zu Recht, dass sich der Zustand der Schieneninfrastruktur ständig verschlechtert. Ein effizienter Einsatz der staatlichen Gelder hätte eine deutlich bessere Infrastruktur als Folge. Von dieser hätte, neben den privaten Betreibern, auch die DB AG selbst profitiert – durch wachsende Fahrgastzahlen, durch ein verbessertes Ansehen bei der Kundschaft, durch ein größeres Volumen im Schienengüterverkehr und durch steigende Trassenentgelteinnahmen im Bereich DB Netz. Durch die Kartellabsprachen wurden die öffentlichen Mittel an die Bahn faktisch erheblich reduziert bzw. große Summen in die Kassen privater Konzerne umgeleitet. Wenn die Spitze der DB AG in das Kartell einbezogen war (wofür alles spricht), dann muss dieser selbst kriminelle Energie unterstellt werden – zum Schaden des Gesamtunternehmens Bahn.

Dass die Stahlkonzerne keine Schienenfreunde waren, liegt auf der Hand. In Wirklichkeit betrachteten sie – wie ein großer Teil der privatkapitalistischen Wirtschaft – die Deutsche Bahn AG als Selbstbedienungsladen.[16] Die Schienen der Freunde eben.

***

Im Dezember 2013 konnte man lesen, wie beim Schienenkartell gedeckelt und ein interessanter Ringtausch organisiert wurde: «In einem Vergleich haben sich im November Deutsche Bahn und ThyssenKrupp über die Zahlung von Schadenersatz für das Schienenkartell geeinigt. ThyssenKrupp hat sich verpflichtet, der DB einen angemessenen Ausgleich zu zahlen. [...] Eingebunden in den Vergleich sind weiter die Bundesregierung und die Bundesländer. Die Deutsche Bahn führt den überwiegenden Teil der Schadenersatzzahlungen an Bund und Länder ab, die zuvor ihre Ansprüche an die DB abgetreten haben. Dies haben die Vertreter so am 6. September 2013 vereinbart. Damals hatte Bundesverkehrsminister Ramsauer zugesagt, diese Gelder wieder in das Bahnnetz stecken zu wollen.»[17]

2010

Das gesamte Jahr über steckt die S-Bahn in Berlin, eine Tochter der Deutschen Bahn AG, in einer tiefen Krise. Im Januar 2010 und im Dezember 2010 befinden sich weniger als 60 Prozent der vertraglich zugesagten S-Bahn-Wagen im Einsatz

Kapitel 18: Die S-Bahn-Krise in Berlin
Oder: Ein Verkehrsmittel wird kaputtgespart

Die Zukunft der Berliner S-Bahn erledigten die Manager der Deutschen Bahn (DB) mit einem Knopfdruck. Mehrmals pro Jahr bestellten sie den Projektleiter der zur DB gehörenden S-Bahn in den Bahn-Tower am Potsdamer Platz. Mit dem Fahrstuhl ging es oft bis zur 21. Etage, in den Sitzungssaal «Fliegender Hamburger».

An einem Tisch warteten gut ein Dutzend hohe Konzern-Manager. Genau 20 Minuten lang durfte der S-Bahner vortragen, wie es mit den Sparmaßnahmen voranging. Weitere 20 Minuten lang wurden Nachfragen gestellt. Dann nahmen die Herren ein kleines Gerät vom Tisch. Wer mit den Vorschlägen der S-Bahn einverstanden war, drückte auf ein grünes Knöpfchen. Unzufriedene konnten auf Gelb oder Rot drücken. Der S-Bahn-Projektplaner saß zwar dabei, aber wer wie abgestimmt hatte, erfuhr er nicht. Am Ende warf ein Beamer das Ergebnis an die Wand, dann musste der S-Bahner den Raum verlassen. Die Sparmaßnahmen, heißt es, bekamen nach anfänglichem Gelb eine grüne Ampel. So wurden seit 2005 Millionen Euro wegrationalisiert, und mit jedem Knopfdruck fuhr die S-Bahn tiefer in die Krise.

Einsparpolitik, Missmanagement und das Versagen der Politik haben zur größten Katastrophe im öffentlichen Nahverkehr geführt, die Deutschland in den vergangenen Jahrzehnten erlebt hat. In der ersten Woche des neuen Jahres [2011; d.Verf.] waren ganze Stadtteile von der S-Bahn abgeknipst worden. Von 562 Zügen konnte der Fahrdienst nur noch 213 auf die Gleise bringen, vier Strecken mussten ganz eingestellt werden. Wer Spandau oder Wartenberg mit der S-Bahn verlassen wollte, stieß auf tote Gleise. Die Boulevardblätter tauften Schöneberg in «Stöhneberg», das Ostkreuz in «Rostkreuz» um. Aus dem Botanischen Garten wurde das «Botanische Warten».

Bericht des «Spiegel» aus dem Jahr 2011.[1]

An der Berliner S-Bahn lässt sich im Kleinen studieren, was bei privatwirtschaftlich agierenden Bahnen auch im Großen Probleme verursacht: Die Folgen von massiven Sparmaßnahmen haben in der deutschen Hauptstadt dazu geführt, dass die S-Bahn, das Rückgrat des öffentlichen Personennahverkehrs, zeitweise fast völlig zusammengebrochen ist. Allein aus diesem Grund sind die Vorgänge in Berlin eine genaue Analyse wert. Im Übrigen musste die Bundesregierung eingestehen, dass sie selbst im Aufsichtsrat der S-Bahn Berlin GmbH vertreten war, als die Entscheidungen fielen, die in die tiefe Krise dieses Unternehmens führten.[2]

Die S-Bahn Berlin ist eines der wichtigsten Verkehrsmittel des Nahverkehrs für Berlin und das nahe Brandenburger Umland. Für viele Pendlerinnen und Pendler sind die beige-roten Züge die tägliche Verbindung in die Stadt und umgekehrt für viele Städterinnen und Städter die Verbindung «ins Grüne». Das gesamte Netz umfasst 15 S-Bahn-Linien, 332 Kilometer und bedient 166 Bahnhöfe, 33 davon in Brandenburg. Insgesamt hat die Berliner S-Bahn über 3000 Beschäftigte; an einem normalen Werktag nutzen 1,3 Millionen Fahrgäste dieses Verkehrsmittel. Ein Herzstück und eine besonders intelligente Konstruktion dieses Verkehrsmittels ist dabei die 34 Kilometer lange Ringbahn, ein durchgehend zweigleisiger S-Bahn-Ring um das weitere Stadtzentrum, das, wie es in einer verkehrspolitischen Schrift heißt, «alle die übrigen Strecken, die radial auf das Zentrum Berlins zulaufen und in den 30er, 50er und 60er Jahren des vorigen Jahrhunderts [des 19. Jahrhunderts; d. Verf.] separat entstanden, verbindet. So trägt die Ringbahn bei zum Kreislauf der Stadt.»[3] Auf dem Ring verkehren mit 400.000 Fahrgästen pro Werktag mehr als 30 Prozent aller S-Bahn-Fahrgäste.

Bis zur Bahnreform war die S-Bahn von der Deutschen Reichsbahn und den Berliner Verkehrsbetrieben (BVG) betrieben worden. Seit Januar 1994 — also parallel mit der Bahnreform — wird die S-Bahn von der DB AG betrieben, seit dem 1. Januar 1995 fungiert sie als eigenständige Tochtergesellschaft der Deutschen Bahn AG, als S-Bahn Berlin GmbH.

Über lange Zeit war die S-Bahn in Berlin für ihre hohe Zuverlässigkeit bekannt und bei den Fahrgästen beliebt, sie prägt die Stadt schon seit mehr als einem Dreivierteljahrhundert. 1943 — noch vor den großen Kriegsschäden — hatte sie 750 Millionen Fahrgäste im Jahr. Zum Ende des Zweiten Weltkriegs musste der Betrieb aufgrund des Energiemangels und von Zerstörungen für einige Wochen eingestellt werden, doch schon ab Juli 1945 wurden die Linien schrittweise wieder hergestellt. Während der Teilung der Stadt und aufgrund eines organisierten Boykotts durch die Westberliner Parteien spielte die S-Bahn dann im Westteil der Stadt nur noch eine geringe Rolle; auch waren viele Linien durch die Teilung der Stadt unterbrochen. In Ostberlin wurde die S-Bahn jedoch weiter ausgebaut, insbesondere um die neugebauten Satellitenstädte an die Innenstadt anzubinden.

Nach der Wiedervereinigung wurden — Strecke um Strecke — die alten S-Bahn-Linien aus der Zeit vor dem Mauerbau im Jahr 1961 wieder hergestellt. Anfang der 1990er Jahre hatte die S-Bahn etwa 200 Millionen Fahrgäste im Jahr. 2002 konnte die erwähnte Ringbahn wieder komplett hergestellt werden. Inzwischen verdoppelte sich die Zahl der Fahrgäste. Auch 2012 waren es, trotz des Einbruchs mit der S-Bahn-Krise, noch 395 Millionen Fahrgäste.

Die Situation der neu prosperierenden S-Bahn änderte sich im Zuge der Vorbereitung auf den Bahnbörsengang unter Bahnchef Mehdorn: Alle Sparten der DB AG sollten fortan möglichst hohe Gewinne erbringen; auch die S-Bahn Berlin GmbH erhielt als Tochterunternehmen entsprechende Vorgaben. Daher wurden ab 2002 erste Sparprogramme mit klingenden Namen wie «Qualify & Qualify Plus-Portfolio» umgesetzt. Das damalige Management der S-Bahn Berlin um Günter Ruppert, das 13 Jahre lang für Stabilität und wachsende Fahrgastzahlen stand, weigerte sich jedoch, allzu weitgehende Sparmaßnahmen umzusetzen. Die Kenner der S-Bahn fürchteten sonst erhebliche Probleme im Betrieb. Dies brachte ihnen von Seiten des DB-Managements den Vorwurf der «Konzernuntreue» ein.[4] Ruppert und der übrige alte Vorstand passten nach Angaben der DB AG «nicht mehr ins neue Konzept, nach dem die S-Bahn vor allem Kosten einsparen soll. Ruppert und seine Kollegen mit großer Betriebserfahrung hätten sich oft gegen Sparvorschläge gewehrt, die zu Lasten der Kunden gingen.»[5]

Stattdessen wurden von der DB AG unter der Leitung des Personenverkehrsvorstands Ulrich Homburg schrittweise neue Personen in das Management der S-Bahn Berlin eingesetzt. Ulrich Thon wurde Technikchef; er rief das Programm «Optimierung S-Bahn (OSB)» ins Leben, um die Gewinnvorgaben des DB-Managements erfüllen zu können. Sprecher der Geschäftsführung wurde 2007 der relativ unerfahrene Tobias Heinemann, der bis dahin bei der DB Regio als Gesamtmarketingleiter beschäftigt gewesen war. Das Programm «OSB» wurde in einem DB-internen Dokument vom 6. Mai 2004 so begründet: «Es soll sichergestellt werden, dass Ende 2006 ein jährliches Einsparpotential von 40 Millionen Euro von den S-Bahnen [Berlin und Hamburg; Anm. d. Verf.] realisiert wird.» Konkret bedeutete die Umsetzung dieses Programms bei der S-Bahn: Die Gesamtzahl der Mitarbeitenden wurde seit 2001 um ein Drittel gesenkt: von 4135 Beschäftigten im Jahr 2001 über 3924 im Jahr 2003 auf 2769 im Jahr 2009. Drei von sieben Werkstätten, in denen die S-Bahn-Züge gewartet und instandgesetzt werden, wurden geschlossen. In der Hauptwerkstatt wurde die Anzahl der Beschäftigten von 800 auf 200 abgebaut, die der Meister von 26 auf 3.[6] Die Zugflotte wurde von 740 auf 632 sogenannte Viertelzüge (ein Viertelzug — bei der S-Bahn die kleinste Einheit — sind jeweils zwei Wagen) reduziert; viele Züge wurden verschrottet. Es erwies sich später dann als Glücksfall, dass die Verschrottung noch nicht so weit gediehen war und eine Reihe dieser Züge später wieder instand gesetzt werden konnte. Durch die geringere Anzahl an Zügen fehlten — ähnlich wie im Fernverkehr der DB AG — fortan Reservezüge, die im Falle von Krisen, bei Defekten oder bei besonderen Ereignissen eingesetzt werden konnten, und ebenso kam es beim Personal immer öfter zu Engpässen.

Dass all diese Sparmaßnahmen zu einer Katastrophe führen würden, musste der Konzernspitze der DB AG spätestens seit 2008 bekannt sein. Doch die Warnungen wurden in den Wind geschlagen; schließlich glaubte man, kurz vor der Bahnprivatisierung zu stehen.[7] Noch im Jahr 2008 zog der DB-Konzern 56 Millionen Euro Gewinn aus der S-Bahn Berlin GmbH, hinzu kamen weitere rund 30 Millionen Euro an Sondergewinnen durch konzerninterne Umlagen und überhöhte Trassen- und Bahnhofsentgelte.

Nachdem es im Winter 2008/09 wegen eingefrorener Fahrsperren zum ersten Mal zu einem Ausfall von Zügen in größerem Umfang gekommen war, nahm die S-Bahn-Krise dann im Jahr 2009 ihren Lauf: Am 1. Mai 2009 kam es zu einem Radbruch im Bahnhof Kaulsdorf, woraufhin das Eisenbahn-Bundesamt eine wesentlich häufigere Überprüfung der Züge anordnete. Ähnlich wie der DB-Fernverkehr bei den ICE-Zügen hatte auch die S-Bahn die Wartungs- und Überprüfungsintervalle massiv «gespreizt», wodurch der Riss in dem schließlich gebrochenen Rad nicht rechtzeitig entdeckt worden war. Die kürzeren Wartungsintervalle wurden jedoch entgegen der Zusagen nicht wie angeordnet durchgeführt, wie das Eisenbahn-Bundesamt bei einer Kontrolle am 29. Juni 2009 feststellte. Nunmehr machte sich die massive Reduktion der Wartungskapazitäten bitter bemerkbar. Daraufhin mussten alle nicht fristgerecht gewarteten Züge außer Betrieb genommen werden. In der Folge waren im Juli 2009 nur noch 165 von 632 Viertelzügen einsatzbereit. Viele S-Bahn-Linien mussten komplett eingestellt werden. Es kam zu einem Verkehrschaos in der Stadt, die S-Bahn fuhr nur noch auf Basis eines zusätzlich ausgedünnten Notfahrplans.

Nach diesem offensichtlichen Debakel wurde das Management der S-Bahn Berlin um Tobias Heinemann am 2. Juli 2009 abberufen. Der Betriebsrat und das alte Management hatten schon zuvor immer wieder darauf hingewiesen, dass die Sparmaßnahmen viel zu weit gingen und das neue Management letztlich die Notwendigkeiten für einen stabilen Betrieb nicht überblicke, doch erst nach der offensichtlichen Katastrophe zog die DB AG die Konsequenzen. Tobias Heinemann wechselte später übrigens als Marketing- und Vertriebsvorstand zu den Rift Valley Railways nach Nairobi, wo man seine unrühmliche Vergangenheit wohl nicht kannte, und Ex-Technikchef Ulrich Thon versuchte einen Wechsel in die Politik und bewarb sich 2013 vergeblich um das Bürgermeisteramt in Laboe.

Im September 2009 wurden auch noch Schäden an Bremszylindern der S-Bahn-Züge festgestellt, deren Ursache ebenfalls darin zu suchen war, dass nicht nach Plan und Vorgaben gewartet worden war. Viele Wartungsmaßnahmen waren offensichtlich schon seit mehreren Jahren nicht mehr wie vorgesehen durchgeführt worden. Dabei wurden sogar Wartungsprotokolle gefälscht, um die mangelhafte Instandhaltung zu kaschieren.[8] Man nahm also zum Zwecke der Profitmaximierung bewusst eine Gefährdung der Fahrgäste und der Beschäftigten in Kauf. Erneut waren daraufhin im September 2009 nur 163 von 632 Viertelzügen einsatzbereit, und wieder musste der Verkehr auf zahlreichen Linien komplett eingestellt werden. Erst ab Mitte Oktober konnte wieder das gesamte Netz befahren werden, jedoch nur mit deutlich ausgedünnten Fahrplänen und verkürzten Zügen. Noch über mehrere Jahre fuhr die Berliner S-Bahn trotz mehrfacher Ankündigungen eines Normalfahrplans daraufhin mit einem Notfahrplan, der ausgedünnte Takte und verkürzte Züge umfasste. In den Wintern 2009/10 und 2010/11 mussten dann wieder Not-Notfahrpläne mit weiteren Reduktionen aufgrund von Zugausfällen eingeführt werden. Im gesamten Jahr 2010 gab es nur wenige Wochen, in denen sich etwas mehr als 400 Viertelzüge im Einsatz befanden — vertraglich zugesagt sind 562 Viertelzüge. Im Januar 2011 kam es erneut zu einem massiven Einbruch; nur noch 213 Züge konnten eingesetzt werden. Immer wieder versuchten das Management der S-Bahn GmbH und die Konzernführung der DB AG die Dauerkrise mit widrigen Natureinflüssen zu erklären. Als im Winter 2009/2010 reihenweise Motoren ausfielen, hieß es beispielsweise, die Ursache dafür sei «Flugschnee». Der Fachjournalist Klaus Kurbjuweit deckte hingegen auf, dass auch dem ein Wartungsfehler zugrunde lag.[9] Für Bahnchef Rüdiger Grube reduzierten sich alle Probleme auf eine fehlerhafte Konstruktion der S-Bahn-Baureihe 481 und auf den Hersteller Bombardier Transportation. In der Anhörung vor dem Berliner Abgeordnetenhaus führte Grube am 10. Januar 2011 aus: «Was mich in dieser ganzen öffentlichen Diskussion so stört, dass so gut wie gar nicht erwähnt wird, dass der eigentliche Auslöser der S-Bahn-Krise die falsch konstruierte Fahrzeugflotte BR 481 eines bekannten Herstellers ist, die uns alle diese Schwierigkeiten bereitet.»[10] Dass diese Baureihe bereits seit 1996 ohne größere Probleme im Einsatz war, ließ er dabei unerwähnt.

In dem bis heute mehr oder weniger offiziellen Untersuchungsbericht der S-Bahn-Berlin-Krise, den der DB-Konzern bei der Kanzlei Gleiss Lutz in Auftrag gegeben hatte und der im Frühjahr 2010 veröffentlicht wurde, werden die Sparmaßnahmen bei der S-Bahn trotz der offensichtlichen Konsequenzen gelobt: «In vielen Bereichen war OSB ein Erfolg». Die Verantwortung für das Desaster wird erneut zu Unrecht dem Hersteller zugeschrieben und der Geschäftsführung der S-Bahn GmbH und der DB-Tochter Stadtverkehr, die für das operative Geschäft der S-Bahn verantwortlich war. Dabei hatte das Management nur willfährig die Vorgaben der DB AG umgesetzt. Letztendlich ist die S-Bahn-Krise ein direktes Resultat der Orientierung auf die Börse, wie sie 2004/2005 beschlossen wurde, und der Forderungen des DB-Managements nach einer überhöhten Gewinnabführung aus der S-Bahn Berlin. Die einzige praktische Konsequenz, die die Deutsche Bahn und ihr Vorstandsvorsitzender Rüdiger Grube bzw. der Personenverkehrsvorstand Ulrich Homburg aus dem S-Bahn-Desaster zogen, war die noch engere Integration der S-Bahn Berlin GmbH in den DB-Konzern; inzwischen ist sie dem Unternehmensteil DB Regio direkt unterstellt.[11] Dass diese engere Integration in den Konzern, dessen Vorstand letztendlich für die fatalen Vorgaben verantwortlich war, zur Lösung der Krise beiträgt, ist mehr als zweifelhaft.

Bei der Wiederherstellung des S-Bahn-Betriebes hatte das Unternehmen an mehreren Stellen Glück im Unglück: So konnte das stillgelegte S-Bahn-Werk Friedrichsfelde sehr schnell wieder eröffnet werden. Die Halle wollte die S-Bahn eigentlich schon abreißen, was jedoch aus Denkmalschutzgründen nicht möglich gewesen war.[12] Auch mehrere zur Verschrottung vorgesehene S-Bahn-Züge (Baureihe 485) konnten inzwischen mit millionenschwerem Aufwand wieder reaktiviert werden, da die Zerlegung noch nicht so weit vorangeschritten war. Nur dadurch hat die S-Bahn inzwischen wieder deutlich mehr Züge zur Verfügung.

Durch diese Maßnahmen zur Überwindung der Krise entstanden erhebliche zusätzliche Kosten, die die S-Bahn Berlin GmbH nach offiziellen Zahlen in die Verlustzone drückten. Doch selbst in den Krisenjahren machte die DB AG unterm Strich noch Gewinn mit der S-Bahn Berlin, da die hohen Trassengebühren und die überhöhten Stationsentgelte, die an die DB Netz gezahlt werden, nicht den tatsächlichen Leistungen entsprechen. Die von der S-Bahn Berlin an die DB Netz entrichteten Trassenentgelte haben sich alleine in den letzten Jahren um 3,5 bis 3,9 Prozent pro Jahr erhöht. Im Zeitraum 2002 bis 2011 stiegen die Trassenpreise um 30 Prozent.[13]

Offiziell gilt die S-Bahn-Krise in Berlin mittlerweile als größtenteils überwunden. Allerdings wird dabei höflich verschwiegen, dass die Tochter der DB AG sich inzwischen auf einen Zustand eingerichtet hat, dass kontinuierlich gut 5 Prozent weniger S-Bahn-Züge verkehren als die vertraglich zugesicherten 562 Viertelzüge (siehe Grafik Seite 159). Das Frohlocken, es gehe stetig aufwärts, hielt im Winter 2013/14 auch nur solange an, wie der Winter schlicht ausblieb. Als dann im Januar 2014 die ersten Schneeflocken fielen, fielen auch bereits wieder reihenweise Züge aus; Ende Januar waren erneut nur 514 Viertelzüge im Einsatz, was 91,5 Prozent der zugesagten Kapazitäten entsprach. Und es gibt auch weiter erhebliche Probleme im Betrieb. Insbesondere herrscht noch immer ein massiver Personalmangel: Regelmäßig fallen Züge wegen fehlender Triebfahrzeugführer aus, und im Hauptstellwerk in Halensee sind deutlich zu wenig Fahrdienstleiter verfügbar. Bei krankheitsbeding-

Einsatz laut Vertrag: 562 Viertelzüge

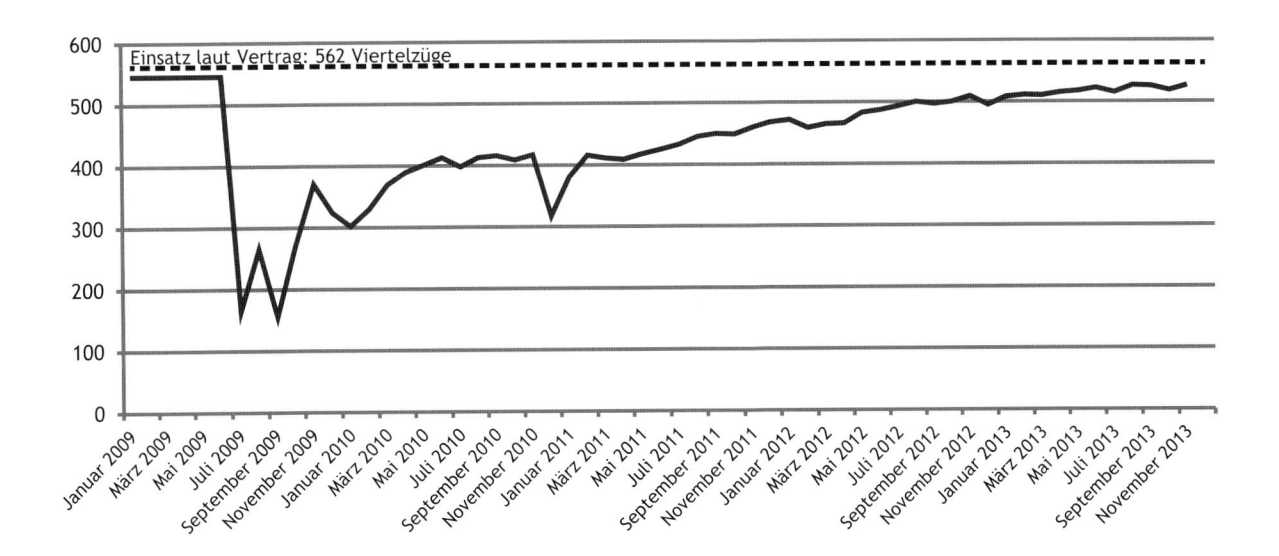

ten Ausfällen kam es dadurch bereits zu Betriebseinschränkungen (vgl. die Verhältnisse in Mainz, Kapitel 21). Bei den Triebfahrzeugführern gibt es einen relativ hohen Krankenstand. Auch dies lässt sich mit Sparmaßnahmen erklären: Zum ersten wurde das Personal aus Kostengründen schlichtweg reduziert, Anfang 2014 fehlten rund 80 Fahrdienstleiter und 150 Triebfahrzeugführer. Hinzu kommt, dass die S-Bahn-Fahrer seit einigen Jahren einer verstärkten Belastung ausgesetzt sind, da sie aufgrund des eingesparten Bahnhofspersonals die Züge an den meisten Bahnhöfen inzwischen mit «Zugabfertigung durch den Triebfahrzeugführer (ZAT)» selbst abfertigen müssen. Das bedeutet, dass sie ständigen extremen Temperaturschwankungen zwischen dem — im Winter — geheizten Führerstand und dem kalten Bahnsteig ausgesetzt sind, und das mehrere Stunden am Tag — kein Wunder, dass der Krankenstand der S-Bahn-Fahrer dadurch insbesondere im Winter sehr hoch ist.

Als angebliche Lösung wird inzwischen das neue Verfahren ZAT-FM, die Zugabfertigung unterstützt durch einen «Führerstandsmonitor», eingeführt. Die Triebfahrzeugführer sollen mit Hilfe von Kameras auf den Bahnsteigen die Zugabfertigung überwachen. Tatsächlich ist es jedoch auch mit diesem Verfahren kaum möglich, tatsächlich alle Türen des Zuges zuverlässig zu überblicken und sicherzustellen, dass sie alle frei sind und niemand eingeklemmt wird. Mit den ZAT-Verfahren sollen mehrere hundert Bahnhofsaufsichten eingespart werden, die bislang die Züge abgefertigt haben. Nur noch an wenigen zentralen Umsteigebahnhöfen soll es Aufsichtspersonal geben. Dies hat aber nicht nur Konsequenzen für die Beschäftigten der S-Bahn, sondern auch für die Fahrgäste: Inzwischen wurden schon mehrfach Fahrgäste in Türen eingeklemmt oder sogar von anfahrenden Zügen mitgeschleift und teilweise schwer verletzt.[14] Offiziell wird die Schuld in solchen Fällen den Triebfahrzeugführern gegeben; diese haben jedoch letztendlich keine Chance, die abfahrenden Züge — bei einem Zug in voller Länge immerhin über 130 Meter — in der gleichen Weise zu überblicken wie eine Bahnhofsaufsicht in der Mitte des Bahnsteigs, erst recht wenn die Bahnhöfe teilweise in Kurven liegen. Und auch für die Sicherheit der wartenden Fahrgäste auf den Bahnsteigen und die Beantwortung von Fragen hatten die Bahnhofsaufsichten bislang eine wichtige Funktion. Auch im Falle von ZAT gehen die Sparmaßnahmen also auf Kosten von Sicherheit und Service.

Als angebliche Lösung für die andauernde Krise der Berliner S-Bahn wird nun eine weitere Privatisierung verfolgt: 2012 hat die SPD-geführte Berliner Regierung — gegen die Mehrheit der Bevölkerung und der eigenen Parteibasis — beschlossen, Teile des S-Bahn-Betriebs ab 2017 analog zu den Ausschreibungen im bundesweiten Schienenpersonennahverkehr auszuschreiben. Das Herzstück der zur Ausschreibung anstehenden Strecken soll nicht zufällig der eingangs dieses Kapitels erwähnte S-Bahn-Ring sein. Es haben auch bereits zahlreiche internationale Unternehmen Interesse angemeldet, an dem Bieterverfahren teilzunehmen. Wenn es nach dem Willen des Berliner Senats geht, werden möglicherweise in einigen Jahren, wenn alle Teile der S-Bahn in Ausschreibungen vergeben wurden, einige S-Bahn-Linien von Bombardier Transportation betrieben, andere von RATP aus Frankreich, dem Betreiber der Pariser Metro, und wieder andere von MTR aus Hongkong — oder von einem der weiteren Unternehmen, die sich um den Betrieb bewerben wollen. Da sich das Ausschreibungsverfahren lange hinzieht, unterbleibt derweil die Bestellung dringend benötigter neuer S-Bahn-Züge. Damit kündigt sich die nächste S-Bahn Krise aufgrund von Fahrzeugmangel bereits an, denn das Auslaufen der Betriebsgenehmigungen für die älteren Züge ist absehbar. Somit steuert die Stadt sehenden Auges auf eine neue Krise zu.

Dazu der frühere S-Bahn-Manager Ernst-Otto Constantin: «Zur Zukunft der S-Bahn Berlin GmbH warnen meine Kollegen und ich dringend davor eine Teilausschreibung vorzunehmen. Das würde eine Fortsetzung des Debakels ganz anderer Art sein, weil das S-Bahnsystem eine in sich geschlossene hoch komplexe ganzheitliche Technologie ist, die man nicht beliebig teilen kann. [...] Wer aber glaubt, dass ein Desaster dieser Art durch eine Vollprivatisierung ausgeschlossen werden könne, muss blind oder ein Ignorant sein, über das was sich beinahe täglich in der privaten Wirtschaft ereignet, oder er verfolgt ideologische Motive.»[15] Letztendlich wird hier also versucht, das Problem mit noch mehr von dem zu lösen, was die Krise verursacht hat, nämlich Privatisierung. Gegen diese Pläne formiert sich Widerstand aus der Zivilgesellschaft: Seit 2011 gibt es den Berliner S-Bahn-Tisch als Zusammenschluss von Fahrgästen und Beschäftigten, der einen Maßnahmenkatalog zur Lösung der S-Bahn-Krise entwickelt hat. Diese Maßnahmen sollten durch ein Volksbegehren in ein Gesetz gegossen werden. Dies hat der Berliner Senat jedoch auf gerichtlichem Wege verhindert, da die S-Bahn länderübergreifend fährt und daher keine Volksinitiativen möglich seien.[16] Die Bahn hat in der Hauptstadt einen riesigen Vertrauensverlust erlitten, der nur schwer wieder wettzumachen ist.[17]

***

«Welche Schlussfolgerungen zieht die Bundesregierung aus der Tatsache, dass der Alleingesellschafter der Georgsmarienhütte Holding GmbH, welche die Radsätze für die Baureihe 481 an die S-Bahn Berlin GmbH geliefert hat, gleichzeitig dem Aufsichtsrat der DB AG angehörte?» — «Das genannte Aufsichtsratsmitglied ist aus Sicht der Bundesregierung ein ausgewiesener Experte mit hoher fachlicher Kompetenz. Die Bundesregierung geht von seiner Unabhängigkeit aus. Die Möglichkeit von Interessenskonflikten ist in jedem Einzelfall vom Aufsichtsratsvorsitzenden zu prüfen und anzuzeigen.»

Die Frage der Grünen traf ins Schwarze, die blumenreich-gewundene Antwort der Bundesregierung ist auf ihre Weise lehrreich. Allerdings blieb in der Frage und in der Antwort der Name des betreffenden Aufsichtsratsmitglieds und Achsenlieferanten,

Jürgen R. Großmann, aus falscher Höflichkeit unerwähnt. Und das letzte zitierte Wort und hier der Imperfekt in der Grünen-Frage ist höchst irritierend: Großmann ist auch Anfang 2014, vier Jahre nachdem diese Frage gestellt wurde, noch Aufsichtsrat der Deutschen Bahn und Radsätze-Hoflieferant für dieselbe und für die S-Bahn Berlin GmbH.[18]

Mit diesen vier Monitorbildern im Führerstand («ZAT-FM») wird dem Triebfahrzeugführer der S-Bahn angeblich ein Überblick über die Lage am Bahnsteig gegeben. Es ist fraglich, ob der Triebfahrzeugführer auf diese Weise sicher sein kann, dass alle Fahrgäste einen ausreichenden Abstand zum abfahrenden Zug haben.

161

2011

Am 27. November findet die Volksabstimmung über das Projekt Stuttgart 21 statt.
Zwei Jahre später finden sich Tunnelbohrer Herrenknecht und Ministerpräsident Kretschmann vereint vor einer Bohrmaschine.

Kapitel 19: Stuttgart 21 exemplarisch für die Bahnreform
Oder: Tunnelpatin Gerlinde Santa Barbara Kretschmann

Dem Beschuldigten [Roland Pofalla; d. Verf.] wird vorgeworfen, er habe unter Verletzung seiner Amtspflichten in der Zeit von Februar 2013 bis zum 5. März 2013 in seiner damaligen Funktion als Chef des Bundeskanzleramtes den drei Staatssekretären der Bundesregierung im Aufsichtsrat der Deutschen Bahn AG aus sachfremdem politischen Kalkül zur Auflage gemacht und auf weitere Aufsichtsräte der DB AG nachhaltig Einfluss genommen, dass sie unbedingt die Weiterführung des Projektes Stuttgart 21 beschließen müssten, was aufgrund dieser Einflussnahme auch geschah, obwohl das Projekt bahnseits inzwischen als nicht mehr wirtschaftlich eingeschätzt wurde und obwohl die Fortführung des Projekts dem maßgeblichen Unternehmenswohl widersprach, sodass der Beschuldigte die Aufsichtsräte zur Verletzung ihrer Vermögensbetreuungspflicht gegenüber der DB AG und damit zu einem Vergehen der Untreue nach § 266 StGB angestiftet habe. [...] Der Beschuldigte hat zur Absicherung der erklärten politischen Absicht die aktienrechtswidrige Einflussnahme auf die Aufsichtsräte noch bis unmittelbar vor deren Beschlussfassung fortgesetzt. Nach Medienberichten (siehe Berliner Tagesspiegel vom 7.1.2014) hat der damalige Chef des Bundeskanzleramtes noch am Tage des Aufsichtsratsbeschlusses vom 5. März 2013 früh persönlich mit einzelnen Aufsichtsräten telefoniert, sie sollten unbedingt frische Milliarden für Stuttgart 21 freigeben.

Auszüge aus der Strafanzeige gegen Roland Pofalla, MdB, die Peter Conradi, Dr. Eisenhart von Loeper und Dieter Reicherter im Januar 2014 einreichten.[1]

Das Projekt Stuttgart 21 (S21) und die Neubaustrecke Wendlingen–Ulm erlangten in den Jahren 2010 und 2011 bundespolitische Bedeutung. Das hat natürlich mit den Massenprotesten gegen das Projekt zu tun, die es seit Ende 2009 gibt und die auch Anfang 2014 anhalten. Ein wesentlicher Grund dafür ist allerdings auch in der exemplarischen Bedeutung zu suchen, die der Komplex Stuttgart 21 und Neubaustrecke über die Schwäbische Alb für die Bahnreform haben. Stuttgart 21 war – wie dies in diesem Buch in mehreren Kapiteln dokumentiert wurde[2] – ein ständiger Begleiter in den zwei Jahrzehnten seit Vollzug der Bahnreform; schreitet man diese Zeitspanne mit 5-Jahres-Meilenstiefeln ab, dann ergeben sich die folgenden prägnanten Daten: Am 18. April 1994, dreieinhalb Monate nach Gründung der Deutschen Bahn AG, wurde S21 erstmals öffentlich vorgestellt; offensichtlich wurde parallel an den Plänen zur Bahnreform und zum Bahngroßprojekt gearbeitet. 1999/2000 legte der Interimsbahnchef Johannes Ludewig S21 auf Eis; kurz darauf reaktivierte der neue Bahnchef Mehdorn das Projekt. 2005 gab es die erste Baugenemigung[3]; dabei wurde S21 von der rot-grünen Bundesregierung (1998–2005) ebenso unterstützt wie von den Folgeregierungen unter Kanzlerin Angela Merkel ab Herbst 2005. Am 30. September 2010 kam es dann zu dem massiven Polizeieinsatz gegen S21-Gegnerinnen und Gegner im Stuttgarter Schlossgarten; inzwischen wissen wir, dass der baden-württembergische Ministerpräsident Stefan Mappus bereits zehn Tage zuvor intern ein «massives Vorgehen gegen die Baumbesetzer» ankündigte. Am Abend des «Blutigen Donnerstags» gab es auch einen telefonischen Kontakt zwischen der Landesregierung und dem Bundeskanzleramt.[4] Heute schließlich erleben wir einen höchst spezifischen Wettlauf: Auf der einen Seite versuchen DB AG und Bundesregierung vor Ort in Stuttgart und auf der Schwäbischen Alb in Beton gegossene Fakten zu schaffen, um das Projekt unumkehrbar zu machen. Auf der anderen Seite explodieren die Kosten, wachsen die Risiken und gibt es diesen hartnäckigen Widerstand mit langem Atem.

Es sind drei Aspekte, weswegen Stuttgart 21 charakteristisch für die Bahnreform und damit für die Bahnprivatisierung ist. Erstens die Konzentration auf ein Großprojekte für den Hochgeschwindigkeitsverkehr, zweitens die scheinbar grenzenlosen finanziellen Ressourcen für ein zerstörerisches Vorhaben und drittens die Zusammenballung von wirtschaftlichen Interessen nebst personellem Filz.

S21 und Hochgeschwindigkeitsverkehr

Volker Kefer brachte die Theorie, die hinter S21 und dem Hochgeschwindigkeitsverkehr steht, im November 2013 wie folgt auf den Punkt: «Zwischen 2010 und 2030 wird für die Bundesrepublik Deutschland ein Rückgang der Bevölkerung um 3,1 Mio. auf 78,7 Mio. Einwohner erwartet. Die Bevölkerung wird sich vorrangig in den wenigen Metropolenregionen […] konzentrieren. Für Stuttgart wird […] plus zwei Prozent prognostiziert. […] Die Städte […] erleben eine Renaissance. [Das] wird zu weiterer Flächenknappheit und zu steigenden Immobilienpreisen führen. Das Verkehrsaufkommen in und zwischen den Städten wird steigen. Durch die sinkende Bedeutung des Pkw werden […] die Bedeutung des öffentlichen Verkehrs und der Bahn wachsen.»[5] Ausgehend von dieser simplen Skizze beschreibt der Infrastruktur-Bahnvorstand Kefer dann die Vorteile der mit S21 in der Stuttgarter City bewirkten neuen Freiflächen («150 Fußballfelder») und der Reisezeitgewinne beim Metropolen-Hopping.

Kefers Logik hat fatale Schwächen. Es gibt in Deutschland höchst verschiedene demographische Tendenzen – eine Zunahme der Bevölkerung in einigen Metropolen, eine wachsende Bevölkerung in ihrem Umland, aber auch schrumpfende Metropolen. Die Bevölkerungszahl in Köln stagniert seit einem Jahrzehnt. In Düsseldorf und Hamburg wächst die Bevölkerung, in Essen und Dortmund ist sie deutlich rückläufig. Und Stuttgart? Die baden-württembergische Landeshauptstadt hatte 1962 eine Bevölkerung von 640.000. Diese sank bis 2011 auf 565.000. Bis Dezember 2013 gab es wieder einen leichten Anstieg auf 585.000. Dabei findet das vorsichtige Bevölkerungswachstum eher in den städtischen Randgebieten und nicht in der City statt. Inwieweit sich das Wachstum der Einwohnerzahl fortsetzt, lässt sich kaum vorhersagen. Sicher ist, dass die auf weitere zehn Jahre angelegte S21-Baustelle viele Leute zum Wegziehen bewegt. Vor allem lässt sich Kefers Theorie vom City-Hopping per Bahn nicht halten. Noch einmal sei es gesagt: Seit 1994 blieb die Zahl der Fahrgäste im Schienenfernverkehr weitgehend gleich — trotz der gewaltigen Investitionen in diesem Sektor. Es stieg ausschließlich die Fahrgastzahl im Nahverkehr, dort wo vergleichsweise wenig investiert wurde (siehe Kapitel 8). Höchst pfiffig klammert Kefer den innerdeutschen Flugverkehr in seinem Vortrag weitgehend aus, obgleich ja gerade das Projekt S21 mit einem neuen ICE-Bahnhof am Flughafen Stuttgart verbunden ist und dieser Airport auch noch massiv ausgebaut werden soll. Der innerdeutsche Flugverkehr wuchs seit der Bahnreform um 65 Prozent. Im Übrigen reduziert sich, wie bereits dargelegt, der behauptete Fahrtzeitgewinn durch S21 und Neubaustrecke auf der Verbindung Stuttgart–München dann massiv, wenn nicht — wie Kefer das fälschlich und fälschend macht — der Ist-Zustand der maroden Infrastruktur als Ausgangspunkt genommen wird.[6]

Finanzielle Ressourcen
Als Stuttgart 21 im April 1994 erstmals vorgestellt wurde, hieß es, das Projekt koste so gut wie nichts — weil es großen Teils mit dem Verkauf des frei werdenden Geländes zu finanzieren sei. In der Machbarkeitsstudie für S21 verfügte man dann bereits über auf die Million genaue Zahlen. Danach sollte das Projekt brutto 4,807 Milliarden DM kosten, aber zugleich 2,120 Milliarden DM an Einnahmen aus Geländeverkauf in die Kasse des Bauherren Bahn spülen, womit man bei 2,687 Milliarden DM oder umgerechnet rund 1,4 Milliarden Euro landete.[7] Bis März 2013 hat sich diese 1995er Summe bereits auf 6,8 Milliarden Euro knapp verfünffacht — weitgehend noch vor dem Beginn der großen Bauvorhaben. Weitere Kostensteigerungen sind absehbar. Bei der Neubaustrecke Wendlingen–Ulm gab es ähnliche Kostensprünge. Zusammen werden beide Projekte am Ende, wenn sie denn realisiert werden, deutlich mehr als 15 Milliarden Euro verschlingen. Das entspricht dem Sechsfachen des Jahresetats, den der Bund zur Instandhaltung der gesamten bundesweiten Schieneninfrastruktur bereitstellt. Oder, in anderen Worten: Mit dieser Summe könnte man das gesamte deutsche Schienennetz elektrifizieren.[8] Wohlgemerkt: Wir leben im Zeitalter von Eurokrise, Schuldenbremse und diversen «Rettungsschirmen» für verschuldete Staaten und Kommunen.

Zusammenballung wirtschaftlicher Macht
Großprojekte wie Stuttgart 21 und Hochgeschwindigkeitsstrecken sind mit einer enormen Konzentration wirtschaftlicher Macht verbunden. Es geht um Aufträge in Höhe Dutzender Milliarden Euro. Kefer machte bei seinem bereits zitierten Vortrag im November 2013 in Stuttgart deutlich, dass Stuttgart 21 und die Neubaustrecke über die Schwäbische Alb zwar gewaltige Projekte sind, dass die-

se aber einzuordnen seien in eine grundsätzliche Ausrichtung der Deutschen Bahn auf Tunnelbauten. Man habe bislang, so Kefer auf dieser Tagung, im deutschen Schienennetz 692 Tunnel mit einer Gesamtlänge von 492 Kilometern. In den nächsten 15 bis 20 Jahre seien weitere 38 Tunnelkilometer für Ersatzbauten und vor allem 146 Tunnelkilometer für Aus- und Neubauten vorgesehen. Insgesamt sollen in diese Tunnelprojekte – allerdings gestreckt über einen längeren Zeitraum – deutlich mehr als 25 Milliarden Euro fließen. Hinzu kommen enorme Summen für Folgekosten zur Instandhaltung dieser unterirdischen Infrastruktur, die vielfach erneut aus öffentlichen Mitteln zu finanzieren sind. Wir geben zu bedenken: In 178 Jahren deutsche Eisenbahnen entstanden knapp 500 Kilometer Schienentunnelbauten. Man sollte denken, dass damit die meisten eisenbahntechnisch erforderlichen Tunnelbauten realisiert wurden; neue Mittelgebirge sind unseres Wissens seit Eröffnung der ersten deutschen Eisenbahnstrecke zwischen Nürnberg und Fürth 1835 nicht entstanden. Dennoch sollen laut Kefer in den nächsten gut zwei Jahrzehnten weitere 150 Kilometer neuer Tunnelbauten entstehen – was knapp 30 Prozent der bestehenden Untergrundbauten entspricht. All dies vor dem Hintergrund eines ständig schrumpfenden Schienennetzes. Eine solche ehrgeizige Tunnelmania erinnert an den Sponti-Slogan aus den 1970er Jahren «Nieder mit den Alpen – freier Blick aufs Mittelmeer». Dieser bundesweite Tunnelblick und sein aktueller Höhepunkt in Stuttgart und auf der Schwäbischen Alb schrie förmlich nach grünen Weihen, danach, dass sich auch die Gattin des ersten grünen Ministerpräsidenten als Tunnelpatin zur Verfügung stellt. Im Juni 2013 bat die Deutsche Bahn inständig darum. Gerlinde Kretschmann zierte sich fünf Monate lang; doch als ihr Gatte den berüchtigten Satz «Der Käs isch gesse» – will sagen: Stuttgart 21 wird gebaut – sagte, stand sie im November zur Tat bereit.[9]

Übrigens: Die «Studiengesellschaft für unterirdische Verkehrsanlagen – STUVA e.V. –, vor der Kefer den zitierten Vortrag hielt, mag in der Öffentlichkeit kaum bekannt sein, und die Bezeichnung dieses – übrigens gemeinnützigen – Vereins könnte im Wortsinne unterirdisch erscheinen. Es handelt sich jedoch um eine höchst handfeste Veranstaltung: In dem Verein versammelt sich die europaweit relevante Baulobby; an der STUVA-Tagung im November 2013 in Stuttgart nahmen 1600 Menschen teil. Die grün-rote Landesregierung entsandte einen Staatssekretär, der in seiner Begrüßung hervorhob, dass «in Schwanau [Baden; d. Verf.] mit der Herrenknecht AG der weltweite Technologie- und Marktführer für Tunnelbohrmaschinen angesiedelt ist.»[10] Kefer wiederum beendete seinen Vortrag zynisch mit den Sätzen: «Inwieweit Stimmen, die nach wie vor den Ausstieg aus dem Bahnprojekt Stuttgart Ulm fordern, bedeutsam sind, zeigt der Überblick über die bereits laufenden Baumaßnahmen für Stuttgart 21 und die Neubaustrecke Wendlingen–Ulm.» Es folgten mehrere Luftaufnahmen-Charts mit «vorher (02/03/2012) – nachher (08/07/2013)», auf denen das Abholzen von Bäumen und das Verschwinden von Gebäuden festgehalten wird.

Die Hochgeschwindigkeitsprojekte und insbesondere die Tunnelbauprojekte sind eng verbunden mit der Bauindustrie. Bei Stuttgart 21 sind die großen europäischen Baukonzerne Hochtief (kontrolliert vom spanischen Bauriesen ACS) und Züblin (mit den Töchtern Heilit + Woerner und DYWIDAG; alle zusammen kontrolliert vom österreichischen Baukonzern Strabag) und nicht zuletzt der allgegenwärtige Martin Herrenknecht, dessen Tunnelbohrmaschinen mehr als der Hälfte des Weltmarkts für Tunnelaufträge auf sich vereinen, aktiv.[11] Das setzt sich fort bei den drei weltweit führenden Systemlieferanten für Hochgeschwindigkeitszüge Siemens, Bombardier und Alstom. Es gibt des Weiteren enge Verbindungen zum Finanzsektor, in Baden-Württemberg nicht zuletzt zur Landesbank Baden-Württemberg (LBBW), und eine enge Vernetzung mit dem Sektor der Immobilien- und Projektentwicklung, in diesem Fall vor allem mit der Otto-Konzern-Tochter ECE, die auf dem ehemaligen Bahngelände in der Stuttgarter City das größte Einkaufszentrum der Region errichtet und über eine Stiftung dem langjährigen Oberbürgermeister Stuttgarts, dem S21-Architekten, der Lebensgefährtin des ehemaligen Ministerpräsidenten Baden-Württembergs und dem letzten SPD-Bundesverkehrsminister gut bezahlte Jobs bereitstellte.[12]

Die wirtschaftliche Großmacht ist wiederum eng mit der großen Politik verbandelt; 2013 gründete der damalige Bundesverkehrsminister Ramsauer die «Reformkommission Bau von Großprojekten»; Bundesverkehrsminister Alexander Dobrindt will die Arbeit mit dieser Kommission zumindest bis Ende 2014 fortsetzen. Die 36 Mitglieder der Kommission lesen sich wie ein Who is Who der Bau- und Immobilienlobby, wobei allein sieben dieser Mitglieder in öffentlich zugänglichen Berichten mit Korruption in Verbindung gebracht werden und zwei gar wegen Korruption rechtskräftig verurteilt wurden.[13] Schließlich gibt es eine für die öffentliche Meinung entscheidende Medien-Schiene, die Teil dieses Machtkartells ist. Dieses mediale Machtkartell funktioniert bundesweit. Seit Ende 2009, seit Aufnahme dieser Protestform, und bis Ende Januar 2014, gab es bereits mehr als 200 Montagsdemonstrationen. Auf der 200., die Ende November stattfand, zählte selbst die Polizei knapp 4000 Teilnehmer; laut Veranstaltern waren es 7000. Diese Form des Protestes gegen ein verkehrspolitisches Projekt ist europaweit so gut wie einmalig.[14] Dennoch berichten die bundesweit entscheidenden Medien seit Ende 2011 über Stuttgart 21 nur noch gelegentlich und über die Proteste gegen das Projekt so gut wie gar nicht mehr. In Süddeutschland und in der Region Stuttgart wird diese Medienmacht durch die Südwestdeutsche Medien-Holding repräsentiert — ein Konzern, der unter anderem die Stuttgarter Zeitung, die Stuttgarter Nachrichten, den Schwarzwälder Bote und die größte deutsche Tageszeitung, die Süddeutsche Zeitung, kontrolliert.

Zweifellos war das Ergebnis der Volksabstimmung zu Stuttgart 21 am 27. November 2011 eine herbe Niederlage für die Bewegung gegen dieses Großprojekt: 58 Prozent der Bevölkerung in Baden-Württemberg und 52 Prozent der Menschen in Stuttgart stimmten gegen einen Ausstieg aus dem Projekt. Diese Ergebnisse müssen jedoch vor dem Hintergrund der skizzierten wirtschaftlichen und medialen Macht gesehen werden. Vor allem ist inzwischen deutlich: Wesentliche Rahmenbedingungen von Stuttgart 21, die Ende 2011 eine Mehrheit gegen einen Ausstieg stimmen ließ, sind inzwischen erkennbar widerlegt. S21 bedeutet nicht Ausbau von Kapazität, sondern Rückbau, die Schaffung eines Flaschenhalses im Bahnnetz. Und der Kostendeckel, der bei der Volksabstimmung noch als endgültig bezeichnet wurde, wurde Ende 2012 spektakulär gesprengt; allein die neue Kostensteigerung beträgt 40 Prozent.[15]

Der in der Einleitung angerissene Skandal um die Person des Ex-Kanzleramtsministers Roland Pofalla, der Anfang 2014 die Öffentlichkeit bewegte, ist zweifellos hinsichtlich des Korruptionssumpfes, in dem sich inzwischen die Deutsche Bahn befindet, bemerkenswert. Er ist jedoch auch mit Blick auf das Verhältnis des Eigentümers der Deutschen Bahn AG, des Bundes, vertreten durch die jeweilige Bundesregierung, interessant. Zwei Jahrzehnte lang argumentierten die verschiedenen Bundesregierungen stereotyp, die Deutsche Bahn sei eine Aktiengesellschaft; der Eigentümer Bund könne keinen Einfluss auf das operative Geschäft nehmen. Hunderte Kleine Anfragen von oppositionellen Bundestagsageordneten und ihren Fraktionen in Sachen Deutsche Bahn wurden mit dieser Begründung durch die jeweilige Bundesregierung abgeschmettert oder floskelhaft «beantwortet». Und dann erfährt man im Februar 2013, als soeben die neue Kostensteigerung beim Projekt Stuttgart 21 bekannt wurde, dieses: «Vergangene Woche waren die drei Staatssekretäre, die die Bundesregierung im Aufsichtsrat vertreten, zu Kanzleramtschef Ronald Pofalla zitiert. Man beriet sich. Man redete über die politischen Folgen eines Ausstiegs bei Stuttgart 21. Kurz darauf ging die Meldung über den Ticker: ‹Bahn darf Stuttgart 21 trotz Mehrkosten weiterbauen.›»[16] Diese Haltung der vorausgegangenen Bundesregierung wurde von der Ende 2013 gebildeten Regierung der Großen Koalition offensichtlich übernommen, verallgemeinert und kühn öffentlich gemacht. Im Koalitionsvertrag wurde festgelegt: «Den Verkehrsträger Schiene wollen wir weiter stärken und ausbauen. […] Wir werden die Geschäftspolitik der DB AG noch stärker an diesen Zielen ausrichten, ohne die Wirtschaftlichkeit in Frage zu stellen. Dazu werden wir das Steuerungskonzept für die DB AG unter Berücksichtigung des Aktienrechts überarbeiten. […] Die Steuerung der DB AG im Aufsichtsrat wird von dem im für Verkehr zuständigen Bundesministerium angesiedelten Staatssekretär koordiniert.» Es wird also gesteuert. Immerhin. Bloß: wohin?

***

Frau Zatschelhuberin: Fahren Sie mit nach Neustadt?
Peter: Bitt' untertänig, nur nach Brünn.
Frau Zatschelhuberin: O, das is nix. Da is kein Tunnel auf'n ganzen Weg!
Ignaz: Tunnel ist eine unterirdische Bahn, die man durch ganze Berge grabt.
Frau Zatschelhuberin (zu Peter): Wenn Sie einmal den schauderlichen Tunnel bei Gumpoltskirchen werden passiert haben …
Ignaz: Das is was Außergewöhnliches! Ein Tunnel, wo einer notwendig ist, das is nix, was sein muss, das muss halt sein. Aber da hab'n sie mühsam vier Schuh' Weingartengrund auf einen Schwippbogen aufg'schottert, um nur unterirdisch fahren zu können, das is a Riesenwerk.

Johann Nestroy, Eisenbahnheiraten[17]

Stuttgart 21 ist eines von vielen Projekten, bei denen sich die Bahnreform mit Immobilienspekulation verbindet. Bekannt geworden sind die Projekte München 21 und Frankfurt/M. 21, die beide unter anderem als Ergebnis heftiger Proteste in der Bevölkerung ausgebremst wurden. Auf Bundesebene weniger bekannt ist, dass die Deutsche Bahn AG seit Ende der 1990er Jahre immer wieder versuchte, in Lindau (Bodensee) den Jugendstilbahnhof auf der Insel – ebenfalls ein Kopfbahnhof – aufzugeben zugunsten eines Durchgangsbahnhofs auf dem Festland und am Rande der Stadt Lindau (in Reutin). Ähnlich wie in Stuttgart gibt es gegen dieses Projekt seit rund 15 Jahren heftigen Widerstand. Und auch von den Plänen, den Bahnhof Hamburg Altona zu Bauland umzuwandeln und durch einen neuen, deutlich kleineren Bahnhof zu ersetzen, sind viele nicht angetan.

2012

Die DB AG bejubelt einen Rekordgewinn von 2,7 Milliarden Euro

Kapitel 20: Bilanzgewinne und Subventionen bei der DB AG
Oder: Die gescheiterte Entlastung der öffentlichen Haushalte

Die DB AG hat ihre Zahlen für 2012 vorgelegt. Beim Umsatz erreichte der Konzern mit 39,3 Milliarden Euro einen neuen Rekordwert, der Gewinn hingegen bewegt sich auf dem Niveau der letzten Jahre. [...] Allerdings bieten die Zahlen aus verschiedenen Gründen Anlass zur Kritik.

Der Jahresabschluss der DB AG ist nicht besonders transparent. [...] Fast die Hälfte des Konzernumsatzes, aber nur 20 Prozent der Gewinne stammen aus den Sparten Schenker Logistik und Arriva, die in den letzten Jahren unter Aufnahme hoher Schulden zugekauft wurden. Die Eisenbahnsparten des DB Konzerns erfüllen einen Versorgungsauftrag in Deutschland. Arriva und Schenker hingegen sind Beteiligungen, die lediglich betriebswirtschaftlich beurteilt werden sollten. Die wolkigen Verweise der DB AG auf Synergien sind nicht überzeugend. Schenker und Arriva schreiben zwar schwarze Zahlen, erreichen jedoch seit vielen Jahren keine angemessenen Gewinne.

So zeigen sich die Zahlen aus dem Jahresabschluss ähnlich wie in den Vorjahren: Die Gewinne des Konzerns stammen weitgehend aus der Eisenbahninfrastruktur in Deutschland und aus den Personenverkehrssparten mit wenig Wettbewerb. Die bahnfernen Sparten des Konzerns erwirtschaften keine kapitalmarktadäquaten Verzinsungen. Vor diesem Hintergrund scheint es dringend geboten, dass die Politik die strategische Ausrichtung des Konzerns kritisch überprüft.

Wirtschaftsprofessor Christian Böttger in seiner Bewertung der DB-Bilanz[1]

Eines der wichtigsten Argumente für die Bahnreform war die Entlastung der öffentlichen Finanzen durch die privatwirtschaftliche Organisationsform. Bis Ende der 1980er Jahre betrugen die Transferleistungen des Staates an die Deutsche Bundesbahn (DB) umgerechnet ca. 7 Milliarden Euro pro Jahr; dazu verschuldete sich das Unternehmen noch einmal mit etwa 2 Milliarden Euro jährlich. Diese Defizite haben, wie in Kapitel 1 dargestellt, viel mit den Altlasten zu tun, die die Bundesbahn zu tragen hatte, aber auch mit der Verkehrspolitik, die über Jahrzehnte die Bahn extrem vernachlässigte. Mit der deutsch-deutschen Wiedervereinigung kam auch die Deutsche Reichsbahn (DR) in die finanzielle Verantwortung des Bundes, und kurz vor der Bahnreform betrugen die staatlichen Leistungen an die DB und DR gemeinsam schon fast 12 Milliarden Euro. Dazu kamen noch einmal fast 8 Milliarden Euro an jährlicher Neuverschuldung. In diesen Zahlen sind jedoch schon erhebliche Beträge für die Sanierung des Bahnnetzes auf dem Gebiet der ehemaligen DDR sowie für die Wiederherstellung von Lückenschlüssen über die innerdeutsche Grenze enthalten.

Die Regierungskommission Bundesbahn (RKB) hatte prognostiziert, dass diese staatlichen Transferleistungen mit der Bahnreform deutlich absinken würden, während die RKB umgekehrt bei Nicht-Durchführung der Reform explodierende Zahlungen an die Bahn unterstellte.[2] Die Abbildung (Abb. 9) auf der nächsten Seite stellt die Zahlungen des Staates an die Bundesbahn (ab 1990 auch an die Reichsbahn) bzw. an die DB AG (ab 1994) dar. Das Ergebnis ist dabei einigermaßen überraschend: Die Prognosen der RKB haben sich offensichtlich als komplett falsch erwiesen, denn die staatlichen Zuschüsse für die Bahn sind nicht abgesunken, sondern verharren seitdem auf einem gleichbleibend hohen Niveau.

Zu dieser Zusammenstellung der staatlichen Transferleistungen an die Bahn ist zu sagen, dass diese seit der Bahnreform deutlich unübersichtlicher sind als zuvor, da sie sich aus vielen unterschiedlichen Posten zusammensetzen. Dabei erhält nicht nur die DB AG staatliche Zahlungen, sondern insbesondere über die Regionalisierungsmittel zunehmend auch andere – staatliche sowie private – Bahnunternehmen. Diese Mittel, die der Bund den Ländern seit 1996 für die Bestellung von SPNV-Leistungen zahlt, stellen auch den größten Posten von Zahlungen des Bundes an die Bahn dar, dicht gefolgt von den Zahlungen an das Bundeseisenbahnvermögen (BEV), das die Altlasten der DB und der DR verwaltet und die Beamten bezahlt. Diese Altschulden der DB und der DR fließen in die Rechnung mit ein, da die Bahnen vorher ihre Schuldendienste selbst leisteten und diese somit in den Bilanzen der Bahnen ebenfalls enthalten waren. Insgesamt übernahm der Bund mit der Bahnreform 33,8 Milliarden Euro an Altschulden, die mit der Bahnreform zum 1.1.1994 auf das BEV übergingen und dann zum 1.1.1999 in die allgemeinen Schulden des Bundes integriert wurden, seitdem also nicht mehr gesondert aufgeschlüsselt werden.[3]

Insgesamt betrugen die gesamten Leistungen des Bundes an die Bahn von 1994 bis 2012 rund 364 Milliarden Euro, also durchschnittlich 19,2 Milliarden Euro pro Jahr. Diese Zahlen liegen deutlich oberhalb der Erwartungen der RKB, die bei Durchführung der Bahnreform für das letzte von ihr modellierte Jahr 2000 Zahlungen des Bundes an die Bahn von 12,1 Milliarden Euro errechnet hatte[5], während die tatsächlichen Zahlungen im gleichen Jahr 20,0 Milliarden Euro betrugen. Die Zahlungen des Bundes an die Bahn haben seit der Bahnreform also in absoluten Zahlen nicht ab-, sondern sogar leicht zugenommen.

Man kann der RKB bei ihren Erwartungen an die Aktiengesellschaft zu optimistische Erwartungen

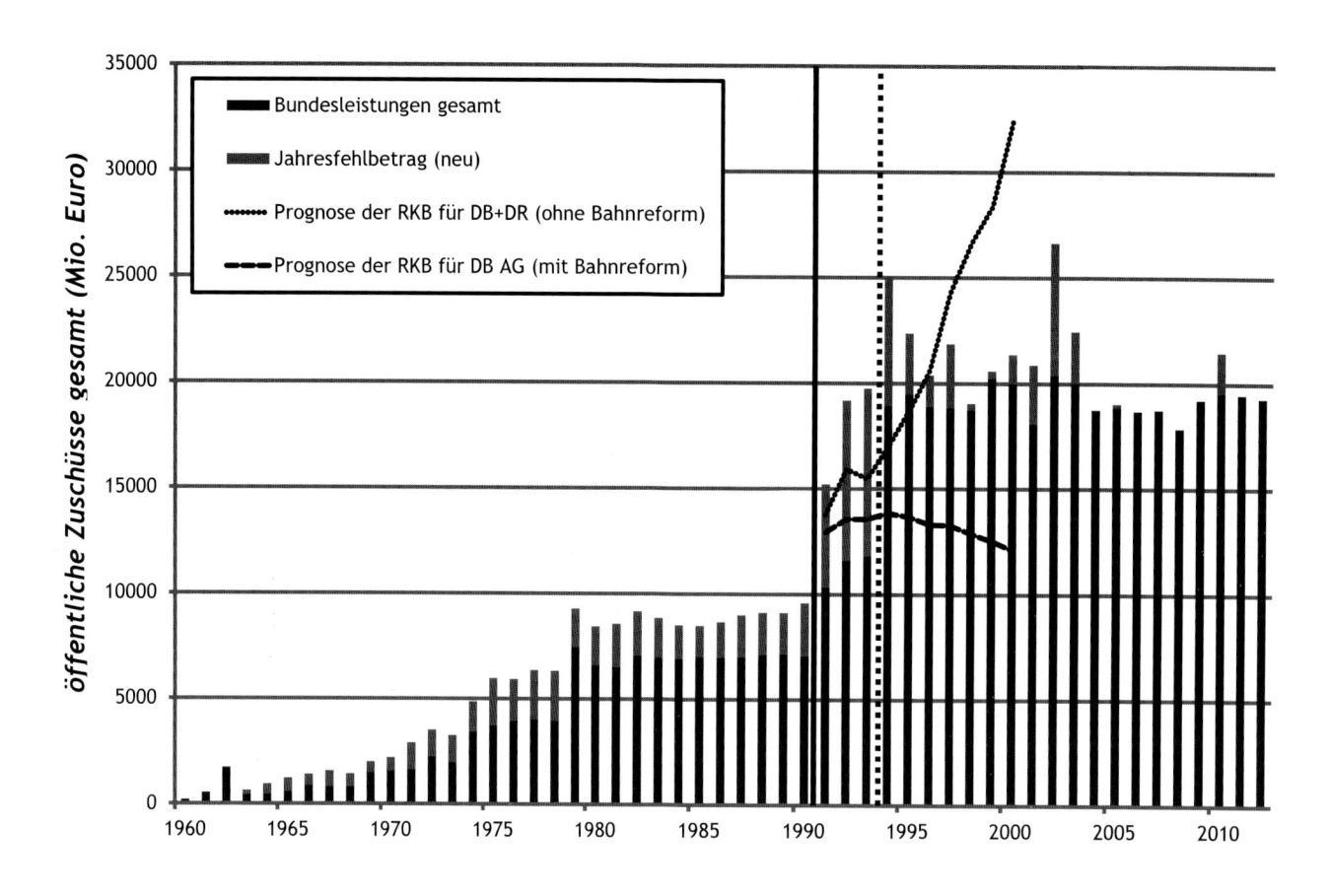

Abbildung 9: Übersicht der Zahlungen an die Bahn (Bundesbahn bzw. DB AG und andere Bahnunternehmen).⁴ Die durchgezogene Linie stellt die deutsch-deutsche Wiedervereinigung (1990) dar, ab der auch die Deutsche Reichsbahn als Zahlungsempfänger hinzukam. Die gestrichelte Linie ist der Zeitpunkt der Bahnreform (1994). In einigen Jahren seit 2005 hat die DB AG statt einer weiteren Neuverschuldung (hellgraue Säulen) ihre Schulden meist leicht reduziert, was in der Grafik hier nicht dargestellt werden kann.

vorwerfen — oder auch bewusste Schönrechnerei. Für die zweite Prognose, die explodierenden Zahlungen im Falle einer Nicht-Durchführung der Reform, nahm die RKB in ihren Rechnungen an, die DR werde als Behörde wie die DB mit gleichbleibender Personalstärke weitergeführt. Ein solches Szenario wäre jedoch auch ohne die Reform völlig unrealistisch gewesen. Aufgrund dieser Annahme schätzte die RKB die Verluste aber extrem hoch ein (gepunktete Linie in der Grafik 9). Gottfried Ilgmann, der Sekretär der RKB, sagte dazu: «Mit dem Ergebnis wollte sie [die RKB, d. Verf.] die Politiker erschrecken, um sie zum Handeln zu bewegen. Die Kommission unterstellte, die Reichsbahn werde ohne Bahnreform, d.h. ohne Verfassungsänderung, als Behörde (wie die frühere Bundesbahn) geführt werden. Die hochgerechneten Verluste für die Reichsbahn fielen deshalb besonders hoch aus.»[6] Daher müssen die Berechnungen der RKB offensichtlich mit höchster Vorsicht betrachtet werden.

Die in der Grafik gezeigte Aufstellung der Leistungen an die Bahn seit der Reform enthält jedoch noch nicht die gesamten volkswirtschaftlichen Kosten. So müssen seit der Gründung der DB AG beispielsweise Kommunen immer wieder erhebliche Anteile (oft bis zu 80 %) der Kosten für die Renovierung von Bahnhöfen mittragen[7], da die DB Station&Service AG ohne diese Zuzahlung nicht zu einer Renovierung bereit ist. Auch die volkswirtschaftlichen Kosten für die im Zuge der Rationalisierungsmaßnahmen abgebauten Arbeitsstellen (insgesamt über 170.000 – siehe Kapitel 21), beispielsweise durch Frühverrentungen, sind in der dargestellten Rechnung nicht mit einbezogen.

Um den Kostentreibern auf die Spur zu kommen, sind die Gutachten des Bundesrechnungshofs (BRH) wertvolle Quellen. Der BRH listet zahlreiche Bereiche auf, in denen die DB AG entgegen der mit der Bahnreform geschaffenen Gesetzeslage deutlich stärker entlastet wurde. Insgesamt berechnete er über 8 Milliarden Euro solcher zusätzlichen Entlastungen bis 2008.[8] Der BRH listet überdies eine Vielzahl von fehlerhaften Bilanzierungen der DB AG auf, mit denen sie ihre Performance besser erscheinen lassen möchte. Er verweist unter anderem auf unkorrekte Zuordnungen der Steuerzahlungen in den Bilanzen der DB AG, wodurch diese mindestens «geschönt, wenn nicht sogar gefälscht» worden seien.[9] Zusätzlich zu den staatlichen Transferleistungen hat die DB AG überdies wieder 16,366 Milliarden Euro an Schulden (Stand 31.12.2012)[10] angehäuft, für die sie die überaus günstige Bonität des Bundes genießt und daher anders als private Unternehmen extrem niedrige Finanzierungskosten hat.

Letztlich wurde also die Absicht der Reform, den Bundeshaushalt zu entlasten, klar verfehlt. Trotzdem versucht die Bundesregierung die Reform weiter als Erfolgsstory darzustellen: «Im Gegensatz zu den immer weiter ansteigenden Verlustausgleichen des Bundes vor der Bahnreform konnten ab 1994 die Ausgaben des Bundes für die Deutsche Bahn AG und für das Eisenbahnwesen insgesamt auf wenige gesetzlich konkret definierte Sachverhalte und damit auch in ihrer Höhe begrenzt werden.»[11] Das müsste die Regierung eigentlich besser wissen, denn zum ersten blieben die Verlustausgleiche in den 1980er Jahren aufgrund der Konsolidierungsbemühungen der Bundesbahn stabil und zum zweiten sind die Gesamt-Zuschüsse seitdem zwar stabil, aber deutlich höher (siehe Abb. 9). Genauer nachgerechnet hat wiederum der BRH: «Das Ziel, den Bundeshaushalt zu entlasten, ist nicht erreicht worden. Die im Bundesschienenwegeausbaugesetz vorgesehene Mitfinanzierung des Schienennetzes durch die Deutsche Bahn AG ist ausgeblieben. Eine Änderung dieser Situation zeichnet sich auf absehbare Zeit nicht ab. Dadurch werden auch die Haushalte kommender Jahre zusätzlich belastet.»[12]

Die Gewinnbringer der DB AG

Wie passen die beschriebenen Zuschüsse an die Bahn aber mit den jährlichen Meldungen zusammen, dass die DB AG wieder einen neuen Rekordgewinn erwirtschaftet habe? 2012 proklamierte die DB AG einen Gewinn von 2,71 Milliarden Euro, der nur vom Vorkrisenjahr 2007 mit 2,90 Milliarden Euro übertroffen wurde. Letztlich haben diese Gewinne eine Menge mit den öffentlichen Zuschüssen zu tun, und der Begriff «Gewinn» ist aus diesem Grunde höchst kritisch zu sehen.

Die Umsätze und Gewinne der DB AG sind für die Jahre 2005 und 2012 in der Grafik auf der folgenden Seite dargestellt. Es handelt sich hier um zwei

2005

Umsatz

- Schienengüterverkehr 11%
- Schenker Logistics 36%
- Stinnes 3%
- Netz 2%
- Personenbahnhöfe 1%
- Dienstleistungen 1%
- Energie 1%
- DB Fernverkehr 12%
- DB Regio (mit Stadtverkehr) 33%

Gewinn

- Schienengüterverkehr 1%
- Schenker Logistics 19%
- Netz 1%
- Personenbahnhöfe 10%
- Dienstleistungen 9%
- Energie 7%
- DB Fernverkehr 4%
- DB Regio (mit Stadtverkehr) 49%

2012

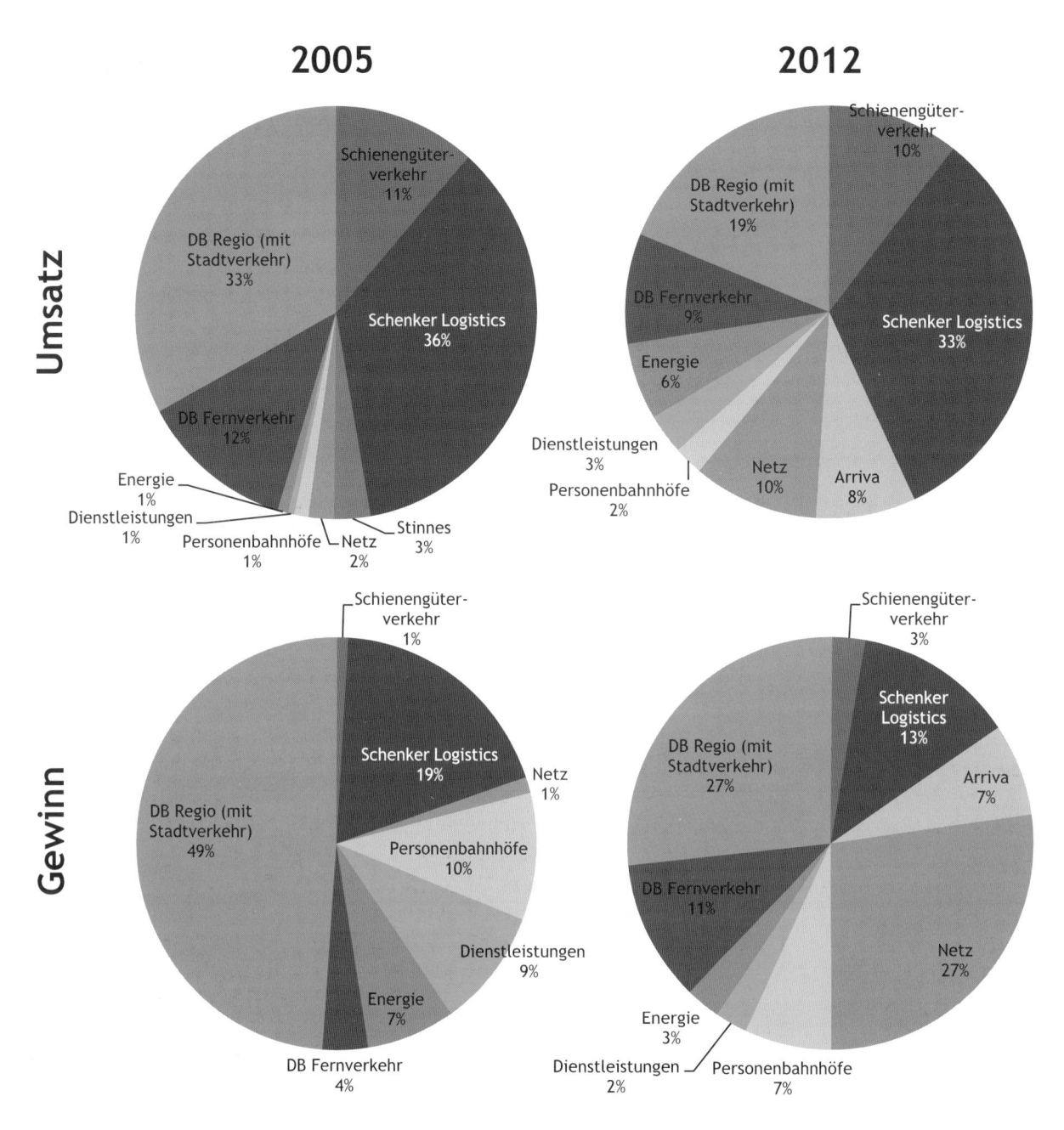

Umsatz

- Schienengüterverkehr 10%
- Schenker Logistics 33%
- Arriva 8%
- Netz 10%
- Personenbahnhöfe 2%
- Dienstleistungen 3%
- Energie 6%
- DB Fernverkehr 9%
- DB Regio (mit Stadtverkehr) 19%

Gewinn

- Schienengüterverkehr 3%
- Schenker Logistics 13%
- Arriva 7%
- Netz 27%
- Personenbahnhöfe 7%
- Dienstleistungen 2%
- Energie 3%
- DB Fernverkehr 11%
- DB Regio (mit Stadtverkehr) 27%

Abbildung 10: Umsätze und Gewinne der DB AG 2005 (links) und 2012 (rechts).[14]

gut vergleichbare Jahre; 2005 war auch das erste Jahr, in dem die großen Neuerwerbungen voll in die Bilanz integriert waren. Dabei zeigt sich: Die Gewinne der DB AG basieren im Wesentlichen auf zwei Säulen, nämlich den Gewinnen im Nahverkehr (DB Regio) und den Gewinnen bei den Infrastrukturgesellschaften (DB Netz und DB Station&Service), wobei in den dargestellten sieben Jahren eine erhebliche Verschiebung von ersterem zu letzterem stattgefunden hat. Diese Geschäftsfelder vereinen zwar 2012 lediglich ein Drittel des Konzernumsatzes, aber gleichzeitig mit rund 1,6 Milliarden Euro fast zwei Drittel des gesamten Gewinns auf sich. Sie sind also quasi die «Cash Cows» des Konzerns. Beides sind dabei jedoch hochsubventionierte Geschäftsfelder, in die in jedem Jahr über 8 Milliarden Euro an staatlichen Unterstützungsgeldern fließen.[13] Ohne die Zahlungen aus Steuergeldern gäbe es in diesen Geschäftsbereichen anstelle des behaupteten Gewinns von 1,6 Milliarden Euro letztlich einen Verlust von 6,7 Milliarden Euro (für das Jahr 2012 gerechnet).

Um Missverständnisse auszuschließen: Diese staatlichen Zuschüsse für die Schiene, beispielsweise die Regionalisierungsmittel für Nahverkehrsleistungen (insgesamt 7,1 Milliarden Euro, von denen knapp 4,3 Milliarden an die DB AG gehen), sind wichtige und sinnvolle staatliche Leistungen. Überdies liegen die realen Kosten des Pkw- und des Luftverkehrs weit höher als diejenigen der Schiene, insbesondere wenn die sogenannten externen Kosten (Unfälle, Klima- und Umweltauswirkungen uvm.) mit einbezogen werden; eine solche Subventionierung der Bahn macht also durchaus volkswirtschaftlich Sinn. Wichtig ist jedoch: Es gibt keine wirklichen Gewinne im Nahverkehr oder beim Netz.

Im Bereich Nahverkehr funktionieren die Gewinne beispielsweise folgendermaßen: Über viele Jahre konnte die DB AG mit zahlreichen Bundesländern exklusive Verträge zu ihren Gunsten für Nahverkehrsleistungen abschließen. Oft war dies mit entsprechenden Gegenleistungen der DB AG für das Bundesland oder auch für einzelne Personen verbunden – mit fließenden Grenzen zur Korruption. Nach Angaben des verkehrspolitischen Sprechers der Fraktion Bündnis 90/Die Grünen im brandenburgischen Landtag, Michael Jungclaus, entstand allein dem Land Brandenburg dadurch ein Schaden in Höhe von 80 Millionen Euro jährlich oder im Verlauf des Nahverkehrsvertrags 2002–2012 in einer gesamten Höhe von 800 Millionen Euro.[15] Die gezahlten Preise an die DB Regio im Regionalverkehr Berlin-Brandenburg waren zu der Zeit um etwa ein Drittel zu hoch.[16] Der für den Abschluss der Verträge im Dezember 2002 verantwortliche damalige brandenburgische Verkehrsminister Hartmut Meyer gab weniger als ein Jahr danach sein Amt auf, um danach als hoch dotierter Gutachter für die DB AG zu arbeiten. Auch wenn die staatsanwaltlichen Ermittlungen damals eingestellt wurden, hinterlässt dieser Wechsel doch einen sehr schalen Nachgeschmack. Dabei ist Meyer kein Einzelfall: Auch Jürgen Heyer, der vorher unter Meyer als Abteilungsleiter im Brandenburgischen Verkehrsministerium gearbeitet hatte[17], schloss als Verkehrsminister von Sachsen-Anhalt im Februar 2002 einen milliardenschweren Vertrag über Nahverkehrsleistungen mit der DB AG ab. Dieser Vertrag wurde aufgrund der massiv überhöhten Preise von seinem Nachfolger später wieder rückgängig gemacht. Heyer wurde jedoch 2003 in den Aufsichtsrat der damaligen DB-Tochter Scandlines berufen und arbeitete ebenfalls als Berater für die DB AG.[18] Und in der gleichen Weise schloss Hans-Dieter Wolkwitz, Abteilungsleiter im Thüringischen Verkehrsministerium, im März 2002 überteuerte Verträge mit DB Regio ab und wurde später ebenfalls gut dotierter Berater der DB AG.[19]

Und auch mit dem Land Baden-Württemberg hat die DB AG 2001 mit der damals noch CDU-geführten Regierung erstaunlich vorteilhafte Nahverkehrsverträge abgeschlossen; das Land zahlt für jeden gefahrenen Zugkilometer 20 Prozent mehr als das Nachbarland Bayern und damit bis zu 140 Millionen Euro zu viel pro Jahr. Verantwortlich für den Abschluss dieser Verträge war der damalige Verkehrsstaatssekretär und spätere Ministerpräsident Stefan Mappus. Es ist offensichtlich, dass es sich bei den Verträgen um eine Gegenleistung des Landes an die DB AG handelte, damit diese im Gegenzug das damals wegen Kostenrisiken gestoppte Projekt Stuttgart 21 weiterführte.[20]

Offensichtlich hatte Hartmut Mehdorn das System von persönlichen Belohnungen für Politiker, die in seinem Sinne handelten, bis zur Perfektion getrieben, denn die Liste ließe sich noch weiter fortsetzen. Die jeweiligen Beraterverträge schloss übrigens immer Klaus Daubertshäuser ab, selbst Seitenwechsler aus der Politik und in der Zeit zuständig für den DB-Vorstandsbereich «Marketing und politische Beziehungen».[21] Offensichtlich war Mehdorn damals für eine gutaussehende Bilanz in Vorbereitung auf den DB-Börsengang jedes Mittel recht.

Inzwischen werden die Nahverkehrsleistungen aufgrund der knappen Finanzmittel aber in immer weniger Bundesländern auf diese Art direkt an die DB AG vergeben, weshalb die Gewinne aus dem Bereich DB Regio einbrechen: Während DB Regio 2005 alleine noch fast 50% des Gewinns der DB AG ausmachte, war es 2012 nur noch gut ein Viertel (siehe Abb. 9). Umso wichtiger wird daher die DB Netz AG als zweiter Gewinnbringer der DB AG, und hier funktionieren die «Gewinne» recht ähnlich: Im Bereich Netz fließen einerseits Trassenentgelte an die DB, die von vielen als deutlich überhöht bezeichnet werden und die insbesondere Nicht-DB-Unternehmen benachteiligen.[22] Vor allem aber erhält eben diese DB-Tochter Bundesmittel in Höhe von rund 4 Milliarden Euro für die Instandhaltung und den Ausbau der Infrastruktur.[23] Der Bundesrechnungshof kritisiert, dass diese Mittel von der DB AG oft nicht wie vorgesehen eingesetzt werden.[24] Diese Gelder alimentieren also letztlich den Gewinn der Konzernholding anstatt zu 100 Prozent zur Verbesserung der Infrastruktur beizutragen. Interessant ist dabei auch, dass DB Netz noch 2005 lediglich 1 Prozent zum Gesamtgewinn des Konzerns beitrug, 2012 aber schon mehr als ein Viertel. Und dieser Anteil soll den DB-Planungen zufolge noch weiter steigen. Das lässt für den zukünftigen Netzzustand nichts Gutes vermuten.

Erhebliche Unterstützungsleistungen gibt es auch für die Bahnhofstochter DB Station & Service. Diese Zuschüsse von Dritten werden meist von Kommunen und Ländern bezahlt. Insgesamt flossen in das Geschäftsfeld Personenbahnhöfe im Jahr 2012 375 Millionen Euro an öffentlichen Geldern. Die Einnahmen beim Geschäftsfeld Personenbahnhöfe resultieren – neben Einnahmen aus Vermietungen und Pacht – vor allem aus den Entgelten, die die Zugbetreiber an DB Station&Service zu zahlen haben, insgesamt 738 Millionen Euro im Jahr 2012 für 143,4 Millionen Stationshalte.[25] Diese Stationsentgelte stammen im Nahverkehr – und das ist der weit überwiegende Teil der Stationshalte – jedoch letztlich auch wieder aus den Regionalisierungsmitteln, die für die Bestellung von Nahverkehrsleistungen verwendet werden. Auch hier handelt es sich also, unabhängig davon, ob die Strecke von einer DB-Tochter oder einem anderen Unternehmen befahren wird, wieder um staatliche Leistungen. Erneut mutet es also grotesk an, wenn dieses Geschäftsfeld einen «Gewinn» in Höhe von 230 Millionen Euro (2012) vermeldet – deutlich weniger als die ausgewiesenen «Investitionszuschüsse» in

Höhe von 375 Millionen Euro — und dass im gleichen Jahr 160 Millionen Euro an die Konzernmutter abgeführt wurden und dort den Gesamtgewinn der Holding in diesem Umfang erhöhten. Inzwischen wurde überdies höchstrichterlich entschieden: Die Trassen- und Stationsentgelte, die die DB AG verlangt, sind deutlich überhöht und müssen gesenkt werden. Die DB AG muss sogar einen Teil dieser überhöhten Entgelte an andere Bahnunternehmen zurückzahlen.[26]

Mangelhafte Rendite im Logistikbereich

Während die von der DB AG ausgewiesenen Gewinne wie oben beschrieben zum überwiegenden Teil aus den hoch subventionierten Bereichen Infrastruktur und Regio stammen, sieht es in den «eigenwirtschaftlichen» Bereichen ganz anders aus: Dort gibt es zwar riesige Umsätze, es wird also viel Geld bewegt, aber die dabei erzielten Gewinne sind gering. Der Bereich Logistik (Schenker ohne den Inlands-Schienengüterverkehr) erwirtschaftete 2012 beispielsweise nur 13 Prozent des gesamten DB-Gewinns (2012). Dabei konzentriert Schenker 33 Prozent des gesamten Bahnumsatzes auf sich. Das spezifische «Umsatzgewicht» dieses Geschäftsfelds ist somit rund drei Mal größer als der entsprechende Gewinn als Anteil am Gesamtgewinn.

Aber ist nicht letztlich jeder Gewinn zu begrüßen, solange keine Verluste entstehen? Das entscheidende Problem sind die hohen Kapitalkosten für die milliardenschweren Übernahmen der aufgekauften Unternehmen (siehe dazu Kapitel 14). Christian Böttger, Professor für Wirtschaftsingenieurwesen, kritisiert die Rechnung der DB AG so: «Bei dieser Rechnung fehlen die Kapitalkosten für all die Übernahmen. Die Zinsen für die 7,5 Milliarden Euro teuren Zukäufe fressen die Gewinne auf. [...] Das gleiche gilt für den Kauf von Arriva. Hier müsste sich der derzeitige Gewinn des Konzerns verdoppeln, damit man auf null käme. Die Deutsche Bahn zahlt jedes Jahr drauf, und am Ende haftet der deutsche Steuerzahler.»[27] Im Klartext heißt das: Das gesamte Logistik- und Auslandsgeschäft der Deutschen Bahn AG hat eine völlig unzureichende Rendite. Faktisch wird es durch die Gewinne im Kernbereich finanziert — und diese Gewinne wiederum kommen in erster Linie über staatliche Zuschüsse zustande. Ein normales betriebswirtschaftlich orientiertes Unternehmen müsste einen Bereich wie die weltweite Logistik binnen kurzem wegen mangelnder Rentabilität abstoßen. Die von der DB AG jährlich gefeierten Gewinne beruhen unterm Strich auf dem Abgreifen hoher staatlicher Subventionen insbesondere in den Bereichen Regionalverkehr und Infrastruktur. Umgekehrt werden diese Gelder aber nicht etwa zur Verbesserung eben dieser eingesetzt, sondern zum Aufkauf internationaler Unternehmen, ganz besonders im Logistikbereich. Es handelt sich hier im Übrigen auch um eine höchst riskante Strategie, wie Meldungen von Anfang 2014 andeuten: Danach wird für 2014 eine Stagnation des Umsatzes und ein massiver Rückgang des Gewinns von 2,7 Milliarden im Jahr 2012 auf 1,4 Milliarden Euro 2014 erwartet. Und es sind, so ein Papier aus dem Aufsichtsrat der DB AG, die Bereiche Schenker, Arriva und DB Netz, die «besondere Probleme bereiten».[28]

Bei den Finanzen der Bahn lässt sich somit festhalten: Eine Entlastung der öffentlichen Kassen hat entgegen der mit der Bahnreform geäußerten Absicht nicht stattgefunden. Insbesondere die DB AG erhält umfangreiche öffentliche Zuschüsse, aber ein erheblicher Teil dieser Gelder wird am Ende des Geschäftsjahrs als «Gewinn» in der DB-Bilanz aufgeführt. Das gilt insbesondere für die Zuschüsse für die Netzinstandhaltung und für die Regionalisierungsmittel, aus denen der Nahverkehr finanziert wird. Viele dieser Mittel fließen dann in andere

Geschäftsbereiche, insbesondere die internationale Logistik, ab. Diese Gewinnstruktur der Holding unterstützt unsere These, wonach die Expansion der Deutschen Bahn auf den Weltmärkten keineswegs betriebswirtschaftlichen Kriterien folgt. Vielmehr setzt die Bundesregierung den Staatskonzern zur Flankierung ihrer zunehmend imperialen Weltpolitik ein. Dazu kommt eine weitere Paradoxie: Die Bundesbahn wurde kritisiert, weil sie zu wenig betriebswirtschaftlich orientiert agiert und oft nach der Pfeife der Politik getanzt habe. Nun ist es just die Aktiengesellschaft Deutsche Bahn, bei der sich eine deutlich krassere Form der Politisierung belegen lässt. Ganz offensichtlich ist die privatwirtschaftliche Organisationsform der DB im Sinne einer produktiven Verwendung öffentlicher Gelder denkbar ungeeignet für ein Unternehmen, das nach wie vor erhebliche öffentliche Zuschüsse erhält und auch weiter erhalten muss.

***

Am 24. Februar 2014 meldete sich der neue Vorsitzende des Verkehrsausschusses, Martin Burkert, SPD, in der «Süddeutschen Zeitung» wie folgt zu Wort: «Wenn nicht ganz schnell mehr Geld ins Schienennetz fließt, dann verkommt die Infrastruktur.» Das Durchschnittsalter der Schienen-Infrastruktur steige «stetig», womit der Modernisierungsgrad sinke. Tatsächlich stimmen hier Grundaussagen nicht. Es gibt einen deutlichen Zuwachs an öffentlichen Zahlungen für die Schiene, wenn der seriöse Vergleich mit 1991 gewählt wird. Vor allem konzentrieren sich diese hohen staatlichen Zuwendungen, wie Tabelle 6 dokumentiert, auf eine deutlich verkleinerte Infrastruktur: Gegenüber 1994 wurde das Netz um 7000 Kilometer und die Gleislänge um 16.000 Kilometer reduziert. Es gibt 60.000 weniger Weichen, 9.500 weniger Gleisanschlüsse, 3000 weniger Bahnhöfe, und – hier gegenüber 1991–75.000 weniger Sitzplätze (trotz dem deutlichen Zuwachs an Fahrgästen). Im Übrigen stieg der Modernitätsgrad bis 2003. Er sinkt seit der Orientierung auf Börse, Gewinnmaximierung und Global Player-Politik. Bilanz: Nicht mehr Geld für die Schiene ist angesagt, sondern der richtige Einsatz der Steuer-Milliarden.

Tabelle 6: Mehr Zuschüsse – weniger Infrastruktur (1991–2012)

	1991	1994	2002	2012	Entwicklung in %	
					2012 geg. 1991	2012 geg. 1994
Streckennetz (Betriebslänge)	41.100	41.300	35.755	33.505	-18,5	- 18,5
Gleislänge	90.000	78.073	65.005	61.745	-31,4	- 20,2
Weichen	156.568	131.968	85.999	70.630	-54,9	- 46,5
Gleisanschlüsse	13.185	11.742	4.336	2.374	-82	- 79,8
Personen-Bahnhöfe	6.500	6.400	5580	3.272	-49,6	- 40,7
Sitzplätze	1.376.000	1.146.752	1.512.000	1.296.552	-5,8	+ 13
Öff. Mittel Schiene; Mio Euro*	10.329	16.525	17.813	16.734	+62,0	+1,3

* Ohne Verzinsung der Altschulden von Bundesbahn und Reichsbahn
Quellen: Daten und Fakten von Bundesbahn bzw. DB AG; Verkehr in Zahlen; Antwort der Bundesregierung auf die Kleine Anfrage der Fraktion Die LINKE zur Finanzierung der Schiene vom November 2013 (DS18/0049).

2013

Im August ist die Personalknappheit im Stellwerk Mainz so groß, dass die rheinland-pfälzische Landeshauptstadt über den gesamten Monat hinweg weitgehend vom Schienenpersonenfernverkehr abgehängt wird

Kapitel 21: Die Bahnreform und der Faktor Mensch
Oder: Warum der Bahnchef persönlich für «Mainzer Verhältnisse» die Verantwortung trägt

Der Dampfkochtopf hat ein Überdruckventil. Eine Dampflok ebenso. Und die Beschäftigten der DB AG können so unter Druck geraten, dass sie Dampf ablassen müssen. Unser Artikel in der Freitags-Ausgabe «Noch werden die Weichen gestellt» hat ein Ventil geöffnet. Damit ist ein Blick in den Maschinenraum der DB AG möglich. Man müsse einfach sehen, schreibt der Druckablassende, dass alle die Bahnchefs neuerer Bauart, die Mehdorns, Grubes und Kefers, nur eine Politik fahren würden. Und zwar «den mit der Privatisierung einhergehenden Paradigmenwechsel, das Personal nur noch geringschätzig als Produktionsfaktor zu verachten». [...]

Außerhalb des DB-Reiches ist [...] wohl keiner so kundig wie Andreas Kleber. [...] Kleber hat auch schon mal Dienst geschoben im Stellwerk Saulgau, natürlich unter absoluter Aufsicht. Er hat einen Heidenrespekt vor der Arbeit der Fahrdienstleiter. Kaum eine Sekunde lang dürfe da einer durchs Stellwerkfenster träumen. Die Verantwortung sei riesengroß. Seinen Informationen nach könnte es demnächst knapp werden im Raum Dortmund. Und mit Lokführern sehe es um Stuttgart herum gefährlich eng aus. Folge für Kleber, und da decken sich die Aussagen, einer Politik unter Hartmut Mehdorn, die insgesamt 80.000 Eisenbahnerstellen überflüssig erscheinen ließ. Das auf Rendite getrimmte Management zog am Personal-Ventil. Hier in Deutschland, um andernorts auf den Markt der Mobilmacher mitmischen zu können.

Andreas Kleber ist nahe dran am Maschinenraum, Luken tun sich für ihn auf. Und dann vor allem Lücken. [...] Kurzum: «Der Laden wird ausgequetscht wie eine Zitrone».

Jörg Nolle, «Überdruck im Bahn-Kessel», August 2013[1]

Die Situation des Schienenverkehrs in der rheinland-pfälzischen Landeshauptstadt Mainz Anfang und Mitte August 2013 bestimmte mehrere Wochen lang die Schlagzeilen der deutschen Medien. Ein großer Teil des Schienenverkehrs konnte in Mainz im Zeitraum zwischen dem 1. August und Ende August 2013 nicht stattfinden. Es gab mehrere Krisentreffen vor Ort, einen «Runden Tisch» unter anderem mit der rheinland-pfälzischen Ministerpräsidentin. Das Eisenbahn-Bundesamt versuchte, ein Machtwort zu sprechen und wies DB Netz an, «den uneingeschränkten sicheren Betrieb des Stellwerks Mainz unverzüglich, das heißt ohne schuldhaftes Zögern wieder aufzunehmen und besetzungsbedingte Ausfälle künftig zu verhindern». Bahnchef Grube eilte persönlich nach Mainz. All das erwies sich als vergeblich. In Mainz lief mehr als drei Wochen fast gar nichts mehr. Erst am August-Monatsende und zum Ende der Ferienzeit konnte der Schienenverkehr im Hauptbahnhof Mainz wieder weitgehend nach Fahrplan abgewickelt werden. Der Begriff «Mainzer Verhältnisse» machte die Runde. Die Deutsche Bahn AG hatte sich bis auf die Knochen blamiert. Im fünften Jahr der Ära Grube hatte es nun fünf verschiedene Bahn-Desaster gegeben: zwei Mal ein Winterchaos, die Sauna-ICE-Züge vom Sommer 2010, das S-Bahn-Desaster in Berlin und nun das Debakel in Mainz.[2]

In den ersten Augusttagen, als der Zugverkehr in Mainz zunächst nachts, dann auch während des Tages ausfiel, sprach die Deutsche Bahn AG von einer «Stellwerksstörung», also von einem technischen Problem. Dies war eine gezielte Fehlinformation; wie fast immer bei systemischem Versagen wurde auf «die Technik» und auf ein nicht beeinflussbares, außerhalb der Konzernmacht liegendes Phänomen verwiesen. Denn zweierlei wurde bald darauf deutlich: Erstens dass der Auslöser für die Schienenverkehrseinschränkung ein Beinahe-Zusammenstoß von zwei S-Bahnen war. Zweitens dass das allem zugrunde liegende Problem die extreme Personalknappheit bei der Deutschen Bahn AG, insbesondere eine völlig unzureichende Zahl im Einsatz befindlicher Fahrdienstleiter auf den Stellwerken, ist.

Am 1. August 2013 fuhren zwei S-Bahnen der Linie S 8 im Vorfeld des Mainzer Hauptbahnhofs auf ein und demselben Gleis — jedoch in entgegengesetzter Richtung. Laut Darstellung verschiedener Medien war «die S8 in Fahrtrichtung Wiesbaden [...] kurz vor der Einfahrt in den Hauptbahnhof auf Gleis 2 unterwegs und wollte über eine Weiche auf Gleis 1 wechseln, aber auch die S 8 in der Gegenfahrtrichtung Offenbach befand sich auf Gleis 2.» Es seien allein «die Lokführer» gewesen, die «gerade noch bremsen konnten». Dabei «kamen die Züge mit nur eineinhalb Meter Abstand zum Stehen.»[3] Die Ursache für diesen Fast-Unfall wurde nicht zweifelsfrei geklärt; das Eisenbahn-Bundesamt lieferte eine eher abenteuerliche Erklärung.[4]

In einem vertraulichen Schreiben des Gesamtbetriebsrats von DB Netz hieß es, dass «wiederum nur zwei Fahrdienstleister statt drei und ein Zugmelder zum Zeitpunkt dieses Fastunfalls auf diesem hochbelasteten Stellwerk Dienst taten.» Der Betriebsrat warnte dabei, dass diese unzulässige Unterbesetzung «keine Ausnahme [ist], sondern den Regelfall darstellt, von denen es täglich bundesweit viele andere gibt».[5]

Es vergingen mehrere Tage, bis auch der Vorstandschef von DB Netz, Frank Sennhenn, einräumte, dass es auf den Stellwerken «bundesweit eine angespannte Situation» gebe. Nach Angaben der DB AG fehlten 600 Fahrdienstleister, nach Angaben der Eisenbahnergewerkschaft EVG liegt der Fehlbestand bei 1000.[6] Und wie fast immer in den vergangenen zwanzig Jahren seit Gründung der Deutschen Bahn wurde nun darauf verwiesen, es gebe

183

da eine «besondere Situation». So ließ der Bahnkonzern Mitte August verlautbaren: «2013 wolle die Bahn 600 neue Fahrdienstleiter einstellen. Das Problem sei, dass die Schulung sieben Monate daure, so dass die Mitarbeiter nicht kurzfristig eingesetzt werden könnten.»[7] Tatsächlich dauert die Ausbildung, auch nach Angaben der Deutschen Bahn AG «längstens drei Jahre», sie könne auch «kürzer sein».[8] Die «sieben Monate», die Sennhenn im August nannte, sind bereits eine Fahrdienstleiter-Ausbildung in Form einer «Schnellbleiche», bei der die Kriterien für eine ausreichend qualifizierte Ausbildung massiv reduziert wurden.

Vor allem aber gilt: Gerade weil der Beruf des Fahrdienstleiters sehr hohe Anforderungen mit sich bringt und die Ausbildung einen langen Zeitraum erfordert — und es nach einer allgemeinen Ausbildung noch einer weiteren längeren Zeit bedarf, bis ein Fahrdienstleiter mit dem konkreten Stellwerk und den diesem zugeordneten Gleisabschnitten vertraut ist — muss das Management der Deutschen Bahn AG seit Jahren gewusst haben, dass man auf einen Engpass in diesem sensiblen Segment zusteuern würde. Und wenn es diese Herren nicht wussten, weil ihnen der Bahnbetrieb fremd ist, dann hätten sie oder ihre Zuträger drei Jahre früher das Folgende lesen können: «Im gesamten Bereich von DB Netz herrscht ein akuter Fahrdienstleitermangel. Wie konnte es dazu kommen? Schuld daran ist die Geschäftsphilosophie der verantwortlichen Manager, welche ausschließlich auf Gewinnmaximierung ausgerichtet ist. Dies bedeutete, Sparen beim Material und Personal. Inzwischen stehen viele Bereiche kurz vor dem Kollaps. Die Folgen sind verheerend. Die Anzahl der Überstunden bei den Fahrdienstleitern erreichen inzwischen biblische Dimensionen. Regelmäßig sollen die Mitarbeiter an ihren freien Tagen arbeiten kommen oder sogar auf ihren Urlaub verzichten. Dies gipfelte darin, dass inzwischen das eine und andere Stellwerk zeitweise nicht mehr besetzt werden konnte.» Dies wurde im August 2010 in einer Publikation der Bahngewerkschaft EVG festgehalten.[9]

Bahnchef Grube war bereits ein gutes Jahr im Amt, als es diese Veröffentlichung gab — und eine verantwortungsbewusste Bahnspitze musste natürlich Tausende vergleichbare Signale und Meldungen, die diesen Notstand dokumentierten, empfangen haben. Doch Grube war es, der zuließ, dass sich die Situation auch in diesem Bereich mehr als drei Jahre lang derart zuspitzte, dass es zu den beschriebenen Mainzer Verhältnissen kam. Und er war es, der dann in Mainz vor Ort just das tat, was jahrelang getan wurde: Anstelle ernsthafter Verbesserungen bei der Personalausstattung gab es die große Show vor Ort: «Hier besucht Bahnchef Grube das Mainzer Chaos-Stellwerk», schlagzeilte «Bild» Mitte August.[10] 90 Minuten Zeit habe sich der Bahnchef genommen, um im Stellwerk «bei Kaffee und Kuchen sich die Sorgen» der Mitarbeiter anzuhören. Die Bahn als die große Familie. Anstatt geregelter, menschenwürdiger Arbeitsbedingungen Sondereinsatz auf Sondereinsatz — vom obersten Chef mit dem 3-Millionen-Euro-Salär persönlich abverlangt: «Grube rief persönlich Mitarbeiter des Stellwerk Mainz an, fragte, ob sie ihren Urlaub verschieben könnten. Die Gewerkschaft reagierte empört. ‹Dass Mitarbeiter, die dringend Urlaub brauchten, vom obersten Konzernlenker persönlich angerufen werden, halte ich für ein Ding der Unmöglichkeit›, sagte EVG-Chef Alexander Kirchner. Es gebe Kollegen in Mainz, die seit Dezember keine drei Tage am Stück frei gehabt hätten. Für das Chaos in Mainz sei allein die Bahn verantwortlich.»[11]

Die Personalsituation bei der Deutschen Bahn AG hat sich seit der Bahnreform des Jahres 1994 kontinuierlich verschlechtert und fortgesetzt zugespitzt. Trotz deutlich gestiegener Leistungen

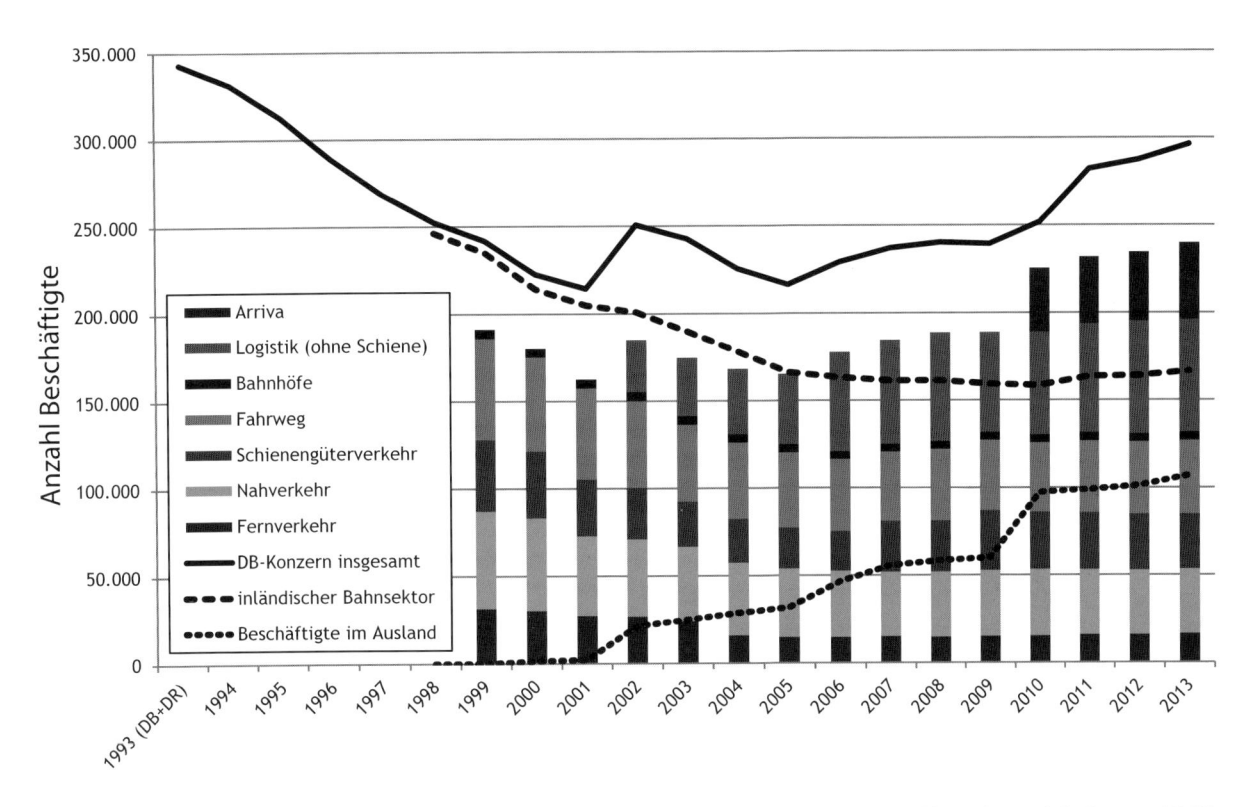

Abbildung 11: Entwicklung der Beschäftigtenzahlen im Gesamtkonzern und bei den wichtigsten Teilbereichen. Während im inländischen Bahnsektor die Zahl stark zurückgegangen ist, wurde die Beschäftigtenzahl im Ausland massiv gesteigert.

insbesondere im Nahverkehr und im Schienengüterverkehr wurde die Beschäftigtenzahl im Bahnbereich der Deutschen Bahn AG von 350.000 im Jahr 1994 auf 155.553 im November 2013 oder auf weniger als die Hälfte reduziert. Auch im gesamten Schienenbereich — Deutsche Bahn und nichtbundeseigene (private und andere öffentliche) Bahnen zusammengenommen — kam es zu einer glatten Halbierung.[12] Zweifellos gab es die brutalsten Einschnitte direkt nach der Bahnreform. Doch selbst wenn man sich auf den Zehn-Jahres-Vergleich 2002 bis 2013 beschränkt, kam es laut offiziellen Angaben der Deutschen Bahn AG im Bereich Nahverkehr zu einem weiteren Belegschaftsabbau von 16,1 Prozent (von 44.024 auf 36.959)[13]. Im Fernverkehr lag der Abbau sogar bei 39,3 Prozent (von 27.013 auf 16.388), und im — besonders sicherheitsrelevanten — Bereich Fahrweg ging die Beschäftigtenzahl um 14,8 Prozent (von 49.499 auf 42.107) zurück. Selbst bei den Bahnhöfen, bei denen es den großen Kahlschlag bereits in den 1990er Jahren gegeben hatte, wurden nochmals 8,2 Prozent der Stellen abgebaut (die Beschäftigtenzahl sank von 5.309 im Jahr 2002 auf 4.873 Ende 2013).[14]

Wenn Rüdiger Grube immer wieder darauf verweist, er habe den Trend des Personalabbaus ge-

Tabelle 7: Entwicklung der Beschäftigung in ausgewählten Bereichen der DB AG 2002–2013

Segment	2002	2009	2012	2013**	2002–2009	2009–2013	2002–2013**
	Ära Mehdorn		Ära Grube				
	Beschäftigte (VZP) in absoluten Zahlen				Prozentuale Entwicklung		
Nahverkehr	44.024	37.640	36.959	36.929	-14,5%	-1,9%	-16,1%
Fernverkehr	27.013	15.043	15.947	16.388	-44,3%	+8,9%	-39,3%
Fahrweg	49.499	40.354	41.400	42.107	-18,4%	+4,3%	-14,8%
Bahnhöfe	5.309	4.601	4.797	4.873	-13,3%	+5,9%	-8,2%
Schienengüterverkehr	29.399	34.145	31.770	31.459	+16,1%	-7,9%	+7,0%
Logistik (ohne Schienengütervk.)	40.681	57.134	64.199	64.179	+40,4%	+12,3%	+57,8%
Arriva	-	-	39.545	43.997	-	(+20,7%)	-
Sonstige***	54.765	54.605	52.891	53.399	-	-	-
Gesamter Konzern	250.690	239.382	287.508	293.331	-4,5%	+22,5%	+17,0

* VZP = Vollzeitkräfte (ggfs. umgerechnet)   **Nov 2013   *** U.a. DB Dienstleistungen (2012: 26.375 VZP)

Quellen: Daten und Fakten, herausgegeben von der Deutschen Bahn AG, 2002, 2009 und 2012; und Monatsbericht Personal Deutsche Bahn AG, November 2013.

stoppt und einen entgegengesetzten Prozess eingeleitet, so muss dem dreierlei entgegnet werden. Erstens gab es in der Ära Grube, im Zeitraum 2009 bis 2013 in den Bereichen Nahverkehr (DB Regio) und Schienengüterverkehr (Railion) einen zusätzlichen Abbau von Personal.[15] Zweitens wurden in der Ära Grube nicht nur die extrem sicherheitsrelevanten Stellwerker abgebaut, auch andere strategisch wichtige Berufsgruppen wurden fortgesetzt reduziert. So gab es Anfang 2009, als Grube seinen Job antrat, noch 19.090 Triebfahrzeugführer im Bahnkonzern. Ende 2013 waren es noch 18.520. In einem Zeitraum mit wachsenden Verkehrsleistungen wurde also die Zahl der Triebfahrzeugführer absolut um 570 reduziert.[16] 2011, also zwei Jahre nach Amtsantritt von Grube als Bahnchef, verkündete der Bahnkonzern, er werde die Zahl der 2.350 Reiseberater, die damals in noch 400 Reisezentren tätig waren, um 700 reduzieren — ein Abbau von 30 Prozent.[17] Drittens wurde ja auch in denjenigen Bereichen wie Fernverkehr, Fahrweg und Bahnhöfe, in denen es seit Beginn der Amtszeit von Rüdiger Grube zu einem leichten Zuwachs bei der Beschäftigung kam, damit nicht annähernd der Kahlschlag wettgemacht, der zuvor angerichtet wurde. Bereits einschließlich eines leichten Aufbaus der Beschäftigtenzahlen, den es in den letzten Jahren gab, gibt es Ende 2013 im Bereich Fernverkehr knapp 40 Prozent weniger Beschäftigte als 2002. Beim Fahrweg sind es netto 15 Prozent, bei den Bahnhöfen 8 und im Nahverkehr 16 Prozent Belegschaftsabbau. Rüdiger Grube hat nie gesagt, er wolle diesen Kahlschlag, den es zuvor gab, grundsätzlich rückgängig machen. In Wirklichkeit erleben wir ein weiteres Mal Flickschusterei gepaart mit der klassischen Nebelwerfer-PR-Politik.

Für Außenstehende nicht erkennbar ist darüber hinaus die Arbeitsstress-Situation der Bahnbeschäftigten, die durch eine enorme Zahl aufgelaufener Mehrleistungsstunden und offene Urlaubstage gekennzeichnet ist. Ende 2013 bringen es allein die Fahrdienstleiter auf 1,1 Millionen Überstunden. Es gab dabei keinerlei Verbesserung gegenüber dem Vorjahr. Beim Bordservice (Zugbegleitung) und bei der Fahrzeuginstandhaltung wuchs die Summe der aufgehäuften Überstunden sogar weiter an.[18] Die Streckenlokführer brachten es Ende 2013 sogar auf zwei Millionen Überstunden – gegenüber dem Vorjahr stieg diese Summe um 200.000 oder um 11 Prozent. Insgesamt gab es im Konzern Deutsche Bahn im Schienenbereich (Inland) Ende 2013 7,9 Millionen aufgelaufene Mehrleistungsstunden – auch hier waren es gegenüber dem Vorjahr 400.000 oder rund 5 Prozent mehr.[19]

Für viele Bahnbeschäftigte ist die Urlaubsplanung ein rotes Tuch, da diese in vielen Bereichen des Bahnkonzerns nicht nach den normalen Spielregeln des Arbeitslebens erfolgt. Nicht selten ist es der Arbeitgeber, der den Urlaub festlegt – was der geschilderten unzumutbaren Situation mit der extremen Personalknappheit geschuldet ist. Am Arbeitsplatz selbst ist die Situation oft bedrückend. Über den Job der Fahrdienstleiter wurde von einem Beteiligten wie folgt berichtet: «Viele kommen mit Magenschmerzen zum Dienst, weil sie nicht wissen, wie sie den Tag über die Runden bringen sollen. Die trinken dann kaum, aus Angst, auf´s Klo gehen zu müssen und dann zu lange ihren Bildschirm im Stich zu lassen.»[20] Das sind Einzelbeispiele, die jedoch charakteristisch für weite Teile des Bahnbetriebs sind: Triebfahrzeugführer auf S-Bahnen und teilweise in Nahverkehrszügen leben in ständiger Angst, dass ein Fahrgast in eine Tür eingeklemmt und dies bei der Abfahrt übersehen wird, denn es gibt kaum noch Bahnaufsichten und oft keine Zugbegleiter mehr. Bei der Instandhaltung werden Bahnbeschäftigte unter Druck gesetzt, Züge, die eigentlich nicht auf die Strecke geschickt werden dürfen, dennoch freizugeben.

Auch bei der für die Sicherheit im Schienenverkehr zuständigen Bahnaufsicht, die dem Bundesverkehrsministerium unterstellt ist, hat der Belegschaftsabbau erhebliche Auswirkungen auf die Qualität der Arbeit. Ein Mitarbeiter des Eisenbahn-Bundesamtes wurde hierzu im August 2013 wie folgt zitiert: «Es ist nur noch schwer möglich, unter diesen Bedingungen unsere Aufgaben voll zu erfüllen.» Sprich: die Sicherheit im Schienenverkehr zu gewährleisten.[21] Solche Feststellungen wurden vom zuständigen Staatssekretär im Bundesverkehrsministerium, Michael Odenwald abgebügelt mit «Die schnelle Reaktion [des EBA; d. Verf.] auf Mainz hat gezeigt, dass die Behörde voll einsatzfähig ist».[22] Doch wie soll das der Fall sein, wenn allein in der EBA-Abteilung, die für die Überwachung der Gleisanlagen zuständig ist, die Zahl der Mitarbeiter seit 2003 halbiert wurde?[23]

Zurück zum Bahnkonzern selbst. Der fortgesetzte Personalabbau und die wachsende Arbeitsdichte sind – zusammen mit unzureichender Entlohnung – die wesentlichen Elemente für eine extrem niedrige Identifikation der Bahnbeschäftigten mit ihrer Arbeit und mit ihrem Unternehmen. Nach einer bahninternen Erhebung im Jahr 2011 unter den damals 190.000 deutschen Mitarbeiterinnen und Mitarbeitern waren – so ein Zeitungsbericht – «nahezu 70 Prozent der Beschäftigten an ihrem Arbeitsplatz und durch ihre Tätigkeit frustriert. [...] Ein Bahn-Manager nannte die Ergebnisse der Umfrage ‹erschreckend›».[24] Zwei Jahre später veröffentlichte die Deutsche Bahn AG selbst eine Mitarbeiterumfrage, die allerdings unter den fast 300.000 Beschäftigten des Konzerns in 44 Ländern durchgeführt wurde. Doch auch hier gab es ernüchternde Ergebnisse: Weniger als 40 Prozent empfinden die Kommunikation im Konzern als offen und ehrlich; nur jeder Dritte meint, dass die Belange der Mitarbeiter bei wichtigen Entscheidungen berücksichtigt würden.[25]

Die geringe Wertschätzung, die die Beschäftigten von ihrem Unternehmen haben, korrespondiert im Übrigen weitgehend mit dem schlechten Image, das das Unternehmen Deutsche Bahn AG in der Bevölkerung genießt: Nach einer Studie der Werbeagentur Serviceplan, die die DB AG 2001 selbst in Auftrag gab, sehen «2000 befragte Konsumenten die Bahn im Vergleich zu 67 deutschen Firmen auf dem vorletzten Platz, wenn es um soziale und ökologische Orientierung geht — vor BP und hinter Schlecker.»[26]

Es sind dann diese miserablen Werte von Wertschätzung des Unternehmens durch die Mitarbeiterinnen und Mitarbeiter und des schlechten Rufs desselben in der Gesellschaft, die derart krasse Fehlleistungen begünstigen, wie sie in den letzten Jahren immer öfters zu registrieren waren. Schlagzeilen wie die folgenden «Auf der Fahrt in die Schulferien: Der Schaffner hat mein Rad einfach aus dem ICE geworfen», «Schaffnerin wirft ganze Schulklasse aus dem Zug» oder «Jennifer (16) fuhr am Alex los und wurde bei minus 18 Grad aus dem Zug geworfen — Bahnchef entschuldigt sich bei der Schülerin» verfestigen den selbst produzierten Image-GAU.[27]

***

Laut Rüdiger Grube genießt die Deutsche Bahn im Ausland großes Ansehen. Das liest sich gelegentlich — hier in der belgischen Tageszeitung Le Soir — wie folgt: «Man muss sich das einmal vorstellen: Der Bahnhof von Liège — geschlossen für den Eisenbahnverkehr wegen Personalmangel! Und das ein paar Tage vor Ende der Ferienzeit! Just dies findet soeben in Mainz statt, einer Stadt mit 200.000 Einwohnern. Seit einer Woche empfängt die Hauptstadt von Rheinland-Pfalz keine Fernverkehrszüge mehr. [...] Die Fernverkehrszüge (ICE) müssen Mainz umfahren, um an ihre Zielorte zu gelangen. [...] Für die Bahnexperten handelt es sich hier um eine direkte Konsequenz des Privatisierungskurses, der seit dem Jahr 2000 beschritten wurde. [...] ‹Das Unternehmen hatte nur noch ein einziges Ziel: rationalisieren, rationalisieren und nochmals rationalisieren. Diese Strategie hat die Deutsche Bahn AG gegen die Wand fahren lassen›, erklärt Heiner Monheim, Professor an der Universität Trier. [...] Sechs Wochen vor der Bundestagswahl laden die Ereignisse in Mainz geradezu dazu ein, aufgegriffen zu werden. ‹Man hat die Bahn bis aufs Äußerste rationalisiert. Jetzt fordert dies seinen Tribut.› So äußerte sich der Rivale von Angela Merkel, der Sozialdemokrat Peer Steinbrück der allerdings zuvor in seiner Zeit als Finanzminister das Privatisierungsprogramm der DB vorangetrieben hatte.»[28]

188

2014

Im März – und damit kurz vor der Bilanzpressekonferenz der DB AG – veröffentlicht das Bündnis Bahn für Alle den Alternativen Geschäftsbericht der DB AG – bereits zum siebten Mal

Kapitel 22: Der Widerstand gegen den Bahnbörsengang
Oder: Ein neoliberales Projekt scheitert

Berlin, 17. März 2007: Der große Saal des Kinos Babylon am Rosa-Luxemburg-Platz in Berlin ist restlos ausverkauft. Offensichtlich war das wochenlange Werben erfolgreich. Der Film über die Bahnprivatisierung war seit Herbst des letzten Jahres mit einem fantastischen Engagement der Filmemacher Leslie Franke und Herdolor Lorenz als Bürgerfilm entstanden, finanziert mit 68.000 Euro aus Spenden von Gegnerinnen und Gegnern der Bahnprivatisierung – lange bevor «Crowdfunding» zu einer festen Größe von politischen Projekten wurde.

19 Uhr 40. Eigentlich sollte der Film in einer Viertelstunde starten. Aber wo ist er eigentlich? Anruf beim Film-Team: Sie sind im ICE kurz vor Berlin. Bis nachmittags haben sie noch am Schnitt gearbeitet. Offensichtlich hat das Bahnmanagement keine Kenntnis vom geplanten Reiseweg des Films; es gibt keine «Störungen im Betriebsablauf».

19 Uhr 48. Der ICE ist im Berliner Hauptbahnhof eingetroffen. Wenig später sitzen Franke und Lorenz mit dem Band, auf das alle warten, im Taxi zum Kino Babylon. Irgendwie gelingt es der Moderatorin, der damaligen Attac-Bundesgeschäftsführerin Sabine Leidig, das Publikum bei Laune und im Saal zu halten – selbst dann noch, als ein erster Filmstart wegen technischer Schwierigkeiten abgebrochen werden muss.

20 Uhr 15. Endlich kann der Film beginnen. In den nächsten 72 Minuten sehen die Anwesenden ein überzeugendes Plädoyer gegen das Projekt Bahnbörsengang. Langanhaltender Beifall am Ende des Streifens, gefolgt von einer spannenden Podiumsdiskussion im Saal, u.a. mit Hermann Scheer.

In den folgenden zwei Jahren erlebt der Film mehr als 1000 Aufführungen im ganzen Land: in Kinos, Kulturzentren, bei politischen Veranstaltungen. Er wird zu einem Meilenstein im Kampf gegen den Börsengang der Deutschen Bahn.[1]

Die erst formelle und dann auch materielle Privatisierung der Bahn in Deutschland war und ist ein zentrales Projekt im Rahmen der tiefgreifenden Umgestaltung der Ökonomie mit dem Abbau des öffentlichen Sektors, wie dies in allen westlichen Ländern seit Mitte der 1980er Jahre zu beobachten ist. Was bei der Deutschen Post und der Deutschen Telekom gelang, sollte auch bei der Bahn stattfinden. Alle Bundesregierungen, die es im Zeitraum 1994 bis 2013 gab, hatten sich dieses Ziel gesetzt. Dabei sollte die Bahnprivatisierung in Deutschland – zusammen mit derjenigen in Großbritannien – eine Vorreiterrolle in Europa spielen. Es wird einer späteren Geschichtsschreibung überlassen bleiben zu untersuchen, warum im Einzelnen die materielle Bahnprivatisierung in Großbritannien gegen heftigen Widerstand der Eisenbahnergewerkschaft durchgesetzt werden konnte, warum sie in einigen EU-Staaten – meist auf dem Umweg über die Trennung von Netz und Betrieb – weit fortgeschritten ist und warum sie bislang in Deutschland – mit der Ausnahme von Teilen des Schienenpersonennahverkehrs und des Schienengüterverkehrs – weitgehend scheiterte. Wir können im Folgenden einen Beitrag zu dieser ausstehenden Geschichtsschreibung leisten, indem wir die wichtigsten Player im Widerstand gegen die Bahnprivatisierung in Deutschland vorstellen und den Verlauf der Kampagne gegen die deutsche Bahnprivatisierung schildern. Da die beiden Autoren in dieser Kampagne maßgeblich aktiv waren und sind, mag die Darstellung nicht frei von subjektiven Einschätzungen sein.[2]

Die Wurzeln des Widerstands gegen die deutsche Bahnprivatisierung und damit gegen das Projekt «Bahnreform» reichen zurück in die Zeit, als erstmals in einer größeren Öffentlichkeit über dieses Vorhaben diskutiert und erste Details bekannt wurden. Kritische Positionen gegen eine Bahnprivatisierung gab es in den Verbänden VCD, BUND und Pro Bahn. Allerdings schwenkten die Spitzen dieser Verbände, in denen es nicht wenige Mitglieder oder Sympathisanten der Parteien SPD und Bündnis 90/ Die Grünen gibt, schon sehr bald um auf die Linie einer «kritischen Begleitung» der Bahnreform.[3] Das war der Ausgangspunkt der Gründung der Initiative für eine bessere Bahn – fbb e.V. – am 1. November 1992 in Köln[4]. Ziel von fbb war, die «Meinungsbildung zur sogenannten Bahnreform in der Öffentlichkeit und insbesondere in der [Eisenbahnergewerkschaft] GdED und den ansprechbaren Umwelt- und Verkehrsverbänden zu intensivieren». fbb interpretierte die Bahnreform von Anfang an als eine Form der Bahnprivatisierung und lehnte diese daher ab. 1992/93 führte fbb gemeinsam mit Robin Wood die Kampagne «Halbe Bahn fürs ganze Volk» durch.

fbb existierte bis 1998 und ging dann weitgehend in Bürgerbahn statt Börsenbahn (BsB) auf; von der fbb-Zeitschrift «bessere bahn» erschienen vier Ausgaben. Darin wurde die Bahnreform bereits in einen engen Zusammenhang mit den vorausgegangenen Bahnprivatisierungen in Japan (1986/87) und Großbritannien (1993) gebracht; das britische, das japanische und vor allem auch das US-Beispiel privatisierter Eisenbahnen wurden analysiert und als warnende Perspektive für die Schiene in Deutschland gezeigt.[5]

1997 erschien das «Manifest der 1435 Worte». Es wurde von der fbb, dem AK Umwelt und Verkehr (heute: UMKEHR e.V., Berlin) und dem Büro des Bundestagsabgeordneten Winfried Wolf vertrieben. Die Wortzahl «1435» bezog sich auf die Millimeter-Spurbreite der Eisenbahn im größten Teil Europas («Normalspur»). Der Text erschien 1997/98 in drei Auflagen mit einer ständig größeren Trägerschaft. Er wurde auch von Teilen der Grünen und einzelnen SPD-Bundestagsabgeordneten, von Robin Wood und von relevanten Teilen des VCD unterstützt. Das Manifest (siehe Titelseite von Kapitel 5) zog eine erste

Bilanz von drei Jahren Bahnreform, warnte vor der zweiten Stufe dieser Bahnreform und dem Fortgang der Privatisierung und mündete in den Aufruf: «Die DB AG darf nicht über die Börse an Private gehen. [...] Die Bahnreform selbst ist in erheblichem Maß von den Interessen der Konkurrenz, der Autolobby, bestimmt. Unter anderem tragen die Deutsche Bank, Daimler-Benz, Thyssen und Mannesmann über wirtschaftliche und personelle Verflechtungen mit der DB AG dazu bei, dass Schienenverkehr auf Straßen und in die Luft verlagert wird.» Erforderlich sei «eine nach Sparten gegliederte, detaillierte Berichterstattung der Deutschen Bahn AG, so dass Erfolg und Misserfolg der jeweils verausgabten staatlichen Mittel beurteilt werden können. Wir fordern [...] die Bevölkerung, die Fahrgäste, die Gewerkschaften, die Verkehrsinitiativen, die Umwelt- und Fahrgastverbände auf, im Sinne dieses ‹Manifestes der 1435 Worte› aktiv zu werden und durch eine breite Bewegung von unten die verhängnisvolle Fahrt der Bahn auf Abstellgleis und Prellbock zu verhindern.»

2000 entstand, weitgehend getragen von einem Kern der früheren Initiative für eine bessere bahn und der Manifest-1435-Gruppe, die Bahnexpertengruppe Bürgerbahn statt Börsenbahn (BsB). Es handelt sich um einen reinen Personen-Zusammenschluss.[6] Die Gründungserklärung von BsB wurde in der «Frankfurter Rundschau» veröffentlicht.[7] Die Bundespressekonferenz e.V. lud BsB zwei Mal nach Berlin ein, um auf einer offiziellen Bundespressekonferenz ihre Positionen gegen das damals neu geplante Bahnpreissystem PEP und gegen den Fortgang der Bahnprivatisierung vorzutragen. In den Jahren 2002 bis 2005 konnte BsB eine gewisse Öffentlichkeitswirkung durch regelmäßige Presseerklärungen und Veröffentlichungen erreichen; u.a. erschienen in der Frankfurter Rundschau im Jahr 2001 zwei ganzseitige Dokumentationen von BsB.[8]

BsB erstellte auch ein Faltblatt gegen den Tod des InterRegio «Ihr InterRegio nach Nirgendwo», das im Stil der InterRegio-Reisebegleiter aufgemacht war (siehe Seite 112) und mit rund 60.000 Exemplaren gedruckt und verteilt wurde. Diese Form des plagiierten Reisebegleiters wurde später von Bahn für Alle aufgegriffen und perfektioniert.[9] Im September 2003 führten BsB und die Evangelische Akademie Baden in Bad Herrenalb eine Tagung mit dem Titel «Auf dem richtigen Gleis – Die Bahn zwischen Bürgernähe und Börsengang» durch.[10]

Der entscheidende Meilenstein für den Widerstand gegen die Bahnprivatisierung war 2005 die Gründung des Bündnisses Bahn für Alle (BfA), das zu einem gewissen Teil auf den vorherigen Aktivitäten von fbb, der Manifest-Gruppe und BsB aufbaute. Das Bündnis begann anfangs recht überschaubar mit den Organisationen Attac, BsB, BUND, Robin Wood, Naturfreunde und der Initiative Bahn von unten in der Gewerkschaft Transnet. Im Laufe der Jahre 2006 bis 2008 schlossen sich aber immer wieder neue Organisationen an, so dass das Bündnis auf inzwischen 20 Bündnispartner (Stand 2014) angewachsen ist, darunter große Gewerkschaften wie Ver.di und die IG Metall sowie die Partei-Jugendverbände JuSos (SPD), Grüne Jugend und Solid (Linkspartei).[11] Viele lokal Aktive, meist Attac-Gruppen, führten zahlreiche öffentlichkeits- und medienwirksame Aktionen durch und sorgten damit für eine bundesweite Sichtbarkeit des Bündnisses – eine zentrale Grundlage für den Erfolg der Arbeit.

Das zentrale Kampagnenmaterial von BfA war drei Jahre lang das Faltblatt «Ihr Reiseplan», das von außen den Reiseplänen, wie sie in den Fernzügen der DB ausliegen, täuschend ähnlich sieht. Dieses wurde insgesamt in elf Auflagen entwickelt, immer wieder aktualisiert und erreichte eine Gesamtauflage von über 500.000 Exemplaren. Unter der Überschrift «Höchste Eisenbahn — stoppt den Börsenwahn» enthält es Argumente gegen die Bahnprivatisierung in prägnanter und charmanter Form. Erstmals öffentlich sichtbar wurde BfA bei der Eröffnung des Berliner Hauptbahnhofs und mit einer Groß-Verteilaktion des «Reiseplans» in den Zügen im Sommer 2006, bei der einen Tag lang mehrere hundert dieser Faltblätter an die Reisenden verteilt wurden. Ein Ergebnis davon war, dass offensichtlich unter anderem eine Journalistin der Financial Times Deutschland den Plan in die Hände bekam, was dazu führte, dass das Titelblatt wenig später in der Zeitung abgedruckt wurde.[12] Durch solche und viele weitere Aktionen im ganzen Land wurde der ab 2005 massiv vom damaligen Bahnchef Mehdorn und einigen einflussreichen Politikern betriebene Börsengang immer mehr ein Thema in den Medien und in der Öffentlichkeit. Das Bündnis betrieb dazu auch zwei Websites, die Argumente gegen den Börsengang darlegen und die zeitweise eine starke öffentliche Reichweite hatten.

BfA betrieb parallel aber auch Lobbyarbeit im Hintergrund: In mehreren Briefen an die Bundestagsabgeordneten legte das Bündnis die Kritik an den Plänen für den Bahnbörsengang dar. Es kam zu einer engen Zusammenarbeit von BfA mit einer kleinen Gruppe von SPD-Bundestagsabgeordneten, geführt von Hermann Scheer und Peter Friedrich, die die Kritik an den Börsenplänen in ihrer Partei aufrechterhielten.[13] Außerdem gab das Bündnis drei Umfragen zum Thema Bahnprivatisierung in Auftrag. Das Ergebnis dabei: Die Ablehnung eines Börsengangs wurde über den Lauf der Kampagne immer stärker; das Vorgehen von BfA, die Pläne in der Öffentlichkeit zu skandalisieren, erwies sich also als erfolgreich.

Gleichzeitig hatte BfA aber auch enormen Gegenwind: Unter anderem unterstützte die große Bahngewerkschaft Transnet[14] nach außen hin — auch wenn es intern enormen Widerstand gab — den Börsenkurs von Bahnchef Mehdorn. Das ist für eine Gewerkschaft höchst ungewöhnlich, da eine solche materielle Privatisierung für die Beschäftigten in der Regel nichts Gutes verheißt. Schon damals wurde gemunkelt, dass der Gewerkschaftsvorsitzende Norbert Hansen sich von Mehdorn habe einkaufen lassen. Das stellte sich letztendlich als real heraus, als Hansen im Mai 2008, also auf dem Höhepunkt des Börsengang-Projekts, nahtlos von der Gewerkschaftsspitze in den Vorstand der DB AG wechselte. Ein ungeheuerlicher Vorgang mit einer fatalen Wirkung für die Gewerkschaft, allerdings war es nur einer von vielen vergleichbaren Seitenwechseln unter Mehdorns Ägide.[15] In diesem Zusammenhang sorgte es für einiges Aufsehen, als zum Jahresbeginn 2007 zwei wichtige Vorstandssekretäre mit einer öffentlichen Protesterklärung gegen den Privatisierungskurs die Transnet verließen und zur Gewerkschaft Ver.di wechselten.[16] Fast parallel stießen die beiden größten deutschen Gewerkschaften, Ver.di und IG Metall, zum Bündnis BfA hinzu und verhalfen ihm damit zu einer deutlich größeren öffentlichen Wahrnehmung.

Eine verstärkte Öffentlichkeitswirkung des Protests gegen die Privatisierung bewirkte auch eine große Konferenz unter dem Titel «Die Bahn ist keine Ware», zu der BfA im März 2007 einlud. Der Höhepunkt der Konferenz war die eingangs des Kapitels bereits beschriebene Uraufführung des Films «Bahn unterm Hammer».

Parallel zur Entwicklung des Bündnisses und seiner Kampagne gingen die politischen Bemühungen für den Bahn-Börsengang, immer wieder angetrieben von Bahnchef Mehdorn selbst, weiter. Fortwährend geisterten neue Privatisierungsmodelle durch die Debatten. BfA suchte parallel nach immer neuen Aktionsformen dagegen, und es entstanden diverse Straßentheater, Kletteraktionen, Bahnhofsumzingelungen, ein Bahn-Kellenballett und vieles mehr. Auf einem Kreativwochenende im Sommer 2007 wurde die Idee der «Flashmobs»[17] geboren: In vielen Bahnhöfen im ganzen Land begannen gleichzeitig um 5 vor 12 auf einen per SMS und E-Mail verbreiteten Aufruf hin Menschen, massiv Lärm zu machen, und hielten nach drei Minuten die kryptische Botschaft «183 = 13» in die Luft, die sie langsam zerrissen. Die Erklärung für die Performance war im Internet gut verlinkt und dadurch verständlich: Die DB AG ist laut offizieller Statistik des Bundesverkehrsministeriums 183 Milliarden Euro wert, sollte nach dem damals diskutierten Privatisierungsmodell jedoch für 13 Milliarden verkauft werden.[18] Und auch diese Flashmobs hatten neben der breiten Öffentlichkeitswirkung wieder einen ganz konkreten Effekt: Ein Mitarbeiter der ARD-Sonntagabend-Talkshow von Anne Will nahm teil. Anne Will machte daraufhin den Börsengang zum Thema ihrer Sendung. Bahnchef Mehdorn musste also vor der Fernsehöffentlichkeit am 7. Oktober 2007 zum Thema Bahnprivatisierung Rede und Antwort stehen, konnte aber gegen den Privatisierungsgegner Rolf Becker, Mitglied bei Bürgerbahn statt Börsenbahn (BsB), und dem prominenten Grünen und späteren Tübinger Oberbürgermeister Boris Palmer nicht überzeugen.

Im Oktober 2007 erfolgte auf dem SPD-Parteitag in Hamburg gewissermaßen der Showdown in

Sachen Bahnprivatisierung. Doch trotz des Erfolges, den die Bahnprivatisierungsgegner dort hatten, kam es Anfang 2008 zu dem bis heute gültigen Bundestagsbeschluss, wonach die Bahn auf Basis eines neuen Holding-Modells zu privatisieren sei. Der Börsengang des Unternehmens wurde für den 27. Oktober 2008 festgelegt. Der Kampf des Bündnisses BfA schien verloren.

Als am 9. Juli 2008 in Köln eine Achse an einem ICE-3 brach, witterte das Bündnis eine neue Chance. Der DB AG gelang es in den ersten Wochen danach zunächst, die nachweislich falsche Geschichte zu verbreiten, bei dem Achsbruch habe es sich um ein «singuläres Ereignis» gehandelt, das mit der generellen Geschäftspolitik der DB AG nichts zu tun habe. Der Versuch seitens Bahn für Alle, den wahren Grund für den Achsbruch — die spezifische Konstruktion dieser Achsen und das Spezifikum des Materials, des angeblich hochfesten Stahls (siehe dazu Kapitel 16) — in den Medien zu platzieren, scheiterte. Auch renommierte, investigative Journalisten winkten müde ab. Darauf entschloss sich BfA dazu, in der «Tageszeitung» eine achtseitige Beilage, in der alle wichtigen Fakten präsentiert und journalistisch aufbereitet wurden, zu finanzieren. Diese Extra-BfA-Zeitung erschien in der taz-Ausgabe vom 5. August.[19] Offensichtlich gibt es auch im Zeitalter der elektronischen Medien noch eine gewisse Überzeugungskraft des «Schwarz-auf-weiß». Jedenfalls gelang es auf diese Weise, in die großen Medien, u.a. zum ARD-Magazin Monitor, durchzudringen. Die Geschichte über die wahren Ursachen des ICE-Achsbruchs kam ins Rollen und trug letztlich wohl erheblich mit zum Scheitern des Börsengangs bei.

In einer zweiten Zeitungsbeilage kurz vor Weihnachten machte das Bündnis nochmals deutlich, wie die Sparmaßnahmen in Vorbereitung auf den Börsengang das Sicherheitsniveau der Bahn in Deutschland schon untergraben hatten.[20] Letztlich war die allgemeine Stimmung zu der Zeit schon längst gegen einen Börsengang der Bahn umgeschlagen, und im Wahljahr 2009 traute sich dann niemand mehr, das Thema wieder aufzugreifen. Die Ablösung des Antreibers des Börsengangs, Hartmut Mehdorn an der Bahnspitze war auch in diesem Kontext letztlich konsequent.[21]

Im Mai 2009 führte BfA zusammen mit Attac und dem nordrhein-westfälischen Landesverband von Bündnis 90/Die Grünen im Düsseldorfer Landtag und in Köln eine «Europäische Konferenz zur Zukunft der Bahn» durch, an der auch die britische Transport-Gewerkschaft RMT teilnahm, um die Privatisierungen auch im europäischen Kontext zu thematisieren und eine alternative Vision für die Bahn zu erarbeiten.[22]

Auch nach der offiziellen Absage des Bahnbörsengangs ist das Bündnis Bahn für Alle weiter aktiv, um die Probleme der formellen Bahnprivatisierung von 1994 aufzuzeigen, für Verbesserungen zu kämpfen und einen neuen Anlauf für die materielle Privatisierung zu verhindern. Dazu veröffentlicht das Bündnis jährlich parallel zum Geschäftsbericht der DB AG den «Alternativen Geschäftsbericht der DB AG»[23], der die Kritik an der DB-Geschäftspolitik auf den Punkt bringt und im März 2014 zum siebten Mal erscheint. Durch diese und weitere Aktivitäten wird BfA inzwischen als wichtiger Akteur im Bereich der Bahnpolitik wahrgenommen und ist immer wieder in der öffentlichen Debatte um den Kurs der Bahn präsent.

Im April 2014 veranstaltet das Bündnis in Kooperation u.a. mit dem Aktionsbündnis gegen Stuttgart 21 unter dem Titel «Kopf machen in der Bahnpolitik. 20 Jahre Bahnreform — 20 Jahre Stuttgart 21» eine Konferenz zur Bilanz der Bahnreform. Die Reform jährt sich in diesem Jahr zum zwanzigsten Mal, und analog zu diesem Buch bietet auch die

Konferenz eine kritische Sichtung der Reformergebnisse und debattiert, wie es mit der Bahn weitergehen soll.[24]

***

WirtschaftsWoche: Herr Mehdorn, wissen Sie, was ein Flash Mob ist?
Mehdorn: Na klar. Da telefonieren sich ein paar Mitglieder der Antiglobalisierungsorganisation Attac zusammen, stellen sich auf den Bahnsteig, blasen in ihre Trillerpfeifen ...
WirtschaftsWoche: ... und behaupten, dass Sie den Politikern und den Bürgern Lügenrechnungen auftischen.
Mehdorn: Ach wissen Sie, wer ist Attac — Weltverbesserer, die es schon immer gab. Ohne die Medien würde von dem ganzen Theater überhaupt niemand Notiz nehmen.

WirtschaftsWoche: Das können Sie von den Politikern nicht so einfach sagen, die immer zahlreicher Front gegen Sie machen. Fühlen Sie sich nicht langsam umzingelt?
Mehdorn: Nein, überhaupt nicht, ich glaube, dass die Mehrheit der Bundestagsabgeordneten sachorientiert ist und die Teilprivatisierung der Bahn will. Diese wurde im Grundsatz 1994 im Bundestag und Bundesrat beschlossen. Dass es anders scheint, liegt daran, dass die wenigen Neinsager so laut sind und dadurch viel Publicity erhalten, was ja auch nichts Neues ist.
WirtschaftsWoche: Wie erklären Sie sich dann, dass sich vor Kurzem 60 Prozent der Bevölkerung gegen die Privatisierung der Bahn aussprechen?
Mehdorn: Das glaube ich, ehrlich gesagt, nicht. [...][25]

2025

Nach der Offensive für die neue Bahn, die diesmal in eine umfassende Verkehrsmarktreform eingebettet war, hat sich die Bahn in Deutschland überaus positiv entwickelt und ist für viele Menschen sowie den Güterverkehr das bevorzugte Verkehrsmittel – im Frühling, Sommer, Herbst und Winter

Kapitel 23: Die neue Bahn
Oder: Mosaiksteine für eine Bahnfreundliche Republik Deutschland (BRD)

Frühjahr 2010 Historische Alternative

Börsenbahn ins Abseits 2010 ff.
Investoren (u.a. Gazprom) verlangen Maxi-Rendite
Weitere 5 000 km Schiene werden abgebaut.
Viele Regionen von der Schiene abgehängt.
Steigende Steuergelder für den Schienenverkehr

Bahn für Alle

2010 Bilanz Verkehrspolitik

Der neue Bundestag zieht vor dem Hintergrund von Weltwirtschaftskrise und Klimaveränderung eine kritische Bilanz der Verkehrspolitik: Trotz Schieneninvestitionen in Höhe von gut 80 Milliarden Euro im Zeitraum 1994-2009 liegt die absolute Verkehrsleistung im Fernverkehr auf dem Niveau von 1993. Im Güterverkehr gingen mit der Krise die Gewinne der Jahre 2000-2008 komplett verloren. Die neue Krise der öffentlichen Haushalte führt zu Einbrüchen im Schienennahverkehr.

Der Bundestag beschließt die Politik einer Verkehrswende. Eingestellt wird die Bevorzugung des Straßenverkehrs (u.a. Beschluss von Tempolimit; Streichung der Entfernungspauschale) und des Luftverkehrs (u.a. Kerosinbesteuerung). Alle zukünftigen Verkehrsinvestitionen zielen auf Verkehrsvermeidung, auf Stärkung des nichtmotorisierten und auf Ausbau des öffentlichen, insbesondere des Schienenverkehrs.

2012 Bahnstrukturreform – Modell Bürgerbahn

Der Bundestag lehnt jede Privatisierung der Bahn ab. Die DB ML wird wieder aufgelöst. Beschlossen wird eine Bahnstrukturreform mit den Schwerpunkten: (1) Bund, Länder, Fahrgastverbände und Gewerkschaften kontrollieren die Bahn nach der Vorgabe „Mehr Verkehr auf die Schiene". (2) Das Management besteht ausschließlich aus Bahnkennern. (3) Ausbau der Bahn in der Fläche. (4) Ein einfaches Preissystem macht mit einer preiswerten BahnCard 50 das Bahnfahren wieder attraktiv.

2015 Bahnstrukturreform zeigt Wirkung

Neuerlicher Ölpreisanstieg auf 250 US-Dollar je Barrel. Die Bahn in Deutschland fährt bereits zu 75 Prozent mit erneuerbarer Energie.
Deutliche Verminderung des Kfz- und Luftverkehrs. EU-weite Pkw- und Lkw-Maut verlagert Transporte auf die Schiene.
Europaweiter Verbund RAE (Railway Alliance of Europe) bietet erstmals europaweit koordinierten Bahnverkehr an.

2022 Zehnjahresbilanz „Bahn für Alle"

Ausbau des Schienennetzes von 37 000 km im Jahr 2009 auf 62 000 km im Jahr 2020. Die Zahl der Fahrgäste hat sich verdoppelt. Die Verkehrsleistungen erhöhten sich um zwei Drittel gegenüber 2009.
Die Bahn fährt mit „schwarzer Null". 18 Millionen Menschen besitzen die BahnCard 50. Alle Parteien bis auf die FDP feiern die Bahnstrukturreform von 2012 als weitsichtig.

Bündnis Bahn für Alle

Ihr **Reiseplan**
Höchste Eisenbahn
Stoppt die Börsenbahn

Wir sind immer für Sie da
www.bahn-fuer-alle.de
oder telefonisch 069 / 90 02 81 10

Gültig ab Mai 2009
Valid from May 2009

Auch in Zukunft: Keine Bahnprivatisierung!
Die Bahn ist öffentliches Gut!

In diesem Buch haben wir gezeigt, dass die Bahnreform von 1994 in vielen Bereichen nicht die beabsichtigten Ergebnisse gebracht hat. Statt einer Verkehrsverlagerung von der Straße und dem Luftverkehr auf die Schiene konnten die Anteile der Schiene nur stabilisiert werden; diejenigen des Binnenluftverkehrs haben sich mehr als verdoppelt. Lediglich im Bereich der Regionalisierung und in Form der finanziellen Entlastung durch die Schuldenübernahme hat sie eindeutig positive Auswirkungen gehabt. Nach nunmehr 20 Jahren ist nicht damit zu rechnen, dass sich daran plötzlich etwas ändert. Daher ist es an der Zeit, das Scheitern der Reform einzugestehen. Ein neuer Anlauf muss genommen werden. Die Bahn braucht einen Neuanfang, wie es dies in der deutschen Eisenbahngeschichte — die Phase der ersten Planungen für ein Eisenbahnsystem ausgenommen — noch nicht gab.

In diesem letzten Kapitel stellen wir Elemente einer solchen Reform — als Vorschläge — zur Debatte. Gerade auch vor dem Hintergrund der gescheiterten Bahnreform betonen wir, dass für den Erfolg eine *lernende Strategie* erforderlich ist. Das heißt, die im Folgenden skizzierte Bahn der Zukunft muss immer wieder neu überprüft und ihr Erfolg oder Misserfolg gemessen werden an zentralen Parametern wie Sicherheit, Zuverlässigkeit, Markterfolg, Kundenzufriedenheit und der wachsenden Identifikation der Bahnbeschäftigten mit ihrem Unternehmen. Entsprechend wird es auf dieser Basis immer wieder notwendig sein, nachzujustieren anstatt die Augen zu verschließen, wenn die Entwicklung in die falsche Richtung geht.

Und noch etwas: Die Bahn der Zukunft ist keineswegs ausschließlich ein Konzept aus einer Ideenwerkstatt. Diese wurde nicht einfach am grünen Tisch entwickelt. Eine größere Zahl ihrer Bestandteile gibt es bereits in der Eisenbahn-Praxis. Wir arbeiten hier nach dem Mosaik-Prinzip: So kann die Schweiz in vielen — wenn auch nicht allen — Bereichen als Vorbild dienen. Auch gibt es in Deutschland einzelne, Mut machende und beispielhafte regionale Eisenbahnerfolge — so in der Region Karlsruhe mit den Karlsruher Verkehrsbetrieben, in Oberschwaben mit der Gaisbockbahn (BOB) und auf Usedom mit der Usedomer Bäderbahn (siehe die Beispiele in der Tabelle auf Seite 36/37). Insofern gibt es Ansätze für Verbesserungen, die bereits empirisch überprüft sind und die sich teilweise übernehmen lassen.

Das folgende 25-Punkte-Programm *Bahn der Zukunft* wurde in Zusammenarbeit mit dem Bahnexpertenkreis *Bürgerbahn statt Börsenbahn (BsB)* erarbeitet; es wird von diesem Kreis mitgetragen.[1]

1. Verkehrswende — Neuordnung des Verkehrsmarktes zugunsten von öffentlichem Verkehr und insbesondere der Schiene

Notwendig ist eine grundlegende Gesamtverkehrsreform. Nur eingebettet in eine solche *Verkehrswende* kann sich der Bahnverkehr als nachhaltigste Verkehrsform entwickeln und in der Konkurrenz zwischen den Verkehrsträgern Schiene, Straße, Schifffahrt und Luftfahrt eine starke Position erhalten. Entscheidend ist es, dabei die Gesamtkosten aller Verkehrsträger in den Mittelpunkt zu stellen, um eine gesamtwirtschaftliche Betrachtungsweise zu ermöglichen. Grundgedanke dieser Gesamtverkehrsreform ist es, dass wir uns aus moralischen, finanziellen, ökologischen und sozialen Gründen die gegenwärtige Gesellschaft des «*Immer schneller und immer weiter*» nicht mehr leisten können. Klimaveränderung (zu der der Straßenverkehr und die Luftfahrt einen wesentlichen und wachsenden Beitrag beisteuern), knappe Ressourcen und die soziale Kluft seien hier als Stichpunkte genannt. Wir vertreten den Grundsatz einer entschleunigten

Gesellschaft, – der speziell für den Bereich Verkehr und auch für die Eisenbahn gelten soll.

Der Hauptgrund für das Scheitern der Bahnreform von 1994 ist deren Fokussierung auf den Bahnverkehr und dabei nur auf den Teilaspekt der Organisationsform, während in Wirklichkeit eine umfassende *Verkehrsreform* notwendig wäre. Interessanterweise sahen dies bereits die Ideengeber der Bahnreform ähnlich; die Regierungskommission Bundesbahn forderte bereits in ihrem Bericht 1991: «Die Kommission erwartet [...], dass Parlament und Bundesregierung neben der zügigen Realisierung ihrer Vorschläge ebenso entschieden und rasch eine Gesamtverkehrskonzeption entwickeln und realisieren. Bestandteil dieser Gesamtverkehrskonzeption muss eine Schwerpunktverlagerung der Investitionsmittel zugunsten der Schiene sein. Ohne Chancengleichheit aller Verkehrsträger bei der Verteilung der Verkehrsinfrastrukturinvestitionen steht auch die [DB AG] auf verlorenem Posten. Soweit es im Zuge der Liberalisierung der Verkehrsmärkte in der EG nicht gelingen sollte, gleiche Wettbewerbschancen für die Verkehrsträger herzustellen (externe Kosten, Kosten der Infrastruktur), sind diese Nachteile auszugleichen.»[2]

Trotz dieser und vergleichbarer Mahnungen[3] blieben entsprechende Maßnahmen bis heute aus. Kern des Problems ist der ungleiche Wettbewerb *zwischen* den Verkehrsträgern, während bei den bisherigen Reformansätzen immer nur auf den *intramodalen Wettbewerb* zwischen den Bahnunternehmen fokussiert wird.[4] Nicht nur die Bahn, sondern der gesamte öffentliche Verkehr – und im Übrigen ebenso der Fuß- und Fahrradverkehr – wird noch immer nicht annähernd in gleicher Höhe gefördert wie der motorisierte Individualverkehr.[5]

Dabei hat der Straßenverkehr einen extrem niedrigen Kostendeckungsgrad; der Pkw-Verkehr in Städten deckt beispielsweise nur 25 bis 30 Prozent seiner Kosten selbst.[6] Anders als bei der Bahn wird dies jedoch bislang nicht mehrheitlich als gesellschaftliches Problem gesehen, zu dessen Lösung eine Reform notwendig wäre. Hinzu kommen milliardenschwere Subventionen für den Straßenverkehr, z.B. die Energiesteuerbefreiung für Dieselkraftstoffe (6,6 Mrd. Euro pro Jahr), die Entfernungspauschale (4,4 Mrd. Euro pro Jahr) oder das Dienstwagenprivileg (0,5 Mrd. Euro pro Jahr). Auch für den Flugverkehr gibt es zahlreiche wettbewerbsverzerrende Subventionen wie die Energiesteuerbefreiung des Kerosins (7,2 Mrd. Euro pro Jahr) oder die Umsatzsteuerbefreiung für internationale Flüge (4,2 Mrd. Euro pro Jahr)[7] – während die Bahn die volle Umsatz-, Mineralöl- und Stromsteuer sowie die (wenn auch bislang noch reduzierte) Umlage für das Erneuerbare-Energien-Gesetz zahlt.

Neben diesen direkten Subventionen sind die *externen Kosten* für das tatsächliche Kostenverhältnis zwischen den Verkehrsträgern entscheidend – also die Kosten, die nicht den Verkehrsträgern angelastet, sondern von der Gesellschaft getragen werden. Dazu gehören unter anderem die Folgekosten von Unfällen, Lärm, Luftverschmutzung, die Klimafolgekosten und die Zerstörung von Natur und Landschaft. Für vergleichbare Verkehrs- bzw. Transportleistungen schneidet der Bahnverkehr dabei mindestens dreimal besser ab als der Straßen- und der Flugverkehr.[8] Bei einer Gesamtbetrachtung der Einnahmen, Ausgaben und nicht gedeckten externen Kosten des Straßenverkehrs wird dieser mit rund 60 Milliarden Euro pro Jahr subventioniert.[9] Die externen Kosten ließen sich beispielsweise über entsprechende Abgaben in die einzelnen Kosten der Verkehrsarten integrieren («internalisieren»). Dabei ist die Berechnung der externen Kosten noch unvollständig, da viele Verkehrsfolgen generell nicht quantifizierbar sind – beispielsweise die Auswirkungen auf den Städtebau, die Landschaftsästhetik oder das Zerschneiden von Biotopen und dadurch bedingtes Artensterben.

Der Staat greift also durch Investitionen, durch Subventionen und durch die Nicht-Anlastung von Kosten bereits erheblich in den Wettbewerb zwischen den Verkehrsträgern ein – die Behauptung, es gebe einen «objektiven Markt», ist pure Fiktion. Solche Wettbewerbseingriffe sollte er aber anders als bisher entlang von Kriterien wie der Nachhaltigkeit vornehmen.[10] Dies würde zu einer deutlichen Besserstellung des Bahn-, des sonstigen öffentlichen, des Fuß- und des Fahrradverkehrs («Umweltverbund») gegenüber den anderen Verkehrsträgern führen und eine ökologisch sinnvolle Verkehrsverlagerung bewirken. Nur wenn dieses grundlegende Problem der Verkehrsmarktverzerrungen angegangen wird, kann die Bahn – z.B. anhand der im Folgenden beschriebenen Maßnahmen – wieder deutliche Marktanteile gewinnen. Eine reine Bahnreform greift hingegen immer zu kurz.

Es liegt in der Logik einer solchen Gesamtverkehrsreform, dass in dem Maß, wie diese Reform greift, das Auto als Massenverkehrsmittel zurückgedrängt und hinsichtlich seiner Inanspruchnahme von öffentlichem Raum und Ressourcen deutlich beschnitten werden wird. Das heißt, ergänzend sollten Maßnahmen wie die folgenden in Betracht gezogen werden: Geschwindigkeitsbegrenzungen, der zunehmende Ausschluss von Pkw aus Stadtzentren, restriktive Parkbeschränkungen, die Aufhebung der eingebauten Vorfahrt für Pkw und eine Verschärfung der juristischen Verfolgung bei Verletzungs- und Tötungsdelikten. Eine neue Prioritätensetzung in der Verkehrspolitik ist dringend erforderlich. Diese lautet: Grünes Licht für die Verkehrsarten des Verkehrsverbunds – das Zu-Fuß-Gehen, das Radfahren und den öffentlichen Verkehr.[11]

2. Die neue Organisationsform der Bahn muss ihrer Aufgabenstellung entsprechen

Die 1994 vorgenommene formelle Privatisierung mit der dabei geschaffenen Unternehmensform Aktiengesellschaft für die Deutsche Bahn hat sich als kontraproduktiv erwiesen. Die DB AG befindet sich nun schon zwei Jahrzehnte lang in einer Zwitterfunktion zwischen der vom Aktiengesetz abverlangten betriebswirtschaftlichen Orientierung und der im Grundgesetz teilweise noch festgelegten Verpflichtung auf die Erfüllung staatlich subventionierter gemeinwirtschaftlicher Aufgaben. Dieses Spannungsverhältnis kann nur durch eine Verabschiedung von dem Ziel der Gewinnmaximierung aufgelöst werden, da die gemeinwirtschaftliche Funktion für die Grundversorgung mit Mobilität entscheidend ist.

Eine solche Umorientierung sollte durch eine veränderte Organisationsform der DB abgesichert werden. Ein Zurück zur Staatsbahn, wie es diese bis 31. Dezember 1993 gab, ist keine Perspektive. Diese ist – unternehmensrechtlich ein «Sondervermögen des Bundes» – zu eng an die wechselnde Politik der jeweiligen Bundesregierungen gebunden. So wird sie leicht zum Spielball der Politik und – siehe die Fälle Otto Wiesheu und Ronald Pofalla – zur Versorgungsstation für abgeschobene Politiker. Welche konkrete Unternehmensform den in diesem Kapitel ausgebreiteten Kriterien am ehesten gerecht wird, mag offen bleiben. Beim gegebenen Stand der Diskussion erscheint uns allerdings die Unternehmensstruktur der Anstalt öffentlichen Rechts (AöR), wie sie für die Fernsehanstalten ARD und ZDF und die Kreditanstalt für Wiederaufbau (KfW) gewählt wurde, am besten geeignet.[12] Dies sollte verbunden werden mit einer eindeutigen Festlegung im Grundgesetz, welche die 1993 in die Verfassung hineingeschriebene Möglichkeit zur formellen bzw. materiellen Privatisierung der Bahn ausschließt.

3. Transparenz und Kontrolle der neuen öffentlichen Bahn

Grundsätzlich dürften alle Unternehmensformen in der bestehenden Wirtschaftsordnung, in der Privatunternehmen eine sehr große Macht haben, der Gefahr ausgesetzt sein, korrumpiert und instrumentalisiert zu werden. Daher ist die Zusammensetzung des Aufsichtsorgans (z.B. des Beirats im Fall einer AöR) der neu strukturierten Deutschen Bahn von großer Bedeutung. In diesem sollten neben Vertretern des Managements und der Aufgabenträger auch Kundenvertreter, Verbraucherschutzvertreter, Mitglieder von Fahrgast- und Umweltverbänden und Vertreter der Belegschaft mit entscheidend sein. Dazu sollte er geschlechterparitätisch besetzt sein.

4. Klare Zielvorgaben — ganz oben steht der wachsende Anteil der Schiene im Verkehrsmarkt

Die neue Deutsche Bahn arbeitet auf Basis eines Statuts, in dem die grundlegende Ausrichtung festgeschrieben und allgemeine Ziele vorgegeben sind. Die Zielsetzung der Bahn ist die Gewährleistung eines sicheren, kundenorientierten, mit hohem Komfort betriebenen und den Grundsätzen der Nachhaltigkeit und einer sozialen Grundeinstellung gegenüber der Belegschaft und der Fahrgäste verpflichteten Schienenverkehrs innerhalb der Bundesrepublik Deutschland. Das Statut legt darüber das Ziel eines hohen und nach Möglichkeit ständig steigenden Verkehrsanteils (*Modal Split*) der Schiene am gesamten Personen- und Güterverkehr fest. Das Gesamtziel muss dabei sein, dass die jeweiligen «grünen Verkehrsarten» — im Personenverkehr der nichtmotorisierte Verkehr, der sonstige öffentliche Verkehr und der Schienenverkehr der Bahn und im Güterverkehr der Schienengüterverkehr, die Binnenschifffahrt, und Rohrleitungen — sich *im Verbund* positiv entwickeln. Gleichzeitig ist immer darauf abzuzielen, zumindest jedes weitere Verkehrswachstum zu stoppen, den bestehenden Umfang an Verkehrsleistungen im Personenverkehr zu begrenzen und die Transportleistungen im Güterverkehr drastisch zu reduzieren.[13]

Die neue DB muss das Erreichen der ihr gesetzten Ziele mit einem jährlichen Bericht für das Parlament und die Öffentlichkeit nachvollziehbar darstellen. Ein solcher Bericht könnte sich an dem Vorschlag für eine Gemeinwohl-Bilanz[14] orientieren.

5. Führungspersonal mit Kompetenz

Das Management der Bahn muss mit kompetenten Verkehrs- und Bahnfachleuten besetzt sein, die tatsächlich die Interessen der Bahn vertreten. Die Mehrheit des Führungspersonals sollte aus Personen bestehen, die ihre Ausbildung in Bahnunternehmen erhalten haben oder die beispielsweise durch ein entsprechendes Studium mit dem Eisenbahnwesen vertraut sind.

6. Menschenfreundliches Betriebsklima

Die Bahn ist einer der größten Arbeitgeber in Deutschland. Daher ist ihr Umgang mit Beschäftigten auch beispielhaft für viele andere Arbeitgeber. Speziell bei der Bahn ist eine hohe Identifikation der Beschäftigten mit dem Unternehmen wünschenswert, wie sie früher einmal normal war. Seit der Umgestaltung zur AG und besonders während der Amtszeit des Vorstandsvorsitzenden Hartmut Mehdorn ist leider viel davon verloren gegangen. Eine zukunftsfähige Bahn benötigt daher auch vorbildliche Formen der Belegschaftsvertretung, die Gewährleistung der freien gewerkschaftlichen Organisation, eine unzweideutige Bindung an tarifliche Vereinbarungen und vorbildhafte übertarifliche Formen sozialer Unterstützungen. Dazu gehört auch eine Mittel- und Langfristplanung für das Personal, die Menschen eine Perspektive bietet. Statt bloßer Rationalisierung ist eine Wertschätzung der Menschen gefragt.

7. Ausreichende finanzielle Grundausstattung gegen zufriedenstellende Gegenleistungen

Die DB erhält klare Vorgaben, welche elementaren Standards sie zu erfüllen hat (z.B. Erreichbarkeit, Pünktlichkeit, Zuverlässigkeit, Standards für den Reisekomfort, Barrierefreiheit, Berücksichtigung der Bedürfnisse spezifischer Fahrgastgruppen wie Senioren und kinderreiche Familien) und welche staatlichen Unterstützungszahlungen sie im Gegenzug dafür erhält — für die Infrastruktur (beispielsweise in Form einer neu definierten Leistungs- und Finanzierungsvereinbarung), für den Schienenpersonennahverkehr und für die Erschließung der Fläche auch in wenig rentablen Bereichen. In diesem Rahmen könnte sie dann analog zur SBB AG eine «schwarze Null» erwirtschaften.[15]

8. Langfristig ausgelegte Unternehmenspolitik bei Investitionen, Instandhaltung und Wartung

Die rein betriebswirtschaftliche Orientierung ist bei der Eisenbahn auch deshalb kontraproduktiv, weil insbesondere die Infrastruktur notwendigerweise sehr lange Amortisationszeiten — bei Tunneln und Brücken bis zu 100 Jahren — hat, die jenseits jeder üblichen betriebswirtschaftlichen Rechnung liegen. Eine kurzfristig-betriebswirtschaftlich orientierte Eisenbahngesellschaft hat daher den Anreiz, mit Blick auf eine «gute Jahresbilanz» auf Verschleiß zu fahren, speziell wenn sie davon ausgehen kann, dass im Schadensfalle der Staat einspringt. Dies war in Großbritannien beim Infrastrukturunternehmen *Railtrack* der Fall, und auch im deutschen Netz gibt es starke Anzeichen dafür, dass die DB AG einen zunehmenden Instandhaltungsrückstau aufbaut. Ein durch öffentliche Zuschüsse finanzierter Infrastrukturausbau muss auch entsprechend bilanziert und abgeschrieben werden, damit dieser später aus Eigenmitteln refinanziert werden kann.

Vergleichbares gilt für den Bereich Wartung und Instandhaltung: Um eine hohe Zuverlässigkeit des Bahnverkehrs zu gewährleisten, ist beim Netz und ebenso bei den Zügen eine vorausschauende Wartung notwendig, bei der wichtige Komponenten rechtzeitig erneuert oder ausgetauscht werden, bevor sie Probleme und möglicherweise höhere Kosten verursachen. Diese vorausschauende Wartung wird in Europa zunehmend vernachlässigt, was Ursache einiger jüngerer schwerer Schienengüterverkehrsunfälle wie 1997 in Elsterwerda, 2009 in Viareggio und im Oktober 2000 in Hatfield (GB) mit vier Toten war.[16]

Auch das Vorhalten von Reservekapazitäten (z.B. zusätzliche Züge für Ausfälle, starke Verspätungen oder erhöhte Nachfrage) fällt leicht rein betriebswirtschaftlichen Erwägungen zum Opfer, ist aber für eine hohe Zuverlässigkeit des Verkehrs notwendig. Hier zeigen sich große Unterschiede zwischen der deutschen und der Schweizer Bahn, die auf Schwierigkeiten schneller reagieren und damit Ausfälle und Verspätungen leichter abfangen kann.

Auch eine längerfristige vorausschauende Bestellung neuer Züge wäre mit einer Loslösung von kurzfristigen Profitzielen leichter möglich und würde zur Vermeidung von Qualitätsproblemen beitragen, wie sie heute aufgrund zu kurzer Entwicklungszeiten immer wieder entstehen. Im Übrigen sollte eine Neuorientierung im Schienenverkehr damit verbunden sein, dass neue Züge wieder in engerer Kooperation zwischen der Bahn, den Zugherstellern und auch den Fahrgästen (unter Einbeziehung von z.B. Behinderten- und Seniorenorganisationen und Fahrgastverbänden) entwickelt werden, um damit späteren gegenseitigen Schuldzuweisungen und Prozessen zuvorzukommen.

9. Sicherheit als oberste Priorität

Die Aussage «Die Sicherheit im Schienenverkehr hat oberste Priorität» wurde in jüngerer Zeit zunehmend unglaubwürdig. Neben der Befolgung der oben genannten Punkte ist hier die Schaffung einer wirksamen und autonomen Institution zur Gewährleistung und Überprüfung der Sicherheit geboten.

Das Eisenbahn-Bundesamt (EBA) erfüllt diese Funktion derzeit in nur unzureichendem Umfang. Damit das EBA seiner Aufgabe gerecht werden kann, müssen zwei Voraussetzungen erfüllt sein: Erstens muss es aus dem Abhängigkeitsverhältnis zum Bundesverkehrsministerium herausgelöst werden und einen autonomen Status vergleichbar dem Bundesrechnungshof erhalten. Zweitens muss es mit ausreichenden personellen Kapazitäten und der Möglichkeit für eigene Prüfungen ausgestattet werden. Der in jüngerer Zeit begangene Weg zur Auslagerung von Prüf- und Kontrolltätigkeiten muss gestoppt und diese Aufgaben müssen zurückgeholt werden, soweit sie nicht von staatlichen Institutionen wie der Bundesanstalt für Materialforschung (BAM), der Physikalisch-Technischen Bundesanstalt o.ä. wahrgenommen werden können. Die Versuche, die Eisenbahnsicherheit auf EU-Ebene anzusiedeln, sollten angesichts der gesamten Ausrichtung der EU-Politik auf weitere Privatisierung und strikte Trennung von Netz und Betrieb kritisch gesehen werden, ausgenommen möglicherweise den Bereich der Zulassung von neuen Schienenfahrzeugen.

10. Ausbau des Schienennetzes zumindest auf das Niveau, das bereits einmal erreicht war

Das Schienennetz auf dem Boden der heutigen Bundesrepublik Deutschland wurde in den vergangenen 90 Jahren um gut 15.000 Kilometer abgebaut. Dabei sind die Tausende Kilometer Kleinbahnen, die es einmal gab, noch nicht enthalten. In einer Zeit, in der die Schiene als das einzige motorisierte Verkehrsmittel anerkannt ist, das weitgehend den Zielsetzungen der Nachhaltigkeit gerecht wird, muss das Schienennetz zumindest wieder auf den Stand gebracht werden, der bereits einmal erreicht worden war. Das heißt: Das Schienennetz sollte von einer aktuellen Länge mit 33.505 Kilometern Betriebslänge auf eine solche von rund 50.000 Kilometern ausgebaut werden; der massive Abbau von Weichen und Ausweichgleisen, den es besonders seit der Bahnreform gab, ist rückgängig zu machen.

Das Streckennetz muss entsprechend ergänzt und oft wieder hergestellt werden, Lücken müssen geschlossen werden. Die Netzerweiterungen müssen die oft veränderten Strukturen und die rasante Siedlungsentwicklung berücksichtigen – unter anderem durch tangentiale Verbindungen und vor allem durch eine Vielzahl neuer Haltepunkte. Nur so kann die Bahn – vernetzt mit dem sonstigen öffentlichen Verkehr – wieder zu einer wirklichen Alternative für alle Menschen im Land werden. Außerdem ermöglicht ein solcher Netzausbau eine Entlastung von schon heute überlasteten Strecken insbesondere im Schienengüterverkehr.

11. Plädoyers für eine Flächenbahn und für die Wiederherstellung des InterRegio

Der Schienenpersonenfernverkehr wird bislang von der DB AG eigenwirtschaftlich betrieben. Dies hat zu den in Kapitel 8 beschriebenen Ausdünnungen und Qualitätsproblemen geführt, da die DB AG sich aus der betriebswirtschaftlichen Logik heraus auf die lukrativen Strecken konzentriert. Um eine Grundversorgung auch mit Fernverkehr im ganzen Land zu gewährleisten, sollte dieser stattdessen von Bund und Ländern als Aufgabenträger bestellt werden – nach der gleichen Logik, nach der der Nahverkehr bereits jetzt von den regionalen Aufgabenträgern bestellt wird. Auch der Fernverkehr hat schließlich vielfach gemeinwirtschaftliche Aufgaben, beispielsweise wenn es um die Anbindung von strukturschwachen Regionen geht. Daher gibt es keinen ersichtlichen Grund für eine unterschiedliche Organisationsform beider Verkehre.

Im Übrigen verlangt auch das mit der Bahnreform geänderte Grundgesetz, dass dem Wohle der Allgemeinheit auch bei den «Verkehrsangeboten auf diesem Schienennetz, soweit diese nicht den Schienenpersonennahverkehr betreffen, Rechnung getragen wird. Das nähere wird durch ein Bundesgesetz geregelt.»[17] Genau dieses Gesetz fehlt jedoch bis heute und sollte solche Vorgaben für die Mindestversorgung umfassen. Die enge Abstimmung zwischen Fern- und Nahverkehr, die für einen qualitativ hochwertigen Bahnverkehr notwendig ist, müsste gemäß dem mit den Punkten 15 und 21 skizzierten Strukturmodell zwischen den regionalen Aufgabenträgern für den Nahverkehr und dem bundesweiten Aufgabenträger für den Fernverkehr stattfinden.

Das skizzierte Konzept für den Fernverkehr sollte sich auch im beschriebenen Ausbau des Bahnnetzes widerspiegeln, in das jedes Jahr erhebliche Mittel für Neubaustrecken investiert werden. Dabei handelt es sich jedoch fast ausschließlich um Hochgeschwindigkeitsstrecken, die sehr teuer sind und daher erhebliche Mittel binden (siehe Kapitel 12). Gleichzeitig ist ihr Nutzen für die Mehrheit der Bahnfahrenden gering: Die Strecken werden in der Regel als singuläre Maßnahmen ohne Einbettung in das Gesamtnetz geplant, und die bloße Beschleunigung von Punkt-zu-Punkt-Verbindungen zwischen großen Metropolen bringt nur den wenigen Kundinnen und Kunden wirklich etwas, die auf diesen speziellen Strecken unterwegs sind. Für die Reisenden mit Umsteigeverbindungen ist hingegen die Abstimmung der Züge aufeinander wesentlich wichtiger, damit sie nicht die auf der Hochgeschwindigkeitsstrecke gewonnene Zeit beim Warten auf Anschlusszüge wieder verlieren.

Generell sollte der Erhalt des Bahnnetzes insbesondere auch in dünn besiedelten Regionen im Sinne der «*Flächenbahn*» Vorrang vor dem Ausbau von Hochgeschwindigkeitskorridoren mit der Notwendigkeit zum Umsteigen haben – auch das Straßennetz ist passend zu der dezentralen Struktur des Landes schließlich weit verzweigt statt zentralisiert.[18] Dazu gehören auch zahlreiche neue Bahnhöfe und Haltepunkte zur Verbesserung der Kundennähe. Außerdem sollte die Bahn auch ein langfristiges Ausbaukonzept haben, das sich an der Notwendigkeit eines zukünftig wachsenden Bahnverkehrs orientiert. In diesem Sinne sollten beispielsweise keine Flächen und Gebäude verkauft werden, die für einen solchen zukünftigen Bahnverkehr wieder notwendig werden könnten (siehe dazu auch Punkt 17). Wie eine solche Flächenbahn – insbesondere mit dem notwendigen Wiederaufbau eines InterRegio-Netzes – aussehen könnte, ist in der Abbildung 12 dargestellt.

12. Vorrang für eine vorausschauende Netzplanung und den Integralen Taktfahrplan

Um die Mittel für die Bahn mit einem maximalen Nutzen einzusetzen, sollte für den Netzausbau ein Planungsprinzip verfolgt werden, das sich am Beispiel der Schweiz orientiert: Zuerst muss ein Zielfahrplan definiert werden, nach dem der Bahn-

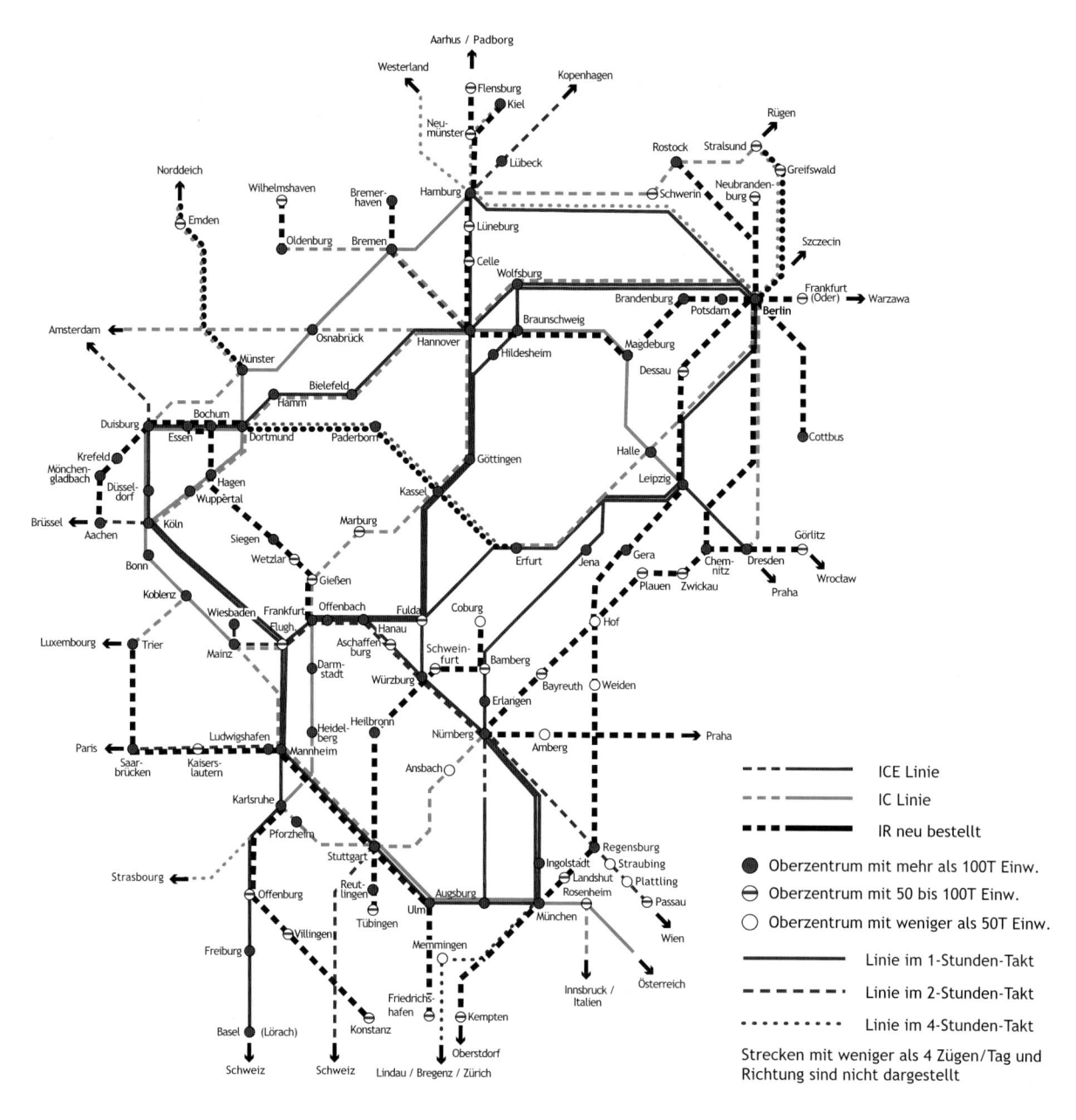

Abbildung 12: Ein zukünftiges Fernverkehrsnetz in Deutschland mit einem wiederbelebten InterRegio. In der Grafik sind die zusätzlich zu bestellenden Leistungen als dicke dunkle Linien dargestellt. Dieses Verkehrskonzept wurde von Karl-Dieter Bodack entworfen.

betrieb zukünftig durchgeführt werden soll. Das leistet am besten ein sogenannter *Integraler Taktfahrplan*, der ideale Umsteigeverbindungen in jeder Richtung schafft, weil sich die Züge in Knotenbahnhöfen jeweils zur vollen oder halben Stunde treffen. Vorstudien haben gezeigt, dass ein solcher Fahrplan auch in Deutschland umsetzbar wäre.[19] Im Übrigen hatten schon Bahnchef Dürr 1993[20] und die schwarz-gelbe Regierung in ihrem Koalitionsvertrag 2009[21] einen solchen gefordert, und Fachleute kämpfen ebenfalls schon seit Jahren dafür.[22] Auf der Basis dieses Zielfahrplans können dann die Baumaßnahmen mit dem höchsten Nutzen für den Bahnverkehr geplant und priorisiert werden, und dabei sollte auch das schweizer Prinzip, «Intelligenz vor Beton» angewandt werden: Wo Verbesserungen allein mit verbesserten Signalsystemen oder intelligenten Betriebskonzepten erreicht werden können, ist dies teuren Neubaumaßnahmen vorzuziehen. Darüber hinaus haben kleine Maßnahmen zur Beschleunigung und zur Kapazitätserweiterung häufig einen größeren Nutzen im Gesamtnetz als komplette Neubaustrecken. Aus diesem Grund führt ein Konzept, das Maßnahmen in ihrer Gesamtheit plant, zu einer sehr viel höheren Effizienz der eingesetzten Mittel und kann darüber hinaus sogar noch Energie sparen, weil Zeitvorteile nicht durch höchste Geschwindigkeiten, sondern durch intelligente Verknüpfungen erreicht werden.

13. Zwei Ziele, ein Projekt: 100 Prozent Elektrifizierung + 100 Prozent Ökostrom = weitgehende Nachhaltigkeit

Derzeit sind nur rund 60 Prozent des deutschen Schienennetzes elektrifiziert. Die Bahn rühmt sich zwar eines steigenden Elektrifizierungsgrads. Doch dieser rührt in erster Linie aus dem Abbau nicht elektrifizierter Strecken.[23] Es gibt mehrere Argumente für eine vollständige oder zumindest weitgehende Elektrifizierung des Schienenverkehrs. Erstens ermöglicht eine elektrifizierte Eisenbahn eine Umstellung des gesamten Schienenverkehrs auf Energie aus regenerativen Quellen.[24] Zweitens kann die Bremsenergie im elektrifizierten Schienenverkehr zu einem großen Teil rückgewonnen und wieder genutzt werden. Drittens gibt es Synergiegewinne: Eine einheitliche Antriebsart bedeutet, dass nicht für zwei unterschiedliche Traktionsarten (Dieselgetriebene und elektrisch betriebene Züge) Systeme für die Wartung und das Bereitstellen der Energie vorgehalten werden müssen, dass die Ausbildung der Triebfahrzeugführer vereinheitlicht wird und deren Einsatz eher wieder universell gestaltet und die Kosten für die Anschaffung neuer Züge durch die vergrößerte Nachfrage reduziert werden kann. Auf Strecken und Streckenabschnitten, auf denen sich eine Elektrifizierung dennoch nicht lohnt, könnten Akku- oder Hybridtriebwagen eingesetzt werden, die die Oberleitung auf den elektrifizierten Streckenteilen nutzen und ihre Energie für die verbleibenden Abschnitte aus dem Akku ziehen. Im Übrigen sind die Lärmemissionen bei elektrischer Traktion deutlich geringer als bei Zügen mit Dieseltraktion.

In der Schweiz wurde — bei einerseits deutlich schwierigeren geographischen und klimatischen Bedingungen, andererseits bei optimalen Bedingungen zur Energiegewinnung durch Wasserkraft — in den letzten Jahrzehnten dieser Weg verfolgt, so dass dort heute ausschließlich Züge mit elektrischer Traktion verkehren. Das Schienennetz ist, einschließlich aller Nebenbahnen, zu 100 Prozent elektrifiziert. Eine solche Zielsetzung «100 pro elektrisch» müsste parallel auf europäischer Ebene angestrebt werden.[25]

Die Bahn in Deutschland muss den Anteil erneuerbarer Energien in ihrem Strommix möglichst schnell ausbauen und das Ziel einer 100-Prozent-

Versorgung mit Ökostrom entschieden verfolgen. Dazu sollte sie verstärkt auf eigene Windkraftwerke und Solaranlagen setzen, die sich vielfach an und auf Bahnanlagen errichten ließen. Die Bahn ist das einzige Verkehrsmittel, das schon jetzt technisch komplett mit erneuerbaren Energien betrieben werden könnte und außerdem über die Möglichkeit der Mitnutzung ihrer Stromtrassen auch die Verteilung von erneuerbar hergestellter Elektrizität im ganzen Land mit unterstützen kann.

14. Es gibt den engen Zusammenhang von Infrastruktur und Betrieb

Die Ansätze einer Trennung zwischen Bahninfrastruktur und Zugbetrieb sind auf den Prüfstand zu stellen, ebenso die EU-Regelungen, die eine solche Trennung zwischen den Bereichen vorschreiben. Die enge Integration beider Bereiche hat zahlreiche technische, organisatorische und finanzielle Vorteile (siehe zu den Argumenten Kapitel 13). Insbesondere zeigen die Erfahrungen in anderen Ländern auch, dass sehr hohe Zugdichten im Netz — beispielsweise bei den Spitzenreitern Japan und Schweiz — nur mit einem integrierten Modell möglich sind, da hier sehr hohe Anforderungen an die Abstimmung zwischen Fahrweg und Zügen gestellt werden. Dies ist in Hinblick auf ein angestrebtes deutliches Anwachsen des Bahnverkehrs ein weiteres wichtiges Argument für eine Integration. Dabei schließt eine solche Integration jedoch einen freien Netzzugang im Bedarfsverkehr und damit einen Wettbewerb im Schienengüterverkehr oder bei Sonderzügen nicht notwendigerweise komplett aus.[26]

Das erst Mitte der 1990er Jahre eingeführte System der Trassenpreise ist eng an ein Schienensystem gebunden, in dem die vorherrschende Eisenbahngesellschaft getrennte Divisionen unter anderem für Fahrweg und Betrieb mit einem entsprechend getrennten Rechnungswesen hat und in dem im Schienennetz in größerem Umfang unterschiedliche Eisenbahnverkehrsunternehmen verkehren. Solange aus diesen Gründen oder mit Rücksicht auf das EU-Recht Preise für die Nutzung der Infrastruktur erforderlich sind, sollten die folgenden Grundsätze gelten: Die Höhe der Trassenpreise darf die Verwirklichung der vorrangigen Forderung nach einem stetigen Anstieg des Anteils der Schiene im Verkehrsmarkt nicht ernsthaft gefährden. Gemessen an den aktuellen Trassenpreisen sollte das Ziel in einer Halbierung derselben bestehen. Stationsentgelte sollte grundsätzlich abgeschafft und gegebenenfalls ein anderes System zum Erhalt und Ausbau der Bahnhofsstruktur entwickelt werden.[27]

15. Der Nahverkehr und der Fernverkehr müssen wieder enger verknüpft werden

Die seit der Bahnreform existierende strenge Trennung von Fern- und Nahverkehr sollte gelockert und die Kooperation zwischen beiden Bereichen des Personenverkehrs gestärkt werden. Die Trennung führte zu dem in Kapitel 8 beschriebenen Defizit im Mittelstreckenverkehr mit dem Wegfall der *InterRegio* und damit zu deutlichen Qualitätsverschlechterungen und Verteuerungen für die Fahrgäste. Hinzu kommt die mangelhafte Abstimmung zwischen beiden Bereichen bei Fahrplänen oder im Falle von Verspätungen. Außerdem verhindert die Trennung auch eine sinnvolle wechselseitige Quersubventionierung zwischen beiden Bereichen, die auch voneinander als vernetzte Angebote profitieren. Daher sollten Nah- und Fernverkehr integriert geplant, finanziert und aufeinander abgestimmt werden. Auch die Tarife müssen integriert sein, und dazu gehört auch die Ausweitung der schon in einigen Regionen praktizierten Praxis, dass Fernzüge in den Randbereichen wie Nahverkehrszüge genutzt werden können.

16. Zentrales Ziel: Kundenfreundlichkeit und optimaler Service

Das deutlich verfehlte Ziel der Bahnreform, ein serviceorientiertes, auf die Fahrgäste ausgerichtetes Unternehmen zu schaffen, muss mit der neuen Bahn endlich erreicht werden. Wenn die Kundschaft Königin und König sein soll, dann heißt dies zunächst und vor allem, dass bei der Bahn Menschen (Personal) für Menschen (Fahrgäste) da sind. Es muss wieder eine ausreichend große Zahl von Schaltern geben, menschliche Ansprechpartner müssen für die Kunden greifbar sein, anstatt sich beispielsweise hinter Telefonwarteschlangen zu verstecken oder persönliche Beratung durch Fahrkartenautomaten zu ersetzen.[28] Alle Züge müssen über ausreichendes Zugbegleitpersonal verfügen, und für Problemfälle (Zugausfälle, Ersatzverkehr u.ä.) muss genügend Personal zur Verfügung stehen, um den Fahrgästen weiterzuhelfen.

Auch der Reisekomfort der Züge sollte deutlich verbessert werden, beginnend bei ausreichenden Sitzgelegenheiten und Wetterschutz auf den Bahnhöfen, ausreichendem Sitzplatzangebot in den Zügen auch zu Stoßzeiten, Gepäckablagen, ausreichender Beinfreiheit, funktionierenden Toiletten in ausreichender Zahl in den Wagen bis hin zu funktionstüchtigen Zugrestaurants in allen ICs und ICEs. In den Zugrestaurants sollte außerdem für ein ausreichendes vegetarisches und veganes Angebot gesorgt werden.

17. Programm zur Revitalisierung der Bahnhöfe

An vielen Orten machen die Bahnhöfe heute eher einen abschreckenden als einen einladenden Eindruck; oft sind sie verkauft und durch nackte Haltepunkte ersetzt worden oder weisen nur noch eine minimale Ausstattung auf (siehe Kapitel 11). Dieser Trend muss umgekehrt werden: Die Bahnhöfe sind schließlich die Visitenkarten der Bahn und der Anfangs- und Endpunkt jeder Reise. Auch in dünn besiedelten Regionen müssen Bahnhöfe mindestens einen warmen Warteraum, zugängliche und saubere Toiletten und einen Serviceschalter aufweisen, der mit einem Verkauf von Zeitungen und Getränken kombiniert sein kann. Sie sollten gleichzeitig zu Mobilitätszentralen für die jeweilige Region ausgebaut werden und einen einfachen Übergang zu den anderen Verkehrsmitteln des öffentlichen Verkehrs ermöglichen.

18. Bahnfreundlich ist die Republik erst bei 100prozentiger Barrierefreiheit

Die Bahn erfüllt auch wichtige soziale Aufgaben, indem sie unter anderem älteren Menschen, Minderjährigen und Menschen mit körperlichen Behinderungen ein selbstbestimmtes Reisen ermöglicht. Daher ist ein beschleunigter barrierefreier Ausbau aller Bahnhöfe – wo immer möglich mit robusten «Low tech»-Lösungen wie direkten Übergängen – sowie die Ausgestaltung aller Züge als Niederflurzüge bzw. deren Ausstattung mit fahrzeuggebundenen Einstiegshilfen notwendig.[29] Gleichzeitig muss die tatsächliche Funktionsfähigkeit dieser Einrichtungen zu jeder Zeit sichergestellt sein. Fallen sie dennoch kurzfristig aus, so muss entsprechendes Personal verfügbar sein, um die mobilitätseingeschränkten Reisenden zu unterstützen.

19. Die neue Bahn ist familienfreundlich und optimal für Fahrradreisende

Die Bahn muss sich wieder stärker an den Erfordernissen von Reisenden mit spezifischen Ansprüchen orientieren: Die Beschränkung der Fahrradmitnahme auf InterCity- und Nahverkehrszüge muss aufgehoben werden, eine ausreichende große Zahl von Fahrradstellplätzen muss in allen Zügen vorhanden sein, um den umweltfreundlichen

Fahrradtourismus weiter zu fördern. Auch die zunehmende Reduktion der Kleinkinderabteile muss gestoppt werden. Stattdessen sollten wieder wie in den 1990er Jahren kindgerechte Familienabteile mit ausreichender Kapazität, mit Spielmöglichkeiten und mit kindgerechten, höheren Sitzplätzen in allen Fernverkehrszügen und möglichst auch in vielen Nahverkehrszügen zur Verfügung stehen.

20. Ausweitung des europäischen Schienenfernverkehrs und Wiederbelebung eines europaweiten Nachtzugsystems

Die grenzüberschreitenden Verbindungen innerhalb Europas wurden in den letzten Jahren auf vielen Strecken verschlechtert, oft bleiben kaum Alternativen zum Fliegen. Stattdessen müssen die transeuropäischen Verbindungen wieder ausgebaut und verdichtet werden, um auch über die Staatengrenzen hinweg ein klimafreundliches und komfortables Reisen zu ermöglichen.

Auch die Nachtzüge werden von der DB AG und den Eisenbahnen in den benachbarten Ländern seit geraumer Zeit ausgedünnt und abgebaut. Gerade auf langen Strecken und ganz besonders auf europäischen Verbindungen könnten Nachtzüge jedoch eine gute und komfortable Alternative zum Luftverkehr darstellen. Was ist bequemer: sich nachts in einer Stadt in den Nachtzug zu legen und zur Frühstückszeit ausgeschlafen in einer weit entfernten Stadt anzukommen oder früh morgens zum Flughafen bzw. spätabends vom Flughafen zu hetzen, sinnlose Wartezeiten in seelenlosen Abfertigungshallen und Flugzeiten in der drangvollen Enge optimierter Billigflieger zu verbringen?

Eine Voraussetzung für einen solchen Nachtzugausbau ist eine neue Konzeption des Nachtzugsystems, einschließlich der Art des rollenden Materials.[30] Auf Basis einer solchen Neukonzeption sollte das deutschlandweite und europäische Nachtzugnetz wieder ausgebaut und mit komfortablen Zügen betrieben werden.

21. Regionalisierung ohne Kleinstaaterei

Die mit der Bahnreform erfolgte Regionalisierung hat die in diesem Buch mehrfach beschriebenen positiven Effekte (Fahrgastzuwächse und oft mehr Kundennähe) und negativen Folgen (Kleinstaaterei; Synergieverluste) mit sich gebracht. Es stellt sich die Frage, wie die positiven Effekte der Regionalisierung erhalten und die negativen vermieden werden können.

Um einen gut funktionierenden Schienenpersonennahverkehr zu organisieren, muss dieser nicht notwendigerweise im Wettbewerb vergeben werden. Analog zu den Kantonsbahnen in der Schweiz könnten Landesbahnen (oder teilweise auch noch kleinere Einheiten) geschaffen werden, die den regionalen Bahnverkehr Hand in Hand mit dem anderen öffentlichen Verkehr organisieren und betreiben. Die Aufgabenträger (Verkehrsverbünde, Zweckverbünde oder Landesgesellschaften) existieren bereits, und in vielen Fällen gibt es auch regionale öffentliche Bahnunternehmen. Diese Bahnen sollten jedoch anders als bisher unter einem gemeinsamen Dach – der umstrukturierten DB – zusammenarbeiten und Fahrpläne, Tarife, Technik und anderes eng miteinander abstimmen. Die einzelnen Bahnunternehmen dürfen dafür nicht in einem wirtschaftlichen Wettbewerb zueinander stehen, sondern müssen eng kooperieren, denn nur so können die kundenfeindlichen Effekte des bestehenden Systems überwunden werden. Damit könnten auch Züge und sonstige Technik gemeinsam bestellt werden, was hohe Synergiegewinne schaffen würde. Die Züge könnten jedoch gleichzeitig weiterhin im Sinne regionaler Identitäten, die für den Erfolg vieler regionaler Bahnen mit verantwortlich sind, angepasst werden.

Um dennoch einen Ideenwettbewerb im System zu erhalten, der zu Kostensenkungen und Qualitätsverbesserungen führt, sollten die Betriebszahlen der unterschiedlichen regionalen Bahnen miteinander im Vergleich stehen. Stärker als bislang sollten die weniger Erfolgreichen dabei von den Erfolgreichen lernen, also von solchen Bahnen, die Effizienzsteigerungen erzielen konnten oder die insbesondere in dünn besiedelten Regionen erhebliche Steigerungen der Fahrgastzahlen geschafft haben. Auf keinen Fall dürfen mit Zielvorgabe wie «Vereinheitlichung» und «Wirtschaftlichkeit» bereits vorhandene, erfolgreiche und oft regional verankerte kleinere öffentliche Eisenbahngesellschaften an den Rand gedrängt oder gar liquidiert werden.

Das Gesamtziel einer solchen Struktur muss ein öffentlicher Verkehr — auch über den Bahnverkehr hinaus — als einheitliches, leicht benutzbares und zuverlässiges System sein. Diesem Ziel müssen die Strukturen untergeordnet werden.

22. Erst die Vernetzung mit anderen Verkehrsmitteln setzt den gesamten Verkehr des Umweltverbandes auf eine optimale Schiene

Die Bahn kann dann ihre Vorzüge besonders wirksam zur Geltung bringen, wenn sie mit dem weiteren öffentlichen Nahverkehr (Straßenbahnen, S- und U-Bahnen und Busse) sowie mit anderen Verkehrsmitteln wie dem Fuß- und Fahrradverkehr und Car-Sharing eng vernetzt wird. Daher muss der Bahnverkehr im Verbund mit diesen Verkehrsmitteln geplant werden (z.B. Abstimmung von Fahrplänen, um einfache Übergänge zu ermöglichen). Außerdem müssen die Bahnhöfe so gebaut werden, dass sie einen einfachen Übergang ermöglichen — z.B. mit gut erreichbaren Haltestellen des öffentlichen Nahverkehrs, Fahrradabstellanlagen oder sogar bewachten Fahrradparkhäusern und Fahrradleihstationen in den Bahnhöfen.

23. Seit Jahrzehnten gefordert, jetzt endlich verwirklicht: das einfache Tarifsystem mit bezahlbaren Preisen

Das Tarifsystem mit den vielen parallelen Sonderangeboten und regionsspezifischen Regelungen ist für die Fahrgäste absolut verwirrend und abschreckend. Eine erfolgreiche Bahn der Zukunft bringt daher ein einheitliches und nachvollziehbares Tarifsystem, dessen generelles Preisniveau deutlich unter dem heutigen liegt.

Darüber hinaus muss das Tarifsystem für den öffentlichen Verkehr im ganzen Land — nicht nur für den Schienenverkehr — vereinheitlicht werden. Dabei kann das Schweizer System mit dem sogenannten direkten Verkehr als Vorbild dienen; dort kann man den gesamten öffentlichen Verkehr mit einem durchgängigen Fahrschein benutzen. Bislang führt das zerstückelte Tarifsystem in Deutschland, in dem regionale Verbundtarife neben einem landesweiten DB-Nahverkehrstarif und einer Vielfalt unterschiedlicher Fernverkehrstarife mit zahlreichen wechselnden Sonderangeboten stehen, zu einer enormen Unübersichtlichkeit für die Fahrgäste.

Die fehlende Abstimmung zwischen verschiedenen Trägern des öffentlichen Verkehrs sowie das unübersichtliche Tarifsystem sind die wichtigsten Gründe für potenzielle Kundinnen und Kunden, den öffentlichen Verkehr nicht zu nutzen.[31] Die Regionalisierung darf und muss einem deutschlandweit einheitlichen Tarifsystem dabei nicht im Wege stehen. Bundeseinheitliche Regelungen sind im Übrigen beim Autoverkehr längst Standard: Dort ist für die Nutzer nicht zu bemerken, in welchem Bundesland sie sich befinden, und sie müssen sich nicht auf unterschiedliche Regeln (z.B. abweichende Verkehrsregeln, Geschwindigkeitsbeschränkungen o.ä.) einstellen, während man dies im öffentlichen Verkehr von den Fahrgästen bisher verlangt.

Ein solcher «Deutschlandtarif» benötigt eine zentrale Stelle — analog zum Bundesamt für Verkehr in der Schweiz —, die die Tarife regelt und die Einnahmen auf die Verkehrsbetriebe aufteilt. Dies ist zweifelsohne eine anspruchsvolle Aufgabe, die aber lösbar ist und für deren Lösung man auf die analogen Regelungen in den Verkehrsverbünden sowie langjährige Erfahrungen in der Schweiz zurückgreifen kann.[32] Ein solcher einheitlicher Tarif würde den öffentlichen Verkehr erheblich attraktiver machen und bundesweit einheitliche Rabattregelungen (analog zum erfolgreichen Halbtaxticket und dem Generalabonnement in der Schweiz) ermöglichen. Ziel muss es sein, dass sich Millionen Bürgerinnen und Bürger solche Karten leisten können und damit die Bahn und den öffentlichen Nahverkehr unkompliziert als Rückgrat ihrer Mobilität nutzen können.

Ein einheitlicher Tarif würde zudem auch neue Modelle für eine Finanzierung des Nahverkehrs über ein «Bürgerticket» bzw. eine Nahverkehrsabgabe zulassen. Ein solches Modell eines «Nulltarif-ÖPNV», bei dem dieser in der Benutzung kostenfrei wäre und der stattdessen über eine Steuer oder Abgabe aller Einwohnerinnen und Einwohner einer Region finanziert wird, könnte den öffentlichen Verkehr gegenüber dem motorisierten Individualverkehr deutlich attraktiver machen und zu einem völlig veränderten Verkehrsverhalten führen. Dabei kann man auf Erfahrungen mit den Semester- und Jobtickets sowie in anderen Ländern zurückgreifen.[33]

24. Wachstum des Schienengüterverkehrs und Renaissance der Schiene auch im Nah- und Mittelstreckensegment

Der Schienengüterverkehr muss strukturell neu organisiert werden. Das Ziel dabei ist die Güterbahn in der Fläche. Das erfordert zuerst die Schaffung von mindestens 15.000 neuen (und oft reaktivierten) Gleisanschlüssen — erst damit würde wenigstens wieder der Stand von vor der Bahnreform erreicht werden. Ziel sollte sein, Zug um Zug den kleinteiligen Straßengüterverkehr zurück auf die Schiene zu holen und den Stückgutverkehr mit neuen innovativen Konzepten wieder zu beleben. Dabei ist anzustreben, dass zunächst der Postverkehr wieder auf die Schiene zurückverlagert wird.[34]

Die oben beschriebenen Landesbahnen sollten — analog zu den Kantonsbahnen in der Schweiz und zu schon jetzt einigen nichtbundeseigenen Bahnen in Deutschland — neben dem Schienenpersonennahverkehr auch für den regionalen Schienengüterverkehr verantwortlich sein. Aufgrund ihrer zentralistischen Struktur ist die DB AG anders als lokale Unternehmen für die Anpassung an regionale Gegebenheiten schlecht geeignet und hat sich aus diesem wichtigen Marktsegment komplett zurückgezogen. Wenn ein solcher regionaler Schienengüterverkehr in einigen Regionen mit öffentlichen Mitteln subventioniert werden muss, wäre dies volkswirtschaftlich vertretbar, weil auch der Straßengüterverkehr, der mit sehr viel größeren negativen Konsequenzen verbunden ist, durch die Nicht-Internalisierung externer Kosten (siehe Punkt 1) in hohem Umfang subventioniert wird.[35]

Um den Schienengüterverkehr für Menschen und Umwelt schonend zu gestalten, muss außerdem ein umfassendes Lärmschutzprogramm sowohl bei den Zügen als auch an den Strecken umgesetzt werden. Güterzüge sollten wo immer möglich Routen durch dünn besiedeltes Gebiet wählen.

25. Die Anschubfinanzierung für die Neue Bahn erfolgt durch den Verkauf der bahnfremden Sparten

Geschäftsbereiche, die mit der Bahn nichts zu tun haben und auch nicht logische Ergänzungen zum Schienenverkehr darstellen, sollten von der DB schrittweise verkauft werden, insbesondere das Auslandsgeschäft. Dies trifft vor allem auf die Bereiche der Logistik mit Luft- und Seefracht sowie das Lkw-Speditionsgeschäft zu. Die damit erzielbaren Gesamteinmalerlöse von schätzungsweise 8 bis 12 Milliarden Euro könnten als Anschubfinanzierung für die hier beschriebene neue Bahn dienen.

***

«Der Zug ruckt. Dieses Mal ist es soweit, wir fahren wirklich los!

Es ist völlig still, als wir abfahren, keine Schreie, keine Freuden- oder Begeisterungsausbrüche. Alle 99 anwesenden Personen überkommt eine beherrschte, fast feierliche Stimmung.

Trotzdem sind alle an den Fenstern, auf den Dächern, auf der Plattform. Einige können ihre Tränen nicht zurückhalten. Wir sind wie betäubt und erstaunt, dass dieses unmöglich erscheinende Vorhaben Wirklichkeit wird. Unser Zug rollt, und er ist herrlich, in jeder Kurve lehnen die Leute die Köpfe hinaus, um die Karawane zu bewundern. Iván, über den ich gerade erfahren habe, dass er der technische Leiter von Ferrovías ist und sich ‹bei seinem Chef mächtig ins Zeug gelegt hat, damit das Projekt akzeptiert wird›, Iván heult hemmungslos wie ein Kind. [...] An diesem 15. November also verlässt der Espreso del Hielo Bogotá für eine eineinhalb Monate dauernde Tournee und hat Künstler — eine ganze Bande Tätowierter, Punkrocker mit den extravagantesten Haarschnitten, Ohrringen, eher rotzigem Benehmen und einige mit Verbrechermienen — Techniker und Equipment an Bord. Er fährt die Route der Eroberer, die von den Anden zur karibischen Küste führt. Drei Tage ununterbrochene Fahrt, um 1000 Kilometer zu bewältigen und Santa Marta zu erreichen.

Unter Applaus und freundschaftlichen Gesten bewegt sich der Zug vorwärts; überall tauchen Neugierige auf, um die Zigeuner des Melqíades vorbeifahren zu sehen. Erster Halt ist in Facatativá – das voller Menschen ist –, um den Streckenplan in Empfang zu nehmen und die Bremsen zu überprüfen. Wir fahren wieder los. Dieses Mal wirklich?

Nach zehn Minuten erreicht die Diesellok ihre Reisegeschwindigkeit, zwischen 18 und 20 Stundenkilometer, mit Spitzengeschwindigkeiten von 25 im Flachland. Aber als sich die auf den Namen Consentie — die Launische — getaufte Lok in kinetische Extravaganzen stürzt, wackelt und schwankt sie und droht zu entgleisen. Wir sollten uns ein für alle Mal merken, dass wir nicht im TGV Paris–Lyon sitzen, und 15 Stundenkilomeer ist ohnehin die ideale Geschwindigkeit, um hoch oben vom Dach die Landschaft zu genießen und zu bewundern, oder um zwischen den Waggons auf die Gleise zu pinkeln.»

Aus: Ramon Chao, Ein Zug aus Eis und Feuer — Mit Mano Negra durch Kolumbien[36]

Bahnstrecken im Vergleich

nach Jahreszahlen geordnet – Personenverkehr

In der Folgenden von Andreas Kleber zusammengestellten Tabelle sind für den Zeitraum von 1994 bis Anfang 2014 für jedes Jahr die neu gebauten bzw. ausgebauten, die reaktivierten und insbesondere die eingestellten Bahnstrecken aufgelistet.

Nr.	Streckenabschnitt	km	Bemerkungen	Bundesland
1994				
Neubau				
790.2-3	Stuttgart–Vaihingen–Filderstadt	11	S-Bahnverlängerung zum Flughafen und Filderstadt	BW
800.1	Nantenbacher Kurve	11	Fernverkehrsverbindung der Strecke Frankfurt–Würzburg in die NBS Fulda–Würzburg	BAY
reaktiviert				
666	Grünstadt–Eisenberg–Eiswoog	9	Eisenberg–Eiswoog nur Ausflugsverkehr	RP
944	Mühldorf (Bay)–Wasserburg (Inn)	35	im Rahmen des «Mühldorfer Stern»	BAY
Personenverkehr eingestellt				
122	Hesedorf–Stade	25	ausschließlich Museumsverkehr	Niders
186	Neubrandenburg–Friedland	16	Infrastruktur noch vorhanden	MV
232	Görlitz–Königshain–Halstein	8	ab 1997 Rückbau	SACHS
386	Bassum–Rhaden	54	Infrastruktur noch vorhanden	Niders
547	Mehlteuer–Saalburg (Saale)	30	noch Güterverkehr	THÜR
548	Mehlteuer–Hirschberg (Saale)	16	noch Güterverkehr	THÜR
1995				
reaktiviert				
677	Grünstadt–Monsheim	10		RP
678	Winden (Pf)–Bad Bergzabern	10		RP
Personenverkehr eingestellt				
168	Velgast–Tribsees	29	Strecke ist abgebaut	MV
268	Borstel–Niedergönne	16	PV Stendal–Niedergönne eingestellt	S-ANH
295	Angermünde–Bad Freienwalde	30	Strecke ist rückgebaut	BB
481	Bedburg–Düren	18	Strecke vollständig abgebaut	NRW
606	Bufleben–Friedrichswerth (Thür)	13		THÜR
621	Bad Wildungen–Korbach	22	teilweiser Rückbau	Hessen
624	Niederwalgern–Herborn (Dillkr)	43		Hessen

632	Hungen–Wolfersheim-Södel	12	Reaktivierung im Gespräch	Hessen

1996
Neubau

330	Vienenburg–Stapelburg	12	Ost-West Lückenschluß	Nieders/ S-ANH

reaktiviert

477	Kreuzberg (Ahr)–Ahrbrück	2	Verlängerung der Ahrtalbahn	RP
731	Radolfzell–Stockach	17	Seehäsle	BW

Personenverkehr eingestellt

153	Grevensmühlen–Klütz	15	2006 Abbau der Gleise	MV
156	Hornsdorf–Karow (Meckl)	72	Einstellung des PV Wismar–Blankenberg, der Rest folgte 2001; Gleise sind abgebaut	
176	Teterow–Gnoien	27	1997 Abbau	MV
177	Malchin–Dargun	24	teils als Draisinenbahn benutzt	MV
178	Waren (Müritz)–Malchin	28	teils als Draisinenbahn benutzt	MV
204	Nauen–Wustermark	8		BB
204.7	Werneuchen–Wriezen	33		BB
206	Gruno–Cottbus Wilmersdorf	41	Einstellung Gruno-Peitz; 2000 gesamt	BB
211	Jüterbog–Zossen	41	Infrastruktur noch vorhanden	BB
221	Forst–Weißwasser	29	schrittweiser Rückbau	BB/SACHS
542	Zeulendorf u. Bf.–Zeulendorf o. Bf.	4	rückgebaut	THÜR
603	Silberhausen–Küllstedt	18	teilweiser Rückbau	THÜR
790.9	Böblingen–Dettenhausen	17	Schönbuchbahn	BW

1997
reaktiviert

193	Seebad Ahlbeck–Ahlbeck–Grenze	2	Verlängerung der UBB zur Grenze	MW
679	Winden (Pf)–Wissembourg	27	gute Umsteigemöglichkeit nach Strasbourg	RP/F

Personenverkehr eingestellt

217	Pretsch–Torgau	23	2000 Stillegung genehmigt	S-ANH/ SACHS
536	Schwarzenberg–Annaberg-Buchholz Süd	24	gelegentlicher Sonderverkehr	SACHS
564	Probstzella–Lauscha	45	Strecke rückgebaut	THÜR
567	Ilmenau–Großbreitenbach	21	Strecke diente Straßenerweiterungen	THÜR
577	Dorndorf (Rhön)–Kaltennordheim	28	Strecke rückgebaut	THÜR
772	Maulbronn–Maulbronn West	3	Ausflugsverkehr	BW

1998

Neubau

999	Neufahrner Spange	7	S-Bahn München	BAY

Ausbau

300	Weddel—Fallersleben—Berlin Spandau	201	Strecke wurde neben der bisherigen als HGS Umgehung Stendal neu erstellt	Nieders, BB

reaktiviert

337	Klostermannsfeld—Helbra	1	Verlängerung der Züge am Wochenende aus Wibra	S-ANH
425	Herne—Recklinghausen	2	Verbindungskurve, S-Bahn Rhein-Ruhr	NRW
612	Volkmarsen—Korbach	Süd 29		Hessen

Personenverkehr eingestellt

213	Falkenberg—Lübben	75	1994—1998 schrittweise Einstellung des PV	BB
291	Strasburg (Meckl)—Prenzlau	26	teilweise rückgebaut	MV/BB
292	Prenzlau—Gramzow	24	teilweise rückgebaut	BB
508	Riesa—Nossen	30	teilweise rückgebaut	SACHS
552	Crossen—Eisenberg (Thür)	9	rückgebaut	THÜR
556	Triptis—Unterlemnitz	28	Infrastruktur noch vorhanden	THÜR
566	Ilmenau—Themar	62		THÜR
598	Bleicherode Ost—Bischofferode (Eichsf)	13	Strecke ab 2001 rückgebaut	THÜR

1999

Ausbau

304	Uelzen—Stendal	106	Ost-West Lückenschluß	Nieders/S-ANH

reaktiviert

139	Barmstedt—Ulzburg	15	AKN,	SH
198	Lauterbach—Lauterbach Mole	2	Verlängerung der Züge aus Bergen	MV
502	Oschatz—Altmügeln	15	Reaktivierung SNPV (zuvor Museumsbahn)	SACHS
539	Zwickau—Glück-auf-Center	3	Reaktivierung im Rahmen des Zwickauer Modell	SACHS
637	Grävenwiesbach—Brandoberndorf	8		Hes
661.1	Alzey—Kirchheimbolanden	20	Donnersbergbahn	RP
758	Laupheim West—Laupheim Stadt	4		BW
763	Metzingen—Bad Urach	10	Ermstalbahn	BW
764	Entringen—Herrenberg	12	Ammertalbahn	BW

Personenverkehr eingestellt

194	Greifswald—Lubmin Werksbf	25	Infrastruktur für Güterverkehr noch vorhanden	MV

218	Bad Schmiedeberg–Eilenburg	31	2005 Stillegung	S-ANH/SACHS
234	Bautzen–Knappenrode	41	2001 Rückbau	SACHS
236	Ebersbach–Niedermannsdorf	15	Strecke ist rückgebaut	SACHS
263	Jerichow–Güsen	21	2005 Stillegung mit Rückbauplanung	BB
267	Schönhausen (Elbe)–Genthin	29	Strecke noch erhalten	BB
534	Paditz–Narsdorf	27	Strecke rückgebaut	THÜR/SACHS
589	Zeitz–Osterfeld	18	Strecke rückgebaut	THÜR

2000
Neubau
193	Wolgaster Hafen–Wolgast Fähre	3	Usedomer Bäderbahn; über die Brücke wurde eine direkte Verbindung zwischen dem Inselbetrieb und dem Festland hergestellt	MV
360.5	Langenhagen–Hannover Flughafen	4	S-Bahn Hannover	Nieders
702	Ottersweier–Offenburg	22	Teil der ABS Karlsruhe–Offenburg	BW

reaktiviert
136.1	Niebüll–Süderlügum–(Tondem)	13	ab 2003 ganzjähriger Betrieb	SH/DK
240	Wiehl–Oberwiehl	2	Wochenend- und Sonderverkehr	NRW
305	Wieren–Salzwedel	37	elektrifiziert; doppelgleisiger Ausbau 2013 europaweit ausgeschrieben	Nieders/S-ANH
450	Kaarst–Kaarster See	1	Streckenverlängerung im Rahmen des Ausbaus	NRW
478	Mayen West–Kaiseresch	17	Reaktivierung der Eifelquerbahn bis Gerolstein ist gewünscht/geplant	RP
539	Klingelthal–Kraslice (CZ)	5	Reaktivierung im grenzüberschreitenden Verkehr	SACHS/CZ

Personenverkehr eingestellt
171	Ludwigslust–Dömitz	30	Strecke ist abgebaut	MV
174	Priemerburg–Meyenburg	56	Infrastruktur noch vorhanden	MV
187	Neustrelitz Süd–Feldberg (Meckl)	19	Infrastruktur vorhanden, sehr schlechter Zustand	MV
285	Prenzlau–Templin Stadt	37	Strecke wird voraussichtlich abgebaut	BB
297	Küstrin-Kietz–Booßen	24	Strecke ist abgebaut	BB
528	Narsdorf–Waldheim	37	teils rückgebaut	SACHS
576	Bad Salzungen–Vacha	17	Güter- und Gelegenheitsverkehr	THÜR
12125	Bremervörde–Osterholz-Scharmbeck	48	Moor-Express Wochenend- und Ausflugsverkehr	Nieders

2001
Neubau
241.2	Dresden-Klotzsche–Dresden Flughafen	4	S-Bahn Dresden	SACHS
790.2-3	Stuttgart Flughafen–Stuttgart-Filderstadt	3	S-Bahn Stuttgart	BW

Ausbau				
702	Rastatt Süd–Offenburg	44	HGV Rheintalbahn (2 zusätzliche Gleise für HGV)	BW
reaktiviert				
407	Gronau–Enschede (NL)	6	Lückenschluß für Züge aus Dortmund/Münster	NRW
482	Stolberg Hbf–Stolberg Alstadt	4	Euregiobahnprojekt Stolberg-Eupen	NRW
662.1	Monsheim–Langmeil (Pf)	28		RP
666	Grünstadt –Eiswoog	17		RP
767	Eyach–Hechingen	28	Wochenendverkehr	BW
Personenverkehr eingestellt				
307	Hohenwunsch–Kalbe (Milde)	15	rückgebaut	S-ANH
529	Glauchau (Sachs)–Großbothen	57	Planungen zur teilweisen Reaktivierung	SACHS
2002				
Neubau				
370	Frankfurt (M)–Köln Deutz	180	HGS	Hes, RP, NWR
reaktiviert				
142	Neumünster–Bad Segeberg	30		SH
457	Jülich–Linnich	10	reaktiviert durch Rurtalbahn	NRW
677	Wörth (Pf)–Lauterbourg (F)	6	durchgehender Zugverkehr nach Strasbourg angestrebt; bekannt durch CASTOR-Transporte	RP
Personenverkehr eingestellt				
104	Hagenow–Zarrentin (Meckl)	24	Strecke ist noch befahrbar	MV
233	Löbau (Sachs)–Ebersbach	19	Strecke noch intakt	SACHS
261	Brandenburg–Belzig	29	1998 Einstellung PV Bad Düben-Eilenburg; 2002 restliche Strecke; teilweise rückgebaut	BB
301	Salzwedel–Oebisfelde	59	Rückbau ab 2004	S-ANH
583	Zeitz–Altenburg	25		THÜR
2003				
reaktiviert				
459	Gummersbach–Marienheide	7	als Teil der Oberbergischen Bahn	NRW
742	Hüfingen–Bräunlingen Bf	5	im Zuge des Ringzugkonzeptes wieder eröffnet	BW
743	Immendingen–Zollhaus-Blumberg	25	im Zuge des Ringzugkonzeptes wieder eröffnet	BW
Personenverkehr eingestellt				
258	Wiesenburg–Güterglück	34	1990-2 elektrifiziert und zweigleisig ausgebaut und auf 160 km/h ertüchtigt. 1993-5 ICE und IC-Verkehr Berlin-West/Süddeutschland. 1998 teilweise Einstellung der Regionalbahnen; 2002 nur noch Wochenendverkehr. Rückbau ist geplant	BB/S-ANH

| 266 | Neustadt (Dosse)—Brandenburg | 69 | teilweiser Rückbau | BB |

2004
Neubau
| 472 | Flughafenschneise Köln | 15 | S-Bahn und Anbindung NBS | NRW |

reaktiviert
482	Stolberg Hbf—Eschweiler—Weisweiler	10	im Rahmen der Euregiobahn	NRW
482	Herzogenrath—Merkstein	3	im Rahmen der Euregiobahn	NRW
759	Schelklingen—Gammertingen	61	für Schüler- und Ausflugsverkehr	BW
769	Balingen (Württ)—Schömberg	13	Sonntags- und Ausflugsverkehr	BW

Personenverkehr eingestellt
207	Bad Saarow—Beskow	19	1997 Teilschließung, 1999 Wiedereröffnung und 2-h-Takt; 2004 Einstellung PV gegen großen lokalen Widerstand	BB
222	Grantin—Knappenroder	21	Strecke ist teilweise elektrifiziert	SACHS
248	Bautzen—Wilthen	14	Strecke wird noch unterhalten	SACHS
357	Scharzfeld—Bad Lauterberg	4		Nieders

2005
reaktiviert
| 402 | Dissen Bad Rothenfelde—Osnabrück | 20 | bekannt als «Haller Wilhelm» | Nieders |
| 482 | Merksdorf—Alsdorf-Annapark | 3 | im Rahmen des Euregiobahnprojektes | NRW |

2006
Neubau
| 900 | Ingolstadt—Nürnberg (Reichswald) | 87 | NBS München-Nürnberg | BAY |

Ausbau
| 900 | München—Ingolstadt | 81 | Ausbau NBS München-Nürnberg | BAY |

reaktiviert
| 333 | Quedlinburg—Gernrode | 9 | Harzer Schmalspurbahn; Neubau auf ehem. Normalspurstrecke | S-ANH |
| 947 | Hörpolding—Traunreut | 3 | Verlängerung der Züge aus Traunstein | BAY |

Personenverkehr eingestellt
173	Pritzwalk—Putlitz	17	Strecke ist noch vorhanden	MV
184	Herzberg (Mark)—Neuruppin	12	Infrastruktur noch vorhanden	BB
227	Alt Döbern—Linthal Süd	16	Strecke ist elektrifiziert	BB
271	Neuruppin—Neustadt (Dosse)	29		BB
286	Fürstenberg (Havel)—Joachimstal	56	Strecke wurde 2004 grundlegend saniert	BB

2007

reaktiviert

404	Lemgo—Lemgo-Lüttfeld	1	Verlängerung der Züge aus Bielefeld	NRW
622.1	Frankenberg (Eder)—Herzhausen	19	ausschließlich Sonntags- und Ausflugsverkehr	Hessen
	Reaktivierung bis Korbach für täglichen Verkehr vorgesehen			
675.1	Hinderweidenthal Ost—Bundenthal-Rumbach	15	von der AVG gepachtet; nur Wochend- und MI-Verkehr; soll ganztätig ausgedehnt werden	RP

2008

Neubau

101.1	Ohlsdorf—Hamburg-Airport	3	Flughafen-S-Bahn Hamburg	HH

reaktiviert

193	Seebad Ahlbeck—Swinemünde Centrum	4	Anbindung durch die UBB	MV/Polen
692	Perl—Apach (Moselle)	2	Wochendverkehr; täglicher 2-Stundentakt 2014 geplant	SAAR/F
12474	Düren—Euskirchen	30	saisonaler Fahrbetrieb; Regelverkehr geplant	NRW

Personenverkehr eingestellt

208	Beeskow—Lübben	41	seit 2010 Gleissperrung	BB

2009

Neubau

482	Eschweiler-Weisweiler—Langewehe	3	Neubaustrecke im Rahmen der Euregiobahn	NRW

reaktiviert

175	Uckermünde—Uckermünde Stadthafen	1	Verlängerung der Züge von Pasewalk	MV
613	Eschwege West—Eschwege Stadt	3	direkter Zugverkehr nach Göttingen/Bad Hersfeld	Hessen
681	Riegelsberg Süd—Walpershofen	12	Köllertalbahn im Rahmen des Saarbahnkonzepts	Saar
754	Altshausen—Pfullendorf	25	nur Sommer-Wochenend- und Sonderverkehr	BW
12888	Passau—Freyung	50	Ausflugsverkehr Ilztalbahn	BAY

2010

reaktiviert

140	Burg—Fehmann Burg	0,5	neuer Haltepunkt wurde errichtet	SH
240	Oberwiehl—Waldbröhl	13	Wiehltalbahn; Wochenend- und Sonderverkehr	NRW
432	Kall—Hellenthal	18	nur Sommer-Wochenend- und Sonderverkehr	NRW
752	Roßberg—Bad Wurzach	11	nur Sommer-Wochenend- und Sonderverkehr	BW

2011

reaktiviert

435	Brilon Wald—Brilon Stadt	7		NRW

482	Alsdorf Annapark–Alsdorf Poststrasse	4	im Rahmen der Euregiobahn	NRW
862	Weidenberg–Warmensteinach	9		BAY
Personenverkehr eingestellt				
572	Friedrichroda–Gräfenroda	30	Einstellung zugunsten des Busverkehrs	THÜR

2012

Neubau

703	Schliengen–Eimeldingen	9	im Rahmen des Ausbaus der Rheintalbahn Katzenbergtunnel	BW

reaktiviert

133	Kiel Hbf–Schulen am Langsee	5	Weiterführung bis Schönberger Strand geplant und teils im Ausbau	SH
703	Mühlheim (Baden)–Muhlhouse	28	Strecke wurde elektrifiziert; seit 2013	BW/F
	TGV-Verbindung Freiburg (Brsg)–Paris			BW/F
751	Laupheim West–Laupheim Stadt	3	ebenso Einbau einer Kurve nach Biberach (R)	BW
787	Rudersberg–Oberndorf	2	Verlängerung der Wieslauftalbahn	BW

2013

reaktiviert

456	Lindern–Heinsberg	13	ebenso Elektrifizierung für Züge nach Aachen	NRW
976	Senden–Weißenhorn	10	S-Bahn Ulm–Weißenhorn	

2014

reaktiviert

459	Marienheide–Meinerzhagen	9		NRW
622.1	Korbach–Herzhausen–Frankenberg	31	untere Edertalbahn, Reaktivierung der Gesamtstrecke für 2014 geplant	HESS
681	Walpershofen–Lehbach-Jabach	21	Reaktivierung im Saar-Stadtbahnkonzept	Saarl.

Chronik Eisenbahn in Deutschland 1835—2014

Schwerpunkt ab 1993/94

1835	Eröffnung der ersten deutschen Eisenbahnstrecke Nürnberg—Fürth
1873	Weltweite Krise und weltweiter Crash privater Eisenbahngesellschaften. In Deutschland beginnen der Siegeszug der Landesbahnen und der Rückzug privater Eisenbahngesellschaften.
1920	Bildung der Deutschen Reichsbahn als einer einheitlichen Staatsbahn. Dies erfolgte allerdings bereits vor dem Hintergrund des Versailler Vertrags. Reichsbahn-Gewinne wurden bald zu einem großen Teil an die Siegermächte des I. Weltkriegs abgeführt.
1949	Bildung der (westdeutschen) Bundesbahn; auf DDR-Gebiet und in Westberlin (S-Bahn) wird die Eisenbahn als «Deutsche Reichsbahn» weitergeführt.
1989	Einrichtung der Regierungskommission Bundesbahn, die die Aufgabe hat, Reformvorschläge für die Deutsche Bundesbahn zu erarbeiten. Die personelle Zusammensetzung der Kommission deutet von vorneherein in Richtung einer privatwirtschaftlichen Organisation der Bahn.
1990—1993	Auch nach der Wiedervereinigung werden Bundesbahn und Reichsbahn als getrennte Staatsunternehmen fortgeführt (z.B. im Gegensatz zur Post).
1991	Heinz Dürr wird Chef der Bundesbahn und der Reichsbahn. Nach Gründung der Deutschen Bahn AG im Januar 1994 wirkt er bis 1997 als deren Vorstandsvorsitzender.
19.12.1991	Der Bericht der Regierungskommission Bundesbahn erscheint und legt einen Vorschlag für eine reine Organisationsreform der Bahn vor, an dem sich die tatsächliche Reform von 1994 weitgehend orientiert.
15.10.1993	Die neue Hauptverwaltung der Deutschen Bundesbahn in Frankfurt/M. wird bezogen. Der Bau kostete 235 Millionen DM. Baubeginn war erst 1991, also nach der Wende und der absehbaren Vereinigung von Bundesbahn und Reichsbahn. Die Frankfurter bahneigene Immobilie dient im Zeitraum 1994 bis 2000 als Konzernzentrale der Deutschen Bahn AG.
2.12.1993	Der Bundestag stimmt der Bahnreform mit 558 Ja-Stimmen zu (von 575 Abgeordneten). Zehn Abgeordnete der PDS/Linke Liste und drei Abgeordnete von CDU/CSU und SPD stimmen gegen die Reform.
17.12.1993	Der Bundesrat stimmt der Bahnreform zu.
1.1.1994	Inkrafttreten des Eisenbahnneuordnungsgesetzes (ENeuOG). Im gleichen Zuge wird der Betrieb der S-Bahn in Westberlin von der BVG an die neu gegründete DB AG übertragen.
5.1.1994	Eintragung der DB AG in das Berliner Handelsregister (Nr. 50.000) mit einem Stammkapital von 4,2 Milliarden DM.
18.4.1994	Vorstellung des Projekts Stuttgart 21.
29.5.1994	Erster Fahrplanwechsel der DB AG mit der schrittweisen Zusammenführung der Tarife der ehemaligen DB und DR, dabei Einführung von neun neuen IR-Linien.
15.7.1994	Öffnung des DB-Streckennetzes für andere Unternehmen, dabei Einführung von Trassenpreisen für Personen- und Güterzüge.

12.12.1994	5 ICE-Züge und 175 Doppelstock-Nahverkehrswagen werden von der DB AG an eine Tochtergesellschaft der Deutschen Bank für 600 Mio. DM verkauft und gleichzeitig für 13,5 bzw. 15 Jahre zurückgeleast.
31.12.1994	Schließung der Gepäckabfertigungen in 40 Bahnhöfen und von 333 Gütertarifpunkten
1.1.1995	Gründung der S-Bahn Berlin GmbH als Tochterunternehmen der DB AG
1.2.1995	Einführung des «Schönes-Wochenende-Ticket», mit dem für 15 DM bis zu 5 Personen von Samstag 0 Uhr bis Sonntag 24 Uhr im SPNV fahren können. Gleichzeitig werden die Tarife um 4,1 % in den alten und um 19 % in den neuen Bundesländern erhöht.
28.6.1995	Der DB-Güterverkehr wird zu «DB Cargo» umgewandelt.
1.7.1995	Die BahnCard wird nur noch mit Kreditkartenfunktion der Citybank verkauft. Diese Regelung muss aufgrund des Einspruchs von Datenschützern jedoch wenig später wieder zurückgenommen werden.
1.1.1996	Die Regionalisierung des SPNV tritt in Kraft.
Juni 1996	Analog zu «Stuttgart 21» werden «Frankfurt 21» und «München 21» vorgestellt, anders als das Stuttgarter Tunnelbahnhofsprojekt jedoch aufgrund massiver Proteste auch aus dem politischen Establishment bald wieder fallen gelassen bzw. auf unbestimmte Zeit zurückgestellt.
November 1996	Umzug des DB-Vorstands von Frankfurt/Main nach Berlin. In Frankfurt bleiben die Bereiche des Personenverkehrs bzw. die bald darauf gebildeten Unternehmen DB Fernverkehr, DB Regio und DB Vertrieb.
19.12.1996	Unterzeichnung der Vereinbarung über die Privatfinanzierung der NBS/ABS Nürnberg—Ingolstadt — München (veranschlagte Baukosten: 3,87 Mrd. DM)
1.1.1997	Nur noch auf 16 großen DB-Bahnhöfen gibt es Aufsichtsbeamte («Verkaufsaufsicht»).
26.2.1997	Dr. Johannes Ludewig wird vom Aufsichtsrat der DB AG als neuer Bahnchef und Nachfolger von Heinz Dürr gewählt; er nimmt am 9.7. seine Arbeit auf. Heinz Dürr wird Vorsitzender des Aufsichtsrats und bleibt bis 1999 in dieser Position; parallel ist er noch bis 2013 Aufsichtsratsvorsitzender des Automobilzulieferers Dürr AG.
April 1997	Heinz Dürr stellt das Konzept «Netz 21» vor, das eine mittelfristige Verdopplung der Kapazitäten vorsieht.
1.6.1997	Der Brief-Postverkehr wird nach 148 Jahren eingestellt. Die Deutsche Post AG baut 83 neue Briefpostzentren. 31 der 33 Frachtpostzentren werden abseits der Bahn nur mit Straßenanschluss neu gebaut, während die ehemaligen Postfrachtzentren in vielen Stadtzentren leer stehen.
7.7.1997	Schweres Zugunglück in Neustadt (Landkreis Marburg-Biedenkopf). Sechs Tote und viele Verletzte.
23.7.1997	Die erste «DB-Lounge» wird in Frankfurt/Main Hbf. eröffnet. Sie läutet eine Mehrklassen-Gesellschaft bei der DB AG ein, da es nur für privilegierte Gäste (1. Klasse und Vielreisende) eine warme Unterkunft mit Getränken gibt.
15.8.1997	Die neue Netzleitzentrale in Frankfurt/Main wird in Betrieb genommen und ersetzt die bisherigen Netzleitzentralen Ost (Berlin) und West (Mainz).
14.12.1997	Betriebsaufnahme des «Thalys» auf der Strecke Paris—Brüssel—Köln/Amsterdam; Die DB AG beteiligt sich 2007 mit an dem Projekt, zieht sich jedoch 2012 wieder zurück, so dass seit dem 28.3.2012 auch auf innerdeutschen Verbindungen DB-Tickets in den Zügen nicht mehr gelten.
19.12.1997	Das Projekt «Zeigersprung» von Bahnchef Ludewig startet: Aufstellung des ersten «Pünktlichkeitsanzeigers» in Frankfurt/Main, Aufstellung solcher Anzeiger an 19 weiteren Bahnhöfen.
1.4.1998	Erhöhung der DB-Tarife um 1,8 Prozent in den alten und 6 Prozent in den neuen Bundesländern.

3.6.1998	Entgleisung des ICE 884 «Wilhelm Conrad Röntgen» mit 200 km/h in Eschede, nachdem ein Radreifen gebrochen war; 101 Tote und 119 größtenteils schwer Verletzte.
13.7.1998	Unterzeichnung der Absichtserklärung von DB AG und Lufthansa über eine weitreichende Kooperation im Personenverkehr mit dem Ziel der Verlagerung von Inlandsflügen auf den Strecken Frankfurt–Köln, Frankfurt–Düsseldorf und Frankfurt–Stuttgart auf die Schiene.
Juli 1998	Privatisierung von 120.000 Eisenbahner-Wohnungen.
1.1.1999	Die zweite Stufe der Bahnreform tritt in Kraft; die bisherigen Geschäftsbereiche werden zu fünf eigenständigen Aktiengesellschaften mit der DB AG als Holding.
24.3.1999	Dieter H. Vogel wird Aufsichtsratsvorsitzender der DB AG.
30.3.1999	Einstellung des Baus an der Schnellfahrstrecke Nürnberg–Erfurt aufgrund der fehlenden Finanzierungsvereinbarung mit dem Bund. Verkehrsminister Müntefering stellt das Projekt aufgrund der hohen Kosten zurück, um andere Projekte nicht zu gefährden. Die Arbeiten ruhen bis 2002 und werden anschließend wieder aufgenommen.
31.3.1999	Norbert Hansen wird Vorsitzender der GdED, die 2000 in Transnet und 2010 in EVG umbenannt wird. Hansen stützt den Privatisierungskurs der DB AG und wechselt später in den Vorstand der DB AG.
1.4.1999	Fahrpreiserhöhung im Fernverkehr um 1,5 % und Angleichung der Tarife in den neuen Bundesländern an die in den alten.
30.5.1999	Fahrplanwechsel mit einer deutlichen Reduktion des Angebots an IR-Zügen.
1.8.1999	Einführung des Metropolitan Express als Luxuszug auf der Strecke Hamburg–Köln. Der Zug erweist sich in den Folgejahren als hoch defizitär und wird schließlich wieder eingestellt.
24.9.1999	Bundeskanzler Gerhard Schröder setzt den Airbus- und Daimler-Top-Manager Hartmut Mehdorn als neuen Bahnchef ein. Mehdorn übernimmt die Geschäfte am 16.12.1999.
Dezember 1999	Als eine seiner ersten Amtshandlungen lässt Hartmut Mehdorn die Verspätungsanzeiger in den Bahnhöfen abbauen. Damit ist sein Kurs für die DB AG für die folgenden Jahre bereits vorgegeben.
1.1.2000	Fusion von DB Cargo und NS Cargo zur Finanzholding Railion
5.2.2000	Absage des Baus der Transrapid-Strecke Berlin – Hamburg.
6.2.2000	Entgleisung des Nachtschnellzugs D203 «Schweiz Express» Amsterdam–Basel im Bahnhof Brühl, nachdem der Zug bei einer Weichendurchfahrt statt mit den zulässigen 40 km/h mit 122 km/h unterwegs gewesen war. Es gibt 9 Tote und zahlreiche Verletzte.
7.6.2000	DB, ÖBB und SBB gründen die «TEE Rail Alliance», um einen gemeinsamen europäischen Fernverkehr aufzubauen.
August 2000	Erneuter Umzug des Vorstands der DB AG, diesmal in den Sony-Tower am Potsdamer Platz.
22.11.2000	Hartmut Mehdorn stellt das Konzept «MORA C» mit dem massiven Rückzug des Schienengüterverkehrs aus der Fläche vor.
Februar 2001	Der DB-Aufsichtsrat stimmt dem Finanzierungskonzept für das Bahnhofsprojekt Stuttgart 21 und der NBS Wendlingen–Ulm zu.
1.1.2002	Erneute Umstrukturierung der DB AG, Neuorganisation der DB Regio in neun Regionalbereiche, Bildung der DB Services GmbH und der DB Systems GmbH; die DB Energie GmbH war schon 1997 ausgegliedert worden.
2.1.2002	Aufgabe von 637 der 2100 Güterverkehrsstellen der DB Cargo im Rahmen von «Mora C»

1.3.2002	Das französische Unternehmen Veolia startet den «InterConnex» als Ersatz für den IR auf der Strecke Gera–Leipzig–Berlin–Rostock. Im Dezember startet auch die Verbindung Görlitz–Berlin–Stralsund und im Juni 2003 die Verbindung Köln–Gießen–Kassel–Halle–Berlin–Neustrelitz–Rostock.
1.8.2002	Übertragung des Immobiliengeschäfts der DB AG an die DB-Tochterfirma «Aurelis Real Estate», die fortan nicht betriebsnotwendige Immobilien verkauft. Im Jahr 2007 wird Aurelis komplett an Redwood Grove International LP und den Baukonzern Hochtief veräußert, der wiederum 2011 in das Eigentum der spanischen ACS übergeht.
Juli 2002	Übernahme der Stinnes AG durch die DB AG. Damit beginnt die immer stärkere Orientierung der DB AG auf internationale Logistik.
25.7.2002	Eröffnung der NBS Köln–Rhein/Main.
Herbst 2002	Bildung der neuen rot-grünen Bundesregierung, die im Koalitionsvertrag ihre Unterstützung für die Bahnpreisreform PEP festhält.
8.10.2002	Berufung des Bahn-Beirats der DB AG zur Beratung der Konzernleitung bei der Fortführung der Bahnreform. In diesem Gremium versammeln sich dann rein zufällig einige der Leute, die sich um die Bahnprivatisierung «verdient» gemacht haben.
2.12.2002	Entgleisung eines ICE-TD mit 130 km/h aufgrund eines Achsbruchs. Glücklicherweise wird dabei niemand verletzt. Die Züge müssen daraufhin nach Anordnung des EBA ohne Neigetechnik verkehren und bekommen im Sommer 2003 die Betriebserlaubnis zwischenzeitlich ganz entzogen.
15.12.2002	Einführung des neuen Preissystems «PEP» mit dem Fahrplanwechsel. Dabei wird unter anderem die BahnCard mit 50 Prozent Rabatt abgeschafft und die Billig-BahnCard mit 25 Prozent Rabatt eingeführt, die darüber hinaus nur noch im Abo erhältlich ist. Infolge der Preisreform laufen der DB die Fahrgäste massenweise davon. Außerdem werden 10 IR-Linien durch IC-Linien ersetzt.
20.5.2003	Die DB-Topleute Christoph Franz und Anna Brunotte werden entlassen. Ihnen wird das Scheitern des neuen Preissystems PEP angelastet, das jedoch auch an höchster Stelle im DB-Vorstand gestützt wurde. Der Vertrag mit Mehdorn wird im gleichen Zuge vom Aufsichtsrat bis 2008 verlängert.
13.6.2003	Hartmut Mehdorn kündigt den Abbau von 40.000 weiteren Stellen bei der DB AG und den Börsengang der DB AG zum 1.1.2005 an.
2.7.2003	Nach dem Misserfolg des Preissystems «PEP» wird ein korrigiertes Preissystem ab dem 1.8.2003 vorgestellt, mit dem unter anderem die klassische BahnCard als stark verteuerte «BahnCard 50» wieder eingeführt wird.
Juni 2004	Die DB AG eröffnet den Flughafenbahnhof Köln–Bonn. Damit wurde laut Mehdorn «der neunte Bahnhof in Deutschland an das Fernverkehrsnetz angeschlossen».
Dezember 2004	Die Ausbaustrecke Berlin–Hamburg wird mit deutlich reduzierter Fahrzeit eröffnet. Das Projekt war ein Jahrzehnt lang verzögert worden, aufgrund der Planungen für eine Transrapid-Verbindung Hamburg–Berlin.
2005	Gründung des Bündnisses «Bahn für Alle» zur Verhinderung einer Privatisierung der DB AG
31.1.2006	Kauf des Unternehmens «BAX Global» durch die DB AG.
1.3.2006	Veröffentlichung des («teilweise entschwärzten») PRIMON-Gutachtens, das Varianten für die Bahnprivatisierung untersucht – jedoch nicht die Variante einer Nicht-Privatisierung.
26.5.2006	Eröffnung des neuen Berliner Hauptbahnhofs – begleitet von Protesten gegen die Bahnprivatisierung
17.3.2007	Große Konferenz von «Bahn für Alle» in Berlin gegen die Privatisierungspläne, dabei Erstaufführung des Films «Bahn unterm Hammer»

27.10.2007	Der SPD-Parteitag in Hamburg stoppt weitgehend die Pläne, die DB AG als Ganzes zu privatisieren. Dennoch setzt sich Parteichef Kurt Beck kurz darauf über diesen Beschluss hinweg und stimmt in der großen Koalition den Plänen für einen Börsengang des Bahnbetriebs (der DB ML) zu.
26.4.2008	Im Landrückentunnel auf der Schnellfahrstrecke Würzburg–Fulda stößt ein ICE mit einer Schafherde zusammen, die in den Tunnel geraten war. Der vordere Triebkopf entgleist, 22 Personen werden schwer verletzt. Der Unfall dokumentiert das völlige Versagen des Tunnelrettungskonzepts der DB AG.
30.5.2008	Beschluss des Holdingmodells mit einer Privatisierung von 24,9 Prozent der neu gegründeten DB Mobility Logistics AG (DB ML) durch den Bundestag mit 355 Ja-Stimmen (von 516); FDP, Linke, Grüne und ein kleiner Teil der SPD-Abgeordneten stimmen gegen den Beschluss.
9.7.2008	Entgleisung eines ICE 3 in Köln nach dem Bruch einer Achse. Die Achse war bereits auf der Schnellfahrstrecke Rhein/Main–Köln gebrochen, wurde auf der Strecke jedoch mitgezogen, so dass es nicht zu einer neuen Eisenbahn-Katastrophe kam.
7.10.2008	Der geplante Börsengang der DB AG wird in letzter Minute abgesagt, nachdem die Finanzmärkte aufgrund der Wirtschaftskrise eingebrochen waren und die Gefährlichkeit von Sparmaßnahmen bei der DB AG in Vorbereitung auf den Börsengang durch den Achsbruch von Köln deutlich geworden war. Wenig später wird bekannt, dass die DB-Manager bei einem erfolgreichen Börsengang millionenschwere Bonuszahlungen erhalten hätten.
30.3.2009	Bahnchef Mehdorn kündigt nach der Aufdeckung einer flächenhaften Bespitzelung der Bahnbelegschaft seinen Rücktritt an. Er wird zum 30.4.2009 durch seinen früheren Büroleiter bei Airbus, Rüdiger Grube, ersetzt.
1.5.2009	Der Achsbruch an einer S-Bahn in Berlin-Kaulsdorf stellt den Beginn der Berliner S-Bahn-Krise dar.
29.7.2009	Nachdem die S-Bahn Berlin den Auflagen des EBA zur Überprüfung von Achsen nicht nachgekommen ist, kommt es zu einem weitgehenden Zusammenbruch des S-Bahn-Verkehrs in der Stadt. Bis 2013 wird das Netz der Berliner S-Bahn noch nicht wieder im vertraglich vereinbarten Umfang befahren.
9./10.12.2009	DB-Aufsichtsrat und S21-Lenkungskreis beschließen das Projekt Stuttgart 21. Am 2.2.2010 verkünden Bahnchef Grube und zahlreiche Politiker den offiziellen Baustart.
Juli 2010	Die Deutsche Bahn AG verkauft ihre ehemalige Zentrale in Frankfurt/M. – und den bisherigen Sitz u.a. von DB Regio AG und Fernverkehr AG – an das Hamburger Emissionshaus Hesse Newmann für 75 Millionen Euro und schließt mit dem Käufer einen Mietvertrag für die Immobilie bis 2020.
Sommer 2010	Nach dem Ausfall der Klimaanlagen in mehreren Zügen kollabieren viele Fahrgäste in den «Sauna-ICEs». In der Folge wird deutlich, dass die Klimaanlagen unterdimensioniert und teilweise schlecht gewartet waren.
27.8.2010	Übernahme der Arriva plc durch die DB AG.
30.9.2010	«Schwarzer Donnerstag» im Stuttgarter Schlossgarten: Durch Polizeigewalt im Stuttgarter Schlossgarten werden bis zu 400 Menschen zum Teil schwer verletzt. Kurz nach Mitternacht beginnen am 1.10. die Baumfällungen im Schlossgarten. Ende 2013 wird bekannt: CDU-Ministerpräsident Mappus gab für den Einsatz grünes Licht und informierte vorab die Kanzlerin.
15.10.2010 bis 30.11.2010	«Faktenschlichtung» zu Stuttgart 21 unter der Leitung von Heiner Geißler. Am Ende verkündet Geißler einen sogenannten «Schlichterspruch», der von den Gegnern von S21 nicht akzeptiert wird.
Winter 2010/11	Winterchaos: Der Bahnverkehr kommt tagelang in Teilen des Landes zum Erliegen.

27.11.2011		Volksabstimmung zu Stuttgart-21 in Baden-Württemberg, in der sich 58,9 Prozent der Wählerinnen und Wähler für den Beibehalt der Landesfinanzierung des Projekts aussprechen. Auch nach der Volksabstimmung reißen die Proteste nicht ab.
29.11.2011		Zusammenstoß eines Regionalzuges des Harz-Elbe-Express mit einem Güterzug bei Hordorf (elf Tote). Die Strecke war noch nicht mit einem Zugbeeinflussungssystem (PZB) ausgerüstet, das den Unfall verhindert hätte.
August 2013		Der Bahnhof Mainz muss drei Wochen lang weitgehend vom Fernverkehr abgekoppelt werden, da es an Fahrdienstleitern fehlt. Dadurch wird die allgemeine Personalknappheit bei der DB AG deutlich.
Dezember 2013		Im Koalitionsvertrag von Union und SPD heißt es zur Bahn: «Wir stehen zum integrierten Konzern DB AG. Die Eisenbahninfrastruktur bleibt in der Hand des Bundes.» Mit dieser Formulierung wird das Türchen zu einem neuen Anlauf zur Bahnprivatisierung bewusst offengehalten.
Januar 2014		Anlässlich der Feiern zum 20. Bestehen der Deutschen Bahn äußern Bahnchef Grube und der neue Bundesverkehrsminister Alexander Dobrindt, die «Bahnreform von 1994 war ein durchschlagender Erfolg»

Bildnachweis für die Fotos und Grafiken:

Kap.	Foto	Text
1	Foto Seite 9	Zeitungsanzeige der Bundes- und Reichsbahn
1	Grafik S. 11	Bernhard Knierim; Daten: Umweltbundesamt
2	Foto Seite 17	Zeitungsanzeige der Bundes- und Reichsbahn
3	Fotos S. 25 und 32	Manfred Grohe (mit freundlicher Genehmigung)
4	Zeichnung Seite 33	Zeichnung von Gerhard Seyfried (mit freundlicher Genehmigung)
4	Karte Seite 38	Maximilian Dorrbecker (März 2012) unter Creative-Commons-Lizenz
5	Faksimile Seite 43	Titelseite des Manifests der 1435 Worte (Winfried Wolf)
5	Grafik S. 48	Grafik: Bernhard Knierim
6	Foto Seite 51	Foto: Nils Fretwurst unter Creative-Commons-Lizenz
6	Bilder Seite 60	Auszug aus einer Broschüre der Bochumer Verein Verkehrstechnik GmbH
7	Fotomontage S. 61	Joachim Römer (mit freundlicher Genehmigung)
8	Foto Seite 67	Foto eines anonymen DB-Mitarbeiters
8	Grafik Seite 69	Bernhard Knierim; Daten: Verkehr in Zahlen
8	Grafik S. 70	InterRegio-Liniennetz 1993/94 der Deutschen Bundesbahn und Deutschen Reichsbahn
9	Foto Seite 75	Hans-Karl Kunhäuser (mit freundlicher Genehmigung)
9	Grafik Seite 77	Bernhard Knierim; Daten: Verkehr in Zahlen
10	Foto Seite 83	Bernhard Knierim
10	Grafik S. 88	Bernhard Knierim; Daten: Pressemitteilungen der DB AG
11	Foto Seite 93	Pohlmann (mit freundlicher Genehmigung)
11	Grafik Seite 95	Bernhard Knierim; Daten: Verkehr in Zahlen
11	Foto Seite 97	Bernhard Knierim
11	Foto Seite 99	Bernhard Knierim
11	Grafik S. 100	Bernhard Knierim (basierend auf einer Vorlage des VBB)
12	Foto Seite 103	Wälsebachtalbrücke auf der Neubaustrecke Hannover-Würzburg. Foto: Heidas (unter Creative-Commons-Lizenz)
12	Faksimile Seite 112	Auszug aus der Broschüre «Ihr InterRegio nach Nigendwo» vom Juni 2001 (Bürgerbahn statt Börsenbahn)
13	Faksimile Seite 113	Geschwärzte Seite aus dem PRIMON-Gutachten (Booz Allen Hamilton, Januar 2006)
14	Faksimile Seite 121	Anzeige der DB AG (Scholz & Friends)
15	Foto Seite 129	Jürgen Mumme (mit freundlicher Genehmigung)
16	Foto Seite 135	Bahn für Alle
16	Grafik S. 141	Bernhard Knierim
17	Faksimile Seite 144	Bahn für Alle, Beilage zur TAZ (Bernhard Knierim)
17	Grafik S. 145	Bernhard Knierim
18	Grafik S. 153	Joachim Römer (mit freundlicher Genehmigung)
18	Grafik S. 159	Bernhard Knierim; Daten: VBB
18	Foto Seite 161	anonym
19	Foto Seite 163	Foto: Martin Storz (mit freundlicher Genehmigung)
19	Foto Seite 170	Foto: Karl Schweizer (mit freundlicher Genehmigung)
20	Foto Seite 171	Bahn für Alle
20	Grafik Seite 174	Bernhard Knierim; Daten: Geschäftsberichte der DB AG
20	Grafik S. 176	Bernhard Knierim; Daten: BMVBS
21	Foto Seite 181	Bernhard Knierim
21	Grafik Seite 185	Bernhard Knierim; Daten: Geschäftsberichte der DB AG
22	Foto Seite 189	Jürgen Mumme (mit freundlicher Genehmigung)
22	Foto Seite 194	Bernhard Knierim
23	Faksimile Seite 197	Plakat der Deutschen Bundesbahn von 1965
23	Faksimile Seite 198	Auszug aus der Broschüre «Ihr Reiseplan: Höchste Eisenbahn – Stoppt die Börsenbahn» vom Mai 2009 (Bahn für Alle)
23	Grafik Seite 206	Bernhard Knierim (nach einer Vorlage von Karl-Dieter Bodack)

Anmerkungen

Vorwort
1 Vorausgegangene Zitate wie folgt: Puls, Thomas (2014): Markt und Staat im Schienenverkehr — Gutachten des Instituts der deutschen Wirtschaft Köln im Auftrag der DB AG, Seite 4; Deutsche Bahn AG (2012): Bausteine und Bilanz der Bahnreform, Seite 8; Daubertshäuser, Klaus (2002): Bahnreform: Positive Zwischenbilanz motiviert für kraftvollen Endspurt; Deutsche Bahn AG (2013): Wettbewerbsbericht 2013. Berlin: DB AG, Seite 15; Gerd Aberle, Bahnreform in Deutschland, in: Verkehrsmanager 6/2013.
2 Bundesrechnungshof (2006): Bericht nach §99 BHO zur Finanzierung der Bundesschienenwege. Bonn: Bundesrechnungshof, Seite 3.
3 Vorausgegangene Zitate wie folgt: Knorr, Andreas (2003): Die Bahnreform von 1994 — ordnungspolitische Weichenstellung aufs Abstellgleis. In: Orientierungen zur Wirtschafts- und Gesellschaftspolitik, Seite 37; Monheim, Heiner & Klaus Nagorni (2004): Die Zukunft der Bahn. Zwischen Bürgernähe und Börsengang. Karlsruhe: Evang. Akademie Baden, Seite 14; Bodack, Karl-Dieter (2002): Beförderung statt Reisen. In: Eisenbahn-Revue International 12.

Kapitel 1
1 vgl. Umweltbundesamt (2012): Daten zum Verkehr, Ausgabe 2012. Dessau (Umweltbundesamt), Seiten 15 und 33.
2 Dürr, Heinz (1993): Aktuelle verkehrspolitische Probleme der Deutschen Bahnen. Hamburg (Deutsche Akademie für Verkehrswissenschaft), Seite 26.
3 Bei den Neubaustrecken handelte es sich vorwiegend um S-Bahn-Strecken. Vgl. Dürr, Heinz (1994): Bahnreform — Chance für mehr Schienenverkehr und Beispiel für die Modernisierung des Staates. Heidelberg (Müller), Seite 3.
4 vgl. Bundesministerium für Verkehr, Bau- und Wohnungswesen, (1991): Verkehr in Zahlen 1991. Hamburg (DVV Media Group GmbH).
5 vgl. Eiermann, Rudolf (1989): Ein öffentliches Unternehmen zwischen Markt und Staat — die Unternehmensverfassung der Deutschen Bundesbahn. Baden-Baden (Nomos-Verlag), Seite 207.
6 Auch Bundesbahn-kritische Redaktionen kannten diesen Zusammenhang: «Dass sich das Defizit der Bundesbahn erheblich vergrößert, ist den enormen Zinsaufwendungen zuzuschreiben.» So ein Beitrag im «Handelsblatt». Allein im Zeitraum 1976 bis 1980, so der Bericht, zahlte die DB rund 11,1 Milliarden DM Zinsen an ihre Kreditgeber. Reinhard Lückmann, «Deutsche Bundesbahn — Die Schulden wachsen weiter», in: Handelsblatt vom 12.2.1982.
7 So zahlte die Bundesbahn 1975 1,7 Milliarden DM für den Schuldendienst und 1990 bereits 3,3 Milliarden Mark. Allein zwischen 1989 und 1990 sprang dieser Schuldendienst von 3,038 Mrd. auf 3,322 Milliarden DM hoch. Zwar zahlte der Bund hierzu spezifische Ausgleichszahlungen. Doch diese lagen 1989 bzw. 1990 nur bei 898 bzw. 869 Millionen DM, sodass reale Zinszahlungen von 2,2 bzw. 2,5 Milliarden DM blieben. Zu berücksichtigen ist auch, dass die Bundesbahn, anders als heute die Deutsche Bahn AG, alle ihre Infrastrukturanlagen bilanzierte und darauf Abschreibungen vornahm (siehe Kapitel 3). Angaben jeweils nach Geschäftsberichte Deutsche Bundesbahn.
8 vgl. z.B. Willeke, Rainer & Gerd Aberle (1973): Thesen zur Sanierung der Deutschen Bundesbahn. Seite 47f.
9 Müller-Hermann, Ernst (1976): DB-Sanierung — höchste Eisenbahn. Stuttgart (Seewald), Seite 59.
10 vgl. z.B. Wolf, Winfried (2009): Verkehr. Umwelt. Klima — Die Globalisierung des Tempowahns. Wien (Promedia), Seite 173f; Krüger, Kurt (1966): Die Zukunft der deutschen Eisenbahnen ausserhalb der Deutschen Bundesbahn. Dortmund, Seite 153; Meyer, Maximilian (2011): Die gescheiterte Bahnreform: Ursachen — Folgen — Alternativen. Darmstadt (Büchner-Verlag), Seite 22.
11 In Westdeutschland kamen 29.900 km Schienennetz auf 61 Millionen Menschen; es kamen 49 Kilometer Schienennetz auf 100.000 Einwohner. In der DDR kamen 13.800 km Schienennetz auf 16 Millionen Einwohner; es kamen 86 Kilometer Schienennetz auf 100.000 Einwohner.
12 Angaben zur Entwicklung in der DDR: vgl. Beek (2011), Seiten 278, 274f und 271.
13 Vorausgegangene Angaben vgl. Hanna-Daoud, Thomas, et al. (2006): Eisenbahn in der DDR — Die deutsche Reichsbahn 1945–1990. München (GeraNova Bruckmann), Seite 21, 17 und 19.
14 vgl. Dürr, Heinz (1994): Bahnreform — Chance für mehr Schienenverkehr und Beispiel für die Modernisierung des Staates. Heidelberg (Müller), Seite 4.
15 vgl. Beek (2011), Seite 278.
16 vgl. Regierungskommission Bundesbahn (1991), Seite 10.
17 vgl. Hanna-Daoud et al. (2006), Seite 41.

18 zitiert nach Knorr (2003), Seite 37.
19 Regierungskommission Bundesbahn (1991), Seiten 12 und 15.
20 vgl. Engartner, Tim (2008): Die Privatisierung der Deutschen Bahn – über die Implementierung marktorientierter Verkehrspolitik. Wiesbaden (VS Verlag für Sozialwissenschaften), Seite 142.
21 vgl. Bundestags-Drucksache 12/4609 vom 23. März 1993: Entwurf eines Gesetzes zur Neuordnung des Eisenbahnwesens (Eisenbahnneuordnungsgesetz – ENeuOG).
22 Zitate nach Bundestags-Drucksache 12/196: Seiten 16969–16971.
23 VCD aktuell; Stellungnahme vom Februar 1993.
24 Stellungnahme des Pro Bahn-Bundesvorstands vom April 1993.
25 Stellungnahme des BUND vom 13.1.1993.
26 Engartner (2008), Seite 135ff.
27 Das Zustandekommen und die Glaubwürdigkeit dieser Berechnungen werden in Kap. 20 noch ausführlich diskutiert.
28 vgl. Regierungskommission Bundesbahn (1991), Seite 5.
29 Dagmar Enkelmann (PDS/Linke Liste) in der Bundestagsdebatte: «Sie täuschen falsche Tatsachen, nämlich eine durchgreifende Reform der Bahn, vor und geben sich dann mit einer Veränderung der Organisationsstruktur zufrieden. [...] So tut die Bundesregierung nach wie vor weder etwas dafür, die bestehenden Wettbewerbsverzerrungen zu Lasten der Bahn zu beseitigen, noch sorgt sie für eine Neuordnung der Wegekostenanlastung für alle Verkehrsträger, die auch die sozialen und ökologischen Kosten berücksichtigt.» Bundestags-Drucksache 12/196, Seite 16968.
30 Zitate nach: Bundestags-Drucksache 12/196.
31 Die drei Ablehnungen kamen von dem GDL-Vorsitzenden Manfred Schell (CDU) sowie Hans Wallow und Inge Wettig-Danielmeier (beide SPD); eine Abgeordnete der PDS/Linke Liste (Ingeborg Philipp) stimmte der Reform zu. Von den 8 Abgeordneten von Bündnis 90/Die Grünen stimmten 4 zu, 4 enthielten sich. Abstimmungsergebnis nach: Bundestags-Drucksache 12/196, Seite 16984ff.

Kapitel 2

1 In: Stern vom 6.7.2006; Interview: Norbert Höfler.
2 Die oben im Text wiedergegebenen Zahlen nach: Verkehr in Zahlen (ViZ) 1997, S. 34f. In der «Verkehr in Zahlen»-Ausgabe 2003/2004 (S. 34f) betrug das Nettoanlagevermögen der Verkehrsinfrastruktur der Eisenbahn 1993 67,8 Mrd. Euro. 1994 waren es eine halbe Milliarde Euro mehr: 69,3 Mrd. Euro (hier jeweils zu Preisen von 1995 berechnet). In diesen neuen ViZ-Ausgaben wird auch das gesamte Brutto- und Netto-Anlagevermögen von Bundesbahn und Reichsbahn für 1993 und das Brutto- und Netto-Anlagevermögen der DB AG für 1994 aufgeführt. Das heißt, hier gibt es eine nochmals weiter reichende Eingrenzung auf die Unternehmen selbst. Auch hier gab es jeweils einen klaren Anstieg – im Fall des Netto-Anlagevermögens von 98,3 Mrd. 1993 auf 99,7 Mrd. Euro 1994 (Nach: ViZ 2003/2003, S. 40f).
3 Gerd Aberle in: Internationales Verkehrswesen (63) 4/2011, S. 11.
4 «Stephan Hilsberg, früherer Staatssekretär im Bundesverkehrsministerium ( ) wollte wissen, wie es um den Schuldenbestand der DB AG bestellt ist. SPD-Amtskollegin Angelika Mertens teilte per Brief mit, die ‹Summe der zinspflichtigen Fremdmittel per 30.6.2003› habe im Zwischenbericht rund 11,5 Mrd. Euro betragen. Derselbe Halbjahresbericht weist jedoch mehr als doppelt so hohe Gesamtschulden aus: 25,8 Mrd. Euro. Die vom Bund gewährten zinslosen Bahn-Kredite will das Ministerium jetzt nicht mehr einrechnen: Die Verschuldung der DB AG sei ‹allein auf die zinspflichtigen Verbindlichkeiten abzustellen›.» Nach: Focus vom 5.4.2004.
5 Thilo Sarazzin: «Belegt der Jahresabschluss 2006 die Börsenfähigkeit der Bahn?», Manuskript vom 23. April 2007. Sarazzin schreibt dabei zu recht, dass die unterstellte Abschreibung in Höhe von 2,5 % «eine Untergrenze des eigentlich betriebswirtschaftlich Notwendigen» darstellen würde.
6 Brief des Bundesministeriums für Verkehr, Bau- und Stadtentwicklung an Prof. Karl-Dieter Bodack vom 16. November 2007.
7 Heinz Dürr, in: Die Deutsche Bundesbahnen 1992, herausgegeben von den Vorständen von Deutsche Bundesbahn und Deutsche Reichsbahn, Frankfurt/M. und Berlin, o.J., (1993), S. 9.
8 Deutsche Bahn Gründungsgesetz (DBGrG) § 21, Absatz 1, Satz 1.
9 Gemeint Bundesrechnungshof, Bericht über Haushaltsbelastungen und -risiken des Bundes aus der Übernahme von Personalkosten der ehemaligen Deutschen Bundesbahn vom 6. Juni 1995, S. 11.

Kapitel 3

1 Nach: Rede von Winfried Hermann vom 4.2.2011 «Stuttgart 21 ist eine Metapher für schlechte Verkehrspolitik», wiedergegeben auf: www.winnehermann.de; abgerufen am 7. April 2013 (inzwischen nicht mehr auf der Website gepostet, Ausdruck vorliegend).
2 Jobst-Hinrich Wiskow: «Jäger des verborgenen Schatzes», in: Capital 20/2006.
3 Der Wortlaut des Gesetzes scheint eindeutig zu sein.

Nachdem dort in den Paragrafen 1 und 2 festgelegt ist, dass alles Vermögen von Bundesbahn und Reichsbahn auf das BEV zu übertragen ist, heißt es in § 20: «Die Bundesrepublik Deutschland (Bundeseisenbahnvermögen) ist berechtigt und verpflichtet, der [...] Deutschen Bahn Aktiengesellschaft aus dem Bestand des Sondervermögens BEV alle Liegenschaften [...] sowie sonstiges Vermögen zu übertragen, *soweit dies für das Erbringen von Eisenbahnverkehrsleistungen notwendig (bahnnotwendig) ist.*» ENeuOG vom 27. Dezember 1993. Nach: Eisenbahngesetze, Hestra-Verlag, 10. Auflage 1994, S. 80 und 93.

4 Hermann Abmayr: «Bahnchef wird Immobilienhai», in: Die Tageszeitung vom 24. Oktober 1996. Zu dieser verblüffenden Regelung des Milliarden Euro wertvollen Immobilieneigentums von BEV bzw. Bahn durch «Vergleich» gab es höchstrichterliche Entscheidungen, zuletzt eine solche des Bundesverfassungsgerichts vom 22. November 2011, als die Fraktion DIE LINKE im Bundestag in einem Organstreit zur Frage, «ob der Deutsche Bundestag einer Veräußerung von Vermögensbestandteilen durch die Deutsche Bahn AG hätte zustimmen müssen», unterlag. Es war um das Aurelis-Immobilienpaket gegangen (siehe unten). Das Bundesverfassungsgericht referierte in der Urteilsbegründung zunächst auch die wesentliche Aussage des ENeuOG, wonach nur «die sogenannten bahnnotwendigen Liegenschaften und das bahnnotwendige Vermögen» an die DB AG zu übertragen war. Es formulierte dann jedoch: «Das Gesetz erlaubte es, die Liegenschaftsordnung zwischen Bundeseisenbahnvermögen und der Deutschen Bahn AG durch Vergleich zu regeln. [...] Am 4. und 5. August 1996 wurde als ein solcher Vergleich die sogenannte Rahmenvereinbarung zwischen der Deutschen Bahn AG und der Bundesregierung geschlossen, die der abschließenden und verbindlichen Aufteilung der Liegenschaften zwischen der Deutschen Bahn AG und dem Bundeseisenbahnvermögen zu dienen bestimmt war. Schon beim Abschluss der Rahmenvereinbarung sahen die Parteien voraus, dass der Deutschen Bahn AG dadurch auch nicht unmittelbar bahnnotwendige Liegenschaften zugeordnet werden würden. Um dies zu vermeiden, hätte der gesamte Liegenschaftsbestand kataster- und grundbuchmäßig erfasst werden müssen. Der hierfür erforderliche Aufwand wurde als unverhältnismäßig angesehen.» Es ist natürlich ausgesprochen lächerlich, diesen Aufwand ins Feld zu führen, wenn es um möglicherweise verschleudertes Volksvermögen im Wert von Dutzenden, wenn nicht Hunderten Milliarden Euro ging. (Bundesverfassungsgerichtsurteil vom 22. November 2011; AktZ.: 2 BvE 3/08).

5 Im März 2003 stieg die WestLB bei Aurelis ein und übernahm 51 % der Anteile. Im April 2006 stieg die WestLB wieder aus. Aurelis war wieder eine 100-prozentige Tochter der DB AG. Das Hin und Her des Mehrheitseigentums an Aurelis führte dazu, dass in den Geschäftsberichten der Deutschen Bahn AG der Jahren 2003 bis 2005 Immobilienverkäufe der Bahn an Aurelis nicht auftauchten mit der Begründung, es habe sich um Finanzbewegungen innerhalb des Bahnkonzerns gehandelt. Siehe Antwort der Bundesregierung auf die Kleine Anfrage der Fraktion Bündnis 90/Die Grünen zur «Immobilienzuordnung im DB-Konzern und in der Aurelis Real Estate GmbH & Co. KG», DS 16/3505.

6 In der zuvor zitierten Antwort der Bundesregierung auf die Kleine Anfrage von Bündnis 90/Die Grünen werden im Zeitraum 1999 bis 2005 Einnahmen der DB AG und ihrer Töchter aus Immobilienverkäufen im Zeitraum 1999 bis 2005 in Höhe von 1,851 Milliarden Euro detailliert ausgewiesen. Einschließlich des Aurelis-Verkaufs waren es bereits gut 3,6 Milliarden Euro.

7 So in Capital, 20/2006.

8 1997 brachte die DB AG ihre Fernmeldeanlagen (früher als Basa, den Bahnamtlichen Sprechanlagen, zusammengefasst) in ein gemeinsam mit Mannesmann gebildetes Tochterunternehmen mit Namen Arcor ein. Arcor verfügte damit auf einen Schlag über Fernmeldeanlagen entlang des rund 40.000 km langen Schienennetzes. Als diese erste Stufe des Deals stattfand, war Heinz Dürr zufällig Bahnchef und Aufsichtsrat bei Mannesmann. Die DB AG erhielt für den Verkauf der ersten 49,8 Prozent ihrer Anteile rund eine Milliarde Mark. Von nun an musste die DB AG für die Nutzung «ihrer» ehemaligen Fernmeldeanlagen an Arcor bezahlen — und zwar *jährlich* zwischen 800 Millionen und 1,2 Milliarden DM. Bis zum Jahr 2000 reduzierte die DB AG ihren Anteil an Arcor immer weiter — bis auf 18 Prozent. Als 1999 Vodafone Mannesmann übernahm, befand sich Arcor zu gut 80 Prozent in britischem Besitz. Nun beschloss die DB AG 2001, den Teil der Fernmeldeanlagen von Vodafone zurückzukaufen, der für die Steuerung des Zugverkehrs erforderlich ist. 2002 wurde das Geschäft in dieser Form teilrückabgewickelt — für 2,5 Milliarden Mark. Vorsichtig geschätzt verbuchte die «modern» und «wirtschaftlich geführte» DB AG mit diesen Deals mehr als 1,5 Milliarden Euro an Verlusten. Angaben nach den Geschäftsberichten der DB AG 1997–2002; Süddeutsche Zeitung und Financial Times Deutschland vom 18.7.2001.

9 DB Station & Service: Bahnhöfe in Hessen, Mai 2012, Frankfurt/M., S. 23.

10 «Neue Nutzung für alte Bahnhöfe» DB-Fachtagung der Bahnhofsgebäude, 20. Juni 2006; Vortrag Albrecht Sonnenschein, DB Services Immobilien GmbH, S. 7.

11 Zur Bahn gehörten zum Zeitpunkt der Bahnreform rund 120.000 Eisenbahnwohnungen, in denen mehr als 300.000 Menschen zu relativ günstigen Mietkonditionen lebten. Ein Verkauf dieser Wohnungen wurde bei der Bahnreform explizit ausgeschlossen. Die Fortführung der betrieblichen Sozialeinrichtungen wurde nach

§ 15 des Eisenbahnneuordnungsgesetzes nach den bisherigen Grundsätzen gewährleistet. Dennoch wurden — über mehrere Stufen hinweg und nach Anfechtungen auf unterschiedlichen gerichtlichen Ebenen, auch vor dem Bundesverwaltungsgericht — am 15. Dezember 2000 113.777 Eisenbahnerwohnungen privatisiert. Eigentümer des größten Teils dieser Wohnungen wurde eine Tochtergesellschaft des japanischen Versicherungskonzerns Nomura, die Deutsche Annington Immobilien GmbH. Sie zahlte je Wohnung den Spottpreis von 64.025 DM oder 32.735 Euro, ein Preis, für den ein Großteil der Mieter die Wohnungen übernommen hätte. Verkäufer war 1997 die CDU-geführte Bundesregierung bzw. am Ende — im Jahr 2000 — die SPD-Grünen-Regierung. Nach der Privatisierung gab es die üblichen deutlichen Mietzinserhöhungen.

12 Protokoll der Bundestagsdebatte vom 2. Dezember 1993, DS 16/957, S. 16962.

13 Seit Ende des 20. Jahrhunderts erleben wir übrigens weltweit einen Prozess der Reprivatisierung von Eisenbahngelände — mit entsprechender Immobilienspekulation. In Großbritannien kassierten die privaten Eigentümer des Unternehmens Railtrack, das im Rahmen der Bahnprivatisierung die Trassen und Bahnhöfe übernommen hatte, in einem Zeitraum von nur fünf Jahren Profite in Höhe von 10 Milliarden britischen Pfund — um dann Pleite anzumelden und eine völlig heruntergewirtschaftete Infrastruktur wieder an den Staat zu übergeben Vgl. Jonathan Prynn, «Britain´s 10 bn Sterling Pound rail rip-off», in: Evening Standard vom 19.8.1998. Im deutschen Handelsblatt hieß es : «Britische Bahnprivatisierung stellt sich als Goldgrube heraus» (3.2.1979).

14 Angaben zu Voscherau nach Frankfurter Allgemeine Zeitung vom 6. Oktober 2006 und Mitteilung von H. Voscherau an das Team von Kernfilm, Hamburg, vom 10. Februar 2007.

15 Bereits 1988 berichtete die Süddeutsche Zeitung anlässlich der Stilllegung der «Weldenbahn» im Landkreis Augsburg, dass die damalige Bundesbahn die 20 Kilometer lange Strecke zunächst zu einem hohen Preis den betroffenen zwei Kommunen verkaufen wollte. Zwei Bürgermeister konnten dann «anhand von Urkunden und Kassenbüchern aus den Jahren 1899 und 1902 den Nachweis führen, dass die Kommunen seinerzeit die Grundstücke für die Bahntrasse zunächst gekauft und dann der Bahn kostenlos überlassen hatten.» (Süddeutsche Zeitung vom 4. März 1989).

16 Ulrich Viehöver: «Bundesbahn — Das Mega-Milliarden-Ding», in Focus 43/1993.

Kapitel 4

1 Regierungskommission Bundesbahn (1991): Bericht der Regierungskommission Bundesbahn. Bonn, S. 23.

2 Regierungskommission Bundesbahn (1991), S. 23.

3 Quelle der Daten: Allianz pro Schiene (2010): 15 Beispiele erfolgreicher Bahnen im Nahverkehr. Ergänzt durch eigene Recherchen.

4 Zuwachs von 500 % auf der wichtigsten Teilstrecke Neuruppin-Wittstock.

5 Untersuchung der Verbraucherzentrale Bundesverband (2012): «Mobilität der Zukunft aus Verbrauchersicht», Seite 40.

6 vgl. Elsenbast, Wolfgang (2006): Zukunft der Bahn: ein Kommentar zum PRIMON-Gutachten. Seite 259; Pällmann, Wilhelm (2006): Ziel der Bahnreform: Wettbewerbsbranche Schienenverkehr. Seite 2.

7 vgl. Monopolkommission (2009): Sondergutachten 55 — Bahn 2007. Berlin, Seite 22ff.

8 Monheim, Heiner & Cerstin Gammelin (2007): «Die Bahn ist unfreundlich». In: Die Zeit vom 29.3.2007.

9 vgl. «Loks der Nord-Ostsee-Bahn für Pannenanfälligkeit bekannt». NDR vom 6.1.2006.

10 vgl. «Bahn hilft Bahn im Regionalverkehr». Tagesspiegel vom 24.10.2012.

11 vgl. Achenbach, Hartmut (2006): Der Wettbewerb im ÖPNV in Hessen am Beispiel des Rhein-Main-Verkehrsverbundes. Berlin/Heidelberg (Springer), Seite 193.

12 vgl. Bajari, Patrick, Robert McMillan, et al. (2009): Auctions Versus Negotiations in Procurement: An Empirical Analysis. In: Journal of Law, Economics, and Organization, Heft 25 (2), Seite 372—399.

13 vgl. Götz, Georg & Benjamin Pakula (2011): Wettbewerb und Regulierung des Bahnmarktes. In: Wirtschaftsdienst, Heft 91 (4), Seite 272f.

14 Department for Transport (2011): Realising the potential of GB rail. Report of the Rail Value for Money Study. London (Department for Transport).

15 vgl. Haubitz, Martin (2004): Das «Dänische Modell» des Wettbewerbs im Nahverkehr als Vorbild für die Organisation des ÖPNV in Deutschland. Wuppertal (Bergische Universität Wuppertal).

Kapitel 5

1 Das «Manifest» forderte u.a.: «Rahmenbedingungen für eine Verkehrswende», eine «Flächenbahn statt Geschwindigkeitswahn», den «Stopp des Personalabbaus», ein «Moratorium bei der Netzentwicklung und Trassenschutz», die Gewähr für eine «Schieneninfrastruktur im Eigentum von Bund und Ländern» und «Trassenpreise, die den Nahverkehr fördern». Es mündete in der For-

derung: «Die DB AG darf nicht über die Börse an Private gehen». Der Text, der in drei Auflagen mit jeweils erweiterter Unterzeichnerliste erschien, war unterzeichnet von mehreren hundert Personen, darunter einem Dutzend Bundestags-, Europaparlaments- und Landtags-Abgeordneten aus den Parteien SPD, Bündnis 90/Die Grünen und PDS. Die folgenden Verbände hatten den Text u.a. unterzeichnet: AK Verkehr und Umwelt (UMKEHR) e.V., der Deutsche Bahnkundenverband Brandenburg, der Fußgängerschutzverein FUSS e.V., die Gewerkschaft Deutscher Lokomotivführer Berlin-Brandenburg, die Grüne Liga, die Initiative bessere Bahn, Bündnis 90/Die Grünen Mecklenburg-Vorpommern, der VCD Niedersachsen. Hermann Scheer hatte den Appell als «Präsident von Eurosolar» unterzeichnet.
2 Bundestags-Drucksache 12/196: Stenografischer Bericht 196. Sitzung (2. Dezember 1993), Seite 16955.
3 Zusammenfassung nach: «Eine Bahn-Holding soll fünf Aktiengesellschaften führen», in: Frankfurter Allgemeine Zeitung vom 25.11.1997.
4 «Bahnreform wird weiter planmäßig fortgesetzt», in: Handelsblatt vom 6.12.1997.
5 Geschäftsbericht Deutsche Bahn AG 1999, S. 7f; zuvor: Geschäftsberichte Deutsche Bahn 1998, 1997 und 1996 auf den Seiten 5, 4f und 4.
6 Geschäftsbericht Deutsche Bahn AG, Seite 51; Geschäftsbericht DB Mobility & Logistics AG 2010, S. 52.
7 Geschäftsbericht Deutsche Bahn AG 2011, S. 118; Geschäftsbericht DB ML AG 2011, S. 209.
8 Jeweils auf Basis des Geschäftsberichts Deutsche Bahn AG 2012.
9 Angaben nach den einzelnen Geschäftsberichten der Deutschen Bahn AG für 1994, 1997, 2002 und 2012 (und den Übersichten in den Geschäftsberichten 2012 und 2002).
10 Vom 1998er Umsatz der Deutschen Bahn AG (= Konzern) entfielen 47 % auf DB Regio, 26 % auf Reise & Touristik (= heute AG Fernverkehr), 24 % auf DB Cargo, 1 % auf Station & Service, 1 % auf Netz und 1 % auf «Sonstige». Die verblüffend niedrige Marge von 1 % für «Netz» dürfte darauf zurückzuführen sein, dass das Trassenpreissystem erst aufgebaut wurde und dass der Maßstab der *Außenumsatz* ist, dass also interne Umsätze wie Trassengelder, die DB Regio, DB Fernverkehr und DB Cargo an DB Netz zahlten, nicht aufgeführt werden, sondern nur Trassengelder von anderen Eisenbahnverkehrsunternehmen. Angaben nach: Geschäftsbericht Deutsche Bahn AG 1998, S. 15.

Kapitel 6
1 Der Spiegel 39/1998.
2 Interview in: Frankfurter Allgemeine Zeitung vom 25. Mai 2013.
3 Der Spiegel 24/1998.
4 Dazu schrieb Prof Dr. Hans-Jürgen Kühlwetter: «Greift ein Vorgesetzter so in Verwaltungsabläufe in seinem Verantwortungsbereich ein, so ist dies ein Zeichen einer hierarchischen Unterstellung und der Vorgesetzte trägt für die Folgen des Eingriffs auch die Verantwortung.» (Eisenbahn-Revue 1/2003). Doch Heinisch erhielt im Eschede-Prozess keine Verantwortung zugesprochen.
5 Frankfurter Rundschau vom 16. Juni 1998 (zu Japan); Stern 34/2001 (zu Dänemark und Heinisch-Notiz).
6 Der Spiegel 24/1998.
7 Deutscher Bundestag, Sitzung vom 17. Juni 1998; Protokollauszug: «Dr. Winfried Wolf (PDS): [...] Ins Gedächtnis rufen wolle er seine Fragen im Zusammenhang mit der Kasseler Thyssen-Tochter für Messtechnik und Qualität, wonach es im Mai 1997 Prüfberichte zu den (ICE-)Radsätzen gegeben habe, die von massiven Mängeln auch bei neuen Radsätzen gesprochen hätten. Zusätzlich bitte er zu beantworten, ob es stimme, dass diese Firma Räder mit mehr als 300.000 km Laufleistung zur Untersuchung angefordert habe, die jedoch nicht geliefert worden seien.»
8 Protokollauszug (siehe oben): «Er [Heinisch; d. Verf.] weise darauf hin, dass die DB AG mit Monoblock-Rädern anfangs angesichts deren unterschiedlicher Oberflächenhärte Probleme gehabt habe. Es könne sein, dass sich auch Thyssen damit beschäftigt habe. Er werde die Frage noch genauer prüfen. (Siehe Anlage 4).»
9 Eisenbahntechnische Revue 44/1995.
10 Frankfurter Allgemeine Zeitung vom 25.5.2013.
11 Verkehrs-Rundschau 28/1997. Der EBA-Bericht zu dem Unglück wurde mehrfach verzögert; in dem schließlich 1999 vorgelegten höchst problematischen Bericht zu dem Unglück wird die unsachgemäße Beladung des Waggons nur als *ein Faktor unter vielen* erwähnt, und vor allem auf das Waggon-Drehgestell («Bauart Niesky») mit seinen «übermäßig hohen Querbeschleunigungen» abgehoben. Einiges spricht dafür, dass an diesem Bericht «gedreht» wurde. Es hätte das Unglück nicht gegeben, wenn die Rungen aufgerichtet und die Stahlrohre zwischen diese gestapelt worden wären. Bericht an den Verkehrsausschuss des Bundestags vom 25.2.1999.
12 Juni 1996: In Schönebeck explodieren mit Vinylchlorid gefüllte Waggons. Die EBA-Untersuchung ergibt: Von den 18 französischen Kesselwagen entsprachen elf nicht der Norm. Bis auf einen hätten sie nach den Regeln überhaupt nicht fahren dürfen. Ein Waggon wurde als «Schrott» qualifiziert. (Neues Deutschland vom 26.11.1997.) // Februar 1997: In Frankfurt/M. prallen zwei Güterzüge zusammen; ein mit Benzin geladener Kesselwagen explodiert. (Süddeutsche Zeitung vom 20. 2.1997). // März 1999: Ein brennender Güterzug im Leinebuschtunnel bei

Göttingen. Nur durch Abkoppeln der Wagen kann sich der Lokführer retten. Ursache: Ein heiß gelaufenes Radlager, Wartungsmängel) (Express 3.3.1999). // September 2002: In Bad Münder (Niedersachsen) krachen zwei Güterzüge ineinander, ein Kesselwagen mit Epichlorhydrin explodiert. Noch eine Stunde nach dem Großbrand hatte die DB AG die Feuerwehr noch nicht über den Inhalt der Waggons informiert (Frankfurter Allgemeine Sonntagszeitung vom 22.9.2002). // Januar 2007: In Hamburg entgleisen elf von 21 Wagen eines Güterzugs. Drei Wagen hatten Gefahrgut geladen. Es trat Chloressigsäure aus. Erneut beklagte sich die Feuerwehr über unzureichende Informationen seitens der DB AG (Spiegel Online vom 23.1.2007). // Juni 2010: In Peine entgleist ein Güterzug. Ein Regionalzug prallt in den Güterzug. Die zwei Lokführer werden schwerverletzt. Ursache laut EBA: «Probleme mit den Rädern des Güterzugs» (NDR online; 22.6.2010). // Juni 2013: In Aßmannshausen bei Rüsselsheim entgleist ein leerer Autozug und wirbelt Schottersteine auf die parallel verlaufende Bundesstraße 42. Es gibt keine Personenschäden, weil der Unfall um 5:30 Uhr an einem Sonntag passierte. Ursache: Miserabler Zustand der Infrastruktur (Mitteilung Bundespolizei Koblenz vom 9.6.2013). // Juli 2013: Im Norden Düsseldorfs entgleisen drei Kesselwagen. Zumindest einer hat giftiges Propylen geladen, das mit hoher Brand- und Explosionsgefahr verbunden ist. Die Bahn verweist darauf, dass die Waggons nicht zum Bestand der DB AG gehören. (Die Welt 3.7.2013).

13 Südwestpresse vom 21.11.1997. Die Seite-1-Schlagzeile in der BZ (Berliner Zeitung) vom gleichen Tag lautete: «Die Feuerhölle von Elsterwerda — Es sieht aus wie nach einem Bombenangriff».

14 Siehe: «Nicht einmal die gebrochene Brille wollte die Bahn ersetzen — Erst vier Jahre nach der Zugkatastrophe von Elsterwerda gewinnt Feuerwehrmann Zivilprozess»; in: Berliner Zeitung vom 22.10.2001.

15 BZ vom 21.11.1997.

16 Eisenbahn-Bundesamt — Öffentliche Bekanntmachung (Allgemeinverfügung) vom 10. Juli 2007; Geschäftszeichen Pr.3526-35Xbg.

17 Wenige Tage nach dieser EBA-Allgemeinverfügung kam es im italienischen Städtchen Viareggio zu einem katastrophalen Eisenbahnunglück, bei dem ein mit Flüssiggas beladener Güterzug entgleiste, explodierte und das Städtchen in Brand setzte; 22 Menschen wurden getötet. Die gebrochene Achse, die den Unfall auslöste, stammte aus Deutschland. U.a. Die Welt vom 4.7.2009.

18 Winfried Wolf als einer der Autoren dieser Publikation konnte den Bericht als MdB einsehen und diesen heimlich in weiten Teilen abschreiben. Der Bericht wurde dann auf einer ganzen Seite der «Frankfurter Rundschau» abgedruckt (FR vom 11.10.2009).

19 Bundestags-Drucksache 17/5597. In die hier beschriebene Kategorie mit Unfällen, bei denen es unzureichende Sicherheitsvorschriften gab und die mangelhafte Ausbildung des Personals eine Rolle spielt, fällt auch ein schrecklicher Unfall vom 6. November 2002, der weitgehend in Vergessenheit geriet, weil er in einem deutschen Zug im Ausland stattfand und erst knapp zehn Jahre später gerichtlich aufgearbeitet war: In einem deutschen Schlafwagenzug war Feuer ausgebrochen, weil der Zugbegleiter eine Tasche auf einer eingeschalteten Herdplatte abgestellt hatte. Die Schlafwagenabteile waren verriegelt. Zwölf Fahrgäste starben in den Flammen. 2012 verurteilte ein französisches Gericht die Deutsche Bahn bzw. deren Tochter AutoZug GmbH wegen unzureichender Sicherheitsvorkehrungen. Süddeutsche Zeitung vom 6.6.2012.

20 Nach einem Zugunglück in Kleinfurra (Nordthüringen) im Juni 1996 — zwei Regionalbahnen fuhren aufeinander; zwei Menschen wurden getötet — entschied 1997 das Bundesverkehrsministerium, dass insbesondere die Schienenstrecken in den neuen Bundesländern mit PZB nachzurüsten seien. Im Oktober 2000 verpflichtete sich die Bahn, 1.500 km Haupt- und 10.000 km Nebenstrecken mit PZB auszustatten. Im Zeitraum 2000 bis 2008 gab es einen Streit zwischen DB AG, Eisenbahn-Bundesamt und Bundesverkehrsministerium über die Frage, wer die Kosten für die PZB-Nachrüstung zu tragen habe. Der Spiegel: «Der auf den Börsengang fixierte Konzern wollte nicht selber zahlen und beantragte beim Eisenbahn-Bundesamt, die nötigen Mittel aus dem Bundeshaushalt freizugeben.» (6/2011). Erst im April 2008 legte die Bahn eine «Gesamtkonzeption» zur flächendeckenden PZB-Ausrüstung vor. Im Juni 2008 genehmigte das EBA diese «Gesamtkonzeption». Die Strecke, auf der sich das Hordorf-Unglück ereignete, war in diesem Ausrüstungsprogramm enthalten. Damit kamen die Nachrüstungsarbeiten für die Getöteten und Schwerverletzten um wenige Monate zu spät.

21 Alle Zitate nach: Antrag der Abgeordneten Sabine Leidig, Dr. Dietmar Bartsch und Herbert Behrens und der Fraktion DIE LINKE «Umgehend die Konsequenzen aus dem Unglück von Hordorf ziehen», Bundestags-Drucksache 17/4840.

22 Eine unvollständige, jedoch höchst aufschlussreiche Auflistung: Zugunglück vom 27.9.2001 in Enzisweiler im Allgäu; Zusammenprall zweier Züge, viele Verletzte. Die Infrastruktur war mit PZB ausgerüstet, einer der Züge jedoch nicht (Schwäbische Zeitung vom 26.3.2002). // Am 18. Februar 1999 prallten ein IC und ein Regionalzug im Bahnhof Immenstadt zusammen; zwei Menschen wurden getötet. Im Jahr zuvor waren mehrere Weichen ausgewechselt, dabei aber vergessen worden, die mitgelieferte Sicherungstechnik einzubauen (Lindauer Zeitung vom 18.2.1999). // Im März 1999 stießen in Erfurt zwei

Regionalzüge zusammen, 13 Personen wurden verletzt. Der Lokführer hatte ein Haltesignal überfahren; es fehlte PZB oder vergleichbare Sicherungstechnik (Süddeutsche Zeitung vom 10.3.1999). // Im Oktober 1995 stießen in Werdau in Sachsen ein IR und ein Nahverkehrszug zusammen; ein Mensch wurde getötet, 16 Personen verletzt. Erneut war die vordergründige Ursache das Nichtbeachten eines Haltesignals durch einen Lokführer, doch es fehlte die Sicherungstechnik (Neues Deutschland vom 17.10.1995). // Im Dezember 1995 kam es in Garmisch-Partenkirchen zum Frontalzusammenstoß eines Eilzugs mit dem verglasten Ausflugstriebwagen der DB AG; ein Toter, 57 Verletzte; der Lokführer des Eilzugs hatte ein Haltesignal überfahren; es fehlte PZB oder vergleichbare Sicherungstechnik (Frankfurter Allgemeine Zeitung vom 13.12.1995).

23 Angaben zur Situation in Wünsdorf nach: Tagesspiegel vom 7. Juli 2011 und Bild Berlin vom 20. August 2013. Die gerichtliche Aufarbeitung war Ende 2013 noch nicht abgeschlossen.

24 ARD — rbb-Fernsehen vom 13. Januar 2011, 21.45 Uhr, Sendung «Lebensgefahr — Todesfalle Bahnhof».

25 Bild Berlin vom 6.2.2010.

26 Meldung der Agentur ddp vom 11.10.2006.

27 Bundestags-Drucksache 17/6589, S. 63. Dabei muss berücksichtigt werden, dass die Fragestellung möglicherweise die tatsächliche Zahl der Opfer eingrenzte, da nur nach «durchfahrenden» Zügen gefragt wurde und die Begriffe «Selbstmordabsichten» und «Fremdeinwirkung» gelegentlich interpretationswürdig sind.

28 Dies trifft zu auf Unfälle mit Gleisbauarbeitern. Allein im Zeitraum 1990 bis 1998 wurden mehr als 70 Gleisbauarbeiter von durchfahrenden Zügen erfasst und getötet. Es war zu einem enormen Anstieg solcher Unglücke gekommen, nachdem die Gleisbauarbeiten privatisiert, aus Bundesbahn, Reichsbahn bzw. Deutscher Bahn AG ausgegliedert worden waren. Siehe z.B. Frankfurter Rundschau vom 12.4.1994 («ICE rast in Gruppe von Gleisbauarbeitern — drei Tote»), Stuttgarter Zeitung vom 22.9.1998 («Testzug rast auf Baustrecke Berlin—Hannover in Baumaschine») und Frankfurter Rundschau vom 26.10.1993 («Seit 1990 bereits 60 Bahnarbeiter bei Gleisbauarbeiten getötet»). Dies trifft auch zu auf Unfälle aufgrund unzureichend gesicherter Hochgeschwindigkeitsstrecken. Siehe z.B. Frankfurter Allgemeine Sonntagszeitung vom 25.8.2011 («ICE rast in Traktor») oder Süddeutsche Zeitung vom 18.8.2010 («ICE kollidiert mit Müllwagen») — oder der Unfall eines ICE am 26.4.2008, als dieser im Landrücken-Tunnel in Nordhessen in eine Schafherde raste, die in den Tunnel geraten war. Der ICE entgleiste; es gab keine Personenschäden (Bericht Regierungspräsidium Kassel vom 5.11.2000).

Kapitel 7

1 Interview mit Bahnchef Hartmut Mehdorn in: Frankfurter Rundschau vom 11.10.2000, Interview: Werner Bahlsen und Jürgen Klotz. Es sollte mitbedacht werden, dass Mehdorn zu diesem Zeitpunkt bereits ein knappes Jahr Bahnchef war.

2 Süddeutsche Zeitung vom 23.3.2009. Zum Ausbau des EADS-Militärgeschäfts siehe Les Echos (Paris) vom 10.12.2007 («EADS doit réduire sa dépendance à Airbus»).

3 «Grube kündigte an, am Börsengang der Bahn festhalten zu wollen. ‹Wir müssen uns den Börsengang als Option erhalten, um auch in Zukunft international investieren zu können›, sagte Grube der Bild am Sonntag. Dies ist allein deshalb bereits notwendig, um zusätzliches Geld für die Expansion zu erlangen.» (Süddeutsche Zeitung vom 2.6.2009).

4 Daimler erhielt mit der 1985 vollzogenen AEG-Übernahme einen starken Bahntechniksektor, der mit der Fusion mit ABB im Jahr 1996 unter dem Markennamen Adtranz («we speak railways») kurzzeitig zum weltweit größten Eisenbahnfahrzeugbauer der Welt aufstieg. Daimler sollte unter der Führung von Edzard Reuter zum Technologie- und Mobilitätskonzern ausgebaut werden. 1999 stieg ABB aus dem Verbund aus; 2000 verkaufte Daimler Adtranz an Bombardier und wurde wieder zum Nur-Autokonzern.

5 «In Ottobrunn sind [...] viele große Dinge entstanden wie der Hubschrauber Bo 105 und die Magnetschwebebahn» Interview mit R. Grube in: Süddeutsche Zeitung vom 23.3.2009.

6 Firmenbroschüre «Dürr — ein Systemhaus», ohne Jahr (ca. 2000).

7 Bis zum Ende der Ära Mehdorn wurden in solchen Fällen nur Tickets der Lufthansa in den Zügen der DB AG als gültige Fahrausweise akzeptiert. Auf der Sitzung des Verkehrsausschusses des Bundestags vom 16. Juni 2010 verkündete der neue Bahnchef Rüdiger Grube: «Auch Air Berlin-Tickets werden akzeptiert; das ist mein Verständnis von Mobilität.» Im Übrigen gibt es das Umgekehrte ja nicht — dass beispielsweise Lufthansa und Air Berlin im Fall von «Winterchaos» oder «Sauna-ICE» bei der Bahn Freiflüge anbieten.

8 Im Jahr 2010 entfielen von den bundesweit 179.000 Carsharing-Nutzern bereits 64 % auf die Bahn (überwiegend Flinkster). Financial Times Deutschland vom 17.8.2010.

9 Siehe die Zeitschrift der DB AG mobil Heft 07/2001 zu Wolfsburg oder 03/2002 zu Lauda. Der Ex-Formel-1-Fahrer und zeitweilige Chef von Billigfluggesellschaften bekannte: «Als ich vor zwei Jahren in den Aufsichtsrat der Österreichischen Bundesbahnen gewählt wurde, hatte ich zum ersten Mal in meinem Leben das Gefühl, ich

sollte mal in einen Zug einsteigen.» Dies sei seine «erste und letzte Bahnfahrt» gewesen. Interview in: Penthouse, März 2006.

10 Mehdorn wurde im April 2006 zum «non-executive director» von Air Berlin gewählt; nach heftigen Protesten erklärte er im Mai seinen Verzicht auf diese Funktion. Zuvor: Express vom 18.8.2007 und Sächsische Zeitung vom 14.1.2003 (Zitate zu Zugfahrten als Tortur); Frankfurter Allgemeine Zeitung vom 23.12.2006 (Bahn als Flugzeugbetreiber).

11 Besondere Verdienste zur Aufklärung dieser Tatsache haben sich dabei Christoph Engelhardt und die Internet-Platform WikiReal.org. erworben. Siehe auch: Chr. Engelhardt / E. Hopfenzitz / S. Leidig / V. Lösch / W. Sittler / Winfried Wolf (2013): Empört Euch – weiter! Neue Argumente gegen Stuttgart 21. Köln (Papyrossa), S. 74f.

12 So die Anforderungen an Vorstandsmitglieder in §93 des Aktiengesetzes.

13 Wir konzentrieren uns hier aus Platzgründen auf die Bahnchefs. Grundsätzlich gilt «Wie dr Herr, so´s G´scherr»: Eine große Zahl der Topleute der Deutschen Bahn kommen ihrerseits aus der Autobranche und der Luftfahrt. In der Ära Mehdorn fiel vor allem der massive Einfluss von Ex-Lufthansa-Leuten ins Auge, die dann auch das neue und gescheiterte Bahnpreissystem am Ticketsystem der Airlines ausrichteten (siehe Kap. 10). Lassen wir hier nur kurz die bisherigen Aufsichtsratsvorsitzenden Revue passieren: Der erste DB-AG-Aufsichtsratsvorsitzende Günther Saßmannshausen war u.a. in den Aufsichtsräten von VW, Continental und Deutsche Shell vertreten. Auf ihn folgte 1997 Heinz Dürr. Auf diesen in dieser Funktion dann 1999 Dieter Vogel, der als Ex-Thyssen-Mann mit der Transrapid-Technologie verbunden war. Auf Vogel folgte 2001 Michael Frenzel, Chef von Preussag und Tui und Betreiber einer Billigairline. 2005 wurde Werner Müller Aufsichtsratsvorsitzender. Er war damals gleichzeitig Chef der Ruhrkohle AG-Stiftung, wobei die RAG einer der wichtigsten Kunden im Schienengüterverkehr der DB AG ist. Auf Müller folgte 2010 der mit dem Bundesverkehrsminister Peter Ramsauer befreundete Utz-Hellmuth Felcht als Bahnaufsichtsratsvorsitzender, der damals als Chef des Unternehmens Süd-Chemie ebenfalls spezifische Frachtinteressen personifizierte und ansonsten für eine ausgemachte Heuschrecke, die OEP (One Equity Partners) in Dublin, arbeitet (was damals, da der Bahnbörsengang zu diesem Zeitpunkt weiter auf der Tagesordnung stand, höchst pikant war).

14 Wirtschaftswoche 51/1997.

15 Interview in: Die Welt vom 16.10.1999

16 Der Spiegel 9/1999.

17 Ludewig zog eine bittere Bilanz, in der er auch die strukturellen Benachteiligungen der Schiene auflistete und hervorhob, dass diese ausgerechnet unter Rot-grün nochmals größer wurden: «Und jetzt kommt noch die Ökosteuer – wir zahlen als Bahn erneut oben drauf. Und die Schifffahrt und die Fliegerei sind wieder außen vor.» In: Die Welt vom 16.10.1999.

Kapitel 8

1 Nach einem Bericht von Karl-Dieter Bodack.

2 vgl. Beek, Markus (2011): Straßen statt Schienen. Hamburg (Universität Hamburg), Seite 278.

3 zitiert nach Bundestags-Drucksache 12/196: Stenografischer Bericht 196. Sitzung (2. Dezember 1993), Seite 16964.

4 Pkm = Zahl der beförderten Personen multipliziert mit der zurückgelegten Entfernung derselben. Also 100 Fahrgäste, die eine Zugfahrt über 50 Kilometer Entfernung zurücklegen, entsprechen 5.000 Pkm (Personenkilometer). Während man dies als «Verkehrsleistung» bezeichnet, wird die bloße Zahl der beförderten Personen – hier also 100 – «Verkehrsaufkommen» genannt.

5 zitiert nach Börnhoft, Petra & Frank Hornig (2000): «Deutsche Wahn AG». Der Spiegel, Heft 46, Seite 134f.

6 Bundesrechnungshof (2006): Bericht nach §99 BHO zur Finanzierung der Bundesschienenwege. Die Prozentzahlen sind deswegen höher als die hier für den Modal Split angegebenen, weil sie für den Gesamtverkehr (also PV und GV) gelten.

7 vgl. «Für den Bundesrechnungshof ist die Bahnreform ein Flop.» Frankfurter Rundschau vom 14.3.1997.

8 vgl. Gietinger, Klaus (2004): Der Markterfolg der Deutschen Bahn AG nach der Bahnreform – Dichtung und Wahrheit. Karlsruhe (Evang. Akademie Baden), Seite 92. Legt man Gietingers detailliertere Gegenrechnung zugrunde, dann ist das reale Wachstum höchstens halb so groß wie von der DB AG behauptet. Die Anpassung der Werte wird auch von der Bundesregierung offiziell bestätigt (Bundestags-Drucksache 15/1954: Antwort der Bundesregierung auf die Kleine Anfrage der Abgeordneten Horst Friedrich (Bayreuth), Daniel Bahr (Münster), Rainer Brüderle, weiterer Abgeordneter und der Fraktion der FDP) und lässt sich durch den Vergleich der Zahlen in den von der DB AG herausgegebenen «Daten und Fakten» aus den unterschiedlichen Jahren nachweisen, da diese in den neueren Ausgaben auch rückwirkend geändert wurden.

9 Recherche von Felix Berschin für das ARD-Magazin Report Mainz. Zu den Städten ohne Fernverkehrsanbindung zählen z.B. Krefeld, Heilbronn, Bremerhaven, Gera und Siegen. Quelle: SWR Report Mainz (2012): «Abgehängt von der Bahn – Am Fernverkehr wird auf Kosten kleinerer Städte rigoros gespart.»; ebenso zitiert in Holzhey,

Michael, Felix Berschin, et al. (2011): Wettbewerber-Report Eisenbahn 2010/2011. Berlin (KCW GmbH / Mofair e.V. / Netzwerk Privatbahnen / BAG-SPNV), Seite 12.

10 vgl. Holzapfel, Helmut (2004): Strategien zur Erschließung von Marktpotentialen der Eisenbahnen im interregionalen Fernverkehr. Karlsruhe (Evang. Akademie Baden), Seite 59f.

11 z.B. 1999 fuhren 64,7 Millionen Menschen mit dem IR, aber nur 35,6 Millionen mit dem ICE und 51,8 Millionen mit dem IC/EC. Quelle der Zahlen: «Daten und Fakten 1999», herausgegeben von der DB AG.

12 Auf eine Anfrage des Ministeriums für Umwelt und Verkehr der baden-württembergischen Landesregierung antwortete Heinz Dürr am 29. Oktober 1996 persönlich wie folgt: «Die Mitteilung, dass der InterRegio von der Deutschen Bahn aufgegeben wird, ist schlicht falsch. Die DB ist sich völlig darüber im Klaren, dass die Bedienung in der Fläche mit relativ kurzen Abständen zwischen den Halten mit einem preiswerten und guten Produkt wie dem InterRegio unabdingbar zum Gesamtangebot des Fernverkehrs auch in Ihrem Bundesland gehört. Sehr geehrter Herr Staatssekretär, ich hoffe, Spekulationen über die Abschaffung des InterRegio nunmehr endgültig die Grundlage entzogen zu haben.» Zitiert in: Karl-Dieter Bodack, InterRegio — Die abenteuerliche Geschichte eines beliebten Zugsystems, Freiburg/Brsg. (Eisenbahn-Kurier-Verlag) 2005, S. 111.

13 vgl. Genger, Jenny (2001): Deutsche Bahn: Connex interessiert sich für Inter-Regio-Strecken; Gies, Jürgen (2006): Die Strategien der deutschen Bahnreform und Diskussionen um die Entwicklungstendenzen des liberalisierten Eisenbahnsektors — eine Untersuchung aus diskursanalytischer Perspektive. Heidelberg (Ruprecht-Karls-Universität Heidelberg).

14 Somit kommt es teilweise zu extrem langen Zugläufen von Regionalexpressen, die ehemalige IR-Linien ersetzen. In einigen Bundesländern wurde auch der Name beibehalten, und die aus Regionalisierungsmitteln finanzierten Ersatzzüge nennen sich nun «InterRegio-Express».

15 vgl. Bodack, Karl-Dieter, Wolfgang Hesse, et al. (2004): Renaissance des IR in Deutschland. Karlsruhe (Evang. Akademie Baden), Seite 130.

16 Monheim, Heiner & Klaus Nagorni (2004): Die Zukunft der Bahn. Zwischen Bürgernähe und Börsengang. Karlsruhe (Evang. Akademie Baden), Seite 53.

17 Johannes Hauber, Andreas Kleber, Heiner Monheim, Jürgen Rochlitz und Winfried Wolf, «Bürgerbahn statt Börsenbahn — Über den Bankrott der Verkehrspolitik», in: Frankfurter Rundschau vom 14.11.2000.

18 vgl. Umweltbundesamt (2012): Daten zum Verkehr, Ausgabe 2012. Dessau, Seite 62.

Kapitel 9

1 Quelle der Meldung: dpa-AFX vom 11.9.2001
2 Quelle der Daten: Bundesministerium für Verkehr, Bau- und Wohnungswesen (2000): Verkehr in Zahlen 2000. Hamburg (DVV Media Group GmbH); Bundesministerium für Verkehr, Bau- und Stadtentwicklung (2012): Verkehr in Zahlen 2012/13. Hamburg (DVV Media Group GmbH).
3 Die Zahl der Güterverkehrsstellen halbierte sich fast von 2402 (2000) auf 1442 (2003). Vgl. Meyer, Maximilian (2011): Die gescheiterte Bahnreform — Ursachen — Folgen — Alternativen. Darmstadt (Büchner-Verlag), Seite 72.; Ritzau, Hans-Joachim, Jörn Pachl, et al. (2003): Die Bahnreform — eine kritische Sichtung. Pürgen (Verlag Zeit und Eisenbahn), Seite 194ff.
4 Monheim, Heiner (2007): «Die kalte Enteignung». In: Der Freitag vom 16.3.2007.
5 vgl. Deutsche Bahn AG (2013): Wettbewerbsbericht 2013, Seite 3ff.; Monopolkommission (2011): Sondergutachten 60 — Bahn 2011: Wettbewerbspolitik unter Zugzwang, Seiten 28 und 81.
6 Report Mainz vom 14.2.2011.

Kapitel 10

1 Die Bahn behauptete, PEP sei «besonders für Senioren atraktiv». Doch bislang kostete eine Senioren-BahnCard (mit 50 % Rabatt) nur 70 Euro, die Hälfte der normalen BahnCard. Mit PEP kostete die BahnCard 25 60 Euro für alle.
2 (Stark gekürzte) Erklärung der Expertengruppe Bürgerbahn statt Börsenbahn (BsB), Pressekonferenz vom 15. November 2002 in Berlin (Bahnhof Zoologischer Garten).
3 Brychcy, Ulf: «Schmeiß' die Tickets weg, wir fahren Auto». Süddeutsche Zeitung vom 24.5.2003.
4 Geschäftsbericht der DB AG 2002, Seite 16.
5 «Und die Bahn kommt...». Süddeutsche Zeitung vom 11.12.2002.
6 Im Gegensatz zu vielen Pro-Bahn-Mitgliedern und einigen Landesverbänden — so demjenigen von NRW, die insbesondere die Abschaffung der BahnCard 50 kritisierten und sogar eine Unterschriftensammlung für ihren Erhalt initiierten.
7 Erklärung des BUND, beschlossen auf der Delegiertenkonferenz am 21.11.2001 in Bad Hersfeld.
8 «Bahn plant Sonderaktion». Süddeutsche Zeitung vom 29./30.3.2003.
9 «Die Bahn verliert massiv Kunden». Süddeutsche Zeitung vom 17.8.2003.
10 Stiftung Warentest: Test Kundenberatung der Deutschen Bahn. test 04/2003.
11 Geschäftsbericht der DB AG 2002, Seite 3.

12 «Bahn trennt sich von Tarifsystem-Managerin». Süddeutsche Zeitung vom 23.5.2003.
13 «Bahn verkaufte zu teure Tickets». Süddeutsche Zeitung vom 4.8.2003.
14 Regierungskommission Bundesbahn (1991): Bericht der Regierungskommission Bundesbahn. Seite 33. «DEAG» steht für «Deutsche Eisenbahn AG», der ursprünglich von der RKB vorgesehene Name für die DB AG.
15 Stiftung Warentest, März 2007 (veröffentlicht in der Zeitschrift test, Ausgabe April 2007); ein ähnliches Ergebnis erbrachte der VCD-Bahntest 2008.
16 Daten zur Inflation vom Statistischen Bundesamt.
17 «‹Dauer Spezial› ist ‹Dauer vergriffen›». Stern vom 20.9.2007.
18 VCD-Bahntest 2012.
19 «Neuer Streit um Datenschutz», Frankfurter Rundschau vom 18.3.2013.
20 vgl. Deutsche Bahn AG (2013): Daten und Fakten 2012, Seite 17.
21 vgl. SBB AG (2010): Die SBB in Zahlen und Fakten. Bern, Seite 11.
22 Michael Kuntz, «Die App-Fahrer — Mehr als fünf Millionen Menschen kaufen ihre Tickets im Internet statt am Schalter», in: Süddeutsche Zeitung vom 21.12.2011. Im Hauptbahnhof Berlin schloss die Deutsche Bahn im Mai die zentrale Schalterhalle im 1. Obergeschoss ohne vorherige Ankündigung. Wochenlang klebten Zettel an der verschlossenen Glasfront, die auf eine spätere Wiedereröffnung («Umbau») und auf Automaten und Schalterräume im ersten Untergeschoss verwiesen. Dann verschwanden auch diese. Die Räume waren auch Ende 2013 noch verschlossen. Allerdings gibt es weiterhin Wegweiser im Hauptbahnhof auf den angeblichen Schalterverkauf im 1. Obergeschoss.
23 «Deutsche Telekom Schlusslicht bei Service-Umfrage». Die Welt vom 2.5.2008.
24 Stern vom 12.9.2008.
25 Kirnich, Peter: «Bahn will Züge seltener putzen». Frankfurter Rundschau vom 7.11.2011.
26 NDR-Magazin Markt vom 12.12.2011.
27 «Die Bahn macht nicht mobil». Tagesspiegel vom 18.6.2013; «Schaffner wirft Mädchen bei Eiseskälte aus dem Zug». Süddeutsche Zeitung vom 28.1.2010; «Erneut Minderjährige aus Regionalzug der Bahn geworfen. AFP vom 11.11.2008; «DB setzt Mädchen in der Dunkelheit aus». Süddeutsche Zeitung vom 22.10.2008.
28 Ehrlich, Peter (2003): Infra-Umfrage: BMW hat das beste Image deutscher Konzerne. Financial Times Deutschland vom 10.4.2003.
29 vgl. European Commission (2011): Survey on passengers' satisfaction with rail services. Brüssel. Die Befragungen dazu wurden im März 2011 durchgeführt.

Kapitel 11

1 Interessengemeinschaft Brandenburgische Städtebahn (2004): 100 Jahre Brandenburgische Städtebahn — Geschichte, Gegenwart und Zukunft. Festschrift zum Jubiläum 1904–2004. Fürth (Städtebilderverlag).
2 38.000 km im Westen und 16.000 km in der SBZ/DDR. Quelle: Nationalatlas Bundesrepublik Deutschland, Verkehr und Kommunikation, hrsg. vom Institut für Länderkunde, Leipzig 2000, S. 32.
3 Beek, Markus (2011): Straßen statt Schienen. Hamburg (Universität Hamburg).
4 zitiert nach Bennemann, Stefan (1994): Die Bahnreform. Hannover (Raulfs), Seite 82.
5 Bundestags-Drucksache 12/196: Stenografischer Bericht 196. Sitzung (2.12.1993), Seite 16959.
6 Datenquelle für die Bahninfrastruktur: DB-«Daten und Fakten» der Jahre 2000 und 2013.
7 zitiert nach Ritzau, Hans-Joachim, Jörn Pachl, et al. (2003): Die Bahnreform — eine kritische Sichtung. Pürgen (Verlag Zeit und Eisenbahn), Seite 325.
8 Rund 40 % der genannten Gesamtstrecke wurde verpachtet, der Rest verkauft. Wobei Verpachtung auch weitreichende rechtliche Folgen hat, siehe im Folgenden.
9 Bundestags-Drucksache 17/8286: Antwort der Bundesregierung auf die Kleine Anfrage der Abgeordneten Martin Burkert, Sören Bartol, Uwe Beckmeyer und der Fraktion der SPD vom 28.12.1011 — Drucksache 17/8198.
10 vgl. Schlesinger, Christian (2012): Ohnmacht im fremden Räderwerk. Wirtschaftswoche, Heft 49, Seite 46–53.
11 vgl. Deutsche Bahn AG (2013): Geschäftsbericht 2012, Seite 93.
12 Dürr, Heinz (1993): Die Bahnreform, und was die Bahn selbst tun muß. In: Die Deutsche Bahn (Heft 1), Seite 9.
13 Aussage des damaligen DB-Vorstands Otto Wiesheu vor dem Verkehrsausschuss des Deutschen Bundestages am 1.6.2006. Am 4.6.2006 berichtet der «Tagesspiegel», dass diese Dienstanweisung von Hartmut Mehdorn direkt unterzeichnet war. Einige der ehemaligen InterRegio-Wagen wurden jedoch in die Niederlande verkauft, wo sie heute als InterCitys verkehren.
14 Nach den genannten 1025 Millimetern Sitzabstand im ICE-1, was gewissermaßen «Vor-Bahnreform-Niveau» war, gab es 920 Millimeter im überarbeiteten ICE-1 und gibt es zukünftig die 856 Millimeter im ICx, der 2015 in Betrieb genommen werden soll. Wir haben dann in rund 25 Jahren eine Reduktion des Sitzabstands um 17 Prozent. Wir unterlassen höflicherweise eine Hochrechnung für den zu erwartenden Sitzabstand im Jahr 2050.

15 DB Mobil 08/2011, S. 28.
16 Grafik: Bernhard Knierim nach einer Vorlage des Verkehrsverbunds Berlin-Brandenburg.
17 Die Welt vom 24.7.2011.
18 Dabei setzen die Schweizer und die französische Staatsbahn durchaus auch Doppelstock-Wagen für den Schienenpersonenfernverkehr ein. Bei diesen handelt es sich jedoch nicht um optimierte Regionalzüge, sondern um Neuentwicklungen speziell für den Fernverkehr. Sie haben Bordrestaurants und auch auf der zweiten Ebene Durchgänge von Wagen zu Wagen.

Kapitel 12
1 Michael Adler in der VCD-Zeitschrift fairkehr 03/2007.
2 Hartmut Mehdorn hatte bei der Eröffnung der Ausbaustrecke dem Hamburger Bürgermeister versprochen, die Hamburger würden in Berlin ins Theater gehen und mit dem ICE zurückfahren können. Das geht auch heute noch, wenn auch eher knapp: Um 22.55 Uhr fährt ein letzter ICE nach Hamburg (Ankunft Hamburg Hbf: 0.33 h; Fahrplan 2013). In umgekehrter Richtung blieb es bei dem fahrgastfeindlichen Fahrplan, wonach der letzte ICE um 21.21 Uhr in Hamburg Hbf abfährt (abgesehen von zwei neu eingeführten Spätzügen an Freitag- und Sonntagabenden).
3 Grundgesetz der Bundesrepublik Deutschland, Art. 87e (4) in der 1993 geänderten Fassung.
4 vgl. Bundestags-Drucksache 16/2243: Antwort der Bundesregierung auf die Kleine Anfrage der Abgeordneten Horst Friedrich (Bayreuth), Patrick Döring, Jan Mücke, weiterer Abgeordneter und der Fraktion der FDP – Drucksache 16/2107, Seite 5.
5 Momentan 2,5 Milliarden Euro pro Jahr; hinzu kommen 500 Millionen Euro an Eigenmitteln der DB AG.
6 Bundesministerium für Verkehr, Bau- und Stadtentwicklung (2009): Leistungs- und Finanzierungsvereinbarung («LuFV») zwischen der Bundesrepublik Deutschland und der DB Netz AG, der DB Station&Service AG, der DB Energie GmbH sowie der Deutschen Bahn AG, Seite 4.
7 Bericht an den Rechnungsprüfungsausschuss des Haushaltsausschusses des Deutschen Bundestages nach §88 Abs. 2 BHO über die Infrastrukturzustands- und -entwicklungsberichte 2008 und 2009 der Deutschen Bahn AG. Veröffentlicht vom Bundesrechnungshof am 14.6.2011.
8 vgl. Infrastrukturzustandsberichte der Jahre 2010 bis 2012, herausgegeben von DB Netze.
9 Fast noch krasser ist der Befund zu den Bahnhöfen: «Wenn knapp zwei Drittel der vorhandenen Empfangsgebäude nicht bewertet werden, können die IZB den Zustand des Bahnhofsanlagenbestands nicht […] mit der gewünschten Transparenz abbilden.» (BRH-Bericht Seite 9). Das vorangegangene Zitat findet sich dort auf Seite 8, die folgenden von den Seiten 12, 13, 18, 19. Es drängt sich der Verdacht auf, dass die absurde Definition, wonach ein Bahnhof vor allem «Empfangsgebäude» sei, auch mit dem Ziel Schönrechnerei erfolgte.
10 vgl. Schlesinger, Christian (2012): Ohnmacht im fremden Räderwerk. Wirtschaftswoche 49, Seite 47; Deutsche Bahn AG (2013): Leistungs- und Finanzierungsvereinbarung – Infrastrukturzustands- und -entwicklungsbericht 2012, Seite 6.
11 vgl. Bundesrechnungshof (2011), Seite 29f.
12 «Netzwerk Privatbahnen kritisiert Zustand des Schienennetzes». Eisenbahn-Revue International 12/2005, S. 556; BRH-Bericht 2011, Seite 20f.
13 Netzwerk Privatbahnen, Pressemitteilung vom 1.3.2007: «Zustand des Schienennetzes verschlechtert sich weiter. Privatbahnen rügen folgenschwere Managementfehler».
14 Verkehrsverbund Berlin-Brandenburg GmbH (2011): Qualitätsbilanz 2010. Berlin (VBB), Seite 24f.
15 vgl. Stiftung Warentest (2011): Jeder dritte Fernzug zu spät. Test 05/2011; VCD (2011): VCD Bahntest 2011, Seite 11; Kuhr, Daniela (2012): Der Zugmonitor. Süddeutsche Zeitung vom 9.3.2012.
16 Seit 2012 veröffentlicht die DB AG wieder eigene Verspätungsstatistiken, diese werden aber getreu dem Motto «Traue keiner Statistik, die Du nicht selbst gefälscht hast» erstellt. So kommt die DB AG im Gegensatz zu den unabhängigen Untersuchungen durchgehend auf quasi SBB-Werte von deutlich über 90 Prozent Pünktlichkeit. Diese Statistik wurde jedoch von Wissenschaftlern 2012 als «Unstatistik des Monats» gekürt, weil die DB unter anderem nicht die für die Fahrgäste relevanten Verspätungen an den Zielbahnhöfen berücksichtigt und auch Totalausfälle von Zügen schlichtweg aus der Statistik herausrechnet, obwohl diese für die Fahrgäste gleichermaßen Verspätungen bedeuten. Demgegenüber ermittelt die Schweizer Bahn die tatsächlichen Ankunftsverspätungen für die Reisenden an ihren Zielen – und erreicht dennoch ähnlich gute Werte. Vgl. Schmidt, Joachim (2012): Pünktliche Bahn? Rheinisch-Westfälisches Institut für Wirtschaftsforschung e.V.
17 Carsten Brönstrup: «Die Bahn und ihre Pünktlichkeit». Tagesspiegel vom 14.10.2013.
18 vgl. Vieregg-Rössler GmbH (2006): Einsparpotentiale bei Schienen-Großprojekten durch eine Modifikation der Planung. München, Seite 5.
19 Im Zeitraum 1975 bis 1994 wurden 25 Versuchsabschnitte von jeweils einigen 100 Metern in Fester Fahrbahn-Bauweise gebaut – immer mit ähnlich negativen Ergebnissen. Ab 1994 baute die DB AG dann «Versuchsabschnitte» mit 20 und mehr Kilometern.

20 Bundestags-Drucksache 12/8490: Bemerkungen des Bundesrechnungshofes 1994 zur Haushalts- und Wirtschaftsführung.dip21.bundestag.de/dip21/btd/12/084/1208490.pdf

21 «Die Wahn-AG», in: Die Zeit 05/2011 vom 27.1.2011.

22 «Schienennetz 2025/2030», Studie der Beratergesellschaft KCW GmbH im Auftrag des Umweltbundesamtes, August 2010.

23 Schneider, Christian: «Bahn deutet Verzicht auf ICE-Strecke durch den Thüringer Wald an». Süddeutsche Zeitung vom 29.5.1999, S. 60.

24 Basis für diese Berechnungen sind äußerst problematische sogenannte Nutzen-Kosten-Rechnungen. Bei einem Ergebnis, das größer ist als 1, gilt eine Strecke als rentabel. Im Fall der NBS über die Schwäbische Alb wurde nur die Gesamtstrecke Wendlingen bis Augsburg gewertet (und nicht die entscheidende kürzere Strecke Wendlingen–Ulm). Aber auch da gab es nur den äußerst knappen Befund: Die aktuellen «Ergebnisse der Überprüfung der Bedarfspläne für die Bundesschienenwege [...]» von 2010 ergaben ein Nutzen-Kosten-Verhältnis von nur 1,2 bis 1,5.

25 1994 gab es gesamt 1.146.752 Sitzplätze (davon 108.257 in der Ersten Klasse). 2004 waren es 1.513.000 Sitzplätze (157.826 in der Ersten Klasse). 2012 waren es 1.177.877 Sitzplätze gesamt, davon 116.593 in der Ersten Klasse. Alle Angaben nach der offiziellen DB AG-Statistik: Daten und Fakten 1994/95; Daten und Fakten 2004 und Daten & Fakten 2012.

Kapitel 13

1 Der Brief von Alex Gordon vom Juli 2008 wurde in voller Länge abgedruckt in der Sonderzeitung von Bahn für Alle, die der Tageszeitung taz am 5.8.2008 beilag. Siehe Kapitel 22.

2 Gartmann, Fabian und Thomas Jahn: «Die Geheim-Dienstleister». Handelsblatt vom 26.6.2013. Unter anderem arbeitete der PRISM-Whistleblower Edward Snowden zum Zeitpunkt seiner Enthüllungen für Booz Allen Hamilton.

3 Der Vertrag trat am 1.1.1958 in Kraft. Vgl. Gies, Jürgen (2006): Die Strategien der deutschen Bahnreform und Diskussionen um die Entwicklungstendenzen des liberalisierten Eisenbahnsektors — eine Untersuchung aus diskursanalytischer Perspektive. Heidelberg (Ruprecht-Karls-Universität Heidelberg), Seite 88.

4 Eigentlich müsste es heißen «Trennung von Netz und Transport». Allerdings hat sich längst die unscharfe Bezeichnung «Trennung von Netz und Betrieb» durchgesetzt, die wir hier der besseren Verständlichkeit wegen beibehalten.

5 Richtlinie 91/440/EWG und die Verordnung 1893/91; vgl. Link, Heike (1994): Bahnreform in Japan und Deutschland. Vierteljahreshefte zur Wirtschaftsforschung (3), Seite 246; Gies, Jürgen (2006), Seite 90.

6 Dirk Fischer (CDU) in der Debatte zur Bahnreform. Bundestags-Drucksache 12/196: Stenografischer Bericht 196. Sitzung (2. Dezember 1993), Seite 16982.

7 Weitere Konkretisierungen der Vorgaben für die Organisationsstruktur der Europäischen Bahnen folgten 1994 und 1995 (Richtlinie 95/18/EG). Richtlinie 2001/12/EG regelt den diskriminierungsfreien Zugang aller europäischen Bahnunternehmen zur Bahninfrastruktur der EU-Länder, während Richtlinie 2001/13/EG die Anforderungen an die Bahnunternehmen festschreibt, die insbesondere unabhängig von staatlichen Behörden sein sollen, und Richtlinie 2001/14/EG ein europäisches Schienengüterverkehrs-Netz entwirft.

8 Dabei ist im «zweiten Eisenbahnpaket» (2002) zur Sicherheit und Technik insbesondere der Plan für ein gemeinsames Zugsicherungssystem (ERTMS = European Rail Traffic Management System; ETCS = European Train Control System) hervorzuheben, das den grenzüberschreitenden Bahnverkehr enorm vereinfachen soll. Das «dritte» (2007) und «vierte Eisenbahnpaket» (2013) sowie der «Recast» des ersten Pakets (2012) fordern eine immer stärkere Trennung der meist staatlichen Netze und der privatwirtschaftlich betriebenen Transportunternehmen.

9 Diese Zahl ist für den Zeitraum 2006 bis 2009 berechnet. Quelle: Booz Allen Hamilton (2006): Privatisierungsvarianten der Deutschen Bahn AG «mit und ohne Netz» (PRIMON). Berlin (Bundesministerium für Verkehr, Bau und Stadtentwicklung / Bundesministerium der Finanzen), Seite 15.

10 Albach, Horst (2006): Fortführung der Bahnreform — materielle Privatisierung eines integrierten Konzerns, Empfehlung des BahnBeirats. Heidelberg (Eisenbahn-Fachverlag), Seite 44.

11 Regierungskommission Bundesbahn (1991): Bericht der Regierungskommission Bundesbahn, Seite 25.

12 vgl. Department for Transport (2011): Realising the potential of GB rail. Report of the Rail Value for Money Study. London (Department for Transport).

13 Veiel, Axel: «Die Deutsche Bahn dient Paris als Vorbild». Stuttgarter Zeitung vom 1.11.2012. Seit 1997 wurde das Schienennetz von dem unabhängigen, aber ebenfalls öffentlichen Unternehmen RFF betrieben.

14 vgl. Bovy, Piet H. & Alfons A.M. Schaafsma (1998): NL: Bahninfrastruktur und -betrieb radikal getrennt. In: Internationales Verkehrswesen, Heft 50 (12), Seite 609.

15 vgl. Gaul, C.-M. (2006): Aspekte der Bahnreformen in ausgewählten Ländern. Berlin (Deutscher Bundestag,

Wissenschaftliche Dienste), Seite 12.

16 vgl. Litra (2001): Die Vorteile der integrierten Bahn. Bern (Litra – Informationsdienst für den öffentlichen Verkehr), Seite 11f.

17 vgl. Thompson, Louis S. (2004): Privatizing British Railways – Are There Lessons for the World Bank and its Borrowers? Washington, D.C. (World Bank).

18 vgl. Engartner, Tim (2008): Die Privatisierung der Deutschen Bahn – über die Implementierung marktorientierter Verkehrspolitik. Wiesbaden (VS Verlag für Sozialwissenschaften), Seite 260.

19 zum Vergleich wurden Frankreich, die Niederlande, Schweden und die Schweiz herangezogen; vgl. Department for Transport (2011), Seite 28ff.

20 vgl. Department for Transport (2011), Seite 36.

21 vgl. Department for Transport (2011), Seite 24.

22 vgl. European Commission (2011): Survey on passengers' satisfaction with rail services. Brüssel (European Commission); Ergebnis der aktuellsten Umfrage: BBC News (2013): »Half of rail firms have low satisfaction levels, survey finds.« BBC News vom 17.2.2013 (http://www.bbc.co.uk/news/uk-21494270).

23 vgl. Rennefanz, Sabine: «Katastrophaler Zustand. In Großbritannien wird immer lauter die Wiederverstaatlichung des Bahnsystems gefordert.» Berliner Zeitung vom 16.4.2004.

24 «Rebuilding Rail», vgl. Taylor, Ian & Lynn Sloman (2012): Rebuilding Rail – Final Report June 2012. London (ASLEF / RMT /TSSA / Unite).

25 von 33,4 Milliarden Pkm 1990 auf 52,7 Milliarden Pkm 2008. Vgl. European Commission (2010): EU Energy and Transport in Figures – Statistical Pocketbook. Luxembourg (Publication Office of the European Union), Seite 123.

26 von 16 Milliarden tkm 1990 auf 24,8 Milliarden tkm 2008. Vgl. European Commission (2010), Seite 113.

27 vgl. European Commission (2010), Seite 119; Office of Rail Regulation (2013): Official Statistics.

28 Oliver Schöller: Britische Eisenbahnprivatisierung. In: Internationales Verkehrswesen, 1–2/03.

29 Bis zum Jahr 1979 sank auch bei den SBB die eigene Kostendeckung auf nur noch 78,2 Prozent. Vgl. Beek, Markus (2011): Straßen statt Schienen. Hamburg (Universität Hamburg), Seite 263.

30 vgl. Weibel, Benedikt (2005): Schweiz. In: Eisenbahnreformen in Europa – eine Standortbestimmung. Hamburg (Eurailpress), Seite 165.

31 vgl. Kräuchi, Christian & Ueli Stöckli (2004): Mehr Zug für die Schweiz. Zürich (AS Verlag), Seite 23ff.; Moser, Walter (2004): Die Bahnstrategie der Schweiz und der SBB. Karlsruhe (Evang. Akademie Baden), Seite 74ff.

32 durchschnittlich 135 Züge pro Strecke pro Tag gegenüber 70 Zügen pro Strecke pro Tag in Deutschland. Vgl. SBB AG (2010): Die SBB in Zahlen und Fakten. Bern (SBB AG), Seite 30.

33 Ergebnis des – sonst nicht gerade privatisierungskritischen – PRIMON-Gutachtens: Vgl. Booz Allen Hamilton (2006), Seite 77. Der Maßstab Einheitskilometer meint die Addition der Personenkilometer (Pkm = beförderte Personen und zurückgelegte Distanz) und der Tonnenkilometer (transportierte Güter nach Gewicht multipliziert mit der zurückgelegten Distanz).

34 vgl. Litra (2013): Verkehrszahlen Ausgabe 2012, Seite 12ff.

35 vgl. Moser, Walter (2004), Seite 76.

36 vgl. Moser, Walter (2004), Seite 80.

Kapitel 14

1 Daniela Kuhr: «Dämpfer in England für die Deutsche Bahn». Süddeutsche Zeitung vom 1.2.2011.

2 Deutsche Bahn Geschäftsbericht 2007, Seite 37.

3 Berücksichtigt man die Schenker-Expansion, die es in den Jahren 1991 bis 2001 gegeben hatte, so dürfte es am Ende immer noch gut das Doppelte gewesen sein, was die Bahn beim Rückerwerb für die Schenker-Bestandteile, die es bereits 1991 gab, im Vergleich zu dem Verkaufserlös von 1991 zu bezahlen hatte.

4 EWS wurde 2006 für 335 Mio. Euro übernommen, Laing Rail 2008 für 170 Mio.; PCC Logistics 2009 für 350 Mio. Euro. Spain-TIR, 2007 gekauft, kostete 143 Mio. Euro; bei der ebenfalls 2007 mehrheitlich übernommenen Transfesa wurde der Kaufpreis nicht genannt, weil es sich «nur» um eine Mehrheitsbeteiligung handelt; es dürften mehr als 200 Mio. Euro gewesen sein. Romtrans kostete 100 Mio. Euro.

5 In: Welt am Sonntag vom 15.1.2006.

6 In: Welt am Sonntag vom 15.1.2006.

7 Daniela Kuhr: «Neuer Bahnchef stoppt Expansion». Süddeutsche Zeitung vom 21.8.2009; dort heißt es: «Mit einem straffen Sparkurs will die Bahn nun gegensteuern. Zudem will Grube den Expansionskurs seines Vorgängers Hartmut Mehdorn vorerst stoppen.»

8 Angaben im Folgenden, wenn nicht anders angegeben nach: German-Foreign-Policy.com vom 12.8.2013 (aufgerufen am 13.8.2013).

9 In: Mobil 01/2010. Berlin (Deutsche Bahn AG)

10 Die Bahn muss fahrerlos verkehren, «da in Saudi-Arabien Frauen in der Öffentlichkeit keinerlei Kontakt zu Männern haben dürfen, die nicht ihrer eigenen Familie angehören.» Nach: German-Foreign-Policy.com vom 12.8.2013 (aufgerufen am 13.8.2013).

11 Im Mai 2012 wurde im Sultanat Oman das Unternehmen Schenker Khimji´s LLC/Maskat gegründet, an dem «wir zu 60 % beteiligt sind» (Deutsche Bahn Geschäftsbericht 2012, S. 61). Zum selben Zeitpunkt übernahm Schenker in Namibia die bisherige Partnergesellschaft Desert Logistics, Windhoek, und bildete die Tochter Schenker Namibia (Plc) Ltd., Winhoek/Namibia.

12 Am 25. Juni 2013 schloss die DB mit Etihad Rail ein Joint Venture für Schienengüterverkehr in den Vereinigten Arabischen Emiraten. Allein für dieses Investment ließ Schenker Railion 200 Mitarbeiter rekrutieren. Nach: German-Foreign-Policy.com.

13 «Mehr Bus als Bahn». In: Financial Times Deutschland vom 22.4.2010.

14 Deutsche Bahn Geschäftsbericht 2012, S. 61 und 109. Originellerweise wird hervorgehoben, dass Ambuline vor allem mit dem (staatlichen) National Health Service (NHS) zusammenarbeitet, womit es die klassische Kombination privater Gewinne durch staatliche Subvention gibt.

15 Siehe Bernd Hops, «Arriva schiebt Deutsche Bahn an», in: Financial Times Deutschland vom 2.11.2012.

16 Nähere Informationen zu dem Projekt unter www.zug-der-erinnerung.eu

17 Wissenschaftliche Dienste des Bundestages: Sachstand Ausstellung «Zug der Erinnerung», Nutzungsentgelte (dokumentiert auf der Seite www.zug-der-erinnerung.eu)

18 Zug der Erinnerung e.V: Gutachten über die unter der NS-Diktatur erzielten Einnahmen der Deutschen Reichsbahn aus Transportleistungen zur Verbringung von Personen aus dem Deutschen Reich und dem okkupierten Europa in Konzentrationslager und ähnliche Einrichtungen sowie zwischen diesen Einrichtungen einschließlich ihrer Nebenstellen. Fresenhagen (Eigenverlag) 2009.

19 In: Winfried Wolf: Eisenbahn und Autowahn. Hamburg 1992, S. 144ff.

20 Angaben nach: Bernd Hops: «Bahn gibt weiteres US-Geschäft auf». In: Financial Times Deutschland vom 5.1.2012.

Kapitel 15

1 Tatsächlich war in Hamburg rein formal ein fauler Kompromiss beschlossen worden, wonach «25,1 Prozent» der Anteile an der DB AG als «stimmrechtslose Vorzugsaktien» verkauft, die Bahn also via «Volksaktien» teilprivatisiert werden sollte — wobei absehbar war, dass CDU/CSU diesen Weg nicht mitgehen würde. Dabei wurde auch beschlossen, dass jede andere Form der Privatisierung dem «nächsten Parteitag zur Entscheidung» vorgelegt werden müsste. Die eigentliche Sprengkraft lag in dieser letztgenannten Festlegung.

2 Der Spiegel 42/1990.

3 Frage an Ludewig im Frühjahr 1998: «Sehen Sie [...] eine Chance, zu Beginn des nächsten Jahrhunderts mit der Deutschen Bahn AG an die Börse zu gehen?» Antwort Ludewig: «Diese Chance sehe ich durchaus. Entscheidend ist, dass wir die notwendigen Anpassungen überzeugend bewältigen.» In: Süddeutsche Zeitung vom 18.3.1998.

4 «Wir können es uns nicht mehr leisten, defizitäre Verkehre zu fahren» konstatierte Mehdorn. Die Folgen: Beim jüngsten Fahrplanwechsel wurden unrentable InterRegio-Verbindungen gestrichen. Financial Times Deutschland vom 14.6.2001.

5 Hier: Süddeutsche Zeitung und Financial Times Deutschland jeweils vom 23.9.2004.

6 Bereits die Zahl von neun Verkehrsministern in zwei Jahrzehnten Bahnreform — der knapp zehnjährigen Mehdorn-Ära waren es fünf — wirkt unseriös: Günther Krause (1991–1993), Matthias Wissmann (1993–1998), Franz Müntefering (1998/99), Reinhard Klimmt (1999/2000), Kurt Bodewig (2000/2002), Manfred Stolpe (2002–2005), Wolfgang Tiefensee (2005–2009), Peter Ramsauer (2009–2013) und Alexander Dobrindt (ab Dezember 2012). Alle waren sie, als sie ihr Amt antraten, mit dem Thema zuvor kaum in Berührung gekommen. Entsprechend boten sie vielfach ein Bild wie Leichtmatrosen in stürmischer See oder eben auch wie Marionetten, bei denen andere die Strippen zogen.

7 Koalitionsvertrag vom 11.11.2005; S.48. Hermann Scheer berichtete im Gespräch mit Bahn für Alle, dass es für Schröder förmlich ein Herzensanliegen gewesen sei, dass eine entsprechende Passage in den Koalitionsvertrag aufgenommen wurde.

8 Wiesheu gehörte dem Vorstand 2006 bis 2009 an. Bis Ende 2010 blieb er als «Berater» in einer Führungsposition in der DB AG — und erhielt auch nach seinem Ausscheiden aus dem Vorstand bis Ende 2010 die vollen Vorstandsbezüge. Er erhielt pro Jahr rund 1,5 Millionen Euro (2007 z.B.: 1,479 Millionen Euro; laut Deutsche Bahn Geschäftsbericht 2007, S. 220.).

9 Die Einbringung des Gesetzentwurfs durch die Fraktionen anstelle der ursprünglichen Einbringung des Gesetzesentwurfes durch die Regierung sollte die Fristen bis zur endgültigen Verabschiedung verkürzen. Der Entwurf der Fraktionen entsprach eins zu eins dem vorausgegangenen Regierungsentwurf, was den Vorgang gespenstisch machte.

10 In § 7 hieß es u.a.: «Der Wertausgleich umfasst den vollen Wert der Eisenbahninfrastrukturunternehmen und bemisst sich nach dem bilanziellen Eigenkapital (Nettoreinvermögen) der Eisenbahninfrastrukturunternehmen zum Zeitpunkt der Beendigung der Sicherheitsübertra-

gung.»

11 Siehe Winfried Wolf, «Wiederholt sich die Geschichte? Kopiert Tiefensee den Dawes-Plan?», unter http://privatisierungstoppen.deinebahn.de/download/dawes-eigentumssicherungsmodell.pdf. Nach der Inflationskrise von 1923, als das Deutsche Reich die Reparationen nicht mehr zahlen konnte, war 1924 die Reichsbahn in die «Deutsche Reichsbahn-Gesellschaft» umgewandelt worden. Diese Bahn verfügte nur, wie es wörtlich hieß, über das «unsichtbare Eigentum», nämlich das «Betriebsrecht an den Anlagewerten», und wurde verpflichtet, aus den Gewinnen oder aus der Substanz an die Siegermächte so lange Reparationsleistungen zu transferieren, bis die Kriegsschuld getilgt war. Im entsprechenden Gesetz wurde als letzter Tag, an dem Reparationsleistungen zu zahlen waren, der 31. Dezember 1964 festgeschrieben.

12 «Die Bahn und ihr Plan B». Tagesspiegel vom 20.2.2008.

13 Bundestags-Drucksache 16/9070.

14 Nach: Süddeutsche Zeitung vom 30.4.2008. Dort auch das vorangegangene Zitat «aus dem Bahntower».

15 «Es ist allgemein üblich, dass es einen Anreiz fürs Management und für Führungskräfte gibt. Der Eigentümer gibt denen, die die Aktien verkaufen, Möhrchen, damit sie sich anstrengen, diese möglichst teuer zu verkaufen.» In: Stern vom 25.8.2008. Danach sollte jedes Mitglied im Bahnvorstand im Fall eines erfolgreichen Börsengangs zwischen 500.000 oder einer Million Euro an Sonderzahlungen bekommen. Auf Seite 324 der 2. Entwurfsfassung des Börsenprospekts der DB wurden die Sonderzahlungen im Detail aufgeführt. Hier nach: Tagesspiegel vom 31.10.2008.

16 Frankfurter Allgemeine Zeitung vom 28.11.2013.

17 Frage: «Ist er [der Bahnbörsengang; D. Verf.] überhaupt noch ein Thema für Sie?» Antwort Ramsauer: «Auf jeden Fall. Er steht ja im Koalitionsvertrag. Die Frage ist nur, zu welchem Zeitpunkt. [...] Voraussetzung für eine Teilprivatisierung ist, dass ein angemessener Preis erzielt werden kann.» In: Süddeutsche Zeitung vom 8.11.2010.

18 Als die Bundestagsabgeordnete Gesine Loetzsch die Bundesregierung nach dem Sinn dieser Position im Einzelplan 12 fragte, antwortete diese: vorgesehen sei «die Einleitung einer schrittweisen, ertragsoptimierten Privatisierung der Transport- und Logistikbereiche der DB AG, sobald der Kapitalmarkt das zulässt». Schriftliche Antwort der Bundesregierung, undatiert, Januar 2010.

19 In: Die Welt vom 13.9.2013; das vorausgegangene Grube-Zitat nach: Frankfurter Allgemeine Zeitung vom 7.11.2009.

20 Siehe: «Russen und Araber zeigen Interesse an der Bahn», in: Der Spiegel vom 14.11.2006; «Russen buhlen um Deutsche Bahn» in: Financial Times Deutschland vom 9.6.2009.

21 «Deutschlands Zukunft gestalten», Koalitionsvertrag zwischen CDU, CSU und SPD vom November 2013, Seite 42.

Kapitel 16

1 Die Kölner Staatsanwaltschaft unterließ es zunächst wochenlang, diese Anzeige ordnungsgemäß mit einem Aktenzeichen zu versehen und behauptete Medienvertretern gegenüber, es gebe eine solche Anzeige nicht. Daraufhin reichte Anwalt Lierow am 28. August eine Dienstaufsichtsbeschwerde ein. Ein knappes Vierteljahr nach Eingang der Strafanzeige, am 24. Oktober 2008, teilte die Staatsanwaltschaft Köln dem RA Lierow mit, man habe «am 28.8.2008 die aktenführende Dienststelle der Bundespolizei angewiesen, Ihnen [Herrn RA H. Lierow] das betreffende Aktenzeichen mitzuteilen. Dies ist am 29.9.2008 [!] durch Herrn EKHK Helbach mit der in einer Durchschrift beigefügten E-Mail auch erfolgt.» Das Aktenzeichen lautete zunächst Az. 10 UJs 181/08 und wurde am 28. November 2008 neu als Az. 10 Js 426/08 gefasst. Im gleichen Brief verweigerte die Kölner Staatsanwaltschaft erneut ein Akteneinsichtsgesuch durch Rechtsanwalt Lierow, da es kein «erkennbar dargelegtes berechtigtes Interesse» dafür gebe. Nach einigem das Verfahren verzögernden Hin und Her hinsichtlich der Zuständigkeit (Staatsanwaltschaft Köln oder Berlin) wurde das Verfahren schließlich im Juli 2009 eingestellt.

2 So die Überschrift eines Antrags, den Bündnis 90/Die Grünen im September 2008 in den Bundestag einbrachten (Bundestags-Drucksache 14/7833). Der frühere US-amerikanische Präsident George W. Bush hatte 2002 von einer «Achse des Bösen» gesprochen. Er bezog sich dabei auf Nordkorea, den Iran und Irak.

3 Zitat aus dem nicht öffentlichen BAM-Bericht, dort Seite 48. Hier ist interessant, dass dieser 81 Seiten starke Bericht bereits am 29. September 2008 vorlag. Auf entsprechende Anfrage teilte die Kölner Staatsanwaltschaft, die die Studie in Auftrag gegeben hatte, dem RA Lierow jedoch im Oktober 2008 telefonisch mit, es existiere keine solche Studie. Es habe nur «einen mündlichen Vortrag als Zwischenergebnis» gegeben. Doch das Bündnis Bahn für Alle (BfA) konnte die Studie auf seiner Website präsentieren.

4 Nach umfangreichen Umrüstungen verkehrten seit 2006 zunächst einzelne ICE-TD bei Sonderfahrten (Fußball-WM) und seit Dezember 2007, nach Austausch der Achsen, wieder als gesamte (wenn auch nicht vollständige) ICE-TD-Flotte, vorwiegend im Verkehr nach Dänemark.

5 «Es ist seit langem bekannt (DIN 50100), dass die sogenannte Dauerfestigkeit mit den steigenden Schwingspielen unter Reibkorrosion bei Presssitzen (Sitze von Rad, Getriebe, Bremsscheibe, Lager etc.) oder Korrosion (freie Oberfläche der Radscheiben) ständig abnimmt,

d.h. es gibt keine Dauerfestigkeit unter solchen Bedingungen.» Vatroslav Grubisic und Gerhard Fischer, Erklärung zu der Stellungnahme von Lutz Übel und Dr. Günther Köhler in ETR — Eisenbahntechnische Rundschau 4/2011 zu «Sichere Bewertung von ICE-Radsatzwellen», in ETR vom Mai 2011. Zu den beiden Autoren siehe weiter unten im Text.

6 «Die gemessenen Höchstwerte der Spannungen überschreiten die nach EN berechneten um ca. 19% am Laufradansatz und um ca. 17% am Treibradansatz». Vatroslav Grubisic und Gerhard Fischer in: ZEVRail — Glasers Annalen, Heft 1–2/2008. Beim ICE 3 wird jede zweite Achse angetrieben; die anderen Achsen sind reine Laufräder. Der Antrieb befindet sich also nicht wie beim ICE 1 und beim ICE 2 ausschließlich in einem Triebkopf.

7 Der Werkstoff wird als «hochfester Stahl» bezeichnet; es handelt sich um eine Chrom-Nickel-Molybdän-Legierung. Der Achsdurchmesser beträgt beim ICE 3 160 Millimeter. Bei den französischen TGV-Hochgeschwindigkeitszügen werden Achsen mit einem Durchmesser von 184 Millimeter eingesetzt. Bei den japanischen Shinkansen-Zügen haben die Achsen gar 190 Millimeter Durchmesser. In Frankreich und in Japan werden Achsen aus herkömmlichem Stahl eingesetzt.

8 Vatroslav Grubisic / Gerhard Fischer: «Versagen von Radsatzwellen und deren Ursachen». In: ZEVRail — Glasers Annalen, Heft 3/2006; Vatroslav Grubisic / Gerhard Fischer: «Hinweise zur Dimensionierung von Radsatzwellen». In: ZEVRail — Glasers Annalen, Heft 1–2/2008.

9 Dies kommentierten Astrid Randerath und Christian Esser zutreffend wie folgt: «Die wichtigste Kontrollinstanz für Industriesicherheit kritisiert, dass die Norm keine Festigkeitsnennwerte enthalte. Außerdem nehme sie keinen Bezug auf die Häufigkeit des Auftretens von bestimmten Belastungen [...]. Was taugt also das Einhalten von Normen, wenn nicht mal das zuständige Institut sie für zureichend hält?» In: Randerath/Esser (2010): Schwarzbuch Deutsche Bahn. München (Bertelsmann), S. 185.

10 Nach: Focus 23/2003 und TAZ vom 23.6.2003.

11 Auch in einer aufsehenerregenden Sendung des ZDF-Magazins Frontal21 vom 22. Juli zum Kölner Unfall wurde darauf hingewiesen, dass die kürzeren Wartungsintervalle «nur bis zur Klärung der Unfallursache» gelten würden. Danach wollte die Deutsche Bahn AG offensichtlich wieder zu den 300.000-Kilometer-Intervallabständen zurückkehren.

12 Der Vorstand der Bahn erhielt dabei Unterstützung von unerwarteter Seite. So wurde der Pro-Bahn-Vorsitzende Karl-Peter Naumann nach dem ICE-3-Achsbruch in «Bild» wie folgt wiedergegeben: «Die Bahn überprüft ihre Züge regelmäßig und mit großem Aufwand. Wir haben keine Bedenken, was die technische Seite angeht.» Auch der Sprecher von Pro Bahn, Hartmut Buyken, wiegelte gegenüber der «Welt» wie folgt ab: «Die Bahn hat aus Eschede gelernt. Die Fahrgäste sollen daher jetzt lieber beruhigt sein, als in Panik auszubrechen.» («Bild» und «Welt» jeweils vom 12.7.2008).

13 Es gab auch Angaben von Gesamtkosten in Höhe von 250 Millionen Euro. Diese schließen offensichtlich die Ultraschalluntersuchungen und die Ausfälle von ICE-Einheiten mit ein.

14 «Zurück, marsch, marsch! So lässt sich die Entscheidung der Deutschen Bahn zusammenfassen, die Radsätze der ICE-3-Züge und des Neigezugs ICE T künftig wieder aus der Stahlsorte herzustellen, die man üblicherweise für Eisenbahnräder und Achsen (Wellen) nimmt. Man kennt sie unter den Abkürzungen EA4T und 25CrMo4. Sie gilt als gutmütig, und ihr Verhalten bei Dauerbelastung als umfassend erprobt. Dieser Eisenbahn-Stahl hat aber den Nachteil, dass die daraus gefertigten Bauteile recht klobig und damit schwerer ausfallen als mit modernen Hochleistungsstählen.» Georg Küfner, «Der Eisenbahnstahl kehrt zurück», in: Faz.net vom 9.5.2010.

15 So schrieb E. Krummheuer im Handelsblatt vom 13.9.2009: «Auch ein Gutachten der Bundesanstalt für Materialprüfung brachte schließlich keine Klärung. Doch die Experten hielten eine Materialverunreinigung in dem Chrom-Nickel-Verbund für den möglichen Fehler.» Im BAM-Bericht heißt es jedoch: «Der Nachweis einer rissursächlichen Inhomogenität an der Rissstartstelle ist aufgrund der starken Beschädigung im Bereich des Bruchs nicht möglich.» (S. 74). Wobei im Übrigen die Debatte über solche Materialeinschlüsse, die es bei Stählen immer gibt, ablenkt von der eigentlichen Thematik, des Einsatzes von hochfestem Stahl, womit wir es mit einer grundsätzlichen Frage und nicht mit der Problematik einer einzelnen Achse zu tun haben.

16 «Es trifft nicht zu, dass die Unzulänglichkeit der Festigkeitsbewertung nach der Dauerfestigkeit durch entsprechende Sicherheitsfaktoren abgedeckt wird, da diese scheinbar hohen Sicherheitsfaktoren durch unzutreffend hohe Schwingfestigkeitswerte bei neuen Werkstoffen (42CrMo4 und 34CrNiMo6) und aufgrund vorliegender Lastenannahmen zu niedrig berechneter Beanspruchungen nur vorgetäuscht werden. Die höheren Sicherheitsfaktoren werden dagegen zum Beispiel bei der japanischen Schienenfahrzeugindustrie tatsächlich angewandt. In einer vergleichenden Darstellung der Festigkeitsbewertung von Radsatzwellen in Europa und Japan wird hervorgehoben, dass anstelle des Sicherheitsfaktors 1,66 für die Triebradsatzwelle in der europäischen Norm bei japanischen Wellen ein höherer Sicherheitsfaktor von 2,58 verwandt wird.» Prof. Dr. V. Grubisic / Dr.-Ing. G. Fischer, Erklärung zu der Stellungnahme von Lutz Übel und Dr. Günther Köhler in ETR 4/2011 zu «Sichere Bewertung von ICE-Radsatzwellen», in: ETR — Eisenbahn-

technische Rundschau vom Mai 2011. Grubisic/Fischer beziehen sich bei dem Vergleich der Achsen von Hochgeschwindigkeitszügen in Europa bzw. in Japan auf die folgende Arbeit: Mokino, T., Kato, T., & Hirakawa (2011): «Review of the fatigue damage tolerance of high-speed railway axles in Japan». Engineering Fracture Mechanics, 78 (5), Seite 810–825.

17 Esser/Randerath, S. 186.

18 Unter den zehn Vertretern der Arbeitnehmerseite ist mit Jürgen Beuttler ein Aufsichtsratsmitglied, das vom Konzernsprecherausschuss gewählt wurde. Dieser Ausschuss vertritt die 3350 leitenden Angestellten des DB-Konzerns. Es dürfte schwer fallen, diese Gruppe, die den Kern des Führungspersonals der DB AG darstellt, nicht zur Arbeitgeberseite zu zählen. Beuttler ist bei DB Fernverkehr CIO (Chief Information Officer), Leiter der Informationstechnologie.

19 Seit Frühjahr 2010 ist die GDL erstmals mit einem Mitglied im Aufsichtsrat vertreten; Anfang 2014 durch Mario Reiß. Dieses Aufsichtsratsmitglied stimmte im März 2013 als einziges gegen eine Übernahme der zusätzlichen Kosten von Stuttgart 21.

20 Siehe Kapitel 7, Anmerkung 14.

21 Karl-Heinz Büschemann: «Mann mit Meinung – Heinrich Weiss gehört zum Inventar des Wirtschaftsstandorts Deutschland». In: Süddeutsche Zeitung vom 3.7.2013.

22 Ein weiteres Aufsichtsratsmitglied, das den Bund in diesem Gremium vertritt, ist Knut Löschke, bis 2009 Vorstandsvorsitzender von PC Ware in Leipzig. Für Knut Löschke ist Klimaschutz «Nonsens» – so sagte er es beispielsweise im Januar 2012 bei einem Vortrag an der Universität Passau. «Der Auftritt, den die Ortsgruppe der marktradikalen Hayek-Gesellschaft organisiert hatte, sorgte damals an der Universität für Wirbel. Wie die Passauer Neue Presse berichtete, verließen einige Studenten unter Protest den Saal, als Löschke seine Thesen zur Erderwärmung vortrug.» Nach: Klimaretter.info (Magazin zur Klima- und Energiewende) vom 26.3.2012.

23 Handelsblatt vom 20.4.2005.

24 Die Neuerwerbung der GM-Holding, MWL Brasil Rodas & Eixos Lta in Sao Paulo, Brasilien, wiederum ist im südamerikanischen Markt führend in der Herstellung von Eisenbahnachsen und Radsätzen.

25 E-Mail von V. Grubisic vom 19.12.2013.

Kapitel 17

1 Die Deutsche Bahn AG ließ bei Massenscreenings den E-Mail-Verkehr von bis zu 170.000 Mitarbeiterinnen und Mitarbeitern überwachen. Dabei wurden auch private Bankkonten ausgespäht. Die DB AG setzte – ähnlich wie die Deutsche Telekom AG – dabei Detekteien mit ehemaligen Stasi-Agenten ein. Sie finanzierte über den sogenannten Thinktank Berlinpolis eine verdeckte Kampagne für den DB-Börsengang, der unter anderem unter falschem Namen Leserbriefe zugunsten eines DB-Börsengangs in Zeitungen platzierte und mit der Website einer angeblichen Bürgerinitiative zugunsten der Bahnprivatisierung (www.meinebahndeinebahn.de) gezielt Störfeuer gegen die Arbeit von Bahn für Alle aussandte. Ausführlich dargestellt in: Klein, Heidi & Ulrich Müller (2009): Jenseits des öffentlichen Interesses – Die verdeckte Einflussnahme der Deutschen Bahn für die Bahnprivatisierung und gegen den GDL-Streik. Köln: LobbyControl. (download unter https://www.lobbycontrol.de/wp-content/uploads/die-verdeckte-einflussnahme-der-deutschen-bahn.pdf)

2 Siehe zu den Personalien Jürgen Heyer und Hartmut Meyer auch Kapitel 20, wo ihre Funktion für die Gewinne der DB AG noch näher beleuchtet wird.

3 Siehe ausführlich bei Wikipedia (http://de.wikipedia.org/wiki/Pofalla), wo u.a. die systematische finanzielle Förderung Pofallas durch den Unternehmer Bernhard Josef Schönmackers, die Anschuldigung der Finanzbehörden vom 28. März 2000, wonach Pofalla einen «ungeklärten Vermögenszuwachs» in Höhe von 700.000 Mark für die Jahre 1993 bis 1997 aufzuweisen habe u.a.m. dargestellt werden. Abgerufen am 8. Januar 2014. Siehe auch: Handelsblatt online vom 9.1.2014; Interview zu Pofalla mit Timo Lange von LobbyControl.

4 Ein Beispiel: «Im Berichtsjahr [2005; d. Verf.] erhaltene Baukostenzuschüsse (455 Mio Euro) sind von den Anlagen abgesetzt.» DB Station & Service AG: Geschäftsbericht 2005, S. 32.

5 Nach: Frankfurter Allgemeine Zeitung vom 24.7.2013.

6 Bericht des Bundeskartellamts, Fallbericht, «Erste Bußgelder im Schienenfall verhängt», Aktenzeichen B12 – 11/11; Juli 2012.

7 So ebenfalls festgestellt im Bericht des Bundeskartellamts. Dass das keine lockeren Absprachen waren, wurde in der Financial Times Deutschland wie folgt beschrieben: «Wie die Absprachen [...] über Jahre gelaufen sind, [...] weiß Richard Pöllmann. Er war früher Verkaufsleiter von Voestalpine für Schienen. [...] Schriftlich sei nie etwas festgehalten worden, erzählt Pöllmann.» Bei den Treffen der Schienenfreunde «seien alle angewiesen worden, die Akkus aus ihren Handys herauszunehmen, damit die Mobiltelefone nicht geortet oder als Abhörgeräte genutzt werden konnten. Zwischen den Treffen sei mit Prepaid-Handys oder über verschlüsselte E-Mails kommuniziert worden, die nicht über den Firmenserver liefen. Die Listen mit Mengen und Preisen seien auf passwortgeschützten USB-Sticks weitergereicht worden.» Nach: Financial Times Deutschland vom 18.9.2012.